# Direito 1870–1875

Luiz Gama

OBRAS COMPLETAS

**edição brasileira©** Hedra 2023
**organização©** Bruno Rodrigues de Lima

**edição** Jorge Sallum
**coedição** Suzana Salama
**assistência editorial** Paulo Henrique Pompermaier
**revisão** Luiza Simões Pacheco
**capa** Lucas Kroeff

**ISBN** 978-85-7715-734-1
**conselho editorial** Adriano Scatolin,
Antonio Valverde,
Caio Gagliardi,
Jorge Sallum,
Ricardo Valle,
Tales Ab'Saber,
Tâmis Parron

**Dados Internacionais de Catalogação na Publicação (CIP)**
**(Câmara Brasileira do Livro, SP, Brasil)**

Gama, Luiz, 1830-1882

Direito 1870-1875 / Luiz Gama; organização, introdução, estabelecimento de texto, comentários e notas Bruno Rodrigues de Lima. 1. ed. São Paulo, SP: Editora Hedra, 2023. (Obras completas; volume 5). Bibliografia.

ISBN 978-85-7715-734-1

1. Abolicionistas – Brasil 2. Direito 3. Direito – Aspectos sociais 4. Escravidão I. Lima, Bruno Rodrigues de. II. Título. III. Série.

23-164688  CDU: 34:301

Elaborado por Tábata Alves da Silva (CRB-8/9253)

**Índices para catálogo sistemático:**
1. Direito: Aspectos sociais 34:301

*Grafia atualizada segundo o Acordo Ortográfico da Língua Portuguesa de 1990, em vigor no Brasil desde 2009.*

*Direitos reservados em língua*
*portuguesa somente para o Brasil*

EDITORA HEDRA LTDA.
Av. São Luís, 187, Piso 3, Loja 8 (Galeria Metrópole)
01046–912 São Paulo SP Brasil
Telefone/Fax +55 11 3097 8304
editora@hedra.com.br

www.hedra.com.br
Foi feito o depósito legal.

# Direito 1870–1875

Luiz Gama

Bruno Rodrigues de Lima
(*Organização, introdução, estabelecimento de texto, comentários e notas*)

1ª Edição

São Paulo 2023

**Direito** é o quinto volume das *Obras Completas* de Luiz Gama e contém textos publicados pelo autor na imprensa, além de algumas cartas pessoais, logo depois de sua demissão do cargo de amanuense da Secretaria de Polícia de São Paulo, no qual aprofundou o conhecimento dos ritos processuais, da casuística local e do repertório normativo da justiça brasileira. Dividido em três grandes blocos contendo um total de 24 partes, este volume colige escritos do advogado que com o tempo se torna jurista. Isto é, que passa de causídico militante para o magistério do direito na esfera pública. Nestes 70 textos, é possível acompanhar os primeiros tempos de advocacia de Gama e as primeiras causas que ele, já como advogado, debateu na imprensa. De um juízo a outro, de uma comarca a outra, Gama modula estratégias e formula argumentos, contra inimigos que o instigavam a escrever em momentos delicados.

**Luiz Gonzaga Pinto da Gama** nasceu livre em Salvador da Bahia no dia 21 de junho de 1830 e morreu na cidade de São Paulo, como herói da liberdade, em 24 de agosto de 1882. Filho de Luiza Mahin, africana livre, e de um fidalgo baiano cujo nome nunca revelou, Gama foi escravizado pelo próprio pai, na ausência da mãe, e vendido para o sul do país no dia 10 de novembro de 1840. Dos dez aos dezoito anos de idade, Gama viveu escravizado em São Paulo e, após conseguir provas de sua liberdade, fugiu do cativeiro e assentou praça como soldado (1848). Depois de seis anos de serviço militar (1854), Gama tornou-se escrivão de polícia e, em 1859, publicou suas *Primeiras trovas burlescas*, livro de poesias escrito sob o pseudônimo Getulino, que marcaria o seu ingresso na história da literatura brasileira. Desde o período em que era funcionário público, Gama redigiu, fundou e contribuiu com veículos de imprensa, tornando-se um dos principais jornalistas de seu tempo. Mas foi como advogado, posição que conquistou em dezembro de 1869, que escreveu a sua obra magna, a luta contra a escravidão por dentro do direito, que resultou no feito assombroso — sem precedentes no abolicionismo mundial — de conferir a liberdade para aproximadamente 750 pessoas através das lutas nos tribunais.

**Bruno Rodrigues de Lima** é advogado e historiador do direito, graduado em Direito pela Universidade do Estado da Bahia (UNEB-Cabula), mestre em Direito, Estado e Constituição pela Universidade de Brasília (UnB) e doutor em História do Direito pela Universidade de Frankfurt, Alemanha, com tese sobre a obra jurídica de Luiz Gama. Em 2022, ganhou o Prêmio Walter Kolb de melhor tese de doutorado da Universidade de Frankfurt. Atualmente, é pesquisador de pós-doutorado no Instituto Max Planck de História do Direito e Teoria do Direito. Pela EDUFBA, publicou o livro *Lama & Sangue – Bahia 1926* (2018).

**VOLUMES**

1. Poesia, 1854-1865
2. Profecia, 1862-1865
3. Comédia, 1866-1867
4. Democracia, 1866-1869
5. Direito, 1870-1875
6. Sátira, 1875-1876
7. Crime, 1877-1879
8. Liberdade, 1880-1882
9. Justiça, 1850-1882
10. Polícia, 1850-1882
11. África-Brasil, 1850-1882

# Sumário

Apresentação das Obras Completas, *por Bruno Rodrigues de Lima* ...... 13
Introdução, *por Bruno Rodrigues de Lima* ........................ 19
Lista de abreviaturas ........................................ 55

LIV. I   EU ESTOU NO MEU POSTO DE HONRA. ........ .57

I         ACERTO DE CONTAS. ................ .59
» 1      Para o ministro da Justiça José de Alencar ler ............... 61
» 2      Laringe de sabiá, estômago de abutre ..................... 65
» 3      Os frades beneditinos são de outra seita ................... 69
» 4      O povo acorda ....................................... 71
» 5      O governo quer trancar as portas das escolas populares ....... 73
» 6      O homem é o escravo e o escravo é o dinheiro .............. 77
» 7      Tortura no quartel ................................... 81

II        PORTEIRAS DO VELHO OESTE. ........... .85
» 1      No fundo do escárnio, a "Questão Netto" .................. 87
» 2      Lave a boca antes de falar no meu nome .................. 89
» 3      Meios clandestinos que levam a fins inconfessáveis ........... 91

III       JUIZ CRIMINOSO. ................... .99
» 1      Segredos da jurisprudência ............................ 101
» 2      Toga manchada ...................................... 107
» 3      O juiz não tem o privilégio de delinquir impunemente ........ 117
» 4      O juiz transformado em galo ........................... 129
» 5      Quando o juiz mente que nem sente ..................... 135

| IV | PARADA REPUBLICANA. . . . . . . . . . . . . . . . .139 |
|---|---|
| » 1 | Paixão política à parte . . . . . . . . . . . . . . . . . . . . . . . . . . . . . 141 |

| V | O VELHO OESTE, E O VELHO VALE!, MANDAM LEMBRANÇAS. . . . . . . . . . . . . . . . . . . . . . . .143 |
|---|---|
| » 1 | Risco de vida . . . . . . . . . . . . . . . . . . . . . . . . . . . . . . . . . . . . 145 |
| » 2 | Meu filho . . . . . . . . . . . . . . . . . . . . . . . . . . . . . . . . . . . . . . . 149 |
| » 3 | Ameaça de morte . . . . . . . . . . . . . . . . . . . . . . . . . . . . . . . . 153 |
| » 4 | Estelionato judicial . . . . . . . . . . . . . . . . . . . . . . . . . . . . . . 155 |
| » 5 | Para o meu amigo que está em Nova York . . . . . . . . . . . . . . . . . . 167 |

| VI | SPARTACUS DA GAMA. . . . . . . . . . . . . . . . .173 |
|---|---|
| » 1 | Vítima da escravidão . . . . . . . . . . . . . . . . . . . . . . . . . . . . . 175 |
| » 2 | Está provado . . . . . . . . . . . . . . . . . . . . . . . . . . . . . . . . . . . .179 |
| » 3 | Cortejo de horrores . . . . . . . . . . . . . . . . . . . . . . . . . . . . . . .181 |

| VII | O HOMEM QUE MAMOU O LEITE DO LIBERALISMO. . .183 |
|---|---|
| » 1 | Nobre, rico, maçom, liberal e torturador . . . . . . . . . . . . . . . . . . 185 |
| » 2 | Império do castigo . . . . . . . . . . . . . . . . . . . . . . . . . . . . . . . 191 |
| » 3 | Com torturador não se discute . . . . . . . . . . . . . . . . . . . . . . . 199 |
| » 4 | O direito da alforria forçada . . . . . . . . . . . . . . . . . . . . . . . . . 205 |

| VIII | AFRO DÁ O PONTO FINAL. . . . . . . . . . . . . . . .211 |
|---|---|
| » 1 | O senhor que rouba até a esmola do escravo . . . . . . . . . . . . . . . . 213 |

**LIV. II NOS OBLÍQUOS E SOMBRIOS BECOS DA CHICANA. . .215**

| IX | OUTRO PATAMAR. . . . . . . . . . . . . . . . . . . . .217 |
|---|---|
| » 1 | Estratégia da incompetência . . . . . . . . . . . . . . . . . . . . . . . . . 219 |
| » 2 | Meu conterrâneo . . . . . . . . . . . . . . . . . . . . . . . . . . . . . . . . 221 |
| » 3 | Acordo extrajudicial . . . . . . . . . . . . . . . . . . . . . . . . . . . . . . 225 |
| » 4 | Os dentes da escravidão . . . . . . . . . . . . . . . . . . . . . . . . . . . . 227 |
| » 5 | A magistratura como escudo dos ladrões . . . . . . . . . . . . . . . . . . 239 |

| X | A MANHÃ DE 10 DE NOVEMBRO DE 1871. . . . . . .241 |
|---|---|
| » 1 | Escolas, livros e alforrias . . . . . . . . . . . . . . . . . . . . . . . . . . . . . 243 |
| » 2 | Comunistas, abolicionistas e internacionalistas . . . . . . . . . . . . . 251 |

| XI | TÁTICAS DE UM ADVOGADO. . . . . . . . . . . . . .255 |
|---|---|
| » 1 | Sem arredar o pé . . . . . . . . . . . . . . . . . . . . . . . . . . . . . . . . . . . 257 |
| » 2 | O juiz resolve não decidir . . . . . . . . . . . . . . . . . . . . . . . . . . . . 259 |
| » 3 | ... Até decidir pela escravidão . . . . . . . . . . . . . . . . . . . . . . . . . 261 |
| » 4 | Polícia arbitrária e violenta . . . . . . . . . . . . . . . . . . . . . . . . . . . 263 |

| XII | QUANDO O BECO DA CHICANA É SEM SAÍDA. . . . . .267 |
|---|---|
| » 1 | Coação fora do juízo . . . . . . . . . . . . . . . . . . . . . . . . . . . . . . . . 269 |

| XIII | EMBOSCADA FORENSE. . . . . . . . . . . . . . . . .275 |
|---|---|
| » 1 | Fronteiras do tipo criminal . . . . . . . . . . . . . . . . . . . . . . . . . . . 277 |
| » 2 | Última palavra . . . . . . . . . . . . . . . . . . . . . . . . . . . . . . . . . . . . 285 |

| XIV | MÍSEROS LIBERTOS SEPULTADOS VIVOS EM BÁRBARA ESCRAVIDÃO. . . . . . . . . . . . . . . .291 |
|---|---|
| » 1 | A expertise criminosa de se reduzir pessoa livre à escravidão . . . 293 |
| » 2 | Semântica jurídica da alforria testamentária . . . . . . . . . . . . . . . . 295 |
| » 3 | Tragicomédia policial . . . . . . . . . . . . . . . . . . . . . . . . . . . . . . . 305 |

| XV | O JUIZ DO INFERNO. . . . . . . . . . . . . . . . . . .311 |
|---|---|
| » 1 | De tudo se vende no Império do Brasil, até a liberdade . . . . . . . . 313 |
| » 2 | Trinta dinheiros . . . . . . . . . . . . . . . . . . . . . . . . . . . . . . . . . . . 321 |
| » 3 | Jurisprudência do ódio contra os negros . . . . . . . . . . . . . . . . . . 327 |

| XVI | QUEM NÃO TEM PEITO NÃO TOMA MANDINGA!. . . .337 |
|---|---|
| » 1 | Espere e verá . . . . . . . . . . . . . . . . . . . . . . . . . . . . . . . . . . . . . 339 |
| » 2 | A modéstia é filha da ignorância e irmã gêmea da mentira . . . . . 343 |

| XVII | FIOS DE SOLIDARIEDADE E POLÍTICA. . . . . . . . .351 |
|---|---|
| » 1 | Assinatura de jornal I . . . . . . . . . . . . . . . . . . . . . . . . . . . . . . . 353 |
| » 2 | Assinatura de jornal II . . . . . . . . . . . . . . . . . . . . . . . . . . . . . . . 355 |

| » 3 | Beneficência | 357 |
| » 4 | Aviso aos assinantes | 359 |
| » 5 | Os pobres de Santa Ifigênia | 361 |
| » 6 | Organização partidária | 365 |

| LIV. III | NÃO SOU GRADUADO EM DIREITO | 367 |
|---|---|---|
| XVIII | INSTRUÇÕES ABOLICIONISTAS | 369 |
| » 1 | Doutrina jurídica para se alforriar africanos ilegalmente importados ao Brasil | 371 |
| XIX | O IMPERADOR E A LIBERDADE DE IMPRENSA | 375 |
| » 1 | A hoteleira contra o imperador | 377 |
| » 2 | Fetichismo constitucional | 379 |
| » 3 | Interesse particular do imperador não se confunde com interesse público | 385 |
| XX | LUIZ GONZAGA «AFRO» DA GAMA | 391 |
| » 1 | É de interesse público alforrias à custa do Estado | 393 |
| » 2 | Intervenção em jurisdição eclesiástica | 395 |
| » 3 | Alistamento militar | 397 |
| XXI | ARGÚCIAS DA CHICANA | 401 |
| » 1 | Aguardar em silêncio | 403 |
| » 2 | Desordem judiciária | 407 |
| XXII | DUAS TESES CONTRA A ESCRAVIDÃO | 415 |
| » 1 | Doutrina jurídica da alforria por pecúlio | 417 |
| » 2 | Escravidão e direito internacional | 431 |
| XXIII | ALERTA AO JÚRI | 437 |
| » 1 | Acusação sem prova é calúnia | 439 |
| » 2 | A sabor meu | 441 |
| » 3 | Vencer e convencer | 443 |

XXIV  MISCELÂNEA: UM INCÊNDIO E TRÊS PEDIDOS. . . . .447
» 1   Desagravo a um amigo ............................... 449
» 2   Pedido de livro ...................................... 451
» 3   Corregedoria externa ............................... 453
» 4   A venda de sentença é o de menos ...................... 459
Bibliografia ............................................... 467
*In memoriam* ............................................. 469
Agradecimentos ........................................... 471
Índice remissivo ........................................... 475

## Apresentação das Obras Completas

> A trajetória desse misterioso astro se dirige a uma grande alvorada. Tranquilizemo-nos.[1]

Em 2030, o Brasil comemorará o bicentenário de nascimento de Luiz Gonzaga Pinto da Gama. Dada a urgência histórica em se ler, conhecer e promover o debate público sobre a obra do advogado negro que marcou a história do Brasil e das Américas, além da história do direito e da literatura mundial, a editora Hedra resgata e publica as *Obras Completas* do herói abolicionista que, nas palavras de um contemporâneo que testemunhou a sua luta, "ainda que mais não faça, é já um nome que merece um lugar na gratidão humana, entre Espártacos e John Brown".[2]

Entre manuscritos e artigos de imprensa, as *Obras Completas* reúnem mais de oitocentos textos originais de Gama, sendo mais de seiscentos deles desconhecidos do público, pensados e articulados numa estratégia autoral *sui generis* que transitava por diversas linguagens e gêneros literários. Em onze volumes, patenteiam a escrita original — poética, profética, política, democrática, satírica, jurídica, humanitária — de um autor negro num país opulento, racista e violento, tão embranquecido em suas formas sociais quanto marcado pelo espírito da escravidão.

1. *Ça Ira!* (SP), [editorial], 23 de setembro de 1882, p. 1.
2. O vaticínio pode ser lido no célebre perfil biográfico "Luiz Gama por Lúcio de Mendonça", in: Luiz Gama. *Obras Completas de Luiz Gama, vol. 8. Liberdade, 1880–1882*. Organização, introdução, estabelecimento de texto, comentários e notas de Bruno Rodrigues de Lima. São Paulo: Hedra, 2021, pp. 73–84, especialmente p. 84.

Para facilitar o acesso ao *corpus* literário de Gama, a organização das *Obras Completas* combina critérios temáticos e cronológicos. Cada volume carrega sua respectiva temática-síntese e periodização que o insere numa área do conhecimento, bem como numa das frações temporais dos longos trinta e dois anos da produção intelectual de Luiz Gama (1850-1882). No entanto, nem o recorte cronológico nem a organização temática devem ser vistos necessariamente como enquadramentos intransponíveis. Numa obra complexa e sofisticada, sobreposições temporais e cruzamentos discursivos são bem-vindos e encorajados. A ideia, no fundo, é a de que cada volume comunique com o seu vizinho imediato e produza sentido se percebido em conjunto. Desse modo, tema e tempo, matéria e cronologia, convergem para o propósito de se apresentar as *Obras Completas* de Luiz Gama em suas linhas de continuidades, rupturas, diacronias, fugas e variações.

O volume de abertura, *Poesia, 1854-1865*, reúne os primeiros escritos autorais de Luiz Gama. A partir de sua entrada tão incrível quanto estranha no mundo da imprensa em julho de 1854, quando se achava preso na cela de uma cadeia, o volume percorre uma década decisiva para a formação intelectual do jovem e insubmisso poeta. Além de suas *Primeiras trovas burlescas*, poesias lançadas sob o pseudônimo Getulino em 1859 e 1861 — e que que marcariam sua estreia literária —, o volume engloba textos posteriores a Getulino, que evidenciam a sofisticação de um projeto literário que articulava poesia lírica, satírica e prosa poética.

O segundo volume, *Profecia, 1862-1865*, compreende crônicas que o jovem Gama publicou, sobretudo, fora da cidade de São Paulo. As crônicas tratam, em sua maioria, de assuntos criminais, da resistência à escravidão, disputas na alta sociedade, articulações partidárias, além de denúncias de corrupção nos aparelhos de estado. O título *Profecia* remete, a um só tempo, ao sugestivo pseudônimo adotado por Gama e às suas visões de liberdade para o futuro do Brasil. Gama apelava à consciência do público através de uma espécie de chamado profético, que antevia, no presente, as armadilhas e os desafios do futuro.

O terceiro volume, *Comédia, 1865-1867*, colige crônicas que ridicularizam os costumes de São Paulo, especialmente da vida cultural, teatral, política e religiosa da época. *Comédia* pode ser lido como linha de continuidade às crônicas do volume anterior, *Profecia*. Mais experiente na lida com a imprensa, Gama avança em seu projeto literário apostando em um estilo mais cômico e teatral. A crítica aos costumes, então, se revelava como uma arma poderosa na mão do poeta satírico. Os textos de *Comédia* servem como janelas para que os leitores de hoje vejam, e talvez riam, das barbaridades da elite paulista da época, que, afinal, não é tão distante assim da nossa.

O quarto volume, *Democracia, 1867-1869*, revela a atuação de Gama em outros domínios do conhecimento e debate público, como a educação e a política, além de marcar sua entrada no mundo do direito. Gama passa a defender na imprensa o direito à educação universal e a obrigação do Estado em garantir ensino público de qualidade em todos os níveis como um dos fundamentos da vida democrática. Nesse período, democracia, direito e liberdade tornam-se palavras-chave de sua literatura. Não sem razão, foi justamente nessa época que Gama foi demitido do cargo de amanuense da Secretaria de Polícia da capital, o que o lançaria para uma nova fase, agora dedicada à advocacia e ao direito.

O quinto volume, *Direito, 1870-1875*, demonstra que a prioridade de Gama passava a ser a escrita de uma literatura normativo-pragmática. São textos que podem ser lidos segundo divisões temáticas internas do direito: civil, criminal e processual, mas também a partir dos casos concretos em que Gama atuou como advogado ou parte interessada. Ainda que a maior parte dos textos tratasse de causas que envolvessem escravidão e liberdade, o volume também reúne textos de outras naturezas jurídicas, estritamente técnicas, o que revela, por sua vez, o domínio intelectual do advogado em outras matérias do direito.

O sexto volume, *Sátira, 1875-1876*, é formado por textos afiadíssimos que, em geral, criticam os costumes e moralidade de uma sociedade corrupta, violenta e escravocrata. Gama construiu uma obra satírica de envergadura épica. Ninguém passou ileso pelo bico da sua pena: juízes, advogados, professores, jornalistas, banqueiros. Todos foram ridicularizados como expressão medonha da sociedade escravocrata brasileira.

O sétimo volume, *Crime, 1877-1879*, representa a volta de Luiz Gama à literatura normativo-pragmática a partir de textos que são, em sua maioria, constituídos por denúncias de violação de direitos de presos e prisões ilegais. Relacionados à matéria penal e à matéria processual penal, os textos em *Crime* revelam o conhecimento de causa com que Gama interpretava o direito criminal do Brasil. Uma habilidade técnica, aliás, pela qual foi reconhecido e remunerado como um dos maiores no campo profissional.

O oitavo volume, *Liberdade, 1880-1882*, demarca o surgimento de um tipo de literatura de intervenção que exigia a imediata abolição da escravidão. Apesar da condenação moral do cativeiro ser recorrente na obra de Gama, é somente em 1880 que a campanha pela liberdade ganha um *corpus* textual específico. Os artigos deste volume, portanto, são fruto da luta radical pela abolição e por direitos. O abolicionismo de Gama, como ficará patenteado nas páginas de *Liberdade*, exigia cidadania e igualdade de fato e de direito.

O nono volume, *Justiça, 1850-1882*, reúne manuscritos fundamentais de Luiz Gama, que se constituem, inclusive, como páginas decisivas do abolicionismo mundial. É composto por petições que tramitaram no judiciário, escritas às vezes nas portas das cadeias, da polícia e dos tribunais. Somando-se aos anteriores, *Justiça* revela a magnitude da ação política e jurídica de Gama. É uma obra que confirma sua estatura de jurista. Sendo exceção na ordem cronológica do conjunto, *Justiça* é o arremate que a um só tempo articula os temas anteriores, sobretudo jurídicos, e dá unidade à sua literatura. É um volume ímpar das *Obras Completas* de Luiz Gama.

O décimo volume, *Polícia, 1850-1882*, compreende escritos de ofício, sobretudo da época em que Gama atuou como auxiliar da polícia e de outras repartições de estado, primeiro como copista, depois como escrevente, escrivão e amanuense. São cartas, boletins e petições administrativas que patenteiam a pluralidade de suas ações políticas dentro da máquina administrativa.

O décimo primeiro volume, *África-Brasil, 1850-1882*, é composto de escritos relativos à experiência de liberdade dos africanos ilegalmente escravizados em São Paulo. Abarcando textos que jogam novas luzes sobre a presença de Gama no mundo policial e administrativo, *África-Brasil* ressignifica sua relação com a imensa e plural comunidade de africanos — e seus descendentes — no Brasil. Reúne o início, o meio e o fim dessa relação constitutiva de sua formação como pensador, a relação África-Brasil, ela que também foi constitutiva do país onde Gama nasceu, viveu e lutou: o Brasil.

Por derradeiro, estamos certos de que "a década de Luiz Gama" está apenas começando. Será trabalho de gerações, como efetivamente tem sido, recuperar o legado de Luiz Gama e reinseri-lo no lugar que merece ocupar nas letras, no jornalismo, na política, no direito e na história. Se as *Obras Completas* refletem o progressivo acúmulo geracional de conhecimento que socialmente temos do Brasil Império, em geral, e da trajetória de Gama, em particular, elas não escapam das deficiências e lacunas de nosso presente. Ainda que tenhamos disponíveis, como nunca antes, incríveis bases de dados digitalizadas, que permitem o acesso remoto a uma parte considerável dos jornais do século XIX, não se poderia cravar que a reunião desse quase um milhar de textos seja uma edição definitiva. No último dos cinco volumes das correspondências de Machado de Assis, o coordenador da edição, Sergio Paulo Rouanet, pontuou que "numa obra desse tipo, todo final é sempre provisório".[3] Essa é, sem dúvida, uma das limi-

---

3. Machado de Assis. *Correspondência de Machado de Assis, tomo V: 1905-1908*. Organização de Sergio Paulo Rouanet, Irene Moutinho e Sílvia Eleutério. Rio de Janeiro: ABL, 2015, p. XXV.

tações destas *Obras Completas*. Por paradoxal que seja, ela só é completa até o presente momento. Daí que, oxalá assim seja, ela possa ser revista e ampliada no futuro. Afinal, essa é uma obra impensável sem o esforço de gerações de pesquisadores e leitores do passado e do presente, e que fica aberta às contribuições, retificações, críticas e sugestões de todos os leitores.

À semelhança do que cantou Gil em "Iansã", estamos diante de "uma obra que é de todos nós e de mais alguém, que é o tempo, o verdadeiro grande alquimista".[4]

BRUNO RODRIGUES DE LIMA
*Frankfurt am Main, 21 de junho de 2021*

---

[4]. Gilberto Gil. "Iansã", in: Gilberto Gil. *Ao vivo na USP*. Rio de Janeiro: Gege Produções Artísticas, 2018 [1973].

# Introdução
## Como Gama aprendeu e praticou o Direito no Brasil do Contrabando?

BRUNO RODRIGUES DE LIMA

Quem era o criminoso no Império do Brasil? Quem podia se defender usando as armas do direito, a exemplo da impetração do *habeas corpus*? Quais eram os limites legais para a coerção estatal violenta — e como dar, paradoxalmente, poder ao Estado para controlar o capricho privado que tanto linchava quanto matava? Quem, afinal, decidia onde começava o castigo e onde acabava a tortura? Quais os direitos mínimos do aprisionado? O que fazer diante de um "corpo negro seminu encontrado no lixão, em São Paulo", aquela que viria a ser "a última a abolir a escravidão"?[1]

O advogado Luiz Gama respondeu a todas essas perguntas. Respondeu, primeiro, porque se perguntou; se perguntou, antes de tudo, porque experimentou as dores dessas interrogações. O que ele nos lega, nessa seleção que compreende artigos escritos entre os anos de 1870 e 1875, é algo de importância rara para se observar o rastro de sangue e de ossos que o estado brasileiro deixa atrás de si.

---

1. Mano Brown. "Quanto vale o show?", in: Racionais MC's. *Cores & Valores* São Paulo: Cosa Nostra, Boogie Naipe, 2014. Com a citação dos versos de "Quanto vale o show?", sugere-se a remissão para textos de Gama que se encontram em outros tomos destas *Obras Completas*, por exemplo aqueles reunidos na parte VIII — Uma estátua, um coveiro e um perito criminal — do volume *Liberdade, 1880-1882*. Para conferi-los, cf. Luiz Gama. *Obras Completas de Luiz Gama, vol. 8. Liberdade, 1880-1882*. Organização, introdução, estabelecimento de texto, comentários e notas de Bruno Rodrigues de Lima. São Paulo: Hedra, 2021, pp. 235-255.

Longe de serem textos datados de um passado distante, a reflexão de Gama tem a estranha atualidade das coisas clássicas. Fala de prisão como se conhecesse a umidade fétida de um calabouço; descreve a cena criminal como a testemunha ocular convertida em cronista policial; versa sobre o crime como quem buscasse antes o fundo anímico da ação humana para depois explicar a razão objetiva do fato criminoso. Combate a escravidão feito quem dela saísse.

Escreve como um técnico dentro da técnica. Fora disso, indigna-se, ferve-se e referve-se sem descurar-se um segundo só que um advogado de sua estirpe precisava da vitória nos tribunais. E para vencer, pensava o pragmático, era preciso estratégia, inteligência e uma absurda força de vontade.

## O TRIBUNO NEGRO NA TRIBUNA CRIMINAL

Uma vez, escrevendo a um amigo, Luiz Gama disse que depois da demissão do cargo de amanuense da Secretaria de Polícia da capital, local onde passou quase vinte anos de sua carreira, ele arriscou a sorte e se fez advogado. Aliás, fez questão de frisar, um tipo particular de causídico: o advogado criminal. É esse o sentido da frase de Gama para José Carlos Rodrigues: "Fiz-me rábula e atirei-me à tribuna criminal. Tal é hoje a minha profissão".[2] Examinemos, primeiro, o tempo da frase — o "hoje" — e, depois, a investidura — o "fiz-me" e o "atirei-me" — na carreira profissional.

---

2. É bom ter em vista que esta frase é tirada de uma carta particular, escrita de um amigo para outro, com camadas semânticas que só remetente e destinatário saberiam precisar. O uso do termo "rábula", por exemplo, diz mais da postura ética do enunciador em afugentar qualquer pompa ligada à atividade advocatícia, do que da improvável pretensão de descrever a nova profissão. Gama parece propositalmente diminuir o peso da sua nova empreitada e atribui, talvez por falsa modéstia, diriam os mais críticos, ou mesmo por humildade, dessas que os críticos normalmente sequer consideram, um brilho menos vistoso ao seu mais recente feito. Para ler a carta que escreveu a José Carlos Rodrigues, cf. "Para o meu amigo que está em Nova York", nesse volume, p. 167. Para outro

O "hoje" a que Gama se referia era o ano de 1870. Por sua obstinação, sem dúvida, aquele "hoje" inicialmente incerto se prolongaria até os últimos dias de sua vida, em agosto de 1882, quando, quase cego e mal das pernas, estava lá peticionando mais um entre as dezenas de *habeas corpus* que passou a vida profissional requerendo.[3] Nesses longos doze anos, então, descontado uma espécie de ano sabático,[4] Gama bateria ponto em dezenas de tribunais criminais do judiciário paulista. Requisitaria ordem de soltura de presos perante delegados de polícia; demandaria que o presidente da província interviesse em comarcas locais para fazer cessar abuso de poder de juízes; provocaria magistrados para que declarassem a inculpabilidade de acusados; interrogaria testemunhas; suplicaria que jurados inocentassem réus; advogaria os interesses, enfim, de uma multidão de trabalhadores, escravizados, libertos e estrangeiros que se viam trucidados e espoliados às vezes do mais elementar direito de ir e vir.

Contada toda sorte de diligências, audiências, interrogatórios, julgamentos, sobem a mais de mil suas ações por dentro das entranhas do judiciário criminal. Fosse requisitando, demandando, provocando, interrogando, suplicando, o advogado negro sabia como poucos acelerar ou retrancar processos; inverter ou antecipar pautas; afastar ou estabelecer um determinado rito; desqualificar ou fixar um dado tipo penal; pôr sob júdice o titular do juízo... Isso tudo compunha o seu repertório; que nunca se limitou, todavia, aos calhamaços dos autos criminais.

exemplo em que Gama parece estrategicamente diminuir um feito notável de sua autoria, vale conferir, no histórico "Minha vida", o trecho em que o autor, em vez de dizer que escreveu um livro de poesias, se limita a dizer "fiz versos". Cf. Luiz Gama. *Liberdade, 1880–1882, op. cit.*, pp. 59–68, especialmente p. 68.
3. O *habeas corpus* em favor dos espanhóis Lourenço Gonzalez e Santiago Vilarinho, por exemplo, é de 04 de agosto de 1882, apenas vinte dias antes de morrer. Cf. Arquivo do Estado de São Paulo. "Habeas Corpus". *Luiz Gama em favor de Lourenço Gonzalez e Santiago Vilarinho*, nº 674, 1882.
4. Trata-se da pausa para a fundação e redação do jornal satírico ilustrado *O Polichinello*, em 1876. Sobre a atuação de Gama nesse periódico, cf. o volume *Sátira* destas *Obras Completas*.

Mais até do que atuar nas raias processuais, Gama esgarçava os limites do judiciário e subia à tribuna da imprensa para debater assuntos doutrinários. Nela, falava a toda a cidade e, como se verá, a todo o país, em defesa dos direitos de seus clientes. Habilmente, faria da tribuna um juízo, onde a autoridade local estaria subordinada ao controle da opinião pública. É claro que esse "metajuízo" do público sobre o estado era uma construção tão incipiente quanto frágil. Que poder teria o público em uma esfera pública carcomida pelo mais privado dos interesses, como era o interesse senhorial em uma sociedade escravista? Que voz teria o povo, com o perdão do anacronismo poético, para silvar qualquer sonido no já muito antigo "silêncio sorridente de São Paulo diante da chacina"?[5]

A tentativa de Gama, contudo, tinha suas razões de ser. Se não os cidadãos, quem julgaria os juízes que abusassem do poder? Os desembargadores? Os ministros? Não custa lembrar, e aqui vamos ao Gama sociólogo — ou por que não criminólogo? —, que o Brasil era uma sociedade escravista de soberania plena onde os "ministros da coroa, conselheiros de Estado, senadores, deputados, desembargadores, juízes de todas as categorias, autoridades policiais, militares, agentes, professores de institutos científicos, eram associados, auxiliares ou compradores de africanos livres".[6] Isto é, senão uma sociedade de criminosos, uma sociedade de autoridades criminosas.

Dito isso, por mais técnicas e operacionais que pareçam as discussões doutrinárias sobre direito penal ou processual penal, a par das conceituações de tipo e matéria criminal que o autor

---

5. Para a letra de "Haiti", cf. Caetano Veloso e Gilberto Gil. *Tropicália 2*. Rio de Janeiro: Polygram, 1993.
6. Para o conceito de sociedade escravista de soberania plena, cf. Tâmis Parron. "Escravidão e as fundações da ordem constitucional moderna: representação, cidadania, soberania, c. 1780-c. 1830", in: *Topoi*, Rio de Janeiro, vol. 23, n. 51, 2022, pp. 699–740. Agradeço ao autor pela gentileza em me enviar o artigo ainda mesmo antes de sua publicação. Para o célebre texto de Gama, cf. "Questão Jurídica I", in: Luiz Gama. *Liberdade, 1880–1882, op. cit.*, pp. 189–210, especialmente p. 196.

desenvolve, elas ganham relevo se matizadas pelo prisma da escravidão — imagem, aliás, que evoca um clássico da historiografia.[7] Elas ganham relevo, mais, se o leitor sacar a audácia da empreitada de Gama, que se propunha a discutir publicamente categorias criminais numa sociedade de criminosos.

Tendo a escravidão como o sangue a circular nas veias do moribundo Brasil, pois, os textos numa primeira vista técnica se afiguram antes como exemplares da cruenta luta de se balizar o justo numa sociedade injusta; a velha luta, diria o saudoso Hespanha, pelo poder da jurisdição, isto é, pelo poder de dizer o direito.[8]

É a luta pelo direito no teatro da escravidão o drama que o advogado Luiz Gama representa. Mas para entender essa história, que definitivamente não começa na segunda metade da década de 1870, é preciso recuar no tempo. É preciso voltar aos princípios do seu tempo de formação para melhor compreender o "fiz-me" e o "atirei-me" da frase que escreveu ao amigo José Carlos Rodrigues. Pelos anos de formação, ficará mais fácil perscrutar o universo daquele que se tornaria um dos mais importantes juristas da história do Brasil. Até porque esses anos de formação pessoal regulavam, como se verá, com os anos de formação de um novo país — o único estado nacional 100% comprometido com a reprodução cruel e violenta da escravidão racial no mundo moderno.

---

7. Dale W. Tomich. *Pelo prisma da escravidão: trabalho, capital e economia mundial*. São Paulo: Edusp, 2011.
8. António Manuel Hespanha. "Um poder um pouco mais que simbólico: juristas e legisladores em luta pelo poder de dizer o direito", in: Ricardo Marcelo Fonseca e Airton Cerqueira Leite Seelaender. *História do direito em perspectiva: do Antigo Regime à Modernidade*. Curitiba: Juruá, 2012, pp. 149–199.

Ninguém sabia direito quem era aquele jovem negro que acompanhava para cima e para baixo o enérgico delegado de polícia Furtado de Mendonça. Alguns já o podiam chamar de "Luiz do Furtado".[9] Outros podiam até saber que ele era aquele mesmo ex-escravo que dois anos antes havia fugido da casa do contrabandista Antonio Pereira Cardozo, ali na rua do Comércio.[10] Para os policiais que vinham de Mogi das Cruzes à São Paulo naquela manhã de sexta-feira, era um estranho caso de um preto letrado cuidando dos papéis da secretaria de polícia da capital. O fato é que o jovem negro de dezenove anos de idade se chamava Luiz Gonzaga Pinto da Gama.[11]

Aquele era um dia como outro qualquer na Secretaria de Polícia de São Paulo — cidade pacata com seus pouco mais de 25.000 habitantes, sendo, destes, aproximadamente 6.000 escravizados.[12] Dentro do sobrado da rua das Flores, nas imediações da praça da Sé, funcionários cuidavam da burocracia policial e, fora, inspetores rondavam quarteirões. O chefe de polícia coordenava sua equipe e, pode-se imaginar, descascava seus abacaxis. Por ser uma delegacia central, a secretaria recebia demandas de outras repartições policiais, como subdelegacias dos bairros e delegacias de cidades vizinhas.

No dia 26 de abril daquele paradigmático 1850, a prisão de um africano mobilizou os diferentes setores da secretaria. Quem cui-

9. Para a expressão registrada pelo cronista de época, contemporâneo de Gama, cf. José Luiz de Almeida Nogueira. *A Academia de São Paulo: tradições e reminiscências, estudantes, estudantões e estudantadas*. Lisboa: Tipografia A Editora, 3ª Série, 1908, p. 289.
10. Este evento biográfico está registrado no fundamental "Minha vida", in: Luiz Gama. *Liberdade, 1880-1882, op. cit.*, pp. 59-71, especialmente p. 65.
11. Arquivo do Estado de São Paulo. "Ofício". *Carta de Francisco Maria de Souza Furtado de Mendonça a Vicente Pires da Motta*, CO892, P2, C97, D7, 1850.
12. Para os dados demográficos do período, cf. Maria Luiza Marcílio. *A cidade de São Paulo: povoamento e população, 1750-1850*. São Paulo: Edusp, 2ª ed., 2014, especialmente pp. 145-155 e pp. 174-175.

dava da papelada, fazia rondas, transitava por repartições — ou mesmo o chefe de polícia, que despachava mil e uma coisas —, se via diante um imbróglio. Mas não era um imbróglio daqueles que causasse maior espanto. Ao contrário, era mais um dentre os numerosos casos de prisão de africano que sequer falava português. Por isso, aquele — tristemente — era um dia como outro qualquer no Império do Brasil, o maior país escravista do mundo moderno.

Quando os policiais vindos de Mogi das Cruzes chegaram ao centro de São Paulo trazendo um africano acorrentado, logo os oficiais da capital providenciaram a tomada de seu depoimento. Essa era uma diligência de praxe para averiguar, inclusive, quem seria o proprietário do homem. O delegado, então, perguntou qual o nome do preso, no que ele respondeu dizendo se chamar "Lourenço".[13] Em seguida, o delegado perguntou qual a nação do africano, que, de contínuo, respondeu ser congo. Na terceira pergunta, Lourenço, anota a polícia, "não entendeu e respondeu de um modo ininteligível".[14] Ininteligível, quer dizer, para eles. Porque quem compreendesse a língua mãe de Lourenço saberia, sim, e em detalhes, a sua história.

O chefe de polícia, que acumulava a função de juiz, mandou então que fossem chamados intérpretes para tomar o depoimento do africano em sua própria língua. Sem demora, duas mulheres se apresentaram: Anna Joaquina da Luz e "a preta conga Maria Dias".[15] O que se segue é um jogo de perguntas e respostas entre o juiz e o detido mediado por duas mulheres africanas da nação congo. Luiz Gama observava tudo...

Do interrogatório, sabe-se muita coisa. Lourenço disse que tinha saído de sua terra havia "duas luas".[16] Levado um mês de viagem, estava naquela outra terra, São Paulo, havia outra lunação. Vinha de África, onde — mostrava os calos das mãos — era lavrador. Dois peritos assistiam ao interrogatório e confirmariam que Lourenço era o que se chamava à época de africano

13. Arquivo do Estado de São Paulo. "Ofício", *op. cit.*, fl. 3.
14. *Id.*
15. *Id.*
16. *Id.*

boçal, isto é, o africano recém-introduzido no país e que não falava o português. Para eles, "era manifesto que o dito africano era boçal".[17] Manifesto não só pelo depoimento, mas também pelas escoriações e cicatrizes recentes de seu corpo.

Para efeito de controle, a polícia de São Paulo descreveu minuciosamente a compleição física do detido. Do "branco dos olhos algum tanto amarelado" à forma dos dedos dos pés, ou da dentição aos sinais nas palmas da mão, passando por pelos, unhas e medidas de todo o corpo, os notários da Secretaria de Polícia tomavam nota de tudo.[18] As queimaduras e as sarnas espalhadas em grande parte do corpo deixavam evidente que Lourenço estava muito mal — emprestando, por outro lado, maior verossimilhança ao seu depoimento. É de se conjecturar, contudo, que o elemento que mais pesou na formação da opinião dos peritos de que Lourenço era um africano boçal foi a do fato dele ter "acima do umbigo três sinais distribuídos na forma que à margem se acham declarados".[19]

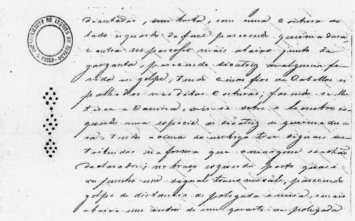

À margem esquerda do documento policial, reprodução dos sinais que Lourenço tinha marcados acima do umbigo. Foto: Bruno Rodrigues de Lima[20]

17. Ibid., fl. 4.
18. Ibid., fl. 2.
19. Id. Esses sinais foram desenhados à margem do termo de perguntas.
20. Ver Arquivo do Estado de São Paulo. "Ofício", op. cit., fl. 2.

O termo de perguntas do africano Lourenço é o mais antigo registro histórico com o nome de Luiz Gama. Mais até, como se para afugentar incrédulos São Tomés, o documento registra não só o nome "Luiz Gama", mas o nome completo do abolicionista, isto é, "Luiz Gonzaga Pinto da Gama".[21] Assim, a fonte histórica que conta lances da vida do lavrador africano capturado e sequestrado para o Brasil é também a que garante que Gama, aos dezenove anos de idade, em 1850, já estava na Secretaria de Polícia de São Paulo.

Agora, o que Gama fazia lá? À primeira vista, ele aparece assinando o ato oficial "a rogo" de um dos escoltas, muito provavelmente analfabeto, que viera de Mogi das Cruzes a São Paulo. Por um lado, isso sugere que ele não era um dos policiais envolvidos na diligência externa; por outro, indica que ele estava dentro da Secretaria de Polícia, já como ordenança de Furtado de Mendonça. Mas é nas entrelinhas que se vê melhor o seu papel. Por exame grafológico, se vê que é a sua destra a que copia o termo de perguntas do auto policial. Logo, sua participação vai muito além da protocolar assinatura a rogo de terceiros; ela se estende à produção daquele documento, não só em sua forma final, mas até mesmo de sua formação.

Se é de se conjecturar que Gama atua em frentes diferentes, seja a do recrutamento das intérpretes ou a de eventual instrução do depoente, é seguro dizer que o jovem negro letrado de dezenove anos aprendia direito já naquela época. E não exatamente qualquer direito: Gama aprendia um rito processual administrativo e judiciário que poderia determinar a liberdade de uma pessoa escravizada. Cada etapa do processo, pois, fora uma lição de direito. A garantia do depoimento do preso em sua língua materna e o apoio de auxiliares do judiciário, por exemplo, foram decisivos para o estabelecimento da verdade dos fatos.

---

21. É provável, no entanto, que pesquisas futuras localizem registros anteriores com o nome de Gama. Até o momento, porém, este é o primeiro registro a reportar sobre a vida civil de Gama. *Ibid.*, fl. 4.

Lourenço foi, então, declarado como africano livre e posto a serviço do Jardim Público de São Paulo. Isso, paradoxalmente, não significaria liberdade imediata. Mas, como todo velho paradoxo, não significaria o seu contrário — a escravidão perpétua.[22]

Naqueles tempos Satanás, diria o mesmo Luiz Gama, já governava o Brasil por procuração.

### RIO DE JANEIRO, SETEMBRO DE 1850

Algumas luas depois da prisão e da liberação do africano Lourenço, o parlamento brasileiro passaria uma lei proibindo o tráfico de seres humanos da África para o Brasil. Em 4 de setembro de 1850, o imperador sancionava aquela que ficou conhecida como "Lei Eusébio de Queirós", nome do ministro da Justiça à frente das negociações do projeto de lei com o Legislativo. Nada daquilo, porém, era matéria nova. As disputas sobre a legalidade do tráfico vinham de longe. O próprio Luiz Gama, em 1880, historiaria o contrabando e apontaria o ano de 1818 como marco temporal normativo que estabelecia o fim do comércio negreiro transatlântico.[23]

Na esfera do parlamento do recém-independente Brasil, porém, a votação de uma lei nacional para proibição e repressão do tráfico internacional de africanos escravizados se deu apenas em novembro de 1831. A história é conhecida: mesmo com a lei em vigor, o tráfico correu solto. Nesse contexto é que surge o apelido de "lei para inglês ver", haja vista que ela aparece como resposta aos interesses comerciais ingleses no Atlântico, muito embora esvaziada de efetividade normativa.

---

22. Para saber mais sobre a vida dos africanos livres, especialmente em São Paulo, cf. Enidelce Bertin. *Os meia-cara. Africanos livres em São Paulo no século XIX*. São Paulo: tese de doutorado apresentada ao Departamento de História da Faculdade de Filosofia, Letras e Ciências Humanas da Universidade de São Paulo, 2006, 273 fls.
23. "Questão Jurídica I", in: Luiz Gama. *Liberdade, 1880–1882, op. cit.*, pp. 189–210.

Entre uma lei e outra, isto é, entre 1831 e 1850, se passaram longos dezenove anos e mais de 738 mil pessoas foram criminosamente contrabandeadas de um lado do Atlântico para o outro.[24] Nessas duas décadas, o Brasil se tornou, como nenhum outro lugar do mundo, um porto seguro para contrabandistas de todas as bandeiras, especialmente os da verde e amarela, "auriverde pendão" que o poeta Castro Alves, com o tráfico na cabeça, dizia "cobrir tanta infâmia e covardia".[25]

Longe de ser um negócio clandestino improvisado, as redes do tráfico internacional tinham aparato logístico, crédito financeiro e articulação política de grosso calibre. Em termos logísticos, o tráfico brasileiro conseguia comprar um africano sequestrado em Huambo, por exemplo, embarcá-lo em Benguela e desembarcá-lo na Restinga da Marambaia, e levá-lo para Vassouras, Bananal ou Mar de Hespanha em quarenta dias. Negócio de lucro tão fácil quanto gigantesco, não faltava crédito na praça para o empresário ou intermediário que se prestasse a tal. Politicamente, estava tudo dominado. Da fiscalização na alfândega, passando pela polícia e fazenda pública, até chegar nos juízos locais imbuídos de poder decisório sobre a matéria, funcionários de todos os escalões faziam vista grossa para a apelidada lei para inglês ver. O conhecido "deixai fazer, deixai passar" era uma espécie de bê-á-bá escravista no Brasil do contrabando.

Tal grau de articulação institucional só foi possível, ou fora no mínimo enormemente potencializado, porque estávamos em uma sociedade escravista de soberania plena, isto é, onde todos os recantos do país admitiam e promoviam a escravidão e seu fundamento último repousava na cúpula do Estado e restava inscrito nas bases de seu direito público. No limite, a arquitetura

---

24. Para estes dados e uma visão crítica e contextualizada do tema, cf. Tâmis Parron. *A política da escravidão no Império do Brasil, 1826–1865*. Rio de Janeiro: Civilização Brasileira, 2011, p. 164.
25. Estes trechos compõem o canto VI do célebre poema "O navio negreiro". In: Castro Alves. *Os escravos*. Rio de Janeiro: Tipografia da Escola de Serafim José Alves, 1883, p. 92.

política do regime dava legitimidade ao sofisticado e tenebroso aparato logístico do tráfico, garantia liquidez e crédito ao mercado do contrabando e impunha estranho e dissimulado dever funcional de não-agir a qualquer evidência do contrabando.

O que se chamou acima muito rapidamente de "articulação" e "arquitetura" é, na definição precisa de um historiador social, a política do contrabando. E esta, por sua vez, uma fase de uma obra de mais longa duração: a política da escravidão.[26] Saber que a grande política espraiava suas ramas até o ordinário e o marginal não significa hipertrofiar a estrutura em sobreposição à ação individual. Incorrer em distorção do tipo seria um erro metodológico fatal. Todos sabem, porém, que o bom fotógrafo ajusta sua lente para dar nitidez à fotografia. O conceito de política da escravidão na era do contrabando, desta feita, ilumina dois fenômenos que nos interessam de perto: i) a trajetória de Luiz Gama, uma vez que seus anos de formação embasariam sua ação profissional futura; ii) e o fim do tráfico na vida política nacional que, a sua vez, marcaria a modelagem institucional do país nas décadas seguintes.

Gama nasceu no Brasil do contrabando. Rebento de junho de 1830, o seu país natal determinaria o fim do comércio negreiro internacional em novembro de 1831. Vendido pelo pai, em novembro de 1840, viveria ele próprio as cadeias ilegais de haveres e deveres do tráfico interprovincial, que àquele tempo se conectava mais e mais com as redes logísticas e comerciais do tráfico com a costa da África. Escravizado por oito anos em São Paulo, vê a província que passaria o restante de sua vida ser "inundada de escravos".[27] Alcançando provas de sua liberdade em 1848, gozaria dela num Brasil que atravessava a passos vacilados o seu rubicão existencial.

---

26. Para as respectivas conceituações, cf. Tâmis Parron. *A política da escravidão no Império do Brasil, 1826–1865*, *op. cit.*, pp. 17–19 e pp. 121–191.
27. A expressão pode ser lida no perfil biográfico "Luiz Gama por Lúcio de Mendonça", in: Luiz Gama. *Liberdade, 1880–1882*, *op. cit.*, pp. 73–84, especialmente p. 84.

A lei de 1850 pode ser definida como um divisor de águas na história do Império do Brasil. Ela não só separa em duas a política da escravidão: encerrando, por um lado, a fase do contrabando negreiro e dando início, por outro, à fase da reprodução exclusivamente interna do cativeiro. A lei de 1850 definiria o futuro do Brasil — menos como golpe fatal na instituição da escravidão, como quis Alencastro, e mais como rearranjo tático da política da escravidão, como ensina Parron.

Sem a entrada anual de milhares de africanos escravizados, os estadistas do Império teriam de se virar nos trinta para continuar a fazer do Brasil a maior nação escravista do mundo. "Assegurada a reprodução vegetativa da escravaria no longo prazo, os governantes deviam conduzir a administração sem tocar em sua legalidade institucional".[28] O primeiro objetivo dependia mais do poder senhorial das *plantations* de café de São Paulo, Rio de Janeiro e Minas Gerais; o segundo, bem, varava as esferas públicas nacional e internacional, mercado mundial e interesses econômicos ciumentos.

Não havia como, em São Paulo, o jovem Luiz Gama não entrelaçar sua história pessoal com a conjuntura nacional e internacional. Não havia como não pensar na história de Lourenço — que, diante de si, clamava por liberdade. Se já se podia ver o "voraz ardimento" de sua cabeça, "qual vulcão de flama ardente", Gama certamente lia com lupa tudo que se passava na miserável corte imperial do Rio de Janeiro.[29] Para se constituir no jurista de espada afiada que se tornaria no futuro, o jovem de dezenove anos teve de passar noites a fio destrinchando "as formas" daquele "um só pensamento", que representavam "um só interesse", cujas origens eram "o terror, seus meios a violência, seu fim a

---

28. Tâmis Parron. *A política da escravidão no Império do Brasil, 1826–1865*, op. cit., p. 89.
29. Ver o poema "Lá vai verso!", in: Luiz Gama. *Primeiras trovas burlescas*. Rio de Janeiro: Tipografia de Pinheiro & C., 1861, p. 10.

negação do direito".[30] Falando de pensamento, interesse, raízes, método e finalidades, Gama falava, em síntese, da política da escravidão no Império do Brasil.

### SÃO PAULO, SETEMBRO DE 1850

Na véspera da sanção imperial da lei Eusébio de Queiroz, Luiz Gama estava na casa do delegado de polícia Furtado de Mendonça para uma audiência que envolvia a liberdade de dois africanos recém contrabandeados ao Brasil. Naquele 3 de setembro de 1850, portanto, Gama lidava com o mesmo e espinhoso assunto que, dizem os ingênuos, tirava o sono do imperador Pedro II. Estavam lá na residência do delegado e juiz do caso, além de Gama e Furtado, dois peritos juramentados, um curador de africanos e o escrivão. Eles decidiriam o futuro dos dois africanos presos na cadeia pública de São Paulo — Capitão, de nação mucena e Paulo, de nação congo. Presos, ambos os africanos depuseram na cadeia no dia anterior. A exemplo do caso Lourenço, os depoimentos de Capitão e Paulo só ocorreram porque um intérprete congo, agora Manoel, mediou a diligência policial-judiciária.[31]

Capitão contou que era natural da "costa d'África" e que "na sua terra era casado", mas, continua ele, "lá ficou sua mulher".[32] Contou mais, qual o seu ofício, onde vivia e o nome dos senhores que o escravizavam — Antonio Pires e Maria Thereza Pires. Paulo, por sua vez, também disse ser "natural d'África", trabalhar com uma carroça, e estar sob o jugo dos mesmos escravizadores de Capitão.[33] Como no caso Lourenço, a par do depoimento dos presos, os policiais tomaram todo tipo de notas sobre a com-

---

30. Conferir, mais uma vez, "Questão Jurídica I", in: Luiz Gama. *Liberdade, 1880-1882*, *op. cit.*, pp. 189-210, especialmente p. 209.
31. Arquivo do Estado de São Paulo. "Ofício", *op. cit.*
32. *Ibid.*, fl. 3.
33. *Ibid.*, fl. 5.

pleição física dos africanos. O cruzamento do testemunho com sinais corporais e ferimentos servia para estimar a idade e apurar vestígios da travessia transatlântica.

A pergunta que valia a liberdade, sublinhava a polícia, era se os dois respectivos presos eram "africanos há pouco chegados ao país".[34] Era isso, em síntese, o que o delegado perguntava aos peritos. Se isso denota que o delegado Furtado de Mendonça levava em conta a proibição do tráfico de 1831 para eventualmente outorgar a liberdade de um africano contrabandeado, também indica que aquela delegacia poderia ser vista como uma fresta aberta na muralha da escravidão. O que parece ter sido uma corriqueira prisão nos arrabaldes do Ipiranga, pode ter sido, antes disso, uma fuga consciente que daria em uma das raras repartições policiais onde haveria chance do africano contrabandeado ser reconhecido como africano livre.

Agora o caso era com os peritos. Na casa do delegado e juiz do caso, os peritos Luís Gonçalves e Antonio Rodovalho fizeram de tudo para tapar aquela fresta de liberdade. "Por eles foi dito que desconfiam que o preto Paulo é ladino, não só pelas perguntas que lhe fizeram, e respostas que deu, como pelo modo com que se apresentou".[35] A declaração era taxativa. Sendo ladino o equivalente contrário de boçal, logo Paulo não havia chegado há pouco tempo ao país. E esse entendimento não valia só para Paulo. "Quanto ao preto Capitão julgam o mesmo", afinal ele teria "declarado estar na terra de branco há muito tempo".[36] Para os peritos, então, as respostas e o modo pelo qual se apresentaram depunham contra eles próprios. Se estar na terra de branco já era uma punição, estar nela há muito tempo seria, então, uma punição dupla.

Colhidos os depoimentos e ouvidos os peritos, unânimes na afirmação de que Capitão e Paulo eram ladinos, é a vez do delegado e juiz do caso Furtado de Mendonça decidir. Ladino

---

34. *Id.*
35. *Ibid.*, fl. 6.
36. *Ibid.*, fls. 6–7.

ou boçal? Brasileiro ou africano? Furtado de Mendonça recua, quem sabe, para avançar. Embora abdicasse da decisão final, ele encaminha a demanda ao presidente da província, seu colega e igualmente professor da Faculdade de Direito de São Paulo, Vicente Pires da Motta. Mas não encaminha o feito de qualquer modo. Ao qualificar os presos como "dois africanos de nação congo e nomes Capitão e Paulo", o delegado já indicava por onde caminharia.[37] Ainda que "os peritos declararam ladinos os ditos pretos", argumentava o delegado Furtado com a autoridade que lhe era hierarquicamente superior, "esse parecer não tem força de coisa julgada".[38] Numa tacada, o delegado afastava a opinião dos peritos e afiançava que Capitão e Paulo eram africanos contrabandeados. Uma "simples inspeção dos ditos pretos", sugeria Furtado, bastaria para convencer a autoridade pública a declarar os "mesmos pretos como africanos livres que são".[39]

Tão breve quanto categórico, o presidente da província finalmente decidiria: os africanos não deveriam tornar à escravidão e os seus serviços deveriam ser postos à arrematação. Com essa decisão, o presidente da província afastava qualquer pretensão futura de restituição patrimonial dos antigos e ilegais possuidores, o casal Antonio e Maria Thereza Pires, e determinava que os africanos eram livres.[40] É claro que, como no caso de Lourenço, haveria muita estrada pela frente para saber se Capitão e Paulo gozariam, na prática e em que medida, de suas respectivas liberdades.

O jovem Luiz Gama, agora com vinte anos de idade, assistiu a todas as etapas dessa diligência policial-judiciária. Do depoimento dos presos na cadeia pública à expedição da portaria do delegado para o presidente da província, chegando até a ordem final para arrematação de serviços, Gama acompanhou lances decisivos de uma demanda de liberdade resolvida em âmbito administrativo. Se é correto dizer que Gama assistiu e acompanhou,

37. *Ibid.*, fl. 1.
38. *Id.*
39. *Id.*
40. *Id.*

mais fidedigno ainda é dizer que ele participou do processo. Assim como no caso Lourenço, que assinou a rogo de um escolta provavelmente analfabeto, nos autos de Capitão e Paulo, Gama assina a rogo de Manoel, o intérprete de nação congo. Comparada com a primeira assinatura, que evidencia sua inserção no espaço policial, a segunda tanto reforça a evidência anterior quanto ilumina seu papel na comunidade negra de São Paulo, posicionando-o como provável interlocutor entre os intérpretes e os africanos aprisionados. Quem senão ele a localizar tão rápido intérpretes tão prestativos quanto Anna Joaquina da Luz, Manoel Congo e Maria Dias?

Em quaisquer das formas que tenha se dado sua participação para além das assinaturas a rogo, vale repisar que esse processo, a exemplo do caso Lourenço, serviu como uma escola de direito para ele. A solenidade do ato, a interveniência de auxiliares da polícia, a disputa de categorias, como as de ladino e africano livre, a dispensa fundamentada da opinião pericial, a resposta normativa da arrematação de serviços, entre outros procedimentos, tudo isso se revertia em conhecimento para o estudante disposto a aprender.

Ao recordar dos primeiros meses desse tempo de jovem aprendiz, Gama diria, falando de si em terceira pessoa, que "o exmo. sr. conselheiro Furtado, por nímia indulgência, acolheu benigno em o seu gabinete, um soldado de pele negra, que solicitava ansioso os primeiros lampejos da instrução primária".[41] Esse soldado de pele preta, continua Gama em valiosa nota autobiográfica, havia "deixado de pouco os grilhões de indébito cativeiro que sofrera por 8 anos, e jurado implacável ódio aos senhores".[42]

A ânsia por conhecimento e o ódio aos senhores brancos forjavam a ferro e fogo o caráter de Gama. Cada Lourenço, Capitão ou Paulo que encontrasse pelo caminho seria uma trincheira de

---

41. Ver "Fim da peça", in: Luiz Gama. *Obras Completas de Luiz Gama, vol. 4. Democracia, 1866–1869*. Organização, introdução, estabelecimento de texto, comentários e notas de Bruno Rodrigues de Lima. São Paulo: Hedra, 2021, pp. 469–471.
42. *Ibid.*, p. 470.

luta, como fora a sua, pela liberdade. "Ao entrar desse gabinete consigo levara ignorância e vontade inabalável de instruir-se".[43] A ânsia e o ódio, somados a uma absurda força de vontade para se educar, fariam de cada uma dessas trincheiras, por menor que fossem, uma batalha pelo conhecimento.

No início de carreira, Gama também exercia o ofício de copista na mesma delegacia de polícia. Foi nessa função que tomou contato com uma montanha de papeis e passou a conhecer a memória burocrática e o acervo decisório não só daquela repartição policial, mas igualmente das demais repartições conexas. Copiando, ele conhecia a casuística local e o repertório normativo referente a cada imbróglio.

Também em setembro de 1850, para permanecermos no enquadramento temporal proposto e ilustrarmos o mesmo argumento, Gama copiou um ofício do delegado Furtado de Mendonça para o nosso já conhecido presidente da província, Pires da Motta.[44] Nele, o delegado avisava ao presidente que os jazigos do cemitério da Igreja do Rosário dos Homens Pretos descumpriam a profundidade mínima de palmos para se enterrar uma pessoa. Aparentemente uma comunicação trivial, o ofício possuía dimensões sociais e jurídicas fundamentais para o jovem aprendiz. Como parte da comunidade do Rosário dos Homens Pretos, visto ter sido pupilo de uma de suas principais lideranças, o mestre Marcellino Pinto do Rêgo, Gama muito provavelmente se interessava por tudo que dizia respeito a sua comunidade. É de se especular que o potencial controle policial de uma das mais tradicionais irmandades negras de São Paulo chamasse a sua atenção. Dessa forma, Gama copiaria linha por linha disposto a saber o que corria por entre elas, isto é, nas entrelinhas.

Do ponto de vista jurídico, o comunicado do delegado ao presidente citava diretamente as Constituições do Arcebispado da Bahia, de 1707, para argumentar a necessidade de cumprimento

---

43. Id.
44. Arquivo do Estado de São Paulo. "Ofício", *op. cit.*

de protocolos sanitários para o ato do sepultamento. Para quem se definiu àquele tempo como alguém com "inabalável vontade de instruir-se", e isso ganhava contornos especialmente nítidos para o aprendizado do conhecimento normativo, compreender a aplicação de um texto normativo da jurisdição eclesiástica da Bahia setecentista na jurisdição administrativa da São Paulo de meados do século XIX deve ter sido uma verdadeira prova de hermenêutica jurídica.

Fosse em qualquer sorte de diligência policial, particularmente àquela de apuração do crime de contrabando, ou copiando fragmentos de processos, ofícios e ordens administrativas, Gama tomava cada oportunidade como chance rara de instruir-se e progredir na carreira profissional.

Em setembro de 1850, o Brasil mudava, talvez para nada mudar; desconfiado disso, Gama mudaria os acordes de sua música.

## O BRASIL VINTE ANOS DEPOIS: INTERLÚDIO

A política da escravidão na primeira década depois do fim do tráfico transatlântico, explica Parron, operou em três grandes frentes: primeiro, impediu que o Parlamento debatesse reformas legais no sistema escravista; segundo, fomentou a imigração de trabalhadores livres da Europa para a eventualidade de um cenário futuro que lhe fosse adverso; e, por derradeiro, promoveu o tráfico interprovincial para suprir demandas locais, especialmente as das *plantations* de café de São Paulo, Rio de Janeiro e Minas Gerais.[45] Trancando os canais institucionais de reforma do cativeiro e deslocando massas de escravizados de uma região a outra, e de cidades a fazendas, os artífices desse novo tempo escravista estabilizavam a égide da escravidão na era do póscontrabando.

45. Tâmis Parron. *A política da escravidão no Império do Brasil, 1826–1865*, op. cit., pp. 287–288.

Contudo, e por mais duradoura e arraigada fosse a cultura escravista no Brasil, aquelas medidas eram soluções pontuais, provisórias — e mesmo precárias. Nada equivaleria ou substituiria o tráfico internacional da costa da África com o Império do Brasil. Ainda assim, mais valia uma solução provisória do que solução nenhuma. Enquanto a reabertura do tráfico não aparecia no horizonte de possibilidades, restava aos estadistas da escravidão tocar internamente, pouco a pouco, com o que se tinha. Sem sobressaltos, o decênio correu calmo.

Se na década de 1850 o Brasil da política da escravidão atravessou relativa maré mansa nos mares de seus domínios, as rajadas de ventos do Atlântico Norte, no início da década de 1860, fariam subir as ondas nas costas do Rio de Janeiro. Ao romper da Guerra Civil nos Estados Unidos da América, em 1861, os estadistas do país irmão do Sul, *experts* em ler tudo o que corria na política da escravidão no hemisfério norte, não duvidavam que ali estava um fenômeno global capaz de abalar as estruturas do escravismo nacional — já bastante abalançado pelo impacto da lei Eusébio de Queiroz.

O conflito bélico que ceifou a vida de mais 100 mil pessoas e extirpou a escravidão da vida civil norte-americana, cedo ou tarde chegaria ao centro decisório do único Estado escravista de soberania plena no mundo. Com o desfecho da guerra e a vitória dos estados da União, em 1865, ministros, senadores e demais homens palacianos da corte de Pedro II quebravam a cabeça para manter o império da escravidão na vida civil brasileira. Diferentemente da década anterior, em que o Parlamento esteve blindado para discussões sobre reformas no regime escravista, agora parecia inevitável inaugurar um ciclo de reformas no interior da burocracia e da economia escravista. Em um intrincado contexto geopolítico, em que o próprio país declarara guerra ao seu vizinho Paraguai, o Brasil entraria na década de 1870 prestes a flexibilizar o acesso à alforria e, principalmente, extinguir a perpetuidade da escravidão com as reformas insertas na "Lei do Ventre Livre". A imprensa se levantaria, o abolicionismo surgiria organizado nas cidades e agitações sociais tomariam certo protagonismo. A política da escravidão tinha uma difícil equação para solucionar. O imperador, dizem os mais ingênuos, perdia o seu sono.

Os vinte anos pós-contrabando, então, podem ser divididos entre um decênio relativamente calmo e outro absolutamente agitado. Entre um e outro, uma guerra internacional fratricida que pôs a escravidão em xeque.

Em xeque, sim, mas não em mate. Ainda.

## GAMA VINTE ANOS DEPOIS: ATÉ ONDE COMEÇA O VOLUME «DIREITO, 1870–1875»

Em duas décadas, Luiz Gama viu de tudo na vida. De 1850, quando sua história cruzou com as de Lourenço, Capitão e Paulo, até o início da década de 1870, quando então cruzaria com as lutas e agruras de Polydora, Vicência e Joanna, ele atravessaria incontáveis provações de vida.[46] Se no começo dessa história ele teria dezenove, passando logo a vinte, agora ele já teria pouco mais de quarenta anos de idade. O que *o* mundo fez daquele jovem negro que tinha jurado implacável ódio aos senhores brancos? O que ele fez *desse* mundo? Que tanto de conhecimento o apaixonado estudante adquiriu nesse tempo?

Na dimensão pessoal, Gama se casou, com Claudina Fortunata Sampaio, sua única esposa, e teve dois filhos, Luiza e Benedicto. Só o menino, no entanto, vingou. A menina, que aliás carregava o nome da avó paterna, Luiza Mahin, morreu com

---

46. Falarei brevemente de cada uma delas a seguir. Para os textos de Gama que tratam das pessoas mencionadas no corpo do parágrafo, cf., nesse volume, a parte intitulada "O juiz do inferno", p. 312; o artigo "Tragicomédia policial", p. 305; e, finalmente, o texto "Os dentes da escravidão", p. 227. Para as muitas e instigantes histórias de Gama entre as décadas de 1850 e 1860, cf., nestas *Obras Completas*, os volumes *Poesia*, *Profecia*, *Comédia*, *Democracia*, *Polícia*, *Justiça* e *África-Brasil*.

dois meses de idade, em julho de 1858.[47] Também em julho, só que do ano seguinte, nasceria Benedicto Graccho, que chegaria a idade adulta como engenheiro eletricista e capitão do corpo de bombeiros de São Paulo.[48]

Embora Gama não fosse de falar muito de assuntos privados, duas cartas que integram esse volume iluminam aspectos bastante interessantes sobre sua vida familiar. Ainda que o seu autor não visasse a finalidade que hoje felizmente nos serve, isto é, a de iluminar cenários e até mesmo relações afetivas daquela casa e família, vale conferir de perto o que há nelas. Há um Gama paternal, quem sabe até severo, mas melindroso em suas memórias e afeições. Há um pouco, ou mesmo muito, pode-se dizer, do que o amigo e conterrâneo Rui Barbosa viu nele e evocou em uma conhecida oração, a de que "o cidadão para Roma antiga", tinha um "coração de vidro para gemer, e de bronze para resistir".[49] Uma carta de Gama para Rui compõe esse volume e dá pistas para se compreender a relação de amizade entre os dois. Mas é o seu conteúdo a um só tempo revelador e enigmático que faz a carta de Gama a Rui ser histórica. É a partir dela que se sabe, e em primeira mão, o curso processual da paradigmática "Questão Netto".[50]

---

47. Ver "Relação das pessoas que, na freguesia da Sé da cidade de São Paulo, têm falecido de bexigas, desde 26 de março desse ano, em que faleceu o primeiro bexiguento, até 31 de julho", in: *Correio Paulistano* (SP), 20 de agosto de 1858, p. 3.
48. Sobre a vida de Benedicto Gama, cf. Sud Mennucci. *O precursor do abolicionismo no Brasil*. São Paulo: Companhia Editora Nacional, 1938, p. 226.
49. A frase dita por Rui Barbosa, em verdade, provém do célebre romancista francês Victor Hugo. O conterrâneo de Gama, aliás, reproduziu-a no original em francês. O que se lê no corpo do texto, pois, é uma livre tradução da frase. Para consultar o discurso de Rui Barbosa, cf. Osório Duque Estrada. *A Abolição*. Brasília: Senado Federal, 2005, pp. 209-210.
50. Para uma visão jornalística contemporânea sobre a "Questão Netto", vale ler a reportagem de Leandro Machado, "Luiz Gama: a desconhecida ação judicial com que advogado negro libertou 217 escravizados no século XIX", disponível online no portal da BBC News Brasil. Para conferir abordagens de Luiz Gama sobre a "Questão Netto", cf., neste volume, os textos "Meu conterrâneo", p. 221; e "Acordo extrajudicial", p. 225.

No ano de nascimento de Benedicto Graccho, Gama teria outro rebento, este literário, que gravaria seu nome na história da literatura brasileira. Com o lançamento de suas *Primeiras Trovas Burlescas*, surgia não só uma voz poética original, cândida na lírica e encardida na sátira, como também o Brasil ganhava o primeiro livro de sua história escrito por um autor orgulhosa e afirmativamente negro. O poeta que lançara vinte e nove poemas em sua estreia, voltaria três anos depois com uma nova edição "correta e aumentada" que agora englobava um total de cinquenta e um poemas autorais.[51] Irreverente até a beirada do cáustico, o poeta *Getulino*, pseudônimo do afro-centrado filho de Luiza Mahin, não satisfeito em pintar o sete na jesuítica capital bandeirante, foi lá e versificou suas travessuras na cadência bonita da sátira.

"Fui, em outros tempos", Gama puxa o fio da recordação, "quando ponteava ritmos, fabricante de sátiras, em forma de *carapuças*; e, ainda hoje, tenho o vezo da arte".[52] O ponteio da rima ritmada deu o que falar. E haja carapuça para tanta cabeça — daí o "fabricante" indicando que eram muitos os ponteios pontiagudos do poeta. Se é verdade que Gama atribuía essas "ritmas" a um passado distante, não significava, contudo, que o "vezo da arte" tinha se ido com as mil carapuças de outros tempos. Ao contrário, o que se vê muito bem-visto nos anos que se seguem ao lançamento das *Primeiras Trovas*, é uma transição criativa do verso metrificado para uma prosa poética moderna que, se não *avant la lettre*, certamente transgressora para as sisudas convenções da época.

E essa transição da métrica formal para a prosa poética que o autor sagaz e ligeiramente sintetiza na expressão "aos metros e aos litros", ganharia sequência e adaptações futuras em outras

---

51. A expressão se lê na folha de rosto da edição de 1861. Luiz Gama. *Primeiras trovas burlescas, op. cit.*, p. 3.
52. Ver "A liberdade urge", in: Luiz Gama. *Liberdade, 1880–1882, op. cit.*, pp. 361–364, especialmente p. 363. Grifo original.

plataformas e linguagens.⁵³ É o caso da criação da imprensa ilustrada para discursar sobre política e costumes, primeiro, e da literatura normativo-pragmática para o produzir conhecimento jurídico, depois.

Quando funda o *Diabo Coxo* e o *Cabrião*, respectivamente em 1864 e 1866, Gama anunciava aos quatro ventos que seu "vezo da arte" tinha o gosto para as coisas belas e o prumo voltado para as coisas úteis.⁵⁴ A imprensa, defenderia Gama, deveria tanto inovar em suas formas quanto fustigar os poderes constituídos. Atuando nos limites do contra majoritário, a imprensa deveria ser a tribuna do cidadão comum, particularmente dos humilhados e ofendidos, o purgante dos maus costumes e o castigo dos graúdos. A máxima que viria futuramente de que "imprensa é oposição, o resto é armazém de secos e molhados" tinha, com a licença do flashback anacrônico, em Gama um prógono de mão cheia.⁵⁵

Jornalismo combativo aliado a uma concepção estética de vanguarda seria sua marca nos anos 1860 — assinatura, aliás, que o poeta se preocuparia em levar adiante, mesmo para as improváveis raias da política e do direito. Haja vista o periódico *Democracia*, fundado e redigido por Gama no biênio 1867–1868 com o propósito de difundir ideias republicanas.⁵⁶ Ainda que num tabloide de quatro colunas de texto para cada uma de suas quatro páginas, sem figuras ou caricaturas, o redator-chefe imprimiu sua marca nas firmas com que assinou boa parte dos artigos: *Afro* — ou *Afro 1º*. Da mesma forma como a cidade sabia quem era o poeta *Getulino*, não havia maior segredo para os leitores

---

53. Gama lançou mão dessa definição em alguns textos, entre eles, na série "Miscelânea política", originalmente publicada no periódico *O Polichinello* e que compõe o volume 6, *Sátira*, destas *Obras Completas*.
54. Ambos os textos citados poderão ser lidos, nestas *Obras Completas*, respectivamente nos volumes *Poesia* e *Comédia*.
55. De tão repetido, o aforisma de Millôr Fernandes pode ser lido em variadas formas. Opto, contudo, por aquela indicada em: Millôr Fernandes. *Millôr definitivo: a Bíblia do caos*. Rio de Janeiro: L&PM Pocket, 1994, p. 240.
56. Sobre este jornal, cf., especialmente, a introdução do volume *Democracia*, *op. cit.*, pp. 15–47.

da época sobre a identidade do pensador por trás das páginas da *Democracia*.[57] O redator-chefe também deixaria outras pistas satíricas pelo caminho, como o chistoso fato de se lançar o jornal republicano que pregava o fim da monarquia na data de aniversário do monarca Pedro II...

Não tardaria e a *Democracia* chegaria ao fim. Enganou-se, porém, quem achou que o poeta sairia da mídia. Sendo ele próprio, a par de "fabricante de sátiras", um inventor de mídias, era questão de tempo para ele tornar à rua com suas ideias impressas. Na companhia do jornalista Américo de Campos e uma estudantada da Faculdade de Direito de São Paulo, Gama fundaria, em abril de 1869, o *Radical Paulistano*.[58] Levando ideias abolicionistas para o centro do palco, ademais de combiná-las com a proposta de extinção do poder moderador, a tal da "chave de toda a organização política" do Império, conforme o texto constitucional de 1824, o Radical arrochava o programa republicano, posição que inclusive desembocaria na fundação do Partido Republicano quatro anos mais tarde.[59]

Também não tardou o fim do *Radical*. Empastelado provavelmente pelo governo provincial e desacreditado por liberais e conservadores, o órgão de imprensa do Club Radical paulistano parou — ou melhor, "foi parado" — de circular na primeira quinzena de janeiro de 1870. Gama estava entre os poucos remanescentes das últimas edições. Furtado de Mendonça, seu ex-

---

57. *Id.*, especialmente pp. 17-26.
58. *Ibid.*, pp. 36-40.
59. O art. 98 da Carta outorgada de 1824 estava, com atualizações gramaticais, assim redigido: "O Poder Moderador é a chave de toda a organização Política, e é delegado privativamente ao Imperador, como Chefe Supremo da Nação, e seu Primeiro Representante, para que incessantemente vele sobre a manutenção da Independência, equilíbrio, e harmonia dos mais Poderes Políticos". Cf. *Coleção das Leis do Império do Brasil de 1824*. Rio de Janeiro: Imprensa Nacional, Parte 1ª, 1886, p. 20.

chefe e agora compadre, visto ser padrinho de seu filho e de seu casamento com Claudina Fortunata, o procurou pouco antes do fim do *Radical* e o avisou que "o podiam demitir e perseguir".[60]

A demissão veio. E a perseguição?

Essa é outra fresta do passado que as linhas do *Direito, 1870-1875* ilumina.

### QUATRO HISTÓRIAS DO «DIREITO, 1870-1875»

"Fiz-me rábula e atirei-me à tribuna criminal. Tal é hoje a minha profissão".[61] Posta lá no começo desta introdução, a frase de Gama para o amigo José Carlos Rodrigues abria caminho para se compreender o seu ingresso no mundo do Direito no Brasil do Contrabando. Agora ela retoma o fio da reflexão de como ele se tornou advogado e de como ele exerceu a advocacia; ou, dialogando com suas expressões, de como "se fez" advogado e de como "se atirou" à banca de defesa criminal. Muito embora ele tenha "se feito" intérprete do direito desde pelo menos os dezenove anos de idade, a investidura a que ele se reporta é sem dúvida ao momento da habilitação como advogado, que se deu na antevéspera de natal do ano de 1869.

Demitido do quadro funcional da Secretaria de Polícia de São Paulo, em novembro de 1869, Gama mirou na difícil possibilidade de se conseguir uma "provisão" para solicitar causas.[62]

---

60. Ver "A comédia que foi a tragédia", in: Luiz Gama. *Democracia, 1866-1869*, op. cit., pp. 465-468, especialmente p. 467.
61. Lê-se a expressão no texto "Para o meu amigo que está em Nova York", nesse volume, p. 170. Para nuances sobre a expressão *rábula*, cf. a n. 2 dessa introdução.
62. A fundamentação normativa, nos termos do aviso ministerial nº 197, de 31 de outubro de 1854, não deixa margem para se entender a respectiva provisão como não sendo equivalente a um título para advogar. Cf., respectivamente, Arquivo Geral do Tribunal de Justiça do Estado de São Paulo. *Autos cíveis de petição para expedição de provisão de solicitador de causas*, Luiz G. P. da Gama, 2º Ofício Cível, cx. 67, 1869; e *Coleção das Decisões do Governo do Império do Brasil, 1854*, Tomo XVII. Rio de Janeiro: Tipografia Nacional, 1854, pp. 214-215.

Isto é, uma licença legal de plenos poderes para o exercício da advocacia. Assim, peticionou a um juiz local pelo direito de advogar naquela jurisdição. No apagar das luzes de 1869, conseguiria a sonhada licença para atuar como advogado — e ano novo, profissão nova.

Algumas histórias jogam luzes sobre sua atuação nos primeiros anos da profissão, precisamente quando ele "se atirou" à tribuna de defesa. Ora cruzando direito e arte, ora se entranhando pelos meandros mal alumiados do processo, se poderá ver como os testemunhos de Leal, Polydora, Joanna, Benedicto, Narciso e Vicência deram a Gama a oportunidade de "se fazer", isto é, construir a reputação que o distinguiria na posteridade, no mundo do Direito.

O caso Leal é dos primeiros que patrocinou — utilizando-se já de sua dupla tribuna, o judiciário e a imprensa. O Gama que em 1859 cheio de manha se dizia "kikiriki", voltaria mais tarde improvisando um personagem com o mesmo inusitado sobrenome numa série de artigos que ridicularizava a figura intratável de um juiz municipal.[63] Felício Ribeiro dos Santos Camargo, o "magistrado de arromba" de um artigo histórico escrito por Gama, era tão maníaco em sua falsa grandeza que fazia as vezes de um cômico "juiz de roça" doido por revogar a Constituição.[64]

É verdade que o juiz tinha ramelado o direito e mandado prender um cidadão sem prova, fundamento ou jurisdição. Possesso com a trama espúria de ilegalidades em que metera o artista Leal em uma prisão, Gama atacaria por duas frentes: pela técnica jurídica e pela alegoria artística. Na técnica, quebraria

---

63. Para o uso do termo *kikiriki* e o seu contexto, cf., respectivamente, o poema "No álbum do sr. capitão João Soares", in: Luiz Gama. *Primeiras trovas burlescas*, op. cit., p. 106; e Ligia Fonseca Ferreira. "Luiz Gama autor, leitor, editor: revisitando as *Primeiras trovas burlescas* de 1859 e 1861", in: *Estudos Avançados*, vol. 33, nº 96, 2019, pp. 109–135, especialmente p. 130. Para outra leitura do termo *kikiriki*, também por Gama, cf., nesse volume, a parte *Juiz criminoso*, p. 100 e, em particular, o texto "O juiz transformado em galo", p. 129.
64. Ver, nesse volume, o texto "De tudo se vende no Império do Brasil, até a liberdade", p. 313; e o artigo "O juiz transformado em galo", p. 129.

os elos da cadeia da ordem judiciária, costurando referências normativas que iam do Código Comercial ao Código Criminal, incluindo discussões de categorias doutrinárias atinentes a prisão por execução de dívida. Na alegoria artística, transmutaria pitorescamente o juiz em galo, onde o movimento involuntário da cauda do bicho derrubaria o tinteiro posto sobre a escrivaninha da autoridade e mancharia a sua toga, que por metonímia nada mais era do que a competência do julgador. O advogado conseguiria a soltura do cliente e o articulista na imprensa daria ao público satisfações do que andava ocorrendo sob as aras daquele juízo local. Contestação judicial e discussão pública na imprensa, então, faziam parte de uma só estratégia de defesa. Tudo temperado, se possível, pela acidez da palavra.

Dois anos depois da burlesca metamorfose do juiz em galo, Gama novamente transmutaria o juiz numa ave. Dessa vez, numa ave de rapina.

Em 1872, ao peticionar em favor da liberdade de Polydora, que já tinha comido o pão que o diabo pisoteara na cadeia de São Paulo, o advogado topou de frente com a conhecida violência do juiz Felício. Os dois travariam novo embate — com a licença da redundância — judiciário e teatral. Como rezava o seu código particular para demandas de liberdade — praxe, aliás, acatada por diferentes juízes e doutrinadores no Brasil —, o advogado pediria primeiro o depósito judicial de seu representado ou curatelado; depois solicitaria ao juízo que intimasse a parte contrária para da demanda se pronunciar; e, finalmente, nessa etapa, levantaria nomes para a perícia que arbitraria um valor para eventual indenização. O juiz Felício decidiu por embargar o pleito de Polydora, exigindo pagamento *a priori* para "comprar a liberdade".[65]

Em três atos, Gama encena o drama de Polydora, onde o antagonista era o juiz municipal da capital. Por um lado, explicava como se dava o processo de alforria e os fundamentos meritórios

---

65. Ver, nesse volume, o texto "De tudo se vende no Império do Brasil, até a liberdade", p. 313.

da ação; por outro, expunha a "novíssima jurisprudência" do juiz Felício.⁶⁶ O público, então, que tirasse suas conclusões. "São mais do que despachos; parecem anúncios americanos", resumia Gama, não sem antes pontuar para os leitores a ausência de motivação legal do julgador.⁶⁷ Num desses despachos, após muita insistência do advogado, o juiz Felício moveria a causa a frente. Ao fazê-lo, porém, determinava que Polydora pagasse indenização num valor tão exorbitante que extrapolava em cinquenta vezes o que ele próprio decidira dias antes em outro feito de arbitramento. Gama se insurgiria contra cada um dos obstáculos levantados, *e.g.*, impedimento de depósito judicial preliminar e ordem de apresentação de pecúlio absurdamente irrazoável, mas, como no caso Leal, investiria simultaneamente em duas frentes: da técnica jurídica e da alegoria artística. Na técnica, consultaria advogados igualmente conceituados para balizar consensos sobre o núcleo jurídico da demanda e estabelecer qual a resposta normativa competente. Na arte, escreveria uma passagem que iria ao âmago da razão jurídica do juiz Felício.

É esplêndida e incomparável a atitude arrogante do magno juiz, espancando as sombras deste mísero foro paulistano! Que originalidade de concepções, e que leonino rompante nas manifestações! É incontestavelmente a águia sublimada da jurisprudência, e nem há [quem possa] negá-lo. Águia na ferina altivez do olhar; águia nas abas da casaca e nas esguias gâmbias; águia nos cabelos, em falta de lustrosas penas; águia nas unhas, posto que não tenha garras; águia na vontade, nas arrojadas pretensões e na ardência da palavra; águia, enfim, no gênio e na sanha contra os negros: águia sem penas, mas águia de cabelo.⁶⁸

O outrora galo se tornaria águia. Águia, nos dizeres do inspirado poeta e indignado advogado, pelo olhar, pernas, cabelos, unhas, mas fundamentalmente águia na vontade, "no gênio e na sanha contra os negros".⁶⁹ Gama não pararia por aí. Na sequência

---

66. *Ibid.*, p. 317.
67. *Id.*
68. Ver "Jurisprudência do ódio contra os negros", nesse volume, p. 327.
69. *Ibid.*, p. 328.

da denúncia da crueldade racista do juiz, ele ainda escreveria nove quadras de um improvisado poema. De águia, então, o juiz viraria uma figura mitológica grega imortalizada como um juiz do Inferno na *Divina Comédia* de Dante Alighieri; inferno por inferno, viraria mais, viraria o próprio Judas Iscariot vendendo Cristo.

No caso da "pobre rapariga Vicência Maria Teixeira", também em 1872, Gama escreveria uma espécie de conto fantástico ambientado na sua velha e conhecida Secretaria de Polícia da capital.[70] O enredo todo é de tirar o fôlego. Em 22 de maio de 1872, o subdelegado de polícia de Santa Ifigênia, região central de São Paulo, Manoel Leite, acusou a sua empregada — ou escravizada, não se sabe —, Vicência, de ter roubado uma quantia do bolso de seu paletó. A moça não só negou a autoria como se sentiu ofendida pela acusação. Sua palavra, contudo, não valeu de nada. O subdelegado levou-a até o chefe de polícia, que a mandou prender pelo crime de furto, numa ordem de prisão, como definiu Gama, "tão atrevida quanto ilegal".[71] O calvário estava pelo meio.

Junto a um policial, que Gama conhecia de outros carnavais, o subdelegado levou pessoalmente Vicência para a carceragem. "Aí chegados", conta Gama, "tomaram algemas de ferro, constituíram-se em inquisição, e *ameaçaram brutalmente* e por tal modo a tímida rapariga, que ela aterrada pretendeu suicidar-se, e quis precipitar-se da janela do sobrado à rua".[72] O grifo em itálico original sugere que a coisa toda passou e muito da ameaça. A escalada dos eventos — sustada, ao fim, por um guarda "revoltado e paciente" — quase terminou numa tragédia maior.[73]

E como Gama tomou pé do ocorrido? No dia seguinte, 23 de maio de 1872, o mesmíssimo subdelegado de Santa Ifigênia, Manoel Leite, prendeu um vendedor ambulante italiano, que comerciava na rua São Bento — antiga freguesia da Sé. O vice-cônsul da Itália em São Paulo, representado no ato por Angelo

70. Ver "Tragicomédia policial", nesse volume, p. 305.
71. *Ibid.*, p. 305.
72. *Id.*
73. *Id.*

Spinelli, procurou Gama e fez dele o advogado do compatriota preso. Na qualidade de advogado do italiano, pois, Gama foi à Secretaria de Polícia da capital interceder por seu cliente. Nessa oportunidade, viu de perto o que se sucedia com Vicência.

O que era a defesa de um, tornou-se a defesa de dois. Aparentemente sem muito esforço, Gama descaracterizou a competência de o subdelegado de uma jurisdição prender alguém em outra, que evidentemente não lhe dizia respeito. Com isso, apontou vício insanável na ordem de prisão do italiano — que, ademais, parecia ter sido confundido com outro conterrâneo que, esse sim, a polícia estava de olho. Era a vez de interceder por Vicência. Embora tenha optado em não detalhar o desenrolar interno da trama, dando até mesmo um tom inusitado para a soltura final de Vicência, Gama escreve algumas perguntas teóricas que iluminam o caso. Chamando a atenção da promotoria pública, o advogado questionaria se o subdelegado poderia ser ao mesmo tempo *parte e juiz*", indicando profunda incompatibilidade em suas ações até, pelo menos, a ordem de prisão do chefe de polícia; e se poderia "fazer interrogatórios e ameaçar a interrogada para extorquir confissões por meios ilícitos e criminosos".[74] A denúncia era forte. Cabia ao promotor público investigar os atos ilegais e o "bárbaro atentado" na Secretaria de Polícia, chefiada por um "jurisconsulto e magistrado" que, na cáustica definição do satírico jurista, "iludiu o destino com admirável habilidade, e trocou a jaqueta-penitenciária pela toga de juiz".[75] Sim, Gama dizia que a importante autoridade administrativa, judiciária e policial da província, por capricho do destino, trocara a camisa de força manicomial pela toga da judicatura.

No caso de Joanna, o poeta recolheria suas lanças e o jurista, com seus formões, escavaria mais fundo os sulcos da jurisprudência.

Gama reconstituiria a trajetória de vida de Joanna, colheria depoimentos de testemunhas, discutiria provas documentais e

---

74. *Ibid.*, p. 307.
75. *Id.*

criticaria não só a resposta normativa da autoridade competente nos autos, mas também os ameaçadores recados indiretos que familiares da mesma autoridade lhe passaram. Estava claro que planejavam assassiná-lo.

Como no caso de Lourenço, Capitão e Paulo, percorridos no começo desse trabalho, a demanda de liberdade de Joanna girava em torno do marco temporal da proibição do tráfico transatlântico da costa da África com o Brasil — o explosivo assunto que o seu antigo chefe, Furtado de Mendonça, dizia que era como "estar mexendo em um vulcão".[76]

Na delegacia de polícia de Jundiaí, interior de São Paulo, Gama requereu a alforria administrativa da "preta Joanna, africana".[77] O advogado sustentou que era de "notoriedade pública que ela foi importada no território do Brasil depois da promulgação da Lei de 7 de Novembro de 1831".[78] Longe de uma figura de linguagem da retórica causídica, a notoriedade pública foi corroborada pelo depoimento de duas testemunhas, que detalharam aspectos singulares da escravização de Joanna. Ambas as testemunhas falaram quando e como conheceram a criança "de sete anos, mais ou menos".[79] Uma dessas testemunhas, aliás, disse que foi quem ensinou a língua portuguesa para Joanna, que aquele tempo só falava em sua língua materna. Como se a cena de horror tomasse proporções visuais ainda maiores, uma das testemunhas afirmava que Joanna estava "mudando os últimos dentes, quando foi comprada".[80]

A par dos depoimentos, Gama traria aos autos outros elementos de provas. Certidão de batismo, extrato de inventário, registro de pagamento de imposto — tudo conferindo com as narrativas das testemunhas —, serviram como base probante do

---

76. Ver "A comédia que foi a tragédia", in: Luiz Gama. *Democracia, 1866-1869*, op. cit., pp. 465-468, especialmente p. 466.
77. Ver "Os dentes da escravidão", nesse volume, p. 227.
78. *Ibid.*, p. 227.
79. *Ibid.*, p. 229.
80. *Id.*

pleito de Joanna. Minuciosamente, Gama bate prova com prova, coteja igualmente os documentos apresentados pela parte escravizadora, e sustenta que Joanna foi contrabandeada ao Brasil. O encadeamento lógico é cristalino. Em suas palavras:

> Ora, se, como está evidentemente provado, a preta Joanna era completamente boçal quando foi comprada pelo alferes Natividade; se ignorava inteiramente a língua portuguesa; se só falava a língua africana; se aprendeu a falar a língua nacional com as pessoas da família de Natividade; se tinha, nesse tempo, de 7 a 10 anos de idade, pois que estava mudando os dentes; se não era ainda batizada; se na carta de venda, muito de propósito, ocultou-se a idade da preta, para melhor assegurar-se a emaranhada fraude; e se a compra, por Natividade, efetuou-se "em mil oitocentos e trinta e sete"; se a preta foi batizada em 1840; e se incontestavelmente contava ela 20 anos em 1850, é claro, e tão claro como a luz meridiana, que a preta Joanna foi importada depois da abolição do tráfico; posteriormente à promulgação da Lei de 1831.[81]

O delegado de polícia de Jundiaí não viu "presunção de liberdade" no caso de Joanna e ainda ordenou que a entregasse de volta — para nunca mais voltar? — ao possuidor fraudulento. Gama perdia a causa. A blindagem institucional do cativeiro seguia forte. A polícia da escravidão, braço operacional da política da escravidão, tinha, afinal, em "alta conta os interesses de um indébito possuidor de gente livre, criminosamente escravizada".[82]

Gama "se fez" intérprete do direito desde muito jovem. Quando acompanhou a diligência do africano Lourenço, aos dezenove anos de idade, em 1850, já pensava e praticava o direito. Quando mediou oitivas policiais, por exemplo, sacava ritos e praxes processuais. Com o avançar dos anos, o jovem ganhava conhecimento da memória burocrática local e do repositório de respostas normativas administrativas e judiciárias. De sua incursão na poesia, deu vazão ao vezo de sua arte e criou mídias novas para

---

81. *Ibid.*, pp. 231–232.
82. *Ibid.*, p. 233 e p. 226.

expressá-las. Da sua leitura estrutural da política da escravidão, adaptando-a à nuançada conjuntura partidária, compreendeu que só com o fim da monarquia a escravidão teria também um fim. Do seu exercício da advocacia, traduziu categorias normativas, criou uma doutrina jurídica autoral e deixou um legado de luta pelo direito.

Pelo seu exemplo de vida, inspirou, inspira e há de inspirar gerações e gerações de humilhados, ofendidos e condenados da terra.

## NOTA SOBRE O ESTABELECIMENTO DO TEXTO

Os textos reunidos neste volume das *Obras Completas* foram transcritos diretamente do original e revisados à luz das fontes primárias. O processo minucioso de transcrição, cotejamento e revisão partindo exclusivamente dos originais, e nunca da literatura secundária, foi imprescindível para o estabelecimento do texto. Isso fica ainda mais evidente considerando-se que praticamente todos os artigos republicados em coletâneas passadas possuem mutilações textuais, a exemplo de centenas de supressões de palavras originais — às vezes de parágrafos inteiros —, acréscimos de palavras inexistentes, transcrições errôneas, distorções de sentidos, incompreensíveis gralhas, inversões de grifos e marcas estilísticas que, lamentável e fatalmente, resultaram no prejuízo da leitura da escrita de Gama. Para facilitar o acesso aos leitores de hoje, a grafia foi atualizada conforme as regras ortográficas correntes; a pontuação indicativa de falas e pensamentos, bem como marcações de cunho forense e os pronomes de tratamento formais e institucionais, foram padronizados; opções gramaticais hoje em desuso, como alguns casos de concordância e conjugação verbal, foram atualizados; e, por fim, foram preservadas todas as estruturas de parágrafo, marcações de ênfase em itálico e negrito, com exceção em alguns usos da caixa alta, que possuía ênfase tipográfica diversa da que hoje lhe atribuímos. Por não pretender ser uma edição fac-símile ou semidiplomática, estas *Obras Completas* usam da licença editorial para renomear os títulos de época, preservando-os como subtítulo, e assim favorecer a recepção contemporânea. O estabelecimento do texto, em síntese, teve o cuidado de manter a escrita de Luiz Gama o mais próximo possível do original — convidando à leitura uma pluralidade de gentes para além, oxalá, do círculo dos especialistas.

## BIBLIOGRAFIA

ALMEIDA NOGUEIRA, José Luiz de. *A Academia de São Paulo: tradições e reminiscências, estudantes, estudantões e estudantadas*. Lisboa: Tipografia A Editora, 3ª Série, 1908.

BERTIN, Enidelce. *Os meia-cara. Africanos livres em São Paulo no século XIX*. São Paulo: tese de doutorado apresentada ao Departamento de História da Faculdade de Filosofia, Letras e Ciências Humanas da Universidade de São Paulo, 2006, 273 fls.

CASTRO ALVES, Antonio. *Os escravos*. Rio de Janeiro: Tipografia da Escola de Serafim José Alves, 1883.

ESTRADA, Osório Duque. *A Abolição*. Brasília: Senado Federal, 2005.

FERNANDES, Millôr. *Millôr definitivo: a Bíblia do caos*. Rio de Janeiro: L&PM Pocket, 1994.

FERREIRA, Ligia Fonseca. "Luiz Gama autor, leitor, editor: revisitando as Primeiras trovas burlescas de 1859 e 1861", in: *Estudos Avançados*, vol. 33, nº 96, 2019, pp. 109–135.

HESPANHA, António Manuel. "Um poder um pouco mais que simbólico: juristas e legisladores em luta pelo poder de dizer o direito", in: FONSECA, Ricardo Marcelo; SEELAENDER, Airton Cerqueira Leite. *História do direito em perspectiva: do Antigo Regime à Modernidade*. Curitiba: Juruá, 2012, pp. 149–199.

MARCÍLIO, Maria Luiza. *A cidade de São Paulo: povoamento e população, 1750-1850*. São Paulo: Edusp, 2ª ed., 2014.

MENNUCCI, Sud. *O precursor do abolicionismo no Brasil*. São Paulo: Companhia Editora Nacional, 1938.

PARRON, Tâmis. *A política da escravidão no Império do Brasil, 1826–1865*. Rio de Janeiro: Civilização Brasileira, 2011.

RACIONAIS MC's. *Cores & Valores*. São Paulo: Cosa Nostra, Boogie Naipe, 2014.

TOMICH, Dale W. *Pelo prisma da escravidão: trabalho, capital e economia mundial*. São Paulo: Edusp, 2011.

VELOSO, Caetano; GIL, Gilberto. *Tropicália 2*. Rio de Janeiro: Polygram, 1993.

# Lista de abreviaturas

| | |
|---|---|
| Alv. | Alvará |
| Art. | Artigo |
| Aug∴ | Augusta |
| Av. | Aviso |
| Cap. | Capítulo |
| Cod. Com. | Código Comercial |
| D. | Dom |
| Dr. | Doutor |
| E. R. M. | Espera Receber Mercê |
| Ed. | Edição |
| Exmo. | Excelentíssimo |
| Exmos. | Excelentíssimos |
| Fl. | Folha |
| Ilmo. | Ilustríssimo |
| Ir∴ | Irmãos |
| Maçon∴ | Maçonaria |
| Of∴ | Oficina |
| S. Excia. | Sua Excelência |
| S. M. | Sua Majestade |
| S. n. | Sem número |
| S. S. | Sua Senhoria |
| Sr. | Senhor |
| Tit. | Título |
| V. | Vossa |
| V. Excia. | Vossa Excelência |
| V. S. | Vossa Senhoria |
| Vv. Ss. | Vossas Senhorias |
| VV. Revmas. | Vossas Reverendíssimas |

# LIVRO I

# EU ESTOU NO MEU POSTO DE HONRA

**NOTA INTRODUTÓRIA**  Em 1870, de janeiro a dezembro, Gama foi presença garantida nos jornais de São Paulo. De variados modos e estilos, tratando de muitos processos que corriam tanto na capital quanto no interior da província, em sua maioria casos sobre escravidão e liberdade, Gama dobrava sua aposta no mundo do direito. O turbulento ano de 1869, como se lê em detalhes no terceiro volume destas Obras Completas, deixou marcas profundas. Era apenas questão de tempo para, depois da violenta demissão do cargo de amanuense da Secretaria de Polícia da capital, em dezembro de 1869, vir a prometida perseguição dos escravocratas contra Gama. E ela veio — e veio pesada — primeiro de forma velada, depois com todas as letras. Os escravocratas paulistas não escondiam que queriam a cabeça de Gama numa bandeja. Ciente do fogo cruzado em que se achava, Gama tomou medidas de segurança pessoal e teve sua casa vigiada por amigos e companheiros de luta ou, como ele disse na "Carta a José Carlos Rodrigues", que se lê nessa seção, "quando fui ameaçado pelos grandes (...) tive a casa rondada e guardada pela gentalha". Não se sabe ao certo se alguma emboscada de fato aconteceu, mas pode-se dizer, especialmente de posse do material reunido nessa seção, que Gama esteve, sim, "em momento supremo, sob a ameaça de assassinato", nos meses finais de 1870. Era, nem mais nem menos, a famigerada perseguição que se anunciava desde o ano anterior e se tramava, sem maiores cerimônias, sob as vistas das mais altas autoridades da província. No que cabia a Gama, nada de recuos ou esquivas. Já na primeira semana do ano, Gama ia às ruas com o último número do *Radical Paulistano*, folha republicana que ele havia fundado e dirigido por sete meses consecutivos. O fechamento do jornal, evento certamente ligado à perseguição política que se levantava contra Gama, não seria o bastante para bani-lo, nem do debate de ideias na imprensa, muito menos das causas de liberdade nos juízos e tribunais. Como dito anteriormente, Gama continuaria vivíssimo — de janeiro a dezembro — nas páginas dos jornais de São Paulo. Na primeira semana de janeiro, publicou três textos no citado último número do *Radical Paulistano*. Daí em diante, Gama fez sua trincheira no *Correio Paulistano*, onde publicou, apenas em 1870, outros dezesseis textos. Somam-se a esse conjunto duas cartas privadas que ele escreveu de próprio punho, além de outros dois artigos dirigidos a ele e diretamente relacionados com algum texto seu. Assim, tem-se um total de vinte e três textos reunidos nessa seção. São, em sua maioria, textos do que podemos chamar de literatura normativo-pragmática, assinados em nome próprio ou através de pseudônimos que Gama teve de lançar mão num dado debate, instado por circunstâncias políticas e processuais. Salvo exceções indicadas em contrário, o critério cronológico prevalece sobre o temático, ou seja, o fio dos eventos se desvela dia a dia, mês a mês, como um jornal após o outro, ou simplesmente como "um dia após o outro dia".

# PARTE I

ACERTO DE CONTAS

**NOTA INTRODUTÓRIA**   *Na última edição do* Radical Paulistano, *os redatores tinham os olhos voltados para o ano de 1869, que recém-terminara. Gama certamente ficou até o fim, até a última máquina tipográfica parar. A luta política que ele travou nos últimos meses do ano velho deixou sequelas tamanhas que teria de recomeçar novas batalhas. Afinal, sem o emprego e os aliados de antes, a vida tomaria novo rumo. Mas havia contas a acertar. A principal delas vinda do Rio de Janeiro. Chegou ao seu conhecimento que o jornal ultraconservador — se assim nos é útil qualificar o jornal que tinha por título a data do Golpe de Estado de 1868, como ficou conhecida pela historiografia de corte liberal a traumática dissolução do gabinete Zacarias — publicou uma correspondência em que se comemorava a sua demissão da Secretaria de Polícia de São Paulo. Gama qualificou o ato como uma "calúnia calculada" própria da "lógica de algoz" dos conservadores que dominavam o país, entre eles o ideólogo do mesmíssimo jornal que dava azo ao ataque, o ministro da Justiça José de Alencar. Começar o ano de 1870, portanto, passava por acertar as contas passadas. É verdade que Gama havia posto um ponto final com o artigo "Pela última vez", onde pretendia encerrar o caso e dar "uma última palavra" sobre a perseguição política que atingia o ponto de demiti-lo ilegalmente do cargo público que ocupava há muitos anos. No entanto, o ataque vindo da Corte exigia resposta. A "calúnia calculada" não passaria despercebida e Gama nomearia o seu responsável em última instância: o todo-poderoso José de Alencar. Assim, Gama faz questão de sacar a sua demissão como produto da política provincial e colocá-la no plano que lhe parecia apropriado: a escala nacional da política da escravidão. Não foi assim que, até o momento, o evento passou à historiografia. Mas essa é outra história que, se me permitem, urge revisão: torna-se indício sobre indício, artigo por artigo, cada vez mais evidente que Gama era visado como inimigo do regime monárquico e da escravidão não só pelos paulistas, mas também pela Corte. Além da réplica de Gama, intitulada "Calúnia calculada", a seção abarca mais cinco textos do último* Radical Paulistano *que, embora sem assinatura nominal, são críticas afiadas contra a escravidão escritas por quem estava até o instante final do jornal. Esses artigos, originalmente intitulados de "Seriedade e riso", "Emancipação", "O povo acorda" "Escolas populares" e "A associação abolicionista de Paris", não só têm marcas estilísticas e repertórios de metáforas de Gama, como também tratam de assuntos de que ele se encarregava na redação. Os três indicativos, somados à hora crucial em que se encontrava o* Radical Paulistano, *convergem para a autoria de Gama. É de notar, finalmente, que esses artigos do último* Radical *possuíam uma estrutura semelhante: recortavam uma notícia de um outro jornal e, em seguida, cravavam uma opinião crítica sobre a matéria. Após os textos do* Radical, *se lê um texto assinado por Philodemo, pseudônimo que Gama assumiu como seu em um artigo bastante recente. Nele, o autor trata da tortura imposta por um comandante militar contra um veterano de guerra "inválido" em seu quartel.*

Capítulo 1
# Para o ministro da Justiça José de Alencar ler
*Calúnia calculada*[1]

**Comentário**   *Gama recorta e comenta uma notícia de um jornal ultraconservador, cujo ideólogo e fundador era o então ministro da Justiça, José de Alencar, e responde ao pé da letra. A notícia, como se verá, não reporta um procedimento administrativo ordinário apenas, mas justifica e aplaude a demissão de Gama do cargo de amanuense da Secretaria de Polícia. Gama, por sua vez, demonstra aos seus leitores — da época e de hoje — como se ler uma notícia em suas entrelinhas. Os grifos e comentários imediatos, anotados à margem do texto, além da conclusão fatal, no limite do irrespondível, dão mostras da leitura afiada e profunda que Gama, por hábito e profissão, fazia de um simples texto de jornal. Gama não tergiversou em ponto algum das lutas homéricas de 1869, não seria agora que sairia pela tangente. Que a sua demissão havia passado longe dos critérios legais e fora decidida num conchavo de autoridades incompetentes para o feito, não surpreende, afinal, presidia o arbítrio do presidente da província e sua vassalagem tanto aos mandachuvas locais quanto aos interesses da gente graúda da Corte. É Gama quem conclui: se "soubesse dissimular", dizia ele, "as minhas crenças democráticas, ou tivesse a cautela de assoldadá-las ao governo; se dobrasse-me subserviente perante um juiz prevaricador, que, aconselhado, proferia despachos manifestamente contrários à lei; se pactuasse com os ladrões devassos e não requeresse a manumissão de indivíduos postos ilegalmente em cativeiro; se, numa palavra, guardasse profundo silêncio perante os salteadores do poder e da liberdade, seria mantido no emprego de amanuense de Polícia, e acatado pela administração!" Mais cristalino do que isso, impossível.*

No *Dezesseis de Julho*, nº 36, de 23 do pretérito,[2] *Correspondência de São Paulo*, lê-se o tópico seguinte:

---

1. *Radical Paulistano* (SP), editorial, 08 de janeiro de 1870, p. 1.
2. Gama se reportava à edição de 23 de novembro de 1869, uma vez que não há tal seção e conteúdo na de 23 de dezembro de 1869. Assim, teria escrito esse texto antes antevéspera de Natal de 1869, não a tempo, porém, de inseri-lo

O chefe de polícia interino acaba de demitir um amanuense da Repartição de Polícia, Luiz Gama, que, *além de orar há tempos no Clube Radical contra tudo, fazia garbo de perturbar a propriedade servil*, nos termos em que acabo de exprimir-me.

Era seu direito certamente; (*Isto é lógica de algoz*) mas não podia continuar a ser funcionário público!...

Além disso, *esse amanuense*, em requerimento ao Juiz Municipal suplente em exercício, *por ele assinado*, havia qualificado esse juiz como *ignorante*, *estúpido* e *emperrado*,[3] e pedia a reforma de um despacho em uma das tais causas de liberdade!!!

Reflitamos agora sobre a matéria.

Na douta opinião do eminente sr. correspondente do *Dezesseis de Julho* fui eu demitido por haver discutido no Clube Radical, e por fazer garbo de perturbar a propriedade servil.

Para isto, no pensar do mesmo Sr. doutíssimo correspondente, tinha eu pleno direito; faltava-me, entretanto, a providencial justiça do ilustrado sr. dr. juiz de direito da comarca de Campinas que inspiradamente, como chefe de polícia interino, demitiu-me.

Temos, portanto, que se eu soubesse dissimular as minhas crenças democráticas, ou tivesse a cautela de assoldadá-las[4] ao governo; se dobrasse-me subserviente perante um juiz prevaricador,[5] que, aconselhado, proferia despachos manifestamente contrários à lei; se pactuasse com os ladrões devassos e não requeresse a manumissão de indivíduos postos ilegalmente em cativeiro; se, numa palavra, guardasse profundo silêncio perante os salteadores do poder e da liberdade, seria mantido no emprego de amanuense de Polícia, e acatado pela administração!...

---

na última edição do *Radical Paulistano* daquele ano. Não consegui consultar a tempo do fechamento dessa edição, todavia, a "calúnia calculada" do *Dezesseis de Julho*.

3. Teimoso, obtuso. A expressão também carregava certa conotação política pejorativa, em particular, como um tipo de ultraje.
4. Empregá-las, associar-se por soldo, pagamento.
5. Corrupto, que descumpre do seu dever por interesse ou má-fé.

Esta coartada[6] é digna de esplêndidas luminárias; é uma solene expansão da imoralidade; uma injúria pungente cuspida na fronte da honestidade.

*O primeiro Erasmo* escreveu o elogio da loucura; sob os auspícios do *segundo*, escreve-se o poema dissoluto da torpeza![7]

O *primeiro* disse que a palavra fora inventada para iludir; o *segundo* mostra que ela serve para ludibriar o bom senso.

Pela minha parte agradeço a lição.

Se algum dia, contaminado da lepra do presente, pretender eu as graças da infâmia, hei de impetrar diploma de indignidade aos guapos[8] governadores de hoje.

São Paulo, 16 de julho
LUIZ GAMA

⁓

E muito convém saber-se que esta folha é dirigida pelo exmo. sr. ministro da Justiça.[9]

---

6. No sentido de álibi, alegação que alguém faz a fim de se isentar da imputação de ato delituoso.
7. Gama se refere primeiro a Erasmo de Rotterdam (1466-1536), teólogo católico, acadêmico e humanista de notório reconhecimento na filosofia moderna, para na sequência destacar um segundo Erasmo, dessa vez, o autor de *Cartas políticas* (1867), apologia à escravidão escrita por José de Alencar sob o pseudônimo "Erasmo". Para leitura crítica e contextualizada dessa apologia à escravidão, cf. José de Alencar. *Cartas a favor da escravidão*. São Paulo: Editora Hedra, 2008.
8. Belos, valentes. Não é necessário sublinhar que o autor utiliza o adjetivo carregado de sarcasmo.
9. José Martiniano de Alencar (1829-1877) foi um político e escritor de grande notoriedade na segunda metade do século XIX. Considerado fundador do romance brasileiro, com obras como *O Guarani* (1857) e *Iracema* (1865), foi na política o terreno mais controverso de sua fama pública, já que, "muito convém saber" que o ex-deputado e então ministro da Justiça do Império era um escravocrata convicto, defensor aguerrido da moralidade e legalidade da escravidão negra no Brasil.

## Capítulo 2
## Laringe de sabiá, estômago de abutre
*Seriedade e riso*[1]

**Comentário**   *O redator do* Radical Paulistano *comenta mais uma notícia, agora de um "periódico religioso" que se publicava na Corte. A notícia exaltava a decisão de um mosteiro ter libertado 12 escravos e ter "declarado libertos todos os escravos que completaram 50 anos de idade". A deixa estava aí para que o republicano e abolicionista radical desse o seu "contraponto de rotineira zombaria". A verve é nossa velha conhecida.* "Quando pensaríamos nós", *ironizava Gama,* "que os filhos de Deus, irmãos de Jesus Cristo, por serem de pele preta e andarem vestidos de camisa e ceroula de grosseiro algodão seriam escravos de seus irmãos brancos, filhos do mesmo Deus, que envergam beca de finíssimo duraque ou custoso e gabado merinó!" *O espanto como retórica, as tintas do sarcasmo, o anticlericalismo militante e a crítica ao caráter racial da escravidão, traços e elementos fundantes do pensamento de Gama, se entrelaçam na denúncia da perversidade que se ocultava no ato de pretensa filantropia.* "Benditos e louvados sejam os beatíssimos frades de São Bento! Admirável gente!... Deram agora de libertar todo o escravo que atinge a idade de 50 anos!..." *No ponto de viragem, nosso redator resumia com a acuidade de costume qual a razão motriz da decisão dos frades:* "Depois de cautelosamente aproveitarem o instrumento em lucrativo trabalho, quando inutilizado pelo uso, atiram-no caridosamente à rua... para que longe morram em divinal sossego".

Lê-se no *Apóstolo, periódico religioso da Corte*, publicado a 5 do passado:[2]

O Mosteiro de São Bento do Rio de Janeiro desde o 1º de junho até 30 de setembro do corrente ano libertou 12 escravos, e foram declarados libertos todos os escravos que completaram a idade de 50 anos. (!!!)[3]

E não prestam para nada as ordens religiosas!!! E são rebeldes às leis do Estado!!! E, portanto, sufoquemo-las e repartamos entre nós os seus despojos!!!

1. *Radical Paulistano* (SP), Fatos diversos, 08 de janeiro de 1870, p. 3.
2. Isto é, a 05 de dezembro de 1869. Cf. *O Apóstolo* (RJ), 05 de dezembro de 1869, Crônica Nacional, pp. 387-388.
3. As exclamações entre parênteses e a marcação em caixa alta nesse recorte do jornal *O Apóstolo* são originais do redator do *Radical Paulistano*. Os grifos em itálico são do jornal católico.

É o caso de exclamar com o Real Profeta: *A iniquidade*[4] *mentiu contra si mesma*!

Com efeito, qual foi dos nossos *catões*[5] políticos, quer dos que se dizem *liberalões*, quer dos que se dizem *constitucionalões*, e que todos os dias atroam[6] os ares com lamentações sobre o *cancro da escravidão*, qual foi esse que já libertou ao menos meia dúzia de *gatos pingados* para consolar a humanidade civilizada em seus ardentes desejos de ver para sempre extinta a escravidão do homem pelo homem?

É que a Dama Política tem laringe de sabiá e estômago de abutre![7]

Pedimos vênia[8] para fazermos parar, por um pouco, a deslumbrante procissão...

E agora que a charola[9] não se move e os gestadores[10] estão atentos, vamos cautos e submissos, perante os fradalhões[11] sisudos, pôr sobre o profundo cantochão[12] supratranscrito o nosso contraponto de rotineira zombaria.

Com que, então, os religiosos discípulos de São Bento, pregadores do Evangelho de Nosso Senhor Jesus Cristo, edificados na moral suprema do teísmo, civilizadores inimitáveis do universo; os iluminados do Calvário,[13] apóstolos sublimes da liberdade, da igualdade e da fraternidade, *possuem licitamente escravos* neste corrompido império do Brasil?...

Em que crassa ignorância vivíamos nós a respeito dos mistérios monásticos!...

---

4. Perversidade, injustiça.
5. Referência a Marco Pórcio Catão (95-46 a.C), político romano famoso por sua inflexibilidade moral. No caso, diz-se ironicamente de quem se ufana em ter princípios excessivamente rígidos e severos.
6. Estrondam.
7. A transcrição, salvo a caixa alta na palavra "real", confere exatamente com o original. Os grifos em itálico e as exclamações são do redator de *O Apóstolo*. Cf. *O Apóstolo* (RJ), 05 de dezembro de 1869, Crônica Nacional, p. 387-388.
8. Licença, permissão.
9. Andor, ou, por metonímia, a procissão.
10. Por metonímia, designa os responsáveis.
11. Frade corpulento ou, em sentido pejorativo, frade sem escrúpulos.
12. Por extensão de sentido, doutrina monótona, enfadonha e repetida.
13. Calvário, ou Gólgota, é a colina na qual Jesus foi crucificado.

Quando pensaríamos nós que os filhos de Deus, irmãos de Jesus Cristo, por serem de pele preta e andarem vestidos de camisa e ceroula de grosseiro algodão, seriam escravos de seus irmãos brancos, filhos do mesmo Deus, que envergam beca de finíssimo duraque[14] ou custoso e gabado merinó!...[15]

Bendita sejas tu, democracia, que com o teu abolicionismo radical nos vieste arrancar das trevas e pôr-nos diante da luz profícua da liberdade conventual!...

Cousas do arco da velha!...

Benditos e louvados sejam os beatíssimos frades de São Bento! Admirável gente!...

Deram agora de libertar todo o escravo que atinge a idade de 50 anos!...

*Professores progressistas* da moderna doutrina, já não querem *alcaides*[16] velhos em casa...

Depois de cautelosamente aproveitarem o instrumento em lucrativo trabalho, quando inutilizado pelo uso, atiram-no caridosamente à rua... para que longe morram em divinal sossego.

É o caso de exclamar com o poeta: "Profunda sapiência, aguda gente!"[17]

Também os leiloeiros, quando não encontram parvos[18] arrematantes, mandam atirar à praia os gêneros deteriorados.

Que atiladíssimos[19] fiscais que são os frades!...

Não sabemos como pelas ruas da Corte ainda se encontram tantos gatos mortos!

Vivam os monges emancipadores!

Tudo é progresso; que marchem na dianteira.

---

14. Tecido de lã ou de algodão similar ao cetim.
15. Tecido de lã de carneiro.
16. Expressão regionalista da época que indicava pessoa muito velha, ou mercadoria sem utilidade, imprestável. O grifo em itálico sugere um estranhamento na aplicação do termo, talvez por ser uma palavra de circulação mais coloquial.
17. Não encontrei a qual poeta Gama fazia referência.
18. Idiotas, imbecis.
19. Espertíssimos, muito perspicazes.

Capítulo 3

## Os frades beneditinos são de outra seita
*Emancipação*[1]

**Comentário**   *Como sugerido já na primeira frase, o artigo estabelece uma linha de continuidade com o precedente — "Laringe de sabiá, estômago de abutre" —, razão que reforça a ideia de que ambos os textos foram escritos pelo mesmo autor. Além disso, embora a notícia recortada e comentada nada diga sobre os frades beneditinos, é a eles que o redator do* Radical Paulistano *dirige a conclusão moral dessas linhas. Logo, um artigo segue o outro. Retoricamente — e mirando o clero —, o redator sugeria que um fazendeiro escravocrata seria até mais honesto do que um religioso igualmente escravocrata. Não se tratava exatamente de uma comparação. Era tão só um artifício retórico de ataque que utilizava o fazendeiro por escada, i.e., meio para chegar até o alvo do comentário. "Os frades beneditinos são de outra seita", estocava o autor, "devoram os bons pêssegos e atiram os caroços aos mendigos, para darem prova da piedade que os distingue."*

Agora não é jaculatória[2] hiperbólica cantarolada com guindado[3] arroubamento pelos seletos redatores do *Apóstolo*.[4]

É pequenez modesta de um insignificante agricultor do Maranhão.

Eis o caso, que extraímos de um singelo escrito inserto no *Correio Nacional* de 30 do precedente:

O sr. Alexandre Theophilo de Carvalho Leal é um homem ilustrado e virtuoso, entusiasta de toda a ideia livre e humanitária.

Este homem, que possui mais de cem escravos, desde o ano de 1866 dá liberdade a todas as crias das suas escravas, sem ter feito público, até hoje, este ato tão louvável.

1. *Radical Paulistano* (SP), Fatos diversos, 08 de janeiro de 1870, p. 3.
2. Exaltação, fervor que se manifesta subitamente.
3. Elevado.
4. O redator comenta o mote do artigo precedente, a notícia publicada pelo jornal católico *O Apóstolo* (RJ). A maneira como a qualifica reforça a ideia de que ambos os textos foram escritos pelo mesmo autor.

O sr. Carvalho Leal é ainda um benemérito da lavoura, pelos melhoramentos que tem introduzido em seu engenho, à custa de grandes sacrifícios.[5]

Em seguida a estas belas expressões dos nossos ilustrados correligionários do *Correio Nacional* vem um excelente artigo do sr. Carvalho Leal, no qual prova exuberantemente o distinto agricultor que a grandeza da lavoura nacional depende da abolição da escravatura.

Verdade é que o judicioso[6] fazendeiro abolicionista *possui mais de cem escravos possantes*, que ainda não emancipou... Mas é certo que ainda não teve a feliz lembrança de alforriar escravos maiores de 50 anos, inutilizados para o serviço do seu particular proveito.

Este é honesto.

Liberta os inocentes aos quais presta educação e auxílio; desfruta o trabalho dos possantes; e aguenta com os velhos inutilizados pelo árduo labor.

Come a carne e rói os ossos.

Os frades beneditinos são de outra seita; devoram os bons pêssegos e atiram os caroços aos mendigos, para darem prova da piedade que os distingue.

---

5. Embora adaptada, a transcrição é bastante próxima do original. Cf. *Correio Nacional* (RJ), "Um agricultor distinto", 30 de outubro de 1869, pp. 1-2.
6. Ponderado, sensato.

## Capítulo 4
## O povo acorda[1]

**Comentário** *Na superfície, trata-se apenas de um texto congratulatório pela organização de uma "importante associação democrática beneficente", cuja primeira ação pública fora a "abertura de uma escola noturna para ensino primário". Porém, o detalhe que tornava o texto subversivo era o seu contexto: o autor dirigia seus cumprimentos para os seus "irmãos de Jaguari", Minas Gerais, justamente a primeira jurisdição implicada na denúncia de Luiz Gama sobre a escravização ilegal do casal de africanos Jacyntho e Anna. Como se lê no volume* Democracia *destas Obras Completas, a causa de Jacyntho e Anna foi o estopim para a demissão de Gama da secretaria de polícia da capital — e o levaria a responder no júri por crime de calúnia contra o juiz municipal suplente de São Paulo, onde a causa originária de Jaguari foi processada. Na denúncia do crime contra os africanos, Gama deu nome aos autores da violência e relacionou muitas testemunhas residentes em Jaguari. O escadândalo público estava formado e tinha por palco, vejam só, a minúscula Jaguari. Daí que a saudação no* Radical Paulistano *não era apenas uma nota desinteressada; ela era um ataque oblíquo de Gama precisamente quando ele estava por baixo — recém demitido e com seu jornal* Radical *às vésperas de fechar suas portas — e pouco podia fazer para agitar a pacata Jaguari, a não ser saudar camaradas que insistiam na agenda democrática, educacional e humanitária de que Gama era destacada voz e liderança.*

Na cidade de Jaguari,[2] província de Minas Gerais, acaba de organizar-se uma importante associação democrática beneficente.

A sua diretoria eleita acha-se assim organizada:

---

1. *Radical Paulistano* (SP), Fatos diversos, 08 de janeiro de 1870, p. 3. Título do original.
2. A antiga cidade de Jaguari, extremo sul de Minas Gerais, passou a ser chamada de Camanducaia nas primeiras décadas do século XX, nome que até hoje conserva.

Presidente: padre Figueiredo Caramuru;[3]
Secretário: João Ferreira Goyos;
Tesoureiro: José Guilherme Christiano.
O primeiro passo desta nobre associação altamente patriótica e humanitária foi a abertura de uma escola noturna para o ensino primário, gratuito, para os pobres.

No dia 20 do pretérito já funcionava esta nova oficina intelectual com 17 alunos, dos quais 5 escravos, com permissão dos senhores.

Saudamos com júbilo os nossos distintos irmãos de Jaguari, aos quais enviamos o nosso abraço fraternal.

---

3. José da Silva Figueiredo Caramuru (1840 c.-1905), natural de Paraty (RJ), foi sacerdote, médico e político. A referência a esse padre é bastante interessante, demonstrando como a rede de apoio e solidariedade ao movimento abolicionista, em geral, e a Gama, em particular, era tão heterogênea quanto ramificada.

Capítulo 5

# O governo quer trancar as portas das escolas populares
*Escolas populares*[1]

**Comentário**  *Como em continuidade ao artigo anterior, até pela disposição sequencial na página do jornal, o autor prossegue saudando iniciativas educacionais, dessa vez a fundação de uma escola noturna de alfabetização no interior do Rio de Janeiro. Se no artigo precedente elogiava organização de uma escola de alfabetização capitaneada por um padre, nesse artigo saúda a fundação de uma escola organizada por uma loja maçônica. Ambas iniciativas, contudo, se davam num terreno comum: no coração da escravidão. Uma, em Jaguari, Minas Gerais, e outra em Valença, no Rio de Janeiro, lugares que concentravam as maiores taxas de trabalho escravizado do planeta. Porém, o cumprimento aos camaradas de Valença — como o cumprimento aos companheiros de Jaguari — tinha São Paulo em vista. "Duas palavras agora ao povo paulista" — e é aqui que se vê o pulo do gato. O autor voltava, então, suas baterias contra o presidente da província, Antonio Candido Rocha, e seus apoiadores, que cogitavam os "meios de trancar as portas das escolas populares desta província". Para isso, o presidente da província, aquele mesmo que ordenou a demissão de Gama da secretaria de polícia, e os conservadores "começaram a tachar de perigosas, anárquicas, revolucionárias e irreligiosas as escolas noturnas aqui estabelecidas". A conta começava a fechar. Gama, organizador de uma escola de alfabetização de adultos, livres, libertos e escravizados, tinha todo interesse em saudar iniciativas educacionais em diferentes regiões, como em Minas Gerais e no Rio de Janeiro, para defender a própria iniciativa de alfabetização que liderava em São Paulo. Mas os tempos não eram fáceis. "Por nossa parte", dizia o autor, em nome da redação do* Radical Paulistano, *"aparamos a pena e esperamos de ânimo tranquilo as absurdas violências que com aprimorado cuidado se aparelham". Essa foi a última edição do jornal republicano.*

1. *Radical Paulistano* (SP), Fatos diversos, 08 de janeiro de 1870, pp. 3-4.

A muito distinta e respeitável loja maçônica "União", estabelecida ao vale de Valença,[2] oriente do Rio de Janeiro, acaba de fundar uma escola gratuita, noturna, para adultos do sexo masculino; nesta escola leciona-se instrução primária.

É mais um fato luminoso no seio das trevas; mais uma coluna de fogo posta à frente dos hebreus da América. Marchemos resolutos.

Deus protege a grande causa dos homens livres; e inspira os obreiros da civilização. Aos distintos membros da augusta loja União, enviamos um fraternal abraço e a nossa tríplice saudação.

Duas palavras agora ao povo paulista.

Enquanto a propaganda do ensino progride em toda a parte, ele que observe atento o que se trama cavilosamente[3] na sua própria terra, de onde partiu este grande pensamento.

O exmo. sr. dr. Antonio Candido da Rocha,[4] presidente da província (e convém notar que é magistrado do Império), de acordo e instigado por alguns dos seus mais proeminentes correligionários políticos, cogitam nos meios de trancar as portas das escolas populares desta província.

A manutenção e o desenvolvimento de tais escolas é um crime gravíssimo para os constitucionais conservadores.

Por cautela, e como meio preventivo, começaram a tachar de perigosas, anárquicas, revolucionárias e irreligiosas as escolas noturnas aqui estabelecidas.

Os artigos escritos neste sentido e publicados na *Opinião Conservadora, são escavações de arado; feitas adrede*[5] *para aplanar o*

---

2. Município do vale do Paraíba fluminense, Valença foi um dos centros econômicos que mais concentrou fazendas de café e trabalho escravizado no século XIX.
3. Maliciosamente, capciosamente.
4. Antonio Candido da Rocha (1821–1882), nascido em Resende (RJ), foi promotor público, juiz municipal, juiz de direito, desembargador e político que, dois meses antes, em dezembro de 1869, participou da demissão de Gama do cargo de amanuense da Secretaria de Polícia. Naquele período, como no momento desse artigo, Rocha era o presidente da província de São Paulo.
5. Premeditadamente.

*terreno*. No palácio, não há muito tempo, tratou-se de dar golpe decisivo em tais escolas. Houve opinião que, por meio da polícia se mandasse fechar estes estabelecimentos de instrução, como ofensivos da moral pública e atentatórios da tranquilidade e bons costumes!...

Outros, porém, como a presidência, foram de parecer (andaram aqui a prudência e a astúcia de mãos dadas) que se aguardasse a próxima reunião da assembleia provincial, onde, por meio de dificuldades indiretas, conseguir-se-á facilmente o fechamento das escolas.

Isto é o que se tem passado nas misteriosas conferências de palácio, onde, para salvação do povo, trama-se contra o direito e contra a liberdade de ensino, consignada em uma lei novíssima, contra a qual apenas se agitam alguns parvalhões imorais.

Por nossa parte, aparamos a pena e esperamos de ânimo tranquilo as absurdas violências que com aprimorado cuidado se aparelham.

## Capítulo 6

# O homem é o escravo e o escravo é o dinheiro
*A associação abolicionista de Paris*[1]

**Comentário** *Naquele que seria o último número do* Radical Paulistano, *o chefe de redação, que ficaria até o apagar dos últimos lampiões, acertou suas contas com uma figura intragável: o mega escravocrata Bernardo Gavião, desembargador e baluarte do Partido Liberal, que tinha Luiz Gama em péssima conta. Se pensarmos que em 1867, num debate interno entre liberais, Gavião chamara Gama de canalha, podemos ver que a relação política entre eles era de oposição cruenta. Agora, o líder dos republicanos, no melhor uso da ironia fina, expunha Gavião ao rídiculo moral e a pequenez política. Os sofismas, os erros, as agressões e "as ideias pueris", tudo embrulhado "com o fim calculado de robustecer as abaladas crenças humanitárias dos escravistas brasileiros", seria, no mínimo, uma zombaria de mau gosto. O redator-chefe dos republicanos paulistas, porém, aproveitou a deixa do "memorável artigo" de Gavião para definir eloquentemente a compreensão pública sobre o processo abolicionista. "Para nós, os democratas", disse o líder radical, "a abolição da escravatura é essencialmente social; para os verdadeiros cristãos é fraternal e religiosa; para os capitalistas é monetária, cambial e econômica; perante Deus, porém, a escravidão é um crime horrendo".*

Com esta inscrição,[2] o exmo. sr. desembargador Bernardo Gavião[3] publicou um inconsiderado artigo no *Jornal do Commercio* de 24 do pretérito,[4] relativo a grave questão da abolição do elemento servil no Império.

1. *Radical Paulistano* (SP), Fatos diversos, 08 de janeiro de 1870, p. 1.
2. Isto é, com o título "A associação abolicionista de Paris".
3. Bernardo Avelino Gavião Peixoto (1827-1912), banqueiro, desembargador e político paulista, filho de Bernardo José Pinto Gavião Peixoto, militar e ex-presidente da província de São Paulo. Proprietário de muitos negócios, Gavião Peixoto foi um dos homens mais abastados e poderosos de São Paulo.
4. Para ler o artigo na íntegra, cf. *Jornal do Commercio* (RJ), Publicações pedidas, 24 de dezembro de 1869, p. 5.

É um acervo de ideias controvertidas e apaixonadamente alinhadas que deporia mui seriamente contra a prevenida ilustração de S. Excia. se, de há muito, e com [ilegível] louvável, não fosse ele altamente considerado como um dos mais inspirados Virgílios desta Roma do Novo Mundo.[5]

O artigo do eminente financeiro e altívago[6] poeta é um excelente poemeto[7] escrito com o fim calculado de robustecer as abaladas crenças humanitárias dos escravistas brasileiros.

A religião, a moral, o direito e a liberdade são gêneros deteriorados que não têm cotação nos mercados do Império.

Aí compra-se e vende-se o homem; açoitam-se-lhe as carnes, monetariza-se-lhe o suor e o sangue, o homem é o escravo, o escravo é o dinheiro e a questão é essencialmente econômica!

Suprimir o escravo do Brasil é abolir imprudentemente o azorrague;[8] é violar grosseiramente a lei mais salutar; é atentar cimeiro[9] contra a propriedade sagrada; é ameaçar de morte as fortunas particulares; é proclamar a revolução cruenta pela miséria; é arruinar completamente a riqueza nacional!

Quantos crimes abomináveis acarreta a tresloucada liberdade!

E é um distinto liberal, cristão de Roma, quem isto escreve!...

S. Excia., como um dos chefes do legendário partido das antigas reformas nesta heroica província, em nome de El-Rei e da nobreza, deveria terminar o seu escrito com estas palavras:

Onde impera o senhor, o ouro reina,
Foge onde reina o ouro a liberdade.

Sofismas artisticamente emaranhados, erros inaceitáveis gal-

---

5. A referência pra lá de irônica remete à legenda de Públio Virgílio Maro (70 a.C.-19 a.C.), poeta romano de profunda influência na literatura ocidental que escreveu, entre diversas obras clássicas, a Eneida, poema épico que narra o mito fundacional de Roma.
6. Elevado, que vive nas alturas.
7. Pequeno poema.
8. Chicote, chibata formada por várias correias entrelaçadas presas num cabo de pau. Instrumento de tortura.
9. Por cima, pela cúpula.

vanizados,[10] insídias[11] decantadas com habilidade, a eloquência mutrada[12] como carta de corso,[13] agressões do talento contra a razão, ideias pueris em frase heroica, tal é o requintado artigo a que aludimos.

O exmo. sr. desembargador Gavião zombou do bom senso dos seus compatrícios quando escreveu o seu memorável artigo.

Para nós, os democratas, a abolição da escravatura é essencialmente social; para os verdadeiros cristãos é fraternal e religiosa; para os capitalistas é monetária, cambial e econômica; perante Deus, porém, a escravidão é um crime horrendo.

Detestamos a escravidão porque ela é a Tarpeia[14] inabalável sobre a qual se firma o capitólio do despotismo. Os que admitem-na são os inimigos irreconciliáveis da autonomia pessoal.

Os servos confundem-se com os súditos sob as plantas[15] dos déspotas.  Os cidadãos identificam-se pela igualdade, robustecem-se pelo direito, avultam com a liberdade e, como Franklin,[16] derribam[17] os tiranos.

Os homens livres nobilitam-se pela razão; os escravos envilecem-se pela vergasta.[18]

10. Encobertos ou, por extensão de sentido, protegidos.
11. Intrigas, ardis.
12. Selada, carimbada.
13. Autorização legal que se dava para o dono de uma embarcação atacar e pilhar embarcações piratas ou de bandeira inimiga. A sugestiva expressão, que supõe conhecimento de direito internacional, descontrói a pretensa autoridade do interlocutor, que seria de algum modo versado no vocabulário de piratas e contrabandistas.
14. Ao sul do capitólio, a rocha Tarpeia foi um conhecido local de execução de criminosos e opositores da República Romana. O autor demonstrava conhecer a expressão latina *Arx tarpeia Capitoli proxima*, isto é, em livre tradução, A Rocha Tarpeia é próxima do Capitólio. Afinal, como se concluirá da frase, a distância — e a relação — da rocha Tarpeia com o capitólio era próxima.
15. Nesse caso, o mesmo que pés.
16. Benjamin Franklin (1706–1790), nascido em Boston, Estados Unidos da América, foi escritor, cientista, diplomata, político e estadista, sendo um dos "pais fundadores" da República norte-americana.
17. Derrubam.
18. Chibata, chicote, vara fina usada para açoitar, torturar.

Entre o escrito do exmo. sr. desembargador Bernardo Gavião e a carta dos abolicionistas de Paris, escava-se um abismo insondável.

Estes, em nome do Evangelho, fazem um apelo aos apóstolos da civilização; aquele dirige um simulado considerando[19] aos contrabandistas.

Ao respeitável magistrado endereçamos os nossos pêsames.

Aos senhores Eduardo Laboulaye[20] e aos seus denodados companheiros, na expressão de Victor Hugo,[21] o jovem Brasil dá um aperto de mão por cima do oceano.

---

19. Argumento, exposição de motivos.
20. Édouard René de Laboulaye Lefèvre (1811-1883) foi um jurista, político e historiador francês. Professor de direito e abolicionista, chegou a presidir a Sociedade Francesa pela Abolição da Escravidão.
21. Victor-Marie Hugo (1802-1885), poeta, dramaturgo e romancista de renome mundial, lançou clássicos como "Os trabalhadores do mar" e "O Corcunda de Notre-Dame". Além da obra literária, que marcou profundamente diversas gerações de leitores, Hugo teve marcante militância política a favor dos direitos humanos e da democracia.

Capítulo 7

## Tortura no quartel
*Firmino Moreira dos Santos*[1]

**Comentário**  *Philodemo, pseudônimo que Gama admitiria como seu em meados de 1867, no caso da escravizada torturada e morta Brasília, denuncia, nesse texto, a tortura contra Firmino Moreira dos Santos, soldado e veterano da Guerra do Paraguai. O "castigo abominável" infligido contra o soldado "inválido" ocorreu no quartel de São Paulo. Longe de uma denúncia genérica, Philodemo-Gama não se furta em dar nome ao responsável — o capitão Pimenta —, além de dar detalhes do "afrontoso castigo" em que o comandante militar ainda mandara "encerrar no quarto escuro, por 4 horas, o torturado inválido".*

É o nome de um distinto paulista, residente em Cruz Alta, na província do Rio Grande do Sul,[2] que casado e possuidor de alguns bens da fortuna, que no momento extremo, quando o governo chamava às armas os súditos do Império, abandonou interesses e família e, com três enteados seus, lá se foi a caminho da campanha tomar armas em defesa da pátria.[3]

Este benemérito voluntário serviu cinco anos, desde o começo da guerra assistiu a todos os combates do exército; é hoje inválido e, para glória de seu civismo, em falta de medalhas e de galões,[4] simples soldado, tem o corpo coberto de cicatrizes, braços, clavículas e costelas fraturadas, e possui um diploma de nobreza — é o seu título de inválido.

---

1. *Correio Paulistano* (SP), A Pedido, 13 de janeiro de 1870, p. 2.
2. Município gaúcho que à época era um importante entreposto em rotas comerciais que ligavam o Rio Grande do Sul à São Paulo.
3. Referência à Guerra do Paraguai (1865–1870), maior conflito militar do Império e da América do Sul no século XIX.
4. Espécie de distintivo de determinadas patentes militares ornado na farda.

Imprestável completamente para o serviço das armas, impetrou licença, que obteve, do governo imperial, e veio a esta cidade, com desígnio de seguir para Sorocaba,[5] a fim de visitar a sua velha e boa mãe.

Aqui no quartel da capital, onde se achava, porque houvesse desconfiança de ter ele fornecido aguardente a soldados que estavam presos; simples desconfiança, que no quartel constitui prova plena, foi, sem a menor atenção do seu estado valetudinário,[6] submetido ao pesado e afrontoso castigo do sarrilho[7] e exposto à irrisão[8] pública um distinto herói brasileiro!...

Consta-me que o castigo fora ordenado pelo sr. capitão Pimenta, que não satisfeito com isto, mandara ainda encerrar no *quarto escuro*, por 4 horas, o torturado inválido!

Entretenho relações de amizade com o sr. capitão Pimenta; escrevendo estas linhas não tenho em mente molestá-lo.[9]

---

5. Município do interior paulista localizado a 90 km da capital.
6. Frágil, doente.
7. Não se sabe em exato qual a forma do castigo, ou se este consistia em obrigar alguém inválido ao serviço do sarrilho: organizar as armas conforme suas respectivas qualidades. De todo modo, pode-se ler na historiografia especializada uma associação entre castigo e serviço militar — inclusive o "serviço do sarrilho" — no contexto da Guerra do Paraguai (1865-1870). Cf. Mário Maestri. "Pranchada infamante: resistência ao castigo físico do soldado imperial na guerra contra o Paraguai". In: *De Raíz Diversa, Revista Especializada en Estudios Latinoamericanos*, vol. 1, n. 2, out.-dez., 2014, pp. 125-153, especialmente p. 151.
8. Zombaria.
9. É de se notar que apenas no ano anterior, 1869, Gama finalizou dois artigos em tom bastante semelhante. No originalmente intitulado "Questão de liberdade", Gama concluiu seu argumento dessa forma: "*Escrevendo estas linhas* visei tão somente a sustentação do direito de uma infeliz, que tem contra si até a animadversão da justiça, e nunca foi, *nem é intenção minha molestar*, ainda que de leve, dois respeitáveis jurisconsultos, carácteres altamente considerados, que tenho em conta e prezo como excelentes amigos". Já no artigo "Foro de Belém de Jundiaí", Gama se via, em suas palavras, "forçado a declarar que, *escrevendo estas linhas, não tenho o intento de pôr em dúvida ou desabonar* a nobreza de caráter, a honradez, ou a influência política" da autoridade a quem

Não é justo, porém, que passem em silêncio fatos desta ordem, que podem ser causa de maiores barbaridades no futuro.

O soldado, que jamais sofrera o menor castigo, durante cinco anos de campanha, deve julgar-se eternamente injuriado pelo castigo abominável de que fora vítima na capital da sua província.

O amor que voto à causa da justiça e a dedicação que presto aos fracos é tão somente o motivo deste escrito, que ofereço à consideração dos verdadeiros patriotas.

PHILODEMO[10]

---

se opunha. Cf. "Em nome de Rita" e "Que a lei seja uma verdade respeitada". In: Luiz Gama. *Democracia, 1866–1869*. São Paulo: Hedra, 2021, pp. 415–422 e pp. 433–435. Grifos meus.

10. Sobre o pseudônimo reconhecido por Gama ver, no volume *Democracia* destas *Obras Completas*, a seção "A escrava Brasília: 12 anos, torturada e morta". Luiz Gama. *Democracia, 1866–1869*. São Paulo: Hedra, 2021, pp. 51–61.

# PARTE II

## PORTEIRAS DO VELHO OESTE

**NOTA INTRODUTÓRIA**     Recém-saído da Secretaria de Polícia da capital, Gama começaria a exercer a advocacia com a provisão, espécie de habilitação prática, na mão. No entanto, mostrá-la teria seus riscos. Era melhor, ao que se depreende das ações que travou no período, continuar a sustentar direitos pelos diversos canais de representação disponíveis numa malha porosa como eram as estruturas policiais, administrativas e judiciárias da São Paulo da época. Nesta seção, veremos dois casos relacionados a três cidades do interior paulista: Amparo, Campinas e Jundiaí. As localidades expressam um fenômeno que se verificaria ao longo da década: a interiorização da ação jurídica de Gama. O primeiro texto é revelador das dificuldades que encontraria. Tratava-se de uma provocação. Sim, Gama era chamado à baila, diferentemente do que normalmente ocorria na capital, onde estava habituado a propor o debate. Um tal "Homem Livre" ironizava suas intenções, sugerindo que os interesses que moviam sua ação enérgica em defesa da libertação dos escravizados não seriam genuínos sentimentos humanitários. No entanto, por trás da da discussão retórica moral, estava uma causa de liberdade explosiva: o inventário de um certo comendador Ferreira Netto, proprietário legal de duzentos e dezessete negros e negras escravizados — o que a historiografia chama de megaescravaria—, divididos entre fazendas de Amparo, Campinas e Jundiaí. O autor, que se ocultava sob o pseudônimo "Homem Livre", sabia que Gama estava muito bem informado sobre a causa. À época, aquela simples provocação poderia representar muito mais do que o palavrório moralista parecia indicar. E a resposta de Gama, que se lê em seguida, não poderia ser mais enfática. Independentemente de intimidação, indicava que se dedicaria de corpo e alma à libertação do que o "Homem Livre", de forma pejorativa e infame, chamava de "grande ninhada" e que Gama considerava como seus "irmãos de infortúnio". A segunda causa que compõe essa seção se passa na delegacia de polícia de Jundiaí. Um ex-colega de farda — um agente da Força Pública, instituição a que Gama foi vinculado por seis anos, entre 1848 e 1854 — foi preso em condições ultrajantes. Gama tomou conhecimento do fato e, com a energia e tenacidade de costume, requereu soltura e o pronto restabelecimento dos direitos do agente João Francisco de Oliveira. A prisão ilegal deixou Gama furioso. "Tal procedimento manifestamente ilegal e atentatório da liberdade individual é digno da mais acurada reflexão", coisa que ele deixou, de modo didático, patente ao público, além de servir-lhe para "judiciosamente julgar o modo pelo qual são cumpridos e guardados os preceitos legais neste portentoso império do Brasil". Em passagens prenhes da verve que todos nós reverenciamos, lemos como ele arremata dois pássaros com a mesma canetada. Por um lado, ponderava, "assim como é possível que eu desvairado pela liberdade tenha perdido o bom senso", poderia, por outro, "afirmar com ousadia que o bom senso não será encontrado nos gabinetes dos assessores de Jundiaí". Levantava a bandeira ao passo que caía o juiz.

## Capítulo 1
## No fundo do escárnio, a "Questão Netto"
*O Sr. Luiz Gama*[1]

**Comentário**   *Esse é um dos mais duros ataques que Gama enfrentaria no início de sua advocacia. Embora não se pudesse saber com exatidão o autor do artigo e o lugar de onde escrevia a partir da assinatura, a indicação da causa como sendo a dos "escravos que foram de Manoel Joaquim Ferreira Netto e que por testamento são livres" não deixaria dúvidas sobre os potenciais interessados em vilipendiar a imagem e bloquear a ação jurídica de Gama. A menção ao local onde viviam os escravizados — "nas fazendas sitas nos termos de Amparo e Campinas" — reforçava a ideia de que os agressores fossem ou tivessem íntima e familiar ligação com uma dessas cidades. A informação era importante, especialmente porque a causa dos libertos em razão do testamento do comendador Ferreira Netto não se resumia só a Amparo ou Campinas, abarcando também outras cidades como Jundiaí, Santos e Rio de Janeiro. Assim, saber que o ataque vinha de Amparo e/ou Campinas se constituía como uma peça-chave até mesmo para a réplica que Gama sem demora, já na edição seguinte, daria a conhecimento público. O escárnio e a malícia da carta aberta — da primeira frase até a escolha da assinatura — são dois dos ingredientes que compõem o ataque. Se por um lado a carta visava influir em uma causa específica, i.e., naquela baseada no testamento do comendador Ferreira Netto, por outro, alarmava os escravocratas daquela Roma que seria a província de São Paulo para a ameaça "gaulesa" que tinha nome e sobrenome (e que estampava o título da publicação): Luiz Gama.*

Qual a razão por que, sendo, como és, ardente propugnador da emancipação, deixas que fiquem, nas fazendas sitas nos termos do Amparo[2] e de Campinas, na escravidão os escravos que foram

---

1. *Correio Paulistano* (SP), A Pedido, 10 de fevereiro de 1870, p. 3.
2. Cidade paulista que dista 140 km da capital.

de Manoel Joaquim Ferreira Netto[3] e que por seu testamento são livres? Tendo disputado ao cativeiro um por um todos os que têm direito à liberdade, como desaproveitas esta grande ninhada?![4]

Dar-se-á, acaso, que já esmorecesse o teu santo zelo?

Até hoje tem sido o teu coração um templo, sempre aberto à liberdade; nele sempre acharam as vítimas do cativeiro refúgio modesto, mas seguro. Mas, se já não é assim, se outro é o teu propósito, convém torná-lo público para desengano dos infelizes que pretenderem procurar o teu amparo. É preciso que a imprensa, como sentinela fiel, ou como outrora em Roma os gansos do Capitólio,[5] diga à liberdade, quando ela, seguindo o costumado caminho, procurar o teu amparo: Vestal, não entreis naquele templo, está às escuras, o fogo sagrado já não arde, podeis tropeçar nas piras.[6]

O HOMEM LIVRE

---

3. Manoel Joaquim Ferreira Netto (1808-1868), natural do Porto, Portugal, foi um comerciante que possuiu diversas empresas no Rio de Janeiro e, principalmente, em Santos.
4. A expressão pejorativa é a primeira amostra das reais intenções do articulista.
5. Referência aos lendários gansos capitolinos, que alardearam a invasão dos gauleses (390 a. C.), prevenindo os romanos do ataque noturno que os estrangeiros planejavam. A metáfora explora a ideia de que a imprensa se voltava contra Gama, sugerindo que ele fosse uma espécie de impostor que estaria a ludibriar os desejos de liberdade dos desvalidos. Gama, portanto, seria *persona non grata* na Roma que seria a província de São Paulo.
6. Vestal, antiga sacerdotisa do culto a Vesta, era a divindade do fogo para os antigos romanos. Ao dizer que o fogo sagrado, aqui tomado por símbolo da liberdade, não ardia e iluminava o seu próprio templo, a metáfora sugere que a verdade não existiria no recinto. O leitor deverá ter notado que, no início do texto, o ofensor de Gama apontava que "até hoje tem sido o teu coração um templo". Pelo desfecho, contudo, não resta dúvida de que a ironia posta acima apenas serviria como mote para aumentar o teor da ofensa.

Capítulo 2
## Lave a boca antes de falar no meu nome
*Distinto redator [réplica]*[1]

**Comentário**  A réplica de Gama ao artigo do "Homem Livre" é sóbria, defendendo a um só tempo a sua imagem e o propósito de sua ação abolicionista, e muitíssimo sagaz, haja vista como responde sobre o processo relacionado ao testamento do comendador Ferreira Netto. Gama sugere ter tido conhecimento pela imprensa — e, mais, pelo tal articulista que recém o atacara — de que "os indivíduos libertados pelo comendador Ferreira Netto" se achavam "em cativeiro indébito". E aproveita o que seria uma informação recém-descoberta para contra-atacar, lamentando que "o distinto republicano, autor do escrito (...), não tivesse imediatamente transmitido os preciosos documentos relativos à essa manumissão". A invertida é fantástica. O tal "Homem Livre" — que, para maior ironia, seria até correligionário de partido de Gama —, na tentativa de desferir um golpe, acabava por confessar estar ciente de um crime e nada fazer, afinal, ele próprio dizia que os escravizados eram declarados livres por testamento. Para além da discussão pública, moviam-se placas tectônicas nas bases daquele litígio. Gama já tinha conhecimento das ações relacionadas ao testamento do comendador Ferreira Netto e parecia esperar apenas uma oportunidade para fazer algo. Três meses depois desse artigo de resposta, Gama seria oficialmente nomeado o representante das mais de duas centenas de pessoas escravizadas em ação decorrente do testamento do comendador Ferreira Netto! Mais do que informação, ele queria mesmo era produzir provas, peticionar e contestar no processo! Assim, quando dizia "vou meter ombros", falava muito a sério. Meteria não só ombros, mas braços, tronco e cabeça, tudo o que tivesse direito, em prol da causa de liberdade dos negros — legal ou ilegalmente, pouco lhe importava — escravizados pelos brancos da heroica província de São Paulo.

O vosso jornal de hoje deparou-me um artigo, com endereço a mim, inserto entre as publicações pedidas, subscritas pelo pseudônimo "Homem Livre".

Peço-vos permissão para responder-lhe.

1. *Correio Paulistano* (SP), A Pedido, 11 de fevereiro de 1870, p. 3.

A ninguém ainda conferi o direito de, por qualquer motivo, pôr em dúvida a sinceridade e o aferro[2] com que sustento as causas de liberdade que me hão sido confiadas, sendo certo que o tenho feito espontânea e gratuitamente.

Agora, pelo artigo que acabo de ler, sei que os indivíduos libertados pelo comendador Ferreira Netto[3] acham-se em cativeiro indébito.[4] Vou promover, como me cumpre, a manumissão[5] desses infelizes.

Lamento, entretanto, que o distinto republicano, autor do escrito que respondo, me não tivesse imediatamente transmitido os precisos documentos relativos à essa manumissão. Se o tivesse feito, mais pronto seria eu em promover a ação judicial.

Ao distinto Homem Livre, pois, rogo o obséquio de prestar-me, por carta ou verbalmente, os esclarecimentos que tenha obtido, relativos a esta magna questão a que vou meter ombros.[6]

São Paulo, 10 de fevereiro de 1870
LUIZ GAMA

---

2. Afinco, obstinação.
3. Ver n. 3, p. 88.
4. Conforme revelam as movimentações processuais da referida causa de liberdade, Gama não só conhecia a situação como argumentava juridicamente que aqueles indivíduos estavam ilegalmente escravizados.
5. Alforria, demanda de liberdade.
6. Atirar-se ao trabalho, trabalhar com afinco.

Capítulo 3

## Meios clandestinos que levam a fins inconfessáveis

*Foro de Jundiaí – (delegacia de polícia)*[1]

**Comentário**  *Literatura normativo-pragmática. Um agente da Força Pública encontrava-se preso na delegacia de Jundiaí. De posse de muitos detalhes, Gama verificou que a prisão, que não fora em flagrante, também não fora determinada por escrito e nem ordenada por autoridade competente. Foi atrás de elementos desse fato juridicamente escabroso e notou que, após corpo de delito e de uma ordem do juiz para que o agente fosse liberado, alguém fez com que o carcereiro não cumprisse a ordem de soltura. O que Gama continuaria a narrar seria uma espécie de flagrante forjado, com direito a invenção de um crime nunca ocorrido. O "improvisado crime de tentativa de homicídio" era um atentado contra a liberdade de Oliveira. Gama identifica violações e ilegalidades, formula um argumento baseado em "bons princípios de jurisprudência criminal" e peticiona, por três vezes, para que os direitos de Oliveira fossem restaurados e ele posto em liberdade. Teve duas das petições indeferidas e a terceira delas repousava, muito provavelmente, no fundo da gaveta da escrivaninha do juiz. Gama, então, passa a expor o fato para obter apoio da opinião pública. E fazia isso batendo onde doía mais no juiz arbitrário: jogando luz sobre as decisões e excertos do processo. Desse modo, Gama juntaria ao artigo uma sentença e um despacho do juiz João Gonçalves dos Santos Camargo; uma petição, de sua autoria; e uma consulta, também de sua autoria, respondida por dois jurisconsultos de bastante prestígio, e assinada, na sequência, por outros jurisconsultos importantes, quase todos professores da Faculdade de Direito de São Paulo. Um exemplo da literatura que o advogado Luiz Gama firmava sobretudo nos jornais paulistanos, mas alcançando também as porteiras e depois o miolo do velho oeste paulista.*

---

1. *Correio Paulistano* (SP), A Pedido, 07 de julho de 1870, p. 2. Jundiaí, município paulista que fica 50 km distante de São Paulo (SP), era a principal cidade ao limite norte da capital.

> Ninguém pode ser preso antes de culpa
> formada, senão: 1º, em flagrante delito; 2º,
> *quando indiciado* em crime inafiançável
> — art. 179, § 8º da Constituição, 131, 133
> e 175 do Código do Processo Criminal.
>
> SENADOR PIMENTA BUENO, *Apontamentos
> sobre o processo criminal brasileiro*²

Nesta cidade foi preso por um agente da força pública e recolhido imediatamente à prisão, à ordem do delegado de polícia, e contra a expressa disposição do art. 131 do Código do Processo Criminal,³ o indivíduo aqui residente, de nome João Francisco de Oliveira, sob pretexto de haver ferido a Jacyntho Francisco de Paula; cumprindo ainda notar que a prisão não realizou-se em flagrante delito, mas algum tempo depois de ocorrido o fato, por solicitações do ofendido, e sem que Oliveira fosse perseguido pelo clamor público. Disto necessariamente conclui-se que a de-

---

2. José Antonio Pimenta Bueno (1803-1878), o *marquês de São Vicente*, nascido em Santos (SP), foi juiz, desembargador, ministro do Supremo Tribunal de Justiça, diplomata e político de grande prestígio ao longo do século XIX. Foi presidente das províncias de Mato Grosso (1836-1838) e São Pedro do Rio Grande do Sul (1850), além de ministro da Justiça (1848), Relações Exteriores (1870-1871) e senador do Império (1853-1878). A segunda edição, "correta e aumentada", de *Apontamentos sobre o processo criminal brasileiro* (1857) teve maior repercussão e foi possivelmente ela que Gama consultou para o artigo. Ademais, Gama escolhia como epígrafe a obra jurídica de um baluarte do Partido Conservador, indicando, entre outros sinais políticos, que o caso em vista não era um palanque republicano e, sim, uma causa de direito. Para a citação exata, cf. José Antonio Pimenta Bueno. *Apontamentos sobre o processo criminal brasileiro*. Rio de Janeiro: Empresa Nacional do Diário, 1857, p. 276.
3. O *caput* do art. 131 definia que "qualquer pessoa do povo pode, e os oficiais de justiça são obrigados a prender, e levar à presença do juiz de paz do distrito, a qualquer que for encontrado cometendo algum delito, ou enquanto foge perseguido pelo clamor público. Os que assim forem presos entender-se-ão presos em flagrante delito". Cf. Araujo Filgueiras Júnior. *Código do Processo do Império do Brasil*, Tomo I. Rio de Janeiro: Eduardo & Henrique Laemmert, 1874, p. 74.

tenção verificou-se sem determinação, por escrito, da autoridade competente e, portanto, com transgressão manifesta do que acha-se disposto nos arts. 132, 133 e 175 do mencionado Código.[4]

Feito o corpo de delito no ofendido, declarado leve o ferimento, e julgado o auto procedente, ordenou o digno juiz que fosse o custodiado posto em liberdade; houve, porém, pessoa de perniciosa influência que teve força bastante para impedir, por meios clandestinos e para fins inconfessáveis, que o carcereiro não cumprisse a ordem de soltura passada em favor de Oliveira; e isto fez-se com calculado artifício, e no propósito de dar tempo que o ofendido pudesse preparar e apresentar queixa contra seu agressor, pelo improvisado crime de tentativa de homicídio!...

Apresentada a queixa, e *antes que fosse devidamente jurada*, passou-se de pronto contra-mandado, e continuou Oliveira preso, *como indiciado em crime inafiançável*, servindo de base à ordem de prisão *a simples petição de queixa do autor!...*

*Indiciação*, conforme o direito romano, diz o dr. Vieira Soares

---

4. O art. 132 estabelecia que "logo que um criminoso preso em flagrante for à presença do juiz, será interrogado sobre as arguições que lhe fazem o condutor e as testemunhas que o acompanharem; do que se lavrará termo por todos assinado". Na sequência, o art. 133 determinava que "resultando do interrogatório suspeita contra o conduzido, o juiz o mandará pôr em custódia em qualquer lugar seguro, que para isso designar; exceto o caso de se poder livrar solto, ou admitir fiança, e ele a der; e procederá na formação da culpa, observando o que está disposto a este respeito no capítulo seguinte". Por fim, o art. 175 rezava que poderiam "também ser presos, sem culpa formada, os que forem indiciados em crimes em que não tem lugar a fiança; porém nestes, e em todos os mais casos, à exceção dos de flagrante delito, a prisão não pode ser executada, senão por ordem escrita da autoridade legítima". Cf. Araujo Filgueiras Júnior. *Código do Processo do Império do Brasil*, Tomo I. Rio de Janeiro: Eduardo & Henrique Laemmert, 1874, p. 75 e p. 91.

no seu *Manual político*,[5] é a convicção do juiz, resultante de *prova* ou *veementes indícios*, que constituam alguém suspeito de autoria de crime ou delito.

Desenvolvendo este asserto[6] acrescenta o mesmo autor: O arbítrio conferido pelo Código do Processo ao magistrado — para prender ou não os indiciados em crime inafiançável, antes de culpa formada — tem por exclusivo fundamento considerações importantíssimas de ordem pública, e logicamente repele o capricho estulto,[7] que pretendem alguns, de poderem as autoridades encarcerar cidadãos por atos de própria vontade, e sem que para fazerem-no tenham fundamento razoável.

Baseado nestes bons princípios de jurisprudência criminal requeri, por três vezes, ordem de soltura em favor do detido. Obtive por duas indeferimento, e pela terceira ficaram os autos em conclusão.

Tal procedimento manifestamente ilegal e atentatório da liberdade individual é digno da mais acurada reflexão; visto como por ele poder-se-á judiciosamente julgar do modo pelo qual são cumpridos e guardados os preceitos legais neste portentoso império do Brasil.

Não tenho em mente, com este meu escrito, magoar o respeitável sr. João Gonçalves dos Santos Camargo, a quem muito venero e acato, e cuja honradez proverbial[8] jamais foi posta em dúvida; quero apenas analisar os atos do delegado de polícia 1º suplente desta importante cidade, situada a duas horas de viagem da capital, onde existe uma faculdade de direito e jurisconsultos eminentes.

---

5. Referência provável a João Pereira Batista Vieira Soares (?-?), advogado e juiz português, bem como à sua obra *Manual da religião cristã e legislação criminal portuguesa*, um guia com instruções éticas, morais e legais voltado para a educação da juventude. Cf. João Pereira Batista Vieira Soares. *Manual da religião cristã e legislação criminal portuguesa*. Lisboa: Impressão Régia, 1813.
6. Embora no original esteja com "c", no que não está incorreto, adaptei a grafia por entender que se trata de asserção, afirmação.
7. Estúpido.
8. Notória, amplamente conhecida.

Meu intento é tirar à luz meridiana um atentado jurídico, constituído pela detenção indébita e afrontosa de um homem cujos direitos são impunemente conculcados,[9] ainda quando advogados com energia e tenacidade.

Para realizar este intento e obter o julgamento da opinião pública, para demonstrar cabalmente a injustiça bárbara de que está sendo vítima João Francisco de Oliveira, e quanto valem os manejos indecorosos dos conciliábulos[10] de camarinha,[11] ainda quando o cauto juiz abroquela-se[12] com a probidade e com a prudência, basta-me transcrever a sentença que julgou o corpo de delito; a petição solicitando a retardada soltura do preso; o despacho negativo do meritíssimo juiz e os pareceres dos circunspectos jurisconsultos ouvidos sobre a questão.

É possível que os sábios estejam em erro manifesto; assim como é possível que eu desvairado pela liberdade tenha perdido o bom senso; posso, porém, afirmar com ousadia, que o bom senso não será encontrado nos gabinetes dos assessores de Jundiaí.

Julgo procedente o corpo de delito de fl. 12 *usque*[13] fl. 13, e sendo declarado o ferimento leve, e não sendo o delinquente preso em flagrante, em vista do decreto nº 1.090 de 1º de setembro de 1860,[14] mando que o mesmo indiciado João Francisco de Oliveira seja relaxado da prisão em

---

9. Pisoteados, espezinhados, tratados com desprezo.
10. Reunião secreta e, por extensão de sentido aplicada ao caso, conspiração, trama.
11. Quarto pequeno, podendo ser entendido como refúgio, esconderijo.
12. Defende-se, protege-se.
13. Até a.
14. Curiosamente, o decreto citado versava "sobre o processo nos crimes de furto de gado *ad vacuum*", i.e., no vácuo, sem dono aparente. O fundamento normativo da sentença, portanto, buscava amparo numa lei inteiramente estranha ao caso para, como se vê, satisfazer uma vontade particular que não só não possuía base legal razoável como também era contrária às disposições expressas do Código de Processo Criminal. Para o inteiro teor do decreto, cf. *Coleção das Leis do Império do Brasil de 1860*, Tomo XXI, Parte I. Rio de Janeiro: Tipografia Nacional, 1860, pp. 41-42.

que se acha e posto *incontinenti*[15] *em liberdade*, passando-se mandado para esse fim, pagas as custas de fl. 1 até 9 pelo cofre da municipalidade, de fl. 10 em diante pelo dito João Francisco de Oliveira.

Jundiaí, 1º de julho de 1870<br>SANTOS CAMARGO

(Passou-se o mandado, que foi apresentado ao carcereiro às 6 horas da tarde; e por acordo entre o carcereiro e *mais duas pessoas de Jundiaí* não foi executado. A queixa foi dada no dia 2, às 8 horas da manhã, e jurado no dia 4 à 1 hora da tarde; e a ordem de soltura passada a 1º não se cumpriu!...)

～

Ilmo. sr. delegado de polícia,

João Francisco de Oliveira, preso na cadeia desta cidade, por crime de ferimento simples em Jacyntho Francisco de Paula, a despeito da ordem de soltura em seu favor passada, vem respeitosamente perante V. S. requerer o pronto cumprimento da citada ordem.

Contra o suplicante foi dada queixa pelo ofendido, que teve a poética lembrança de qualificar o fato como tentativa de morte, no calculado intuito de obter, como indebitamente obteve, a injusta detenção do suplicante; e sendo certo que para estabelecer indiciação legal sejam precisos fatos que autorizem a convicção do juiz e não baste, para isso, a simples alegação do queixoso, o suplicante, em nome da lei,

Pede à V. S. e espera benigno deferimento.

Jundiaí, 3 de julho de 1870<br>Pelo suplicante,<br>LUIZ GAMA

DESPACHO

Não tem lugar o que requer o suplicante.

Jundiaí, 3 de julho de 1870<br>SANTOS CAMARGO

15. Imediatamente, sem demora.

Pedro fora *ferido levemente* por João; contra o seu ofensor Pedro deu queixa por *tentativa de morte*, pedindo a detenção incontinente[16] do acusado, fato que verificou-se.

Pergunta-se:

Sendo João residente e morador do foro do delito, e não tendo o autor provado por modo algum a indiciação criminosa, é regular a detenção do acusado?

Para determiná-la seria bastante a simples alegação do queixoso?

Resposta ao 1º quesito:

A prisão só pode ter lugar nos casos de flagrante delito e indiciamento em crimes inafiançáveis — Código de Processo Criminal, arts. 131 e 175.[17]

Nesta última hipótese é necessário, como condição legal, a ordem escrita da autoridade competente.

O arbítrio conferido pela lei ao juiz — para prender ou deixar de prender —, nos casos de inafiançabilidade do delito, não pode ser entendido de modo a autorizar a prisão sem motivo algum que, *pelo menos*, faça presumir a existência jurídica do delito.

A simples alegação ou petição do queixoso não pode por si só ser motivo suficiente para a ordem de prisão, sob pretexto de haver alguém cometido crime inafiançável. Está visto que se o juiz tiver *fundamentos legais* para ordenar a prisão pode fazer-lo na forma da lei — ex-ofício.[18]

O segundo quesito está respondido com a resposta do primeiro.

É este o nosso parecer.[19]

São Paulo, 3 de julho de 1870
DR. ANTONIO CARLOS R. DE A. MACHADO E SILVA[20]

---

16. O mesmo que incontinenti, imediatamente.
17. Araujo Filgueiras Júnior. *Código do Processo do Império do Brasil*, Tomo I. Rio de Janeiro: Eduardo & Henrique Laemmert, 1874, p. 74 e p. 91.
18. Por imperativo legal e/ou por dever do cargo ou função.
19. O parecer é escrito, como se vê, por Antonio Carlos Ribeiro de Andrada Machado e seu irmão José Bonifácio. A formulação da consulta, a que o parecer se vincula, é de autoria de Gama.
20. Antonio Carlos Ribeiro de Andrada Machado e Silva (1830–1902) nasceu em Santos (SP) e pertence à segunda geração dos Andradas, sendo sobrinho de

JOSÉ BONIFÁCIO[21]

Concordo.
    DR. FRANCISCO JUSTINO GONÇALVES DE ANDRADE[22]
Concordo.
    CRISPINIANO[23]
Concordo.
    J. S. CARRÃO[24]
Concordo.
    FALCÃO FILHO[25]
Concordo.
    DR. J. J. DE ALMEIDA REIS[26]

Jundiaí, 5 de julho de 1870
LUIZ GAMA

José Bonifácio, "O Patriarca", e filho de pai homônimo. Foi político, advogado, professor de Direito Comercial na Faculdade de Direito de São Paulo e sócio de Luiz Gama por aproximadamente uma década em um escritório de advocacia.
21. José Bonifácio de Andrada e Silva, o Moço (1827-1886), nasceu em Bordeaux, França, e viveu grande parte da vida em São Paulo, onde se graduou e foi professor de Direito. Poeta, literato, foi na política que alcançou maior notoriedade, como deputado, ministro e senador em sucessivos mandatos desde o início da década de 1860.
22. Francisco Justino Gonçalves de Andrade (1821-1902), nascido na Ilha da Madeira, Portugal, formou-se e fez carreira jurídica em São Paulo. Foi professor de Direito Natural e Direito Civil, alcançando notoriedade nesse último campo como autor de diversos livros doutrinários.
23. José Crispiniano Soares (1809-1876), nascido em Guarulhos (SP), foi político, advogado e professor de Direito Romano da Faculdade de Direito de São Paulo. Figura de destaque na política, foi presidente de quatro províncias do Império, respectivamente: Mato Grosso (1847-1848), Minas Gerais (1863-1864), Rio de Janeiro (1864) e São Paulo (1864-1865).
24. João da Silva Carrão (1810-1888), o conselheiro Carrão, nasceu em Curitiba (PR) e foi advogado e político. Presidiu as províncias do Pará (1857-1858) e de São Paulo (1865-1866), foi deputado sucessivas vezes, ministro da Fazenda (1866) e senador do Império (1880-1888)
25. Clemente Falcão de Souza Filho (1834-1887) foi um advogado, empresário e professor catedrático de Direito Civil da Faculdade de Direito de São Paulo.
26. José Joaquim de Almeida Reis (?-1874) foi professor substituto da Faculdade de Direito de São Paulo.

# PARTE III

## JUIZ CRIMINOSO

**NOTA INTRODUTÓRIA**   Provavelmente, a principal razão para o emprego de pseudônimo na série de artigos sobre a prisão do artista Leal fosse por chamar, por escrito e em público, um determinado juiz de criminoso. A estratégia autoral é notável. Embora assinadas por três diferentes pseudônimos, a estrutura das peças, as marcas estilísticas, o repertório de metáforas e literaturas e, centralmente, os interesses pragmáticos envolvidos, são elementos que convergem para o nome de Luiz Gama como autor. Lembremos que Gama era acusado de injuriar o juiz Rego Freitas, crime pelo qual iria a julgamento no Tribunal do Júri de São Paulo no final do ano de 1870. Assim, sabemos que Gama, ao curso dos artigos dessa seção, estava na linha de tiro das autoridades judiciárias de São Paulo. Se qualificar um despacho do juiz municipal de "fútil" teria sido o bastante para levá-lo às barras do júri, que diria se chamasse um juiz de criminoso. Seria impensável fazê-lo e permanecer atuante no foro da capital, sobretudo ao se considerar o momento delicado após sua recente demissão do cargo de amanuense da Secretaria de Polícia de São Paulo. É por isso que, no caso do artista Leal, sob a capa do pseudônimo, que certamente não escondia aos seus contemporâneos quem efetivamente a vergava, Gama empreende uma defesa monumental dos direitos do artista — preso por ordem do juiz Felicio Ribeiro dos Santos Camargo, velho desafeto de Gama que, além do mais, tomava parte na acusação que pretendia condená-lo pelo crime de injúria. As circunstâncias da prisão, a competência do juiz para ordená-la, a jurisdição que acolheu a demanda, a prova aduzida, entre outros eventos narrados, constituem um amontoado de ilegalidades provocadas pelo juiz Felicio. A resposta enérgica e pública surge de um "obscuro comerciante" a escrutinar os fundamentos normativos da prisão do artista. Embora o autor indique que só conhecia o aprisionado de vista, a causa de Leal foi desagravada de modo exemplar, talvez por seu defensor ter feito dela uma bandeira que desagravava a outras pessoas: ele queria abalar a sociedade paulistana, jogando luzes sobre um caso entre os muitos prejudicados pelo "juiz criminoso", ao mesmo tempo em que jogava bombas sobre sua erudição, competência e caráter. Os três primeiros texto dessa seção têm como eixo o desagravo ao artista Leal. Os dois finais continuam a caricaturar a empáfia do juiz e subsidiar o público de que ele não teria competência para exercer a jurisdição. Ainda que dissesse ser um dos "homens do balcão, e não da pena, da palavra e da espada", o "obscuro comerciante" citava a Eneida de Virgílio, o Quixote de Cervantes e as Fábulas de La Fontaine, poetas citados por Gama em outras passagens. Tal paradoxo também se nota quando o assunto é conhecimento normativo. Profundo conhecedor das minúcias do processo criminal e do comercial, o autor discutia tipificações penais e conhecia a legenda de Bártolo de Sassoferrato, autoridade indiscutível em direito romano. Ao fim, não era tão só uma acusação moral, senão conforme a letra da lei. Ambas, contudo, caminhavam lado a lado. Atacar a erudição e a competência em julgar convergia para o mesmo objetivo de fragilizar aquele que, ainda em dezembro de 1870, deporia contra Gama em julgamento no Tribunal do Júri de São Paulo.

Capítulo 1
# Segredos da jurisprudência
*Para o sr. dr. juiz de direito ver*[1]

**Comentário**   *A primeira parte da série de artigos faz as vezes de prólogo. "A questão não fica discutida, é apenas exposta, prometemos por isso voltar brevemente ao assunto." Contudo, da exposição se mede bem o que viria pela frente: uma acusação, juridicamente fundamentada, de que o juiz Felicio praticara "tão absurda violência e tão grave crime" que deveria responder, em juízo e em público, por sua conduta fora da lei. A narrativa do caso é concisa. O juiz Felicio requereu ordem de prisão porque o artista Leal, que devia a alguns credores, embarcava de Santos para o Rio de Janeiro no que seria uma suposta fuga. Ocorre que nenhum dos credores apresentou ao juiz qualquer título de dívida, elemento essencial para se ordenar detenção especial no juízo comercial, jurisdição pela qual o juiz Felicio respondia. Assim, bastaram uma ou duas alegações, tanto da dívida quanto da suposta fuga, para que o juiz do comércio ordenasse prisão fora de sua jurisdição e fora de sua competência. Uma vez encarcerado em São Paulo — leia-se "sob a pressão de uma violenta prisão" —, o artista Leal reconheceu e pagou a quantia "que dizia-se ele era devedor e por cujo motivo estava preso". A narrativa leva a conjecturar que o artista Leal reconheceu e pagou o montante que diziam que ele devia sob algum grau de tortura. "Nem se argumente que o reconhecimento da pobre vítima foi todo espontâneo", dizia o articulista. O artista fora solto. Continuava "o criminoso em posição de julgar o crime". Mais do que expediente retórico, o autor tipificava a conduta criminosa do juiz Felicio que, por seu "ato repulsivo", deturpava a lei, "violentando-a e infringindo-a de encontro aos fracos e pobres", ainda que revelando, por outro lado, a cínica "independência de quem é inerte frente aos poderosos".*

Neste dias em que a liberdade do homem é o objeto constante de todos os labores, e em que as ideias sobre os direitos do cidadão têm caminhado além dos desejos dos falsos profetas, não deve causar admiração que um obscuro negociante, abandonando por momentos os afazeres de sua profissão, venha à imprensa clamar

1. *Correio Paulistano* (SP), A Pedido, Ao Público, 14 de julho de 1870, p. 3.

contra um dos mais graves atentados cometidos contra a lei, e uma violência inqualificável exercida na pessoa de um artista desvalido da fortuna e da proteção de certos homens *que tudo fazem*, porque pensam que tudo lhes é possível. É uma ousadia perdoável o que ora fazemos, desde que se considere que a lei foi posta na mão dos juízes para manutenção integral dos direitos individuais e sociais, o que se consegue com a sua prudente e fiel execução, e não violentando-a e infringindo-a de encontro aos fracos e pobres, para revelar a coragem que a *alguém fugiu em certa ocasião*, e a independência de quem é inerte em frente dos poderosos. A justiça bem aplicada contra os pobres e os fracos é uma cousa comum e que a ninguém celebriza; contra os ricos e poderosos é uma virtude rara e só própria de raros carácteres: a injustiça, porém, seja contra quem for, é uma nódoa[2] indelével na toga do juiz, e um ato repulsivo que a todos causa indignação e por mais alto que gritem não conseguirão abafar os clamares[3] da vítima que pede justa reparação.

No dia 10 do corrente, a bordo do vapor *Paulista*, que se dispunha em viagem para a Corte, foi preso o artista Leal, ex-empresário da companhia dramática que ultimamente funcionou nesta cidade, em razão de um telegrama dirigido pelo *íntegro e ilustrado* dr. juiz comercial desta cidade, Felicio Ribeiro dos Santos Camargo,[4] ao juiz municipal de Santos.

No dia 11 é o infeliz e *desprotegido* artista remetido preso para esta cidade, onde chegando, soube que um ou dois de seus colegas, requerendo ao sr. dr. Felicio a sua prisão, porque, devendo-lhes, pretendia ausentar-se furtivamente para o Rio de Janeiro, conseguiram-na sem a mínima dificuldade.

É a maior das violências que se pode praticar em nossos dias contra um homem pobre e sem proteção, e o mais grave aten-

2. Mácula, desonra.
3. Protestos, reclamações veementes.
4. Felicio Ribeiro dos Santos Camargo (?–?), nascido em São Paulo (SP), foi um político e juiz que, a exemplo de Rego Freitas, foi um dos principais adversários de Luiz Gama.

tado que a ignorância entronizada em posição imerecida pode
cometer contra a lei, só para parecer enérgica, valente e destemida perante quem ri-se à surdina das bravatas de um Herodes
de comédia,[5] ao mesmo tempo que lisonjeia-lhe o amor próprio
elevado à estultice[6] e ridículos supinos, para fazer cego instrumento daquele que a lei e a sociedade querem que seja a ação,
calma e refletida, é certo, porém sempre a ação, e nunca o instrumento de seus nem de alheios ódios e vontades. Com efeito, um
ou dois artistas, *sem título algum de dívida*, apresentaram-se ao
sr. dr. juiz do comércio desta cidade, dizendo-se credores do artista Leal, e alegando a fuga deste, e com os depoimentos de dois
ou três indivíduos inteiramente desconhecidos, conseguiram do
dr. Felicio um *mandado telegráfico* ao juiz comercial de Santos
para a prisão de um homem de quem os alegantes não exibiram,
nem tinham *um bilhete* sequer para provar a dívida. Logo depois
de praticar tão grave crime contra a lei e contra um cidadão, o
*ilustrado* juiz dizia com garbo e entusiasmo a alguns meninos que
o cercavam — *mandei prender o Leal em Santos* — e porque *conticuere omnes intentique ora tenebant*,[7] passou o *ilustre* dr. a fazer
a exposição de atos de *bravura* de sua vida passada, de *justiça* de
sua vida presente e a exposição de seus projetos para a próxima e
completa reforma do foro, das leis e dos costumes. Sirva este fato
de exemplo, para que ninguém mais ouse retirar-se de São Paulo

---

5. Referência a Herodes I (74/73–4 a.C.), rei da Judeia e Galileia, embora vassalo do Império Romano, ao tempo do nascimento de Jesus Cristo. A caricatura do juiz arbitrário e violento, como se vê, apelava para uma figura cruel do imaginário do leitor, mas o fazia agregando um sugestivo adjetivo — "comédia" — na sequência, como a sugerir que até mesmo a brutalidade de Felicio fosse farsesca.
6. Estupidez.
7. Trata-se de verso da célebre *Eneida*, de Virgílio (70–19 a.C.), poeta romano de profunda influência na literatura ocidental, que pode ser traduzido, livremente, como "todos caíram em silêncio e observaram com atenção, segurando suas bocas", ou, conforme se lê numa tradução de 1858, aqui adaptada "prontos, à escuta, emudeceram todos". Cf. Manoel Odorico Mendes. *Virgilio Brazileiro ou tradução do poeta latino*. Paris: Tipografia de W. Remquet e Ca., 1858, p. 252.

sem primeiro tirar *passaporte*[8] do sr. dr. Felicio, enquanto este *íntegro* sr. estiver na posição que ele julga e diz ser o de *legislador* do mundo; pois, do contrário, não teria sido preso o artista Leal, que, a ninguém tendo passado créditos ou firmado título de dí-
5 vida, tinha para não ser preso o art. 344, § 1º, do Regulamento de 25 de novembro de 1850,[9] que, por ser o regulamento do Código Comercial, o sr. dr. Felicio tem obrigação de saber, visto que é juiz do comércio. O regulamento comercial no art. referido diz que para se decretar a detenção pessoal deve-se, além da fuga,
10 *juntar prova literal da dívida*, prova que no caso presente não foi nem podia ser aduzida porque os alegantes não a tinham, e dos autos em que consta toda esta *bernardice*[10] *judiciária*, apenas se vê que, requerida a prisão por fuga, e depondo alguns indivíduos sobre esta alegação, foi o pedido atendido pelo *ilustre*
15 juiz que, uma vez restituído o preso a seus *heroicos domínios*, o mandou soltar, visto ter, sob a pressão de uma violenta prisão, *reconhecido e pago* ou *depositado valores* para o *pagamento*, do que dizia-se ele era devedor e por cujo motivo estava preso. Nem se argumente que o reconhecimento da pobre vítima foi todo
20 espontâneo, porque nem todos têm a *coragem* e *sangue frio* do sr. dr. Felicio para encará-lo e aos seus atos com a tranquilidade como a *vítima* deve encarar o seu *algoz*, ou o *juiz* àquele a quem

8. Autorização policial ou judiciária para o escravizado transitar pelas ruas de um ou mais distritos ou municípios, na ausência do senhor ou de quem o represente. A referência ilustra como a arbitrariedade do juiz rebaixaria os direitos individuais de cidadãos a de pessoas escravizadas.
9. O decreto nº 737, de 25 de novembro de 1850, regulava a ordem do processo comercial. O art. 344 determinava os critérios básicos para que se pudesse prender um devedor. Assim, no seu *caput*, se lia: "Para a concessão do mandado de detenção especial é essencial", § 1º, "Prova literal da dívida". Era fora de dúvida, portanto, segundo o processo no juízo comercial, que para se proceder com a detenção do artista Leal o juiz estava obrigatoriamente vinculado a uma prova literal do débito. O autor discutirá adiante a relação entre esse texto normativo e o caso concreto. Cf. *Coleção das Leis do Império do Brasil de 1850*, Tomo XIII, Parte II. Rio de Janeiro: Tipografia Nacional, 1851, pp. 271–371, especialmente p. 315.
10. Asneira, bobagem.

a lei denomina *réu*. Para nós, é inteiramente desconhecida a razão que teve o sr. dr. Felicio para praticar tão absurda violência e tão grave crime, que o deve atirar do lugar que ocupa com tanto *garbo* quanto *imparcialidade, independência* e *inteireza*, porque o *ilustre* dr. não quererá que se chame de ignorante a quem tantas vezes temos ouvido dizer-se tão familiarizado nos segredos da jurisprudência, que pasmaria a quem, como nós, não conhecesse desde a infância o ilustre êmulo[11] de um celebérrimo[12] ex-juiz municipal de Bragança, onde apesar dos pesares, nunca se deram tais absurdos.

Não, a razão não é esta. Ignorantes somos nós que não podemos alcançar tão longe como a *vasta inteligência* do *erudito juiz*, a quem, ainda por ignorância, chamamos de *criminoso*.

O sr. dr. Felicio Ribeiro dos Santos Camargo, *que não desce a responder a artigos publicados contra si como juiz*, tem por força alguma razão plausível, *ainda que muito particular*,[13] para explicar este seu procedimento, que, nós, os homens do balcão, e não da pena, da palavra e da *espada*, chamamos de criminoso; e os srs. drs. promotor público e juiz de direito da comarca para quem todos se volvem nesta ocasião, e que tanto se têm ocupado nestes últimos tempos em fazer efetiva a responsabilidade de funcionários públicos, e por fatos de insignificante alcance, proporcionarão ao *ilustrado condor* do direito brasileiro a ocasião de explicar tão recôndita quão desconhecida razão, e de mais uma vez revelar *sua profunda inteligência e vasta erudição* nunca manifestadas nos estreitos horizontes do foro de São Paulo. Os srs. drs. promotor público e juiz de direito devem deixar bem

---

11. Espécie de imitador, ou quem, por inveja, esforça-se para igualar o exemplo de outro.
12. Muitíssimo célebre.
13. Os dois trechos grifados acima reforçam a ideia de que o autor acompanhava de perto outros debates relacionados à prática jurídica do juiz Felicio, o que não era nada comum para quem não lidasse com o foro, além do que demonstrava certa estranheza, ou conhecimento das causas íntimas, com o fato de Felicio esquivar-se de qualquer réplica na imprensa.

patente que a sua ação não move a da lei somente contra os subdelegados ignorantes, de escrivães condescendentes e fracos. Convém que não continue o escândalo e o flagelo de estar o criminoso em posição de julgar o crime.

A questão não fica discutida, é apenas exposta, prometemos por isso voltar brevemente ao assunto.

UM COMERCIANTE

## Capítulo 2
### Toga manchada
*Ainda a prisão do artista Leal*[1]

**Comentário**   *O primeiro artigo causou uma celeuma. Um advogado famoso saiu em defesa do juiz Felicio, elogiando o que seriam suas muitas virtudes intelectuais. O próprio juiz Felicio publicou uma nota que, sob o pretexto de agradecer o seu defensor, visava tão só deslegitimar o "obscuro comerciante" e o seu desagravo ao artista Leal. É natural que na continuidade do artigo, portanto, o comerciante respondesse aos dois textos. Traz de seu arquivo uma antiga opinião de Theodoro Xavier, o advogado famoso que dois anos depois viria a ser nomeado presidente da província de São Paulo, sobre o juiz Felicio. O autor apontava a contradição. E, fazendo isso, colocava em xeque a sinceridade — e, portanto, a veracidade — da eloquente defesa que o advogado fazia do juiz. Para o juiz Felicio, por sua vez, o "obscuro comerciante" reservava ataques ainda mais incisivos, tanto pela argumentação jurídica que desmontaria o fundamento normativo da ordem de prisão, quanto pela sátira pungente que morderia as vaidades do juiz. Felicio seria então pintado como "Herodes ou Argonauta ridículo", dono de "uma carranca que faz chorar as crianças", alguém sem os mínimos requisitos morais e intelectuais para ocupar a cadeira de juiz. "Mas não parou na prisão injusta, violenta e ilegal, o disparate criminoso do sr. dr. Felicio Ribeiro", insistia o comerciante, para quem o juiz Felicio teria conduzido o processo de maneira tão atabalhoada quanto punível. A judicatura de Felicio se constituía de "injustiça e violência contra os fracos", em uma mão, e de "inércia ante os poderosos", na outra mão. Era um estúpido que ameaçava os direitos e a segurança dos paulistanos pobres. Voltando-se a ex-companheiros de trabalho do artista Leal, sobretudo àqueles que o denunciaram ao juiz do comércio, o "obscuro comerciante" aconselhava que, ainda que tivessem razão, nunca mais levassem o "seu desforço até o crime, porque se o crime do juiz fica impune, o do pobre artista terá para puni-lo, não só o juiz criminoso, como todos os outros poderes do Estado".*

---

1. *Correio Paulistano* (SP), A Pedido, Ao Público, 17 de julho de 1870, p. 3.

Em o nosso anterior e primeiro artigo deixamos bem patente a ilegalidade e violência de que foi vítima este infeliz e desprotegido artista e o crime do sr. dr. juiz do comércio; que por motivos *insondáveis*, e até hoje não explicados, se julgou com poder suficiente para ordenar a prisão por fuga de um homem que não havia firmado títulos aos que pediam a sua prisão. Ficou também dito que restituído o preso a São Paulo *foi solto*, por ter pago ou depositado quantias para o pagamento dos que dizendo-se seus credores, conseguiram que fosse ele vítima de uma violência e prejuízos, de que estaria a coberto se tivesse protetores poderosos, ou se o sr. dr. Felicio se ocupasse em estudar para cumprir o seu dever, em vez de andar pelas ruas e cartórios com uma carranca que faz chorar as crianças, e rir-se àqueles que de perto o conhecem.

Mas não parou na prisão injusta, violenta e ilegal, o disparate criminoso do sr. dr. Felicio Ribeiro, que no auge de sua estulta[2] fatuidade[3] só se lembrava da *bravura* manifestada contra o fraco, ao passo que esquecia-se do crime que cometia e da posição em que se colocava aos olhos dos homens honestos e sensatos, que pautam suas ações e juízos pelos princípios sãos da honestidade e da justiça, e não pela imposição e ditames de qualquer ex-colono do barão de Nova Friburgo.

Uma vez justificada a insolvência do artista Leal, devera o sr. dr. Felicio declarar-lhe a falência na forma do art. 807 do Código Comercial, e proceder como dispõe o art. 806 do mesmo Código, tendo em vista o art. 19, § 3º, do Regulamento de 25 de novembro de 1850, tão atrozmente violado pelo *ilustrado* e *independente* juiz.[4]

---

2. Estúpida.
3. Vaidade, presunção.
4. O autor faz referência primeiro ao Código Comercial, especialmente à parte que tratava das quebras e falências, e depois ao regulamento que disciplinava o processo comercial. O art. 806 estipulava que, "apresentada a declaração da quebra, o Tribunal do Comércio declarará sem demora a abertura da falência, isto é, fixará o termo legal da sua existência, a contar da data da declaração do

Com este procedimento o sr. dr. Felicio emendaria a mão, e aquilo que fez violando a lei quando *pensava executá-la* e satisfazer ao seu amor próprio irrisório, tomaria outra feição e seria até por nós justificado, porque se lamentamos a violência de que foi vítima um artista pobre e desprotegido, também censuramos o ato que praticou de querer retirar-se desta cidade sem pagar a seus companheiros de trabalho, que com tão boa vontade o ajudaram e por serem pobres estão como ele expostos à prepotências de qualquer Herodes ou Argonauta ridículo,[5] que elevado a posições nunca por eles esperadas, querem inchar como a rã da fábula.[6]

falido, ou da sua ausência, ou desde que se fecharam os seus armazéns, lojas ou escritórios, ou finalmente de outra época anterior em que tenha havido efetiva cessação de pagamentos; ficando, porém, entendido que a sentença que fixar a abertura da quebra não poderá retroagi-la à época que exceda além de quarenta dias da sua data atual". Na sequência, o art. 807 previa que "a quebra pode também ser declarada a requerimento de algum ou alguns dos credores legítimos do falido, depois da cessação dos pagamentos deste; e também a pode declarar o Tribunal do Comércio *ex-officio*, quando lhe conste, por notoriedade pública fundada em fatos indicativos de um verdadeiro estado de insolvência (art. 806). Não é, porém, permitido ao filho a respeito do pai, ao pai a respeito do filho, nem à mulher a respeito do marido ou vice-versa, fazer-se declarar falidos respetivamente". Finalmente, a definição do art. 19, do regulamento, para a atividade de "mercancia" disposta em seu § 3º, incluía nessa atividade as "empresas de fábricas; de comissões; de depósitos; de expedição, consignação e transporte de mercadorias; de espetáculos públicos". Cf., por ordem de citação, *Coleção das Leis do Império do Brasil de 1850*, Tomo XI, Parte I. Rio de Janeiro: Tipografia Nacional, 1850, pp. 57-239, especialmente pp. 210-211; e *Coleção das Leis do Império do Brasil de 1850*, Tomo XIII, Parte II. Rio de Janeiro: Tipografia Nacional, 1851, pp. 271-371, especialmente p. 274.
5. O autor reitera a referência a Herodes I (74/73-4 a.C.), rei da Judeia e Galileia. Porém, alterando ligeiramente a ilustração do texto precedente, em vez de "Herodes de comédia" inscreveu "Herodes (...) ridículo". O sentido, como se vê, vai na mesma direção: caricaturar a imagem do juiz Felicio. A menção ao "Argonauta", outra inequívoca demonstração da erudição do autor, remete à mitologia grega e aos heroicos tripulantes da nau Argo que, reza a lenda, empreenderam uma viagem fantástica em busca do Tosão de Ouro. A figura, por sua vez, possuía notáveis tintas sarcásticas.
6. O autor agregou mais um elemento ao seu já riquíssimo caldeirão de imagens,

Mas não, o sr. dr. Felicio não teve, sequer, o tino para compreender a lição indireta que lhe davam os artistas credores, desistindo da prisão requerida, pois eles entenderam, antes de se lhes dizer, que o que tinham pedido e lhes tinha sido concedido com tanta prontidão não era legal; e o sr. dr. não teve em si *incentivo* para abrir a lei, que tem o infortúnio de ser executada por tão *caprichoso* juiz, e estudar, *ler ao menos*, o que lhe cumpria fazer. A violência e crime estavam consumados. Os meninos e os ignorantes tinham mais uma vez pasmado com o poder, *capacidade e inteireza* do juiz *sem exemplo* na história deste foro. A vítima podia retirar-se, *agradecida* por não se ter lhe exigido uma vênia[7] que fizesse-lhe tocar com os lábios as solas da *estátua de Minerva* representando de Herodes.[8]

Se não se pode ser preso por dívida senão no comércio, é claro que o sr. dr. juiz do comércio aplicou ao artista vítima de seu poder a disposição do § 3º do art. 19 do regulamento que violou, e uma vez feita esta aplicação, não o podia soltar sem cumprir o que dispõem os artigos 806 e 807 do Código [e o art.] 350 do regulamento comercial.[9]

trazendo à baila a conhecida "rã da fábula". Provavelmente sacada de um livro de Jean de La Fontaine (1621–1695), poeta francês de bastante renome, o "obscuro comerciante" trazia uma historieta cuja moral pode ser lida por suas interessantes implicações. Era o fabuloso caso da rã que, por inveja e vaidade, queria ser maior do que um boi e, para tal, passou a se inchar, mais e mais, até, por fim, estourar e se acabar. A imagem também continha uma lição moral para o caso concreto. Advertia os ex-companheiros do artista Leal, embora reconhecendo razão em parte da demanda, para o fato de que eles, sendo tão "pobres" quanto Leal, poderiam vir a estar "expostos à prepotência de qualquer" juiz violento e ridículo. Assim, que tivessem cuidado em não querer inchar como a simples rã da fábula que, vaidosa que só, não coube em si e explodiu.
7. Mesura, reverência.
8. Estabelecendo um contraste bizarro entre a estátua e sua representação, como a realçar o absurdo da situação em que estavam metidos, o autor investe mais ainda na caricaturização do juiz Felicio. Por um lado, Minerva, divindade romana das artes e da sabedoria, como símbolo do lugar do magistrado e, por extensão, do bom julgamento, e por outro, a crueldade de Herodes I.
9. Os três primeiros textos normativos citados podem ser lidos acima, na nota

De outro modo, a prisão foi ordenada não com violação do art. 344, § 1º, do dito regulamento;[10] mas sim com grave atentado ao honesto e ao justo: porque no cível não há prisão por dívida.

O que motivou todo este procedimento tumultuário e criminoso ninguém que tem bom senso e sabe ler pode atinar, e o sr. dr. Felicio não o explicou nem explica, *porque não quer manchar a sua toga que muito respeita — quae tans lota tulerunt sacula, judice? —*,[11] entretanto, o ilustrado dr. fez mil atribuições injustas em diversos círculos, enlameou a sua toga nas diversas vezes que em conversações explicava o fato e a atribuição, porque abaixou-se a apanhar lama para arremessar a mais de um seu colega, e no *Diário de hoje*[12] vem falando-nos de uma comandita,[13] a cujo chefe visível atribui a autoria deste nosso artigo.[14]

de rodapé nº 4. O art. 350 do decreto nº 737, de 25 de novembro de 1850, que regulava a ordem do processo comercial, tinha a seguinte redação: "Resolve-se a detenção pela prisão criminal no caso de pronúncia por bancarrota ou estelionato". Cf. *Coleção das Leis do Império do Brasil de 1850*, Tomo XIII, Parte II. Rio de Janeiro: Tipografia Nacional, 1851, pp. 271–371, especialmente p. 316.
10. O art. 344 determinava os critérios básicos para que se pudesse prender um devedor. Assim, no seu *caput*, se lia: "Para a concessão do mandado de detenção especial é essencial", § 1º, "Prova literal da dívida". Cf. *Coleção das Leis do Império do Brasil de 1850*, Tomo XIII, Parte II. Rio de Janeiro: Tipografia Nacional, 1851, pp. 271–371, especialmente p. 315.
11. Em razão de provável erro tipográfico, a frase em latim não parece estar correta, impossibilitando, assim, uma tradução segura.
12. Felicio Ribeiro dos Santos Camargo. [Sem título]. *Diário de S. Paulo* (SP), Publicações pedidas, 16 de julho de 1870, p. 2.
13. Expressão do direito empresarial que designa uma sociedade comercial com duas classes de sócios: os comanditados e os comanditários. Os comanditados têm responsabilidades ilimitadas frente a terceiros, maiores obrigações sociais, trabalham e contribuem financeiramente; os comanditários, ao contrário, têm responsabilidade limitada, são alheios de obrigações na administração do negócio, não contribuem com trabalho, apenas com capital.
14. Em breve nota, o juiz Felicio veio finalmente a público. Contudo, utilizava por álibi um desagravo escrito e publicado pelo advogado João Theodoro Xavier, de modo que não parecesse estar respondendo ao "obscuro comerciante" que lhe atacava na imprensa. Assim, dirigia-se ao advogado Xavier e fugia de qualquer menção direta ao defensor do artista Leal. "Nada respondo à cobiçosa *comandita* porque temo manchar a minha toga", limitava-se o juiz Felicio. O

Como ao *erudito, honesto, íntegro* e *valente dr. juiz* municipal e comercial, estamos prontos a profligar[15] aos que se reúnem em comandita para assaltarem a bolsa e reputação alheias.[16] Pedimos por isso ao sr. dr. Felicio que não recue, publique os nomes destes comanditários e os atos de especulação, para que possamos *nomeadamente* combater a esses viciosos ou criminosos. O modo por que o *ilustre* dr. se exprime no *Diário* de hoje nada dá a entender senão que o *valente juiz* não tem ânimo de declarar os nomes desses indivíduos. Não estarão eles na posição do artista Leal, que por muito menos foi preso? O erudito dr. não deve nem pode ter receio de manchar a sua toga, pois o *erudito* juiz pode e *deve* colocar-se superior aos insultos e justificar o ato pelo qual o chamamos *criminoso*, que deve ser *processado como tem sido os infelizes* Baylão,[17] Lyrio, Beraldo e outros, que por serem desprotegidos e mais pobres do que o sr. dr. Felicio, não têm por isso abalado, mais do que o *erudito* réu-juiz, a sociedade. Pelo contrário, os delitos daqueles são menos fatais em seus efeitos de

"chefe visível" da comandita, portanto, seria o responsável pelo que ele reclamava como injúrias infames. Há muitas hipóteses que, de plano, se afiguram possíveis, sobretudo tendo-se em conta que o vago termo "chefe visível" não vincula alguém a uma dada propriedade. Após cotejamento e análise com outros escritos de diferentes autores que tomaram parte na contenda, tarefa a ser detalhada em espaço apropriado, percebe-se que a atribuição de autoria de parte do juiz Felicio tem mais de insinuação do que de verdade factual. Sutilmente, o juiz Felicio parecia levantar uma cortina de fumaça sobre a autoria — que o "obscuro comerciante" trata de refutar já no corpo desse texto —, sugerindo que seu acusador era, antes de qualquer coisa, um sujeito dado ao crime. Cf. *Diário de São Paulo* (SP), Publicações Pedidas, 16 de julho de 1870, p. 2.
15. Fustigar, atacar.
16. No contexto, o emprego do termo comandita carrega alguma nota depreciativa, como se àquele momento uma associação comanditária em particular exercesse, de conhecimento público, uma atividade criminosa.
17. Pascoal Baylão foi escrivão e amanuense da Secretaria de Polícia de São Paulo. Baylão colaborou com Gama em pelo menos uma causa de liberdade na década de 1870. É de se supor que ambos tivessem boas relações, tanto pela contribuição que Baylão deu a pedido de Gama, quanto pela provável inimizade que ambos tinham contra a figura do juiz Felicio. Cf., neste volume, a parte "Quando o beco da chicana é sem saída", pp. 277-284.

que o que ora acusamos o sr. dr. Felicio. O que pode manchar a toga de um magistrado são, entre outras cousas, a *injustiça e violência contra os fracos*, a *inércia ante os poderosos*, e *a automatia*[18] perante o orgulho e as paixões de um estrangeiro naturalizado que pretende governar a todo o mundo com a sua língua viperina que não poupa nem a seu próprio tio, que o tirou das ante-salas do barão de Nova Friburgo, de quem foi colono e criado.

Ao muito ilustrado e distinto advogado dr. João Theodoro,[19] apenas pedimos que combine o seu panegírico[20] de ontem[21] com o seguinte — publicado por este ilustrado advogado no dia de 19 de novembro de 1869, em o número 1.262 do *Diário de São Paulo*.

Eis o artigo do sr. dr. João Theodoro naquele jornal:

PUBLICAÇÕES PEDIDAS

Uma das maiores calamidades do foro é em cada questão a falta de estudos nos juízes. Cedem à paixão o nobre lugar destinado à inteligência.

É o que acaba de suceder ao dr. juiz de interino.

Sustentou perante ele um advogado a doutrina corrente de que os embargos à precatória, por falta de jurisdição do juiz deprecante,[22] podem ser conhecidos pelo juiz deprecado;[23] e tanto bastou para que,

---

18. Estado do que é autômato, que se move e opera automaticamente.
19. João Theodoro Xavier (1828–1878), natural de Mogi-Mirim (SP), foi advogado, professor de Direito Civil da Faculdade de Direito de São Paulo e político de destaque na vida provincial. Dois anos depois do caso do artista Leal, em 1872, Xavier foi nomeado presidente da província de São Paulo, cargo que ocupou até 1875.
20. Discurso laudatório, excessivamente elogioso.
21. Cf. *Correio Paulistano* (SP), A Pedido, "O sr. dr. Felicio Ribeiro dos Santos Camargo", 15 de julho de 1870, p. 3.
22. O juiz que, por escrito, pede a outro que lhe cumpra algum mandado, ou ordene alguma diligência.
23. O juiz que responde a demanda de outro juiz para que se cumpra algum mandado, ou se ordene alguma diligência.

com leviandade descomunal, o qualificasse de *manifesta má-fé*, por haver apoiado tal princípio nas opiniões da generalidade dos escritores, e nomeadamente na *Praxe Brasileira* do conselheiro Ramalho, § 113.[24]

Entretanto, este escritor é expresso, como são os outros, de igual nota.

A inteligência esclarecida não poderá bem assinalar onde mais brilhante realça o mérito da justiça, *se na coragem do erro ou na temeridade da ofensa*.

Deplorável é o sintoma do juízo onde as sentenças são repassadas de paixões e onde invocam os magistrados os escritores que não leem.

Começará um período funesto de julgamentos *a racione*?[25]

São Paulo, 19 de novembro de 1869
\*\*\*[26]

A este artigo o sr. dr. Felicio respondeu dando uma satisfação pela *ofensa temerária*; mas não remediou o erro *revelador de coragem*, e pediu mil perdões ao sr. dr. João Theodoro.

---

24. Joaquim Ignacio Ramalho (1809-1902), nascido em São Paulo (SP), foi presidente da província de Goiás (1845-1848) e diretor da Faculdade de Direito de São Paulo (1891-1902). Professor reconhecido, publicou obras jurídicas, a exemplo de *Elementos de processo criminal para uso das Faculdades de Direito do Império* (1856) e da citada *Praxe brasileira*, que Gama com frequência citava em suas petições. Cf. Joaquim Ignacio Ramalho. *Praxe Brasileira*. São Paulo: Tipografia do Ypiranga, 1869, pp. 179-183.
25. Pode-se ler como a expressão coloquial "de cabeça".
26. O artigo, assim como todos os grifos, confere exatamente com original. É de se notar, contudo, que o artigo não tem assinatura. Apenas os três asteriscos abaixo da data de escrita fazem as vezes de firma. No entanto, o "obscuro comerciante" não vacila e crava quem era o seu autor. Como se não bastasse ter o jornal em seus arquivos — ou mesmo que de outro modo conseguisse acessar jornais de meses anteriores, quando a qualidade do material e as condições de armazenagem não contribuíam para tal —, o autor demonstrava saber de informações cifradas pertencentes ao código interno daquela comunidade epistêmica que escrevia sobre literatura normativo-pragmática em São Paulo. Até onde apurei, a atribuição de autoria a Theodoro Xavier não é contestada por nenhum meio, o que, para o código epistêmico em questão, deve ter sido lido como um aceite tácito. Cf. *Diário de São Paulo* (SP), Publicações Pedidas, 19 de novembro de 1869, p. 2.

É talvez por isso que a maior parte dos leitores do último artigo tomaram por debique[27] ao dr. Felicio *este recente namoro* com que anda o sr. dr. João Theodoro com ele.

Entretanto, o sr. dr. Felicio tomou ao sério o elogio à *queima-roupa* e agora fica entendido que *aquilo não é debique*; e sim um consolo que o bom coração do sr. dr. João Theodoro levou ao seu amargurado *namorado*. Ao sr. *Artista prejudicado* já demos a resposta no correr do artigo; não aprovamos o procedimento deste seu colega. Entretanto, aconselhamos-lhe que *nunca leve o seu desforço até o crime*, porque se o crime do juiz fica impune, o do pobre artista terá para puni-lo, não só o juiz criminoso, como todos os outros poderes do Estado. É uma verdade que o rigor da lei é só para os pobres.

Ainda ao sr. dr. João Theodoro pedimos que aprecie o merecimento da decisão, porque isto compete aos advogados e não a nós que nos dedicamos a uma profissão estranha ao andamento da justiça. A *notável* rapidez do seu *erudito* juiz é contestada pelo comércio que, por ver que as falências de José Sptzler, Henrique Roger, Gaspar Buhr, e outras, perpetuaram-se, prefere hoje fazer uma concordata amigável com grande abatimento a ir esperar que a *notável rapidez* do sr. dr. Felicio lhe faça receber o que se lhe deve.[28]

Ainda prometemos voltar ao assunto.

São Paulo, 16 de julho de 1870
UM COMERCIANTE

---

27. Troça, ironia.
28. O autor demonstra, nesse parágrafo, o profundo conhecimento sobre casos precedentes no juízo do comércio da cidade de São Paulo que, muito provavelmente, não chegavam em detalhes às páginas dos jornais.

Capítulo 3

# O juiz não tem o privilégio de delinquir impunemente
## Ainda a prisão do artista Leal[1]

**Comentário**   O *"obscuro comerciante"* volta a acusar o juiz Felicio da prática de um crime. Aliás, os fatos *"expostos e não contestados constituem mais de um crime"*, dizia o comerciante que, ninguém há de duvidar, possuía sólido conhecimento normativo. Muito além de uma acusação genérica, o autor expunha categoricamente quais os crimes e qual o liame entre eles, afinal, o juiz Felicio ia *"cego, de crime em crime"*, obrando mal e julgando pior. Expediu ordem ilegal e não declarou a falência do artista Leal, coisa que lhe competia fazer de ofício, deixando, de tal modo, de cumprir uma lei expressa, seja *"por ignorância, descuido, frouxidão, negligência ou omissão"*. O *"obscuro comerciante"* que, veja só!, também lia e citava Cervantes, tinha informações privadas sobre a estratégia do acuado *"réu-juiz"* em defender sua reputação, passando abaixo-assinado para o seu próprio desagravo, reunindo-se com superiores hierárquicos para tratar do assunto, entre outras ações a fim de evitar ou, mais provavelmente, sustar uma representação no foro. Além do direito, como era da praxe do dono da pena, a sátira. Da *"cara ridiculamente enfarruscada"* até *"ser muito criança em matéria de discrição e conveniência"*, está tudo lá, a picardia, a zombaria, a prosa burlesca na descrição de um homem tão violento quanto poderoso, tão estúpido quanto influente, alguém tomado pela inveja, pelo orgulho e pela vaidade. Alguém que, no que cabia ao *"obscuro comerciante"*, não teria mais *"privilégio algum para continuar a delinquir impunemente"*.

Verificada a prisão violenta e ilegal, e o erro posterior do *inteligente e íntegro* juiz do comércio, temos como consequência a necessidade de sua punição, pois que os fatos por nós expostos e não contestados constituem mais de um crime. Pela violenta prisão ordenada tão indiscreta quão ilegalmente e só para satisfazer uma fatuidade[2] e orgulho irrisórios e ridículos, tornou-se o

1. *Correio Paulistano* (SP), A Pedido, Ao Público, 24 de julho de 1870, p. 3.
2. Vaidade.

sr. dr. Felicio réu do crime do art. 142 do Código Criminal, cuja íntegra é a seguinte: "Expedir ordem ou fazer requisição ilegal".[3] Ora, já está por demais repetido que a detenção requerida não podia ser ordenada porque os requerentes não tinham título de dívida, e que o regulamento de 25 de novembro de 1850, no art. 344, § 1º, exige terminantemente *prova literal da dívida*, para a concessão do mandado de detenção.[4] Portanto, o *sapientíssimo e íntegro juiz*[5] expediu uma ordem ilegal (art. 142) por ser *manifestamente contrária à lei* (art. 143):

São ordens e requisições ilegais as emanadas da autoridade incompetente, ou destituídas das solenidades externas necessárias para a sua validade, ou manifestamente contrárias às leis.[6]

Mas não foi só este o ato criminoso do *erudito* juiz. Sua *vasta inteligência pairando nas regiões etéreas*, e a opinião *altamente lisonjeira* que ele faz de si próprio, impeliram-no, cego, de crime em crime. Justificada a fuga e a insolvabilidade do sr. Leal, o sr. dr. Felicio, que é um *jurisconsulto de polpa e um juiz sem exemplo no foro desta cidade por sua notável independência e inteireza contra os pobres, os fracos e os desprotegidos*, devia declarar *ex-*

---

3. A citação confere com o texto normativo. Cf. *Código Criminal do Império do Brasil*. Recife: Tipografia Universal, 1858, pp. 60–61.
4. O decreto nº 737, de 25 de novembro de 1850, regulava a ordem do processo comercial. O art. 344 determinava os critérios básicos para que se pudesse prender um devedor. Assim, no seu *caput*, se lia: "Para a concessão do mandado de detenção especial é essencial", § 1º, "Prova literal da dívida". Era fora de dúvida, portanto, segundo o processo no juízo comercial, que para se proceder com a detenção do artista Leal o juiz estava obrigatoriamente vinculado a uma prova literal do débito. Cf. *Coleção das Leis do Império do Brasil de 1850*, Tomo XIII, Parte II. Rio de Janeiro: Tipografia Nacional, 1851, pp. 271–371, especialmente p. 315.
5. Esse é um dentre tantos indícios estilísticos que convergem para a autoria de Gama, haja vista esse adjetivo, aliás levado ao superlativo, tornar-se o qualificativo preferencial para ironizar o juiz Felicio. Cf., neste volume, a parte *O juiz do inferno*, que é formada por textos originalmente intitulados de "Cousas do sapientíssimo sr. dr. Felicio", pp. 323–352.
6. A citação ao texto normativo é exata. Cf. *Código Criminal do Império do Brasil*. Recife: Tipografia Universal, 1858, pp. 60–61.

*officio*[7] a falência da vítima de tão *nobres predicados do poderoso juiz*, como lhe determina o art. 807 do Código Comercial, e proceder na forma do art. 806 do mesmo Código, e art. 343, § 4º, combinado com o art. 350 do regulamento respectivo.[8] Entretanto, assim não procedeu, *nem ensinado indiretamente pela desistência dos astutos que requereram a prisão*. Uma vez requerida a desistência dos que conseguiram a substituição do título de dívida por uma justificação, sem entretanto nunca pensarem em prisão, foi o homem posto em liberdade, e até hoje não sabemos em que fica esta *bernardice-jurídica-feliciana*,[9] pois os artistas

7. Por imperativo legal e/ou por dever do cargo ou função.
8. Sobre o art. 806 do Código Comercial, cf. o seu respectivo comando normativo: "Apresentada a declaração da quebra, o Tribunal do Comércio declarará sem demora a abertura da falência, isto é, fixará o termo legal da sua existência, a contar da data da declaração do falido, ou da sua ausência, ou desde que se fecharam os seus armazéns, lojas ou escritórios, ou finalmente de outra época anterior em que tenha havido efetiva cessação de pagamentos; ficando, porém, entendido que a sentença que fixar a abertura da quebra não poderá retroagi-la à época que exceda além de quarenta dias da sua data atual". Na sequência, o art. 807 estipulava que "a quebra pode também ser declarada a requerimento de algum ou alguns dos credores legítimos do falido, depois da cessação dos pagamentos deste; e também a pode declarar o Tribunal do Comércio ex-officio, quando lhe conste, por notoriedade pública fundada em fatos indicativos de um verdadeiro estado de insolvência (art. 806). Não é, porém, permitido ao filho a respeito do pai, ao pai a respeito do filho, nem à mulher a respeito do marido ou vice-versa, fazer-se declarar falidos respetivamente". Por outro lado, o art. 343 do decreto nº 737, de 25 de novembro de 1850, definia que as formas da "detenção pessoal", ao que o seu § 3º demarcava as hipóteses daquele tipo de detenção, a saber, "quando qualquer comerciante, matriculado ou não, intenta ausentar-se furtivamente, abandona o seu estabelecimento ou se oculta". Ato contínuo, o art. 350 do citado decreto tinha a seguinte redação: "Resolve-se a detenção pela prisão criminal no caso de pronúncia por bancarrota ou estelionato". Cf., por ordem de citação, *Coleção das Leis do Império do Brasil de 1850*, Tomo XI, Parte I. Rio de Janeiro: Tipografia Nacional, 1850, pp. 57–239, especialmente pp. 210–211; e *Coleção das Leis do Império do Brasil de 1850*, Tomo XIII, Parte II. Rio de Janeiro: Tipografia Nacional, 1851, pp. 271–371, especialmente pp. 315–316.
9. Sendo bernardice uma peculiar maneira de qualificar algo como um despautério, ou mesmo asneira, a frase seria, então, uma asneira jurídica à moda do juiz Felicio.

que *obtiveram prisão que não requereram*, ainda foram condenados ao pagamento das custas, por não quererem concorrer para a continuação do esplendor do sr. dr. Felicio. Se pela prisão o *ilustre condor* do direito brasileiro cometeu o crime do art. 142, combinado com o art. 143 do Código Criminal, por seu procedimento posterior incorreu o ilustre *réu-juiz* no crime do art. 154 do Código Criminal. Diz a lei:

Este crime (referindo-se à falta de exação[10] no cumprimento dos deveres)[11] pode ser cometido por ignorância, descuido, frouxidão, negligência ou omissão, e será punido pela maneira seguinte (Art. 153).
Deixar de cumprir ou fazer cumprir exatamente qualquer lei ou regulamento. Deixar de cumprir, ou fazer cumprir, logo que lhe seja possível, uma ordem ou requisição legal de outro empregado (Código Criminal, art. 154).[12]

Ora, se a lei impunha ao sr. dr. Felicio a obrigação de abrir a falência (art. 806 do Código Comercial), e ele não a declarou, é mais claro que o Sol, que *deixou de cumprir exatamente uma lei* (art. 154), restando aos tribunais julgarem se este crime foi cometido por *ignorância, descuido, frouxidão, negligência ou omissão*; e ao *réu-juiz* desta cidade provar que ele é de uma *sapiência, cuidado, energia e ação, sem exemplo na história deste foro*.[13] Para isto, deve o sr. dr. Felicio fazer correr desde já um abaixo-assinado por todos os seus jurisdicionados, tendo por cabeçalho o pomposo artigo em seu favor publicado pelo distinto advogado dr. João Theodoro, e por comentário o por este ilustre e honrado doutor publicado a 16 de novembro do ano passado e por nós reproduzido em o nosso segundo artigo.[14] Creia o sr. dr. Felicio

---

10. Exatidão, correção, pontualidade no exercício de um cargo ou função.
11. A observação do autor refere-se ao título da seção VI do Código Criminal (1830): "falta da exação no cumprimento dos deveres". Cf. *Código Criminal do Império do Brasil*. Recife: Tipografia Universal, 1858, p. 64.
12. As citações dos artigos 153 e 154 do Código Criminal são literais. Cf. *Código Criminal do Império do Brasil*. Recife: Tipografia Universal, 1858, p. 64.
13. Os textos normativos mencionados encontram-se em notas acima.
14. *Diario de São Paulo* (SP), Publicações Pedidas, 19 de novembro de 1869, p. 2.

que será uma boa defesa, e que por ninguém ser-lhe-á recusada, nem por aqueles dos seus colegas que são vítimas em sua reputação dos botes que lhes dá o sr. dr. nas horas em que deixa descansar a lei, e vai *conferenciar com o seu ilustre mentor, que é a personificação hodierna*[15] *da inveja, do orgulho e de todas as paixões ruins*; homens para quem não há nem virtude nem honra, desde que não se trate de agradar-lhe em seus interesses e arriscadas imputações. Mas o seu mentor tem razão, porque a vontade para ele tem de há muito a *cor negra* de sua alma ou ao menos a *escura de seus óculos*. Mas voltemos ao assunto e não nos ocupemos com insignificâncias. Da exposição que deixamos feita, ninguém deixará de dizer que o sr. dr. Felicio cometeu os crimes apontados, que estão na parte 2ª do Código, que se inscreve — *Dos crimes públicos*.[16]

Em o nosso primeiro artigo chamamos para o fato a atenção dos srs. drs. promotor público e juiz de direito da comarca,[17] porque os arts. 37, § 1º, e 74, §§ 2º e 4º, do Código do Processo Criminal, impõem ao promotor público denunciar os *crimes públicos* e de *responsabilidade*, e o art. 25, §§ 1º e 5º, da Lei de 3 de dezembro de 1841, impõem ao juiz de direito o dever de *formar culpa e julgar definitivamente os empregados públicos não privilegiados nos crimes de responsabilidade*.[18]

15. Atual, moderna.
16. A segunda parte do Código Criminal reunia uma espécie de "núcleo duro" de defesa da ordem política imperial. Lá estavam os seguintes títulos, nessa sequência: I. Dos crimes contra a existência política do Império; II. Dos crimes contra o livre exercício dos Poderes Políticos; III. Dos crimes contra o livre gozo e exercício dos Direitos Políticos dos Cidadãos; IV. Dos crimes contra a segurança interna do Império e pública tranquilidade; V. Dos Crimes contra a boa Ordem e Administração Pública. Cf. *Código Criminal do Império do Brasil*. Recife: Tipografia Universal, 1858, pp. 34–73.
17. O título original do artigo, inclusive, é "Para o sr. dr. juiz de direito ver". Cf. pp. 103–108.
18. O art. 37 do Código de Processo Criminal definia o rol de atribuições de um promotor, sendo o seu § 1º assim redigido: "Denunciar os crimes públicos e policiais e acusar os delinquentes perante os jurados, assim como os crimes de reduzir à escravidão pessoas livres, cárcere privado, homicídio, ou a ten-

Tocamos nesta questão não porque pretendamos apontar aos srs. drs. promotor público e juiz de direito da comarca a lei que lhes impõe deveres sagrados, pois reconhecemos a ilustração e independência de caráter do sr. dr. promotor público, e temos notícia da ilustração do sr. dr. juiz de direito;[19] mas sim porque o sr. dr. Felicio contou aos seus *admiradores e dependentes*, e estes propalam *urbi et orbe*,[20] que o sr. dr. juiz de direito *prometera não processá-lo por este fato*, quando *amarguradamente* o sr. dr. Felicio se queixara do nosso primeiro artigo profligando[21] o seu ato *irregular, violento e atentatório à lei*. E para que não pareça que fizemos um apelo fora de propósito, temos necessidade de justificarmo-nos perante o público, a quem nos dirigimos especialmente.

Fazemos justiça ao sr. dr. juiz de direito e acreditamos que este magistrado tem a experiência e discrição bastantes para não

tativa dele, ou ferimentos com as qualificações dos artigos 202, 203 e 204 do Código Criminal; e roubos, calúnias e injúrias contra o Imperador e membros da Família Imperial; contra a Regência e cada um de seus membros; contra a Assembleia Geral e contra cada uma das Câmaras". O art. 74, por sua vez, demarcava que a "denúncia compete ao promotor público e a qualquer um do povo", sendo o seu § 2º mais restrito, compreendendo denúncias frente aos "crimes de peculato, peita, concussão, suborno, ou qualquer outro de responsabilidade". O § 4º, ato contínuo, ordenava que o promotor tinha atribuição para denunciar em "todos os crimes públicos". Ato contínuo, o art. 25 da lei de 03 de dezembro de 1841 prescrevia que aos "juízes de direito das comarcas, além das atribuições que têm pelo Código do Processo Criminal" competiria, § 1º, "formar culpa aos empregados públicos não privilegiados nos crimes de responsabilidade", sendo aquela "jurisdição (...) cumulativamente exercida pelas autoridades judiciárias a respeito dos oficiais que perante as mesmas servirem". E, finalmente, em seu § 5º, a atribuição do juiz de direito em "julgar definitivamente os crimes de responsabilidade dos empregados públicos não privilegiados". Cf., respectivamente, Araujo Filgueiras Júnior. *Código do Processo do Império do Brasil*, Tomo I. Rio de Janeiro: Eduardo & Henrique Laemmert, 1874, pp. 30-31 e pp. 54-55; e *Coleção das Leis do Império do Brasil de 1841*, Tomo IV, Parte I. Rio de Janeiro: Tipografia Nacional, 1841, pp. 101-122, especialmente p. 106.

19. Essa inflexão no raciocínio, irônica ou não, repete-se em diversos artigos assinado por Gama.
20. Em tradução livre, o mesmo que "à cidade e ao mundo".
21. Criticando, atacando.

exprimir-se em tais termos perante um homem que, além de ser seu subordinado, é réu perante seu juízo, onde tem de ser julgado; e sobretudo perante um réu, como o sr. dr. Felicio, com quem o sr. dr. juiz de direito deve ter conversado, e, portanto, conhecido que é muito *criança* em matéria de discrição e conveniência.[22]

Além desta razão, ainda temos outra não menos importante para descrer de tal *promessa* da parte do sr. dr. juiz de direito; e vem a ser que, exceto a sessão do júri a que presidiu, este magistrado se tem *exclusivamente* ocupado com processos de responsabilidade de empregados públicos. Os réus destes processos são apenas mais pobres e menos protegidos que o sr. dr. Felicio, porém *nenhum deles* é menos inteligente e *tão culpado* como este doutor que não tem privilégio algum para continuar a delinquir impunemente.

Convém que digamos que nunca tratamos com o sr. Leal, e relação de ordem alguma nos prende a este moço, que só de vista conhecemos. Temos por ele a simpatia e o respeito que a todos inspiram as vítimas dos *vilões empoleirados*[23] *em posições indevidas*, e que só têm poder a exercer contra aqueles que não são favorecidos da fortuna nem da proteção de *pretensiosos potentados*. Tampouco temos vingança a exercer nem ódios a desabafar contra a pessoa do *juiz criminoso*; pois, para nós, que temos religião e praticamos caridade cristã, o sr. dr. Felicio merece *antecipadamente perdão* das ofensas que nos possa fazer.

Nunca falimos e esperamos em Deus não falir, nunca demandamos nem fomos demandados; e ao sr. dr. Felicio conhecemos desde menino *com direito ao reino do céu*.

22. Sim, o autor chamou o juiz do comércio, Felicio Ribeiro dos Santos Camargo, de infantil, ou melhor, de "muito criança". Não que outros qualificativos mais enérgicos não tenham sido pontuados. Contudo, é de se notar as transições entre um tom mais sóbrio — e mesmo severo — para outro mais sarcástico, modulações próprias de um mestre da linguagem, que tanto desvela a verve satírica e zombeteira, quanto recrudesce a semântica legal a ponto de parecer escrever para uma gazeta jurídica.
23. Que subiu no poleiro, espécie de vara onde aves, notadamente galos e galinhas, sobem e repousam. A metáfora pode também significar, em conotação pejorativa, alguém incompetente investido de autoridade.

O que queremos é que a lei se execute e que a justiça seja distribuída com igualdade, e não com a paixão e calculada distinção de fortuna e posição; e que a impunidade dos pequenos crimes não leve o sr. dr. Felicio à prática de maiores atentados.[24]

Haverá três anos, o sr. dr. Felicio, presidindo o Tribunal do Júri, em pleno tribunal e auditório *chamou de caluniador a um advogado*, só porque o averbou de suspeito e pôs o sr. dr. em embaraços, porque não sabia como processar a suspeição, *que até hoje não foi julgada*, porque o sr. dr. Felicio, *que respeita muito a sua toga*, não tratou do julgamento deste recurso pelo qual se devia interessar para poder falar *em toga a manchar e toga manchada*.[25]

Vai fazer justamente um ano que o sr. dr. Felicio, servindo de chefe de polícia interino (meu Deus, o que temos visto!), *entendeu* dever *ir policiar* a festa de Pirapora,[26] onde nunca se careceu de autoridade alguma, porque nunca se deu um só fato que demandasse a atenção das autoridades, que, nessas festas populares, são antes desmancha-prazeres e provocadores de questões, do

---

24. Mais uma vez o autor adverte, ainda que indiretamente, que se preocupa com outras causas sob a jurisdição do juiz Felicio Ribeiro Camargo.
25. Trata-se, pela descrição, provavelmente de uma recordação de uma sessão de júri que o autor assistiu, ou da cadeira de jurado ou dos bancos abertos à população livre e liberta.
26. A tradicional festa do Bom Jesus de Pirapora é das mais importantes manifestações religiosas e populares de todo o interior paulista. Sediada na cidade de igual nome, Bom Jesus de Pirapora, localizada a cerca de 50 km da capital, a festividade reúne todos os anos, há três séculos, milhares de romeiros para celebrar o padroeiro da cidade. Além do caráter litúrgico católico, a festa de Pirapora também é conhecida pela originalidade de sua musicalidade, sendo berço, palco, ou amálgama, de diversas expressões rítmicas e sociais como o samba rural, o batuque, o samba de bumbo, a tiririca, a pernada, o jongo e o samba de umbigada. Tais expressões artísticas e existenciais, certamente presentes em alguma medida ao tempo da escrita do artigo, constituem parte da riqueza do cenário cultural do povo negro, indígena e branco paulista. Cf. Alexandre do Nascimento Salles. *Pirapora do Bom Jesus. Dicotomias de símbolos: o sagrado e o profano como elementos representativos da imagem da cidade.* Dissertação de mestrado, Universidade de São Paulo, 2009, 124 f. pp. 88–92.

que inspetores da ordem.²⁷ E para lá seguiu de botas e esporas acompanhado de uma escolta tal que parecia *recear novo encontro com os assaltantes da ilha do Carvalho*.²⁸

Por ter caído uma ponte que há sobre um rio, antes de chegar-se à capela, um indivíduo fez uma balsa e dava passagem pelo preço que parecia aos romeiros.

O sr. dr. Felicio *entendeu* que o preço era muito alto, impôs ao homem preço *que lhe conveio*; o indivíduo reclamou que a balsa era de sua propriedade e portanto podia pedir o preço que lhe conviesse, e até desmanchá-la. O sr. dr. Felicio, *que fora ali para garantir os direitos individuais e a ordem pública*, gritou com o pobre caipira, chamou de *ladroeira* ao seu trabalho e ameaçou-o de prisão se não desse as passagens pelos preços que *ele, supremo chefe da festa, Bom Jesus de botas e esporas*, lhe ordenava. O medroso caipira abandonou a sua propriedade e o sr. dr. Felicio, *tomando conta da balsa*, qual *D. Quixote em viagem para a Baratária*, mandou remar duas praças da escolta e começou a *regular e policiar o modo da passagem*.²⁹ Isto indignou aos próprios contribuintes a quem esta violência aproveitava. Por este atentado

---

27. O excerto possui uma observação sagaz sobre as divisões do espaço na São Paulo escravocrata. É o caso, por exemplo, da descrição dos "inspetores da ordem", legítimos "desmancha-prazeres" das alegrias do povo, aqui tão bem representadas pela festa de Pirapora, onde, revela o autor, "nunca se careceu de autoridade alguma, porque nunca se deu um só fato que demandasse a atenção das autoridades", no caso, policiais, judiciárias ou administrativas.

28. Refere-se ao Combate da Ilha da Redenção, também conhecida como Ilha do Carvalho, importante evento que marcou a Guerra do Paraguai (1865-1870). Em uma madrugada de abril de 1866, forças paraguaias assaltaram a ilha, que se localizava no meio do rio Paraná, e quase desalojaram as tropas brasileiras que lá estavam. A metáfora caricaturiza uma ronda policial como uma operação de guerra.

29. Indiscutível prova de erudição literária, o "obscuro comerciante" sacava uma passagem da obra *Don Quixote de la Mancha*, criação do poeta e romancista Miguel de Cervantes (1547-1616), para ilustrar o papel esdrúxulo que o juiz Felicio tomava para si. Escapa, todavia, boa parte das alusões que o comerciante pretendia com a metonímia. Considerando a ilha de Baratária uma paródia do poder, onde o simples aldeão Sancho Pança, fiel escudeiro de Dom Quixote, tanto desejava que assumiria o seu governo, pode-se ler que a ambição de um e

contra a propriedade, bem como por aquele contra a reputação, o sr. dr. Felicio não sofreu pena alguma. Ninguém se atreveu a falar, e deste silêncio das vítimas, do público e dos tribunais, resultou a impunidade. Desta, veio o julgar-se o sr. dr. Felicio *com poderes para fazer tudo quanto lhe parecer*, e ei-lo na escala dos crimes atentando contra a liberdade do cidadão depois de ter atentado contra a honra e a propriedade.

Eis bem patente o nosso intento discutindo pela imprensa a prisão de um homem que, por sua posição humilde, não teve talvez um defensor; e foi vítima de um atentado que as nossas leis punem severamente. Tomamos a sua defesa, atendendo a sua pobreza e condição, e provocados voltaremos ao assunto com a mesma franqueza com que até aqui temos falado, pois, o sr. dr. Felicio deve ficar sabendo que na sua posição de juiz não se impõe respeito por meio de uma cara *ridiculamente* enfarruscada;[30] e sim por atos de justiça, inteireza e independência, que

---

de outro em governar algo, ainda que por ficção, fosse o ponto de contato entre a representação cômica de Baratária e a farsa de Pirapora. Outra possível leitura é relacionada diretamente com a viagem imaginária até a igualmente imaginária Baratária, aonde Dom Quixote e Sancho Pança iriam montados num cavalo de madeira voador, de nome Clavilenho, ao encontro de um mago. Porém, enquanto o cavaleiro e seu escudeiro acreditavam estar voando no cavalo alado, todos os demais personagens e os leitores sabiam que ambos sequer saíam do lugar. Witeze Júnior comenta sobre a passagem, ampliando possíveis compreensões sobre a metáfora (e sobre o juiz Felicio policiando a balsa em Pirapora): "(...) com essa viagem Dom Quixote e Sancho Pança perdem toda a credibilidade — interna e externamente ao texto — de forma que a crítica feita por eles deixa de ser levada a sério, afinal são dois loucos enganados facilmente. Por outro lado, devemos notar aqui a influência de Erasmo e seu *Elogio*, o que legitima a loucura como instrumento eficaz de crítica. Novamente Cervantes oscila de um lado a outro, enriquecendo a narrativa e dificultando a compreensão de seu posicionamento ideológico". Cf. Geraldo Witeze Júnior. "Sancho Pança, governador: utopia e história em Dom Quixote". In: *Diálogos – Revista do Departamento de História e do Programa de Pós-Graduação em História*, vol. 17, n. 1, jan.-abr., 2013, pp. 117–153, especialmente, pp. 138–140.
30. Carrancuda, sombria.

falem muito alto, a fim de poder esquecer pela vida presente o ridículo de uma *vida passada*, que por ser passada, não está tão longe que possa estar esquecida.

UM COMERCIANTE

P. S. Já estava concluído este nosso artigo quando soubemos que o sr. dr. Felicio fora presidir o Tribunal do Júri na [em] Atibaia e deixara aquele povo *completamente esclarecido* sobre direito, com um discurso que o *ilustre* dr. fizera perante o tribunal explicando o que era julgar uma causa. Por todo o caminho o sr. dr. Felicio contou *a história do seu discurso*; e no trem que o trouxe do [de] Belém a esta cidade,[31] todos os passageiros chegavam-se à janela para ouvir o *brilhantismo* com que falava o desconhecido que em um vagão contava proezas aos seus companheiros. Chegando aos [em] Perus,[32] alguns saíram de propósito para *espiar* o *jurisconsulto* falante, e então disseram entre si — *ah! é o dr. Felicio!*

Já vê o público que o sr. dr. Felicio é *difícil* de convencer-se do que é *ele* na *realidade*.

UM COMERCIANTE

---

31. Isto é, no trem que partiu da então Belém de Jundiaí — já na época também conhecida como Itatiba, nome que prevaleceu na elevação do termo para comarca — até a capital, São Paulo.
32. Estação ferroviária na periferia da cidade de São Paulo.

Capítulo 4
# O juiz transformado em galo
*Reforma do foro*[1]

**Comentário**   O *"obscuro comerciante"*, *que firmou os três textos precedentes, sublinhou, em todos eles, a metáfora da toga manchada do juiz Felicio — "nódoa indelével na toga do juiz", "enlameou a sua toga", "toga a manchar e toga manchada". Aqui, o modesto escrivão que o assina dá continuidade ao tema reforçando a mesmíssima imagem. Contudo, a narrativa burlesca ganha contornos fantásticos, afinal, com "a transformação do juiz em galo, sua toga transformou-se em cauda, roçando pelo tinteiro, e borrou" os papéis e, por derivação de sentido, a própria toga! À semelhança do "obscuro comerciante", que lia e citava Virgílio, Cervantes e La Fontaine, o autor constrói sua peça sobre o libreto* Orfeu na roça, *do dramaturgo fluminense Francisco Correa Vasques. Assim, tanto o seu pseudônimo quanto a representação do juiz Felicio são tomadas de uma obra teatral que havia se tornado febre entre a elite intelectual de vanguarda a partir de 1868. O juiz Felicio seria cópia fiel do juiz de paz "Mamede de Souza". E ele, "escrivão Thadeu", uma combinação sagaz entre dois outros personagens, ganharia sobrenome próprio, o estranhíssimo Kikiriki com que Luiz Gama, anos antes, chegara até a se qualificar. "O erudito sr. dr. Felicio, o Mamede deste foro", mandava e desmandava. Se a figura do teatro dizia "Eu não sou juiz de paz?! Revogo a Constituição!", sua paródia paulistana diria muito mais, deferiria "juramento fora de audiência", inquiriria testemunhas e ordenaria "a conclusão dos autos para a sentença, sem ouvir o réu nem uma só vez em defesa". O juiz "Felicio, qual Mamede de Souza", também teria sua "terrível mania revogatória" e revogaria artigo do Código Comercial, de decreto e de tudo o mais que lhe calhasse revogar. A criação original do obscuro escrivão, notória continuidade do comerciante que lhe abria alas, também fazia imersões no conhecimento normativo. Pari passu à sátira, o nosso Kikiriki discutia os ritos processuais na jurisdição comercial pelas minúcias da doutrina. O "Bártolo do direito brasileiro", o "Mamedinho" paulistano, deve ter suado em bicas para acompanhar o raciocínio técnico do Kikiriki sobre a ação gerada por novação e a exceção discutida entre o excepto e o excipiente. Ao fim e ao cabo, o que é uma aula de sátira é também uma classe de direito.*

1. *Correio Paulistano* (SP), A Pedido, Ao Público, 21 de agosto de 1870, p. 2.

## PROTOCOLO DAS AUDIÊNCIAS DO SR. MADEME DE SOUZA, JUIZ TRANSFORMADO EM GALO[2]

O processo de alçada tem uma fórmula especial determinada por lei; e *qualquer Hermenegildo ou José Pio* tendo de servir de juiz em um processo desta natureza *deferiria juramento ao queixoso em audiência, qualificaria o réu, ter-lhe-ia a queixa, ouvi-lo-ia em defesa, inquiriria as testemunhas, depois do que* daria a palavra às partes, para dizerem afinal, e daria a sua sentença na mesma, ou quando muito na seguinte audiência. O *erudito* sr. dr. Felicio, *o Mamede deste foro*, defere juramento fora de audiência, inquire testemunhas e ordena a conclusão dos autos para a sentença, *sem ouvir o réu, nem uma só vez, em defesa*. Processo entre João Augusto Gonçalves de Freitas e Joaquim Custodio Moreira Porto, escrivão Soares de Souza: "ficam, portanto, revogados pelo *perfumoso* senhor juiz os artigos 208, 209 e 210 do Código de Processo".[3] No correr do processo *revogatório*, o sr. dr. Felicio

---

2. A referência provém da ópera *Orfeu na roça*, do ator e dramaturgo fluminense Francisco Correa Vasques (1839–1892). A ópera, contudo, era uma paródia da obra *Orfeu nos infernos*, do dramaturgo alemão Jacques Offenbach (1819–1880), da qual reproduzia a música e o libreto originais. O personagem Mamede de Souza, juiz de paz bravateiro e metido a grandiloquente, ocupa papel de destaque na ópera-bufa de Vasques. É dele a notável frase — que Gama citaria em outra passagem — "Eu não sou juiz de paz?! Revogo a Constituição!". Cf. Silvia Cristina Martins de Souza. "Um Offenbach tropical: Francisco Correa Vasques e o teatro musicado no Rio de Janeiro da segunda metade do século XIX". In: *História e Perspectivas*, vol. 34, jan.-jun., 2006, p. 225–259, especialmente p. 253.

3. Isto é, do Código de Processo Criminal. O "obscuro comerciante" citava um processo específico, que teve lugar no juízo do comércio da capital, e resumia-o criativamente na sentença que se lê entre aspas. Os textos normativos aduzidos estavam, como de praxe, diretamente relacionados ao argumento que se constrói no parágrafo. O art. 208 determinava que "não comparecendo o delinquente na audiência aprazada, o juiz dará à parte juramento sobre a queixa, inquirirá sumariamente as suas testemunhas, e decidirá, condenando ou absolvendo o réu". O art. 209, a sua vez, estipulava que "comparecendo o delinquente, o juiz lhe lerá a queixa, ouvirá a sua defesa (que, sendo verbal, o escrivão a escreverá); inquirirá as testemunhas; e fará às partes as perguntas

ameaçou o escrivão do feito de *severamente puni-lo com todo rigor da lei*.[4] Foi uma cena de arrepiar as carnes, porque a voz do sr. dr. Felicio naquela ocasião nem o trovão imita e a sua carranca não há pincel que a pinte. Todos tremeram, só eu não me alterei porque também estive na ilha do Carvalho.[5] Qualquer carranca de chafariz não me espanta com facilidade.

Um negociante comprou a outro certos objetos, para seu uso, e fez a compra a crédito. Voltou depois, pagou parte da dívida e passou uma nota promissória do resto, como sendo valor recebido, a prazo de seis meses, mandando saldar a sua conta de livros. O próprio devedor sabia que isto operava uma novação,[6] e qualquer caixeiro de taverna ou qualquer *vendedor de remos* sabe que por este título sujeitou-se o devedor à jurisdição comercial. Morrendo o devedor antes do vencimento do prazo e negando-se a viúva e tutor dos herdeiros ao pagamento, foi o título acionado no juízo comercial. Excepcionando[7] o advogado dos réus,

---

que entender necessárias; depois do que lhes dará a palavra, se a pedirem, para vocalmente por si ou seus procuradores deduzirem o que lhes parecer a bem de seu direito." Por fim, o art. 210 prescrevia que o juiz deveria dar "a sentença nessa mesma audiência, ou, quando muito, na seguinte". Cf. Araujo Filgueiras Júnior. *Código do Processo do Império do Brasil*, Tomo I. Rio de Janeiro: Eduardo & Henrique Laemmert, 1874, p. 101.
4. O pseudônimo que assina esse artigo, substituindo o "obscuro comerciante", deve ter, além dos demais elementos anotados abaixo, algo a ver com o vilipendiado "escrivão do feito" mencionado no corpo deste parágrafo.
5. Para o Combate da Ilha da Redenção, cf. n. 28, p. 125. A menção à ilha do Carvalho, que também se lê no texto anterior, parece se ligar a uma anedota que o juiz Felicio usava como modo de contar vantagem; e dela o autor fazia pouco caso.
6. Nesse caso, a conversão de uma dívida antiga por uma mais nova, substituindo e extinguindo a obrigação anterior e gerando uma nova obrigação.
7. Arguição de defesa própria de uma fase avançada do processo. Refere-se a um modo de defesa processual, manifestada nos autos ou em audiência, visando a suspensão de algum ato do autor da ação principal, ou mesmo do curso do processo.

mandou o juiz *dar vistas às partes para discutirem a exceção*.[8] O advogado excipiente[9] em audiência *aconselhou e ensinou ao juiz que das exceções opostas no comércio só se dá vista ao excepto*.[10] O sr. dr. Felicio animou o seu bigodinho, tossiu, roncou no peito e emendou o despacho mandando escrever o poderoso *digo* dos autos.[11] Impugnada a exceção ordenou o juiz a *vista ao excipiente* para dizer sobre a impugnação!! Terrível mania *revogatória*. Com toda a paciência, acatamento e respeito devido a tão *poderoso* dr., o advogado do excepto requereu a reforma do despacho, copiando o artigo 78 do *muito conhecido e vulgar regulamento do Código Comercial*,[12] e o ilustre *Bártolo do direito brasileiro*[13] [pela] *segunda vez* emendou o seu *segundo erro* e recebeu a exceção porque *as notas promissórias e os escritos particulares, ou créditos com promessa ou obrigação de pagar quantia certa e com prazo fixo à pessoa determinada, ou ao portador, à ordem ou sem*

8. Defesa incidental que permite ao réu da ação principal sustar uma contestação, indicando, para isso, alguma suspeição, incompetência ou impedimento de parte ou do julgador.
9. A parte que propõe a exceção, mas que é ré na ação principal.
10. A parte que é demandada na ação de exceção, mas que é autora da ação principal.
11. Refinada ironia para se referir à manifestação do juiz "mandando escrever" sua ordem nos autos do processo.
12. Na letra do art. 78 do decreto nº 737, de 25 de novembro de 1850: "Da exceção se dará vista ao autor por cinco dias para impugná-la, findos os quais o juiz a rejeitará ou receberá". Cf. *Coleção das Leis do Império do Brasil de 1850*, Tomo XIII, Parte II. Rio de Janeiro: Tipografia Nacional, 1851, pp. 271-371, especialmente p. 284.
13. Bártolo de Sassoferrato (1313-1357) foi um jurista italiano de enorme importância para a história do direito europeu. Considerado um dos maiores intérpretes do direito romano da história, Bártolo publicou dezenas de obras e formou inúmeras gerações de juristas através de seu método e estilo de comentar a tradição e o conhecimento normativo das fontes do direito romano, sobretudo as organizadas no *Corpus Iuris Civilis*, obra fundamental da tradição jurídica ocidental. A menção a Bártolo combina com maestria a picardia do satírico e o conhecimento normativo do jurista em formação. Como o leitor já deve ter notado, a comparação entre o jurista Bártolo e o juiz Felicio, paralelo aliás possível apenas para quem possuísse sólida leitura das fontes do direito, tinha o nítido objetivo de expor e ridicularizar a presunção de erudição do juiz do comércio de São Paulo.

ela, *assinados por comerciantes, não são reputados letras da terra*, e portanto sujeitos à jurisdição comercial. (Ação sumária comercial entre José Worms e a viúva e herdeiros de José Dias do Rosário, escrivão Soares de Souza).[14] Portanto, o sr. dr. Felicio, *qual Mamede de Souza*, revogou os artigos 426 do Código Comercial e 20, § 4º, do respectivo regulamento.[15] O bem elaborado da sentença, já quanto à substância, já quanto à forma, suscitou a seguinte dúvida: "Será dele ou do *Mamedinho bragantino*?"
*Utroque auctores trahunt*.[16]

~

Um taverneiro que não tinha mais do que a taverninha e que devia um conto e oitocentos mil réis, vendeu o negócio a certo voluntário por novecentos mil réis. Os credores reclamaram, mas... Neste ato

---

14. Embora não tenha consultado a mencionada ação judicial, é de se supor que a transcrição do despacho seja literal. Do contrário, seria de se esperar alguma contestação na imprensa, o que não houve em todo o período da série de artigos sobre a prisão do artista Leal. A essa altura já não é de se estranhar o fato do "obscuro comerciante" ter em mãos cópias de excertos de processos.
15. O art. 426 do Código Comercial definia, *in verbis*, que "as notas promissórias e os escritos particulares, ou créditos com promessa ou obrigação de pagar quantia certa, e com prazo fixo, a pessoa determinada ou ao portador, à ordem ou sem ela, sendo assinados por comerciante, serão reputados como letras da terra, sem que, contudo, o portador seja obrigado a protestar quando não sejam pagos no vencimento; salvo se neles houver algum endosso". Já o art. 20 do decreto nº 737, de 25 de novembro de 1850, em seu *caput*, prescrevia que seriam "também julgados em conformidade das disposições do Código e pela mesma forma de processo, ainda que não intervenha pessoa comerciante", diversas questões, entre elas, conforme o § 4º, as "questões relativas a letras de câmbio e de terra, seguros, riscos e fretamentos". Cf., por ordem de citação, *Coleção das Leis do Império do Brasil de 1850*, Tomo XI, Parte I. Rio de Janeiro: Tipografia Nacional, 1850, pp. 57-239, especialmente p. 133; e *Coleção das Leis do Império do Brasil de 1850*, Tomo XIII, Parte II. Rio de Janeiro: Tipografia Nacional, 1851, pp. 271-371, especialmente pp. 274-275.
16. Em tradução livre, pode ser lido como "Ambos os autores se parecem".

operou-se a transformação do juiz em galo, sua toga transformou-se em cauda, roçando pelo tinteiro e borrou o que se seguia no protocolo,[17] do qual fielmente extraí as certidões supra, eu,

O ESCRIVÃO THADEU DE KIKIRIKI[18]

17. Além da beleza da imagem literária, fantástica e crítica, tem-se mais uma vez a refutação do argumento do juiz Felicio, que dizia não querer manchar a sua toga.
18. Escapam as razões exatas que levaram o "obscuro comerciante" a substituir a assinatura anterior para a do sugestivo escrivão. Não havendo ruptura de forma nem de conteúdo, a substituição parece ter sido uma opção estética para gerar um efeito de persuasão, quiçá através da polifonia de vozes para intensificar a crítica que se construía. Quanto ao sobrenome do escrivão: se por um lado o *Kikiriki* gera um estranhamento imediato ao leitor, por outro, no cotejamento de fontes, revela uma pista a mais para identificar a autoria da série de artigos em defesa do artista Leal. Em 1859, Luiz Gama publicou suas *Primeiras trovas burlescas*. "No álbum do sr. capitão João Soares", poema que integra o livro, há dois detalhes que merecem destaque para pensarmos no nosso escrivão. O primeiro é que Getulino, o célebre pseudônimo de Gama na empreitada iniciada em 1859, identifica-se como "Luiz" numa das quadras da trova e, ato contínuo, duas quadras à frente, escreve: "Das línguas estranhas/ Nenhuma aprendi,/ Em nosso idioma/ Sou — *Kikiriki*". De fato, Gama já havia se intitulado um *Kikiriki*. Quanto ao significado da expressão, Lígia Ferreira dá uma boa pista ao identificar que o termo seria uma "onomatopeia do canto do galo, ainda hoje corrente em espanhol" e que "provavelmente circulava à época no Brasil". A hipótese faz bastante sentido, haja vista que a "transformação do juiz em galo" e da "toga [que] transformou-se em cauda" sugerem que o *Kikiriki* relacionasse com algum significado do canto do galo. Além do sugestivo sobrenome, vale notar que o prenome, Thadeu, era o de um personagem de *Orfeu na roça*. Aliás, o "escrivão" era outro personagem, de modo que o autor criativamente combinou duas personagens em uma, agregando um sobrenome para lá de instigante, e deu à sua criação literária um quê de paródia e originalidade. Coisa própria de quem tem o "vezo da arte", como Gama certa vez escreveu em nota autobiográfica. O Thadeu do *Orfeu da roça* era um simplório, porém livre, vendedor de mel, e o escrivão um empregado tolhido de contínuo pela autoridade doidivana. A *sui generis* combinação entre o "escrivão", "Thadeu" e *Kikiriki* é tanto uma paródia da paródia, quanto a realidade da realidade do juízo de comércio de São Paulo. Cf. Lígia Fonseca Ferreira. "Luiz Gama autor, leitor, editor: revisitando as *Primeiras trovas burlescas* de 1859 e 1861". In: *Estudos Avançados*, vol. 33, n. 96, mai.-ago., 2019, p. 109–135, especialmente p. 130; e Silvia Cristina Martins de Souza, *op. cit.*

Capítulo 5

# Quando o juiz mente que nem sente
*Tribunal do júri*[1]

**Comentário** *"Pouco a pouco vai se introduzindo neste tribunal o uso criminoso de darem os juízes de direito sua opinião sobre o processo em julgamento."* Embora a frase pareça tirada dos jornais do dia, ela foi escrita em dezembro de 1870. Não por acaso, foi publicada apenas alguns dias antes do julgamento de Luiz Gama no Tribunal do Júri de São Paulo. E era ao Tribunal do Júri e ao juiz de direito da capital — presidente do Tribunal do Júri — que o autor voltava suas baterias. É verdade que o fazia tendo a figura do juiz Felicio como alvo. O autor relatava dois acontecimentos em audiências do júri e, *"recorrendo aos julgados do sr. dr. Felicio"*, demonstrava que conhecia a fundo sua prática no foro e poderia dizer aos cidadãos de São Paulo que não confiassem nem na erudição e nem na coerência do tal juiz. Os relatos das audiências, uma delas, aliás, ocorrida na mesma semana do artigo, somados ao excerto de um processo de dois anos antes, comprovariam aos potenciais membros do próximo júri que aquele que então exerceria a presidência do Tribunal do Júri não era digno de confiança e crédito. Ao atacar o juiz Felicio, às portas de novo julgamento, o autor trabalhava tanto para uma possível contenção dos arroubos do juiz-presidente, quanto para encorajar os juízes de fato, i.e., os jurados, para que formassem suas convicções mesmo que a despeito da *"valiosa opinião"* e dos *"quesitos extremamente viciosos"* formulados pelo juiz Felicio. Desse modo, o autor enaltecia qualidades morais dos jurados de São Paulo, em nítido aceno para o futuro conselho de sentença, ao passo que advertia que a tentativa de *"invasão de atribuições"* do juiz-presidente, emitindo opiniões fora dos autos, poderia ser definida como criminosa. Estratégia própria de quem tinha conhecimento da causa, do foro e, claro, do direito.

Pouco a pouco vai se introduzindo neste tribunal o uso criminoso de darem os juízes de direito sua opinião sobre o processo em julgamento.[2]

1. *Correio Paulistano* (SP), A Pedido, 17 de dezembro de 1870, p. 3.
2. O autor toca num ponto caríssimo ao pensamento de Gama e que pode ser lido em diversos artigos de sua autoria, qual seja, o dever ético — e imperativo legal — do magistrado dizer o direito nos autos e não por vias diversas que viciariam a própria prestação jurisdicional.

Conquanto nesta cidade seja isto uma tentativa improfícua de invasão de atribuições, pois o júri de São Paulo compõe-se de *paulistas por nascimento, educação e crenças*, e portanto de homens independentes; entretanto, convém que os presidentes dos tribunais, como juízes que são, sejam os primeiros a dar o exemplo do respeito à lei.

Ainda no dia 15 do corrente, por ocasião do resumo dos debates havidos para julgamento de Manoel José de Castro, em que se discutiu *se a venda do objeto furtado constitui o estelionato do art. 264, § 1º, do Código Criminal*;[3] o sr. dr. Felicio Ribeiro que, por fatalidade das causas, presidia a sessão, fez um longo discurso sobre ser a sua opinião que o crime era de estelionato e não de furto, e que apesar das discussões luminosamente havidas, S. S. sustentou sempre a opinião que expunha, etc.

Enfim, o sr. dr. Felicio, como de costume, fez um longo discurso, expondo a sua valiosa opinião, cujos fundamentos não podemos alcançar, porque *S. S., que pensa ser orador*, disse cousa nenhuma, apesar de muito falar. O júri, voltando da sala de deliberações, trouxe uma resposta que importa dizer: *Nós jurados não ligamos o menor apreço a vossa opinião, juiz.*

Amigos da independência e franqueza em todas as situações, aplaudimos de coração esta decisão do júri. Porém, se isto fosse num sertão, onde o juiz é tudo, que calamidade não era o sr. dr. Felicio expondo suas opiniões e, com elas, arrancando opiniões injustas? É preciso muita cautela no modo de proceder, sr. dr. Felicio, pois o desejo de expender *a sua opinião* pode muitas vezes torturar a consciência de homens de boa fé e que tem direito a outro procedimento da parte dos que o dirigem.

Ainda outro dia, um advogado disse que o juiz de direito fizera

---

3. Previsão normativa para crimes de estelionato, sendo a hipótese do § 1º definida como "a alheação de bens alheios como próprios, ou a troca das cousas que se deverem entregar por outras diversas". Cf. *Código Criminal do Império do Brasil*. Recife: Tipografia Universal, 1858, pp. 98–99.

quesitos que cerceavam a consciência do tribunal e, verdade ou não, não se explicou a razão por que um juiz velho fez quesitos evidentemente viciosos.

Mas, o sr. dr. Felicio disse no tribunal — *que por mais que se tenha discutido se a venda do objeto furtado constitui estelionato* —, nenhum argumento foi ainda produzido que *abalasse* a convicção *dos juízes togados* deste *foro*, e, portanto, de S. S., de que *é crime de estelionato a venda do objeto furtado*. Portanto, à questão proposta, o sr. dr. Felicio sempre respondeu *Sim*, o fato é o do art. 264, § 1º, do Código Criminal.

Entretanto, recorrendo aos julgados do sr. dr. Felicio,[4] vemos que Joaquim Antonio Cardozo de Vasconcellos, acusado de ter furtado a Manoel de Oliveira Campos uns botões e vendido a José Worms, e por este fato pronunciado na delegacia como incurso no art. 264, § 1º, foi despronunciado pelo sr. dr. Felicio com a seguinte sentença:

Vistos estes autos, etc., etc., reformo o despacho de pronúncia de fl. e julgo improcedente o presente procedimento *ex-officio*,[5] contra o réu Joaquim Antonio Cardozo de Vasconcellos, porque sendo ele acusado no presente sumário pelo fato de haver tirado da casa de Manoel José de Oliveira Campos, com quem morava, um par de botões de camisa com pedras de brilhantes, e vendido a José Worms, e mais algumas moedas de prata que em proveito próprio gastou, sem consentimento de seu dono, *não pode ele* como pretende o despacho reformado *estar incurso no art. 264, § 1º*, do Código Criminal, porque para isso e em relação aos botões, era necessário que antes de vendidos eles em seu poder se achassem por vontade de seu dono, que nas informações prestadas a fls. diz que os botões foram subtraídos de sua casa, de modo que o fato assim como se acha provado só pode constituir o

---

4. É de se notar que apenas alguém muito bem informado dos acontecimentos do foro, que guardasse notas e excertos de processos, possuísse excelentes contatos ou tivesse acesso ao arquivo do cartório, poderia recorrer a julgados anteriores de um juiz como um elemento a mais para construir um argumento.
5. Por imperativo legal e/ou por dever do cargo ou função.

crime de furto definido no art. 257 do citado Código,⁶ e pelo qual não ser o réu *ex-officio* punido, desde que não foi preso em flagrante delito e não se provou que o ofendido seja pessoa miserável. E, portanto, julgando como julgado tenho improcedente o procedimento *ex-officio*, ordeno que se passe mandado de soltura em favor do réu e condeno a municipalidade nas custas. Feitas as intimações necessárias e findos os cinco dias que a lei faculta para o recurso, seja este arquivado.

São Paulo, 22 de setembro de 1868<br>FELICIO RIBEIRO DOS SANTOS CAMARGO

Ora, antes desta sentença o sr. dr. Felicio entendia que a venda do furto era estelionato, depois entendeu o contrário, como se vê, e agora vem dizer em pleno júri, *minha opinião inabalável foi sempre que este fato constitui o crime de estelionato!...* Eis o que se chama — *Cantar a palinódia*.⁷

O sr. dr. Felicio canta e cantará a palinódia, porque é ao que está sujeito o homem que não estuda e vive só inspirando-se na opinião dos *oráculos*.⁸

## A LUNETA SEM VIDRO E A FLAUTA QUE ELE VENDEU[9]

6. A lei definia o furto como o ato de "tirar a coisa alheia contra a vontade de seu dono, para si ou para outro". Cf. *Código Criminal do Império do Brasil*. Recife: Tipografia Universal, 1858, pp. 95-96.
7. Provérbio popular utilizado à época para o indivíduo que dizia algo, se desdizia posteriormente e subitamente se retratava.
8. Por sentido figurado, alguém que dita o comportamento e as opiniões de outrem. Embora o nome reste oculto, é de se supor que fosse algum figurão do judiciário paulista, a exemplo do juiz de direito da comarca da capital, que poderia e deveria corrigir os atos do juiz Felicio nos feitos do artista Leal, Antonio Pinto do Rego Freitas (1835-1886). Político e juiz de destaque no cenário local, Rego Freitas foi, durante as décadas de 1860 e 1880, presidente da Câmara Municipal de São Paulo, juiz municipal, inspetor do tesouro provincial e diretor de banco. Rego Freitas e Santos Camargo se associaram algumas vezes para combater pleitos de Gama que passavam por suas jurisdições. Os dois juízes foram dois dos mais encarniçados adversários que Luiz Gama encontrou em toda sua carreira profissional.
9. Escapam os sentidos da burla, muito embora a ideia de luneta sem vidro, i.e., sem lente, seja apreensível pela sua inutilidade e a flauta talvez ilustre o provérbio "cantar a palinódia", que o autor cita no corpo do texto.

# PARTE IV

# PARADA REPUBLICANA

**NOTA INTRODUTÓRIA**  *Apenas um texto compõe esse tópico que, antes até de uma seção propriamente dita, faz as vezes de uma espécie de parada técnica para realinhar a linha cronológica dos textos. Na seção precedente, a linha temática se impunha de tal modo que o fio cronológico quebraria a lógica da exposição. Embora excepcional, a linha temática também tem seus méritos numa obra de fôlego, de modo que, aqui e ali, sempre indicada e justificada, a coerência temática prevalecerá sobre a igualmente instrutiva ordem cronológica. O caso da "parada republicana", portanto, retoma a linha contínua estabelecida desde o início do volume, ressalvado o aparte da seção "O juiz criminoso", e que seguirá ininterrupta até finais de 1871, quando novamente uma quebra temática será bem-vinda à própria estrutura das Obras Completas. Por ora, vejamos que a "parada republicana" sinaliza para o arrefecimento, se comparada aos dois anos anteriores, da militância republicana de Gama nas colunas da imprensa. "A pensão aos filhos do senador Furtado", artigo único desse tópico, contrasta, por um lado, com a ebulição dos tempos do Radical Paulistano, em que um debate sobre um figurão do Império costumava assumir retórica mais inflamada, sugerindo, por outro lado, que a militância partidária pouco a pouco deixava de ser uma das prioridades de sua mesa de trabalho. O direito ganharia mais e mais atenção e dedicação. Com a abertura das "porteiras do velho oeste", viriam, consequentemente, as repercussões da luta em território hostil. Assim, descontado o "juiz criminoso" e a "parada republicana" que ora se vê, o fio que se segue é aquele mesmo da abertura das porteiras, com toda a boiada de juízes criminosos que dali adviria; e com todas as lembranças que o velho oeste e o velho vale logo lhe mandariam.*

## Capítulo 1
**Paixão política à parte**
*A pensão aos filhos do senador Furtado*[1]

**Comentário**   *O artigo insere-se na disputa política entre os recém-separados republicanos e liberais no contexto da província de São Paulo. O tema do momento — e do artigo — era a concessão de uma pensão para a viúva e as órfãs de um senador do Império. A questão opunha quatro amigos pessoais: de um lado, Gama e Américo de Campos e, de outro, Ferreira de Menezes e Américo Braziliense. Favoráveis à concessão da pensão, Gama e Campos, "debaixo de um só ponto de vista", defendiam que a família Furtado deveria ser socorrida do infortúnio pelo qual passava. Defender tal argumento poderia significar, para aqueles republicanos, estendê-lo, sob o mesmo princípio, a todos os necessitados que demandassem socorro do governo.*

Nada valemos no mundo social, mas isso não nos impede de julgar e discutir qualquer ideia entregue ao domínio público, seja por adversários políticos, seja por amigos.

Não há um ato mais digno de aplauso e apoio do que aquele para o qual os distintos srs. drs. Américo Braziliense[2] e Ferreira de Menezes[3] concitam à democracia: trata-se de amparar o infortúnio na sua mais veneranda manifestação, a infância, a orfandade e a pobreza.

1. *Correio Paulistano* (SP), A Pedido, 17 de agosto de 1870, p. 2.
2. Américo Braziliense de Almeida e Mello (1833–1896), nascido em Sorocaba (SP), foi político, advogado, professor catedrático de Direito Romano na Faculdade de Direito de São Paulo, juiz e ministro da Supremo Tribunal Federal. Foi vereador e deputado em São Paulo, presidente das províncias da Paraíba (1866–1867) e do Rio de Janeiro (1868) e o primeiro governador do estado de São Paulo (1891) no período republicano.
3. José Ferreira de Menezes (1845–1881) foi advogado, promotor público, dramaturgo, jornalista e fundador da *Gazeta da Tarde* (RJ), importante periódico republicano e abolicionista. Foi um dos amigos mais próximos de Gama, muito embora tivessem posicionamentos políticos divergentes, a exemplo da contenda ilustrada nesse artigo. Nesse mesmo ano, 1870, quando Luiz Gama foi

De nossa parte, por pouco que possamos, concorreremos em prol da realização do desejo daqueles nossos dois amigos.

Assim procederemos, porém, debaixo de um só ponto de vista — na hipótese de que o infortúnio e só o infortúnio das seis filhas órfãs do senador Furtado[4] reclama aquele socorro.

Isto mostra que aplaudindo o fato lembrado por aqueles amigos, dissentimos deles, entretanto, no que respeita aos motivos em que se fundam.

Dois pontos capitais nos separam.

Em primeiro lugar, não tivemos nunca aquele senador, aliás respeitável por seu caráter e talento, em conta de democrata. Há bem pouco era ele "a última esperança" do Centro Liberal.

Em segundo lugar, não julgamos que no exercício da caridade se faça, com justiça, distinção de cor política ou de qualquer outra ordem.

A caridade deve ser cega em tais relações.

São Paulo, 16 de agosto de 1870
AMÉRICO DE CAMPOS[5]
LUIZ GAMA

---

processado pelo crime de calúnia, Ferreira de Menezes foi o advogado habilitado para o defender, o que não foi necessário, visto que Gama, como estratégia de defesa, defendeu a si próprio e foi inocentado do crime de que era acusado.

4. Francisco José Furtado (1818–1870), nascido em Oeiras (PI), foi advogado e político. Presidiu a província do Amazonas (1857–1860), foi ministro da Justiça (1864–1865) e senador do Império (1864–1870).

5. Américo Brazilio de Campos (1835–1900), nascido em Bragança Paulista (SP), foi advogado, promotor público, jornalista e diplomata. Entre diversas colaborações na imprensa, foi redator d'*O Cabrião*, diretor do *Correio Paulistano* e fundador d'*A Província de São Paulo*. Desde os seus tempos de estudante na Faculdade de Direito de São Paulo, na turma que se formou em 1860, até a ruptura pública dos finais de 1880, Américo de Campos foi um dos parceiros mais próximos de Luiz Gama, podendo ser encontrado em diversas fontes atuando ao lado de Gama na imprensa, na política ou na tribuna.

# PARTE V

## O VELHO OESTE, E O VELHO VALE!, MANDAM LEMBRANÇAS

**NOTA INTRODUTÓRIA**   Não é segredo que, mesmo após a demissão do cargo de amanuense da Secretaria de Polícia da capital, Gama dobrava sua aposta nas causas de liberdade no judiciário, o que, por sua vez, se constituía como expressão de excelência de seu abolicionismo. É bom relembramos, contudo, que um pouco antes da demissão o seu amigo e ex-chefe de polícia, Furtado de Mendonça, lhe avisara que os escravocratas graúdos não se contentariam apenas em vê-lo longe da repartição policial, mas também o perseguiriam. Isso tudo fazia muito pouco tempo. Foi entre novembro e dezembro de 1869. A demissão realizou-se. Restava a perseguição que, diria Gama àquela altura, esperaria "de ânimo tranquilo". E ela chegou. Três dos cinco textos que compõem essa seção mencionam, no todo ou em parte, a perseguição que ele sofria. Em carta privada ao seu filho de onze anos de idade, Benedicto Gama, o velho Gama confessou ao filho que escrevia aquelas palavras "em momento supremo, sob a ameaça de assassinato". Para o amigo José Carlos Rodrigues, Gama comenta que a perseguição chegou a tal ponto que, para garantir-lhe a vida, ele teve "a casa rondada e guardada pela gentalha" — a plebe a quem ele, do seu modo singular, sem dúvida era muito grato. Uma carta aberta, contudo, deixava a ameaça de morte anunciada ao público. "Pessoa de subida distinção desta cidade possui documento, que foi-me manifestado", dizia Gama, "de que os meus gratuitos inimigos do município de \*\*\* estão resolvidos a enviar-me para a eternidade." Se o município fica oculto por trás dos asteriscos, o leitor poderá recorrer às "porteiras do velho oeste", segunda seção desse volume, para ver que Gama estava envolvido em lutas judiciais contra alguns "figurões da terra" de Amparo, Campinas e Jundiaí. Em "Jacareí", outro artigo dessa seção, Gama não é o ameaçado, mas, o que nos é sugestivo, presta solidariedade e denuncia um possível atentado contra um amigo e advogado abolicionista. Embora não fosse o titular da ação, Gama tomou parte na causa do pardo Benedicto, que corria no juízo municipal de Jacareí. Assim, é igualmente provável que Jacareí fosse o município oculto sob os tais asteriscos. Seja como for, Amparo ou Campinas, no velho oeste paulista, ou Jacareí, no vale do Paraíba paulista, todas elas poderiam ser o local de onde surgia o plano de atentado contra Gama. Mesmo Jundiaí, no limite norte da capital, poderia ser o enigmático domicílio dos "gratuitos inimigos" de Gama. Contudo, um dos cinco artigos da seção, intitulado "Comarca de Campinas", demonstra que Gama, na prática, tocava o barco em frente. A despeito de tamanhas contrariedades, e no fervor da perseguição, Gama produzia sua literatura normativo-pragmática, o que, em última instância, significava que ele, "sem temer os arrojos de alguns salteadores depravados", continuaria na luta.

## Capítulo 1
## Risco de vida
*Jacareí*[1]

**Comentário**   *Gama desagrava o seu "particular amigo" Henrique Marques de Carvalho, advogado que cuidava de ações judiciais abolicionistas em comarcas do vale do Paraíba. Carvalho havia aberto uma demanda de liberdade em favor do pardo Benedicto no juízo municipal de Jacareí. Porém, "alguns mandões" tramavam uma represália contra o advogado daquela "torturada questão de liberdade". Mas não eram quaisquer mandões. Eram da laia de escravocratas "para os quais o espancamento, a perseguição e o assassinato não passam de uma diversão prazenteira". Assim, Gama tanto reclamava para que se salvaguardasse a liberdade de Benedicto, tirando-o do cativeiro ilegal, quanto se zelasse pela segurança e pela vida do "pobre e honesto" Henrique Marques de Carvalho. Para Gama, era evidente que, por defender Benedicto, Carvalho estava na linha de tiro dos figurões do vale do Paraíba. Com o conhecimento de causa que a vida lhe dava, Gama afirmava, ao melhor estilo de sua verve literária e leitura de realidade: "eu sei que há mistérios extravagantes no concerto e perpetração de certos crimes, mistérios que o critério e a razão repelem como quimeras vãs, mas que a realidade sinistra incumbe-se de explicar à beira dos túmulos". O alerta de Gama era inequívoco (e valia para ele também): se nada parasse os escravocratas de Jacareí, eles matariam o advogado Carvalho; se nada temessem os escravocratas de São Paulo, matariam a ele próprio. Mais adiante Gama escreveria: "Façam o que entenderem. Eu estou no meu posto de honra".*

O distinto sr. coronel Joaquim Antonio de Paula Machado[2] teve a extrema bondade de responder aos dois artigos insertos no *Correio Paulistano* de 12 e 17 do pretérito,[3] sob a firma do meu par-

1. *Correio Paulistano* (SP), A Pedido, 11 de setembro de 1870, p. 3.
2. Joaquim Antonio de Paula Machado (1824-1884) foi tenente-coronel e juiz municipal em Jacareí (SP).
3. Cf. *Correio Paulistano* (SP), A Pedido, "Jacareí", 12 de agosto de 1870, p. 2; e *Correio Paulistano* (SP), A Pedido, "Atentado contra a liberdade", 17 de agosto de 1870, pp. 2-3.

ticular amigo, o sr. dr. Henrique Marques de Carvalho,[4] relativos à torturada questão de liberdade, proposta no juízo municipal de Jacareí, em favor do pardo Benedicto.[5]

Lamento sinceramente que nessa meditada resposta, publicada no *Diário* de 2 do corrente,[6] o sisudo sr. coronel Joaquim Antonio de Paula Machado, tratando-se de uma questão de tanta magnitude, transpusesse as lindes[7] da seriedade que o caracteriza e descesse às facécias[8] de mau gosto, impróprias da sua posição social, da sua madureza de idade e do seu reconhecido critério. S. S. deixou de ser conveniente e grave, como fora para desejar, à força de querer representar de jogral, papel pouco digno de um juiz que justifica-se perante os seus concidadãos.

Não é a pessoa do pobre e honesto sr. dr Henrique Marques de Carvalho que está em discussão, senão os sagrados direitos de um homem infeliz, que diz-se indebitamente escravizado, que reclama ansioso a proteção das leis e o império da justiça em seu auxílio, e que apenas tem encontrado o apoio do advogado.

Não são os defeitos ou imperfeições físicas do ilustre advogado que correm perigo diante da funesta prepotência de alguns

---

4. Das raras referências que se encontram desse advogado, sabe-se que colou grau na Faculdade de Direito de São Paulo (1866) e advogou em Piracicaba (SP) e Jacareí (SP). Ao tempo desse artigo, Carvalho estava envolvido com demandas de liberdade no vale do Paraíba, interior paulista.
5. A descrição do caso e qualificações individuais de Benedicto podem ser lidas no primeiro artigo de Carvalho. Vejamos um trecho do que Gama definia como uma "torturada questão de liberdade" e que denota traços criminosos de autoridades judiciárias de Jacareí: "Benedicto, filho de Alexandrina, outrora escravo do vigário Fabiano Martins de Siqueira, tendo ciência de que era liberto e o mantinham em cativeiro injusto há mais de trinta anos, requereu seu direito. Então, logo contra sua pretensão, levantou-se terrível celeuma e, para arredá-lo de seu intento (...), o coronel Joaquim Antonio de Paula Machado, parente dos interessados, contra a vítima de tão iníqua perseguição, chamou o caso a si (...) sem permitir-se que Benedicto fosse ouvido por si ou por alguém para sustentar seu direito". Cf. *Correio Paulistano* (SP), A Pedido, "Jacareí", 12 de agosto de 1870, p. 2.
6. Cf. *Diário de São Paulo* (SP), Publicações Pedidas, "Ao público", 02 de setembro de 1870, p. 2.
7. Raias, limites.
8. Chacotas, pilhérias.

mandões impudicos,[9] para os quais o espancamento, a perseguição e o assassinato não passam de uma diversão prazenteira; são a segurança e a vida de um homem que a nós, como a S. S., na qualidade de juiz, cumpre amparar para que não seja ele vítima do bacamarte,[10] como hão sido muitos outros cidadãos pacíficos nessa memorável localidade.

Lembrar-se-á o distinto sr. coronel Joaquim Antonio de Paula Machado, e desculpar-me-á que eu lhe torture a memória com fatos tão cruciantes que, não há muito tempo, o seu honrado parente e íntimo amigo, o sr. tenente-coronel Claudio Machado, que não era mais airoso[11] de porte, melhor disposto de membros, nem mais robusto de ânimo do que o sr. dr. Marques de Carvalho, sofreu às portas da cidade de Jacareí uma ousada tentativa de assassinato; e lembrar-se-á mais S. S., que *quatro* foram os formidáveis capangas, adrede[12] escolhidos e assalariados, que, em alto dia, com afronta inaudita[13] das autoridades, realizaram o tenebroso atentado.

Não há, pois, motivos para admirar-se o distinto coronel que o digno advogado, em sua *mórbida imaginação*,[14] criasse a fantástica suspeita de estar sendo espreitado por *dois* facínoras.

Não espantou-me, entretanto, força é confessá-lo, a incredulidade ingênua que manifesta em seu escrito o respeitável sr. coronel Joaquim Antonio de Paula Machado; eu sei que há mistérios extravagantes no concerto e perpetração de certos crimes, mistérios que o critério e a razão repelem como quimeras vãs, mas que a realidade sinistra incumbe-se de explicar à beira dos túmulos.

9. Imorais, sem-vergonha.
10. Antiga arma de fogo de cano curto e largo.
11. Elegante.
12. Previamente, antecipadamente.
13. Sem precedentes.
14. Gama citava uma expressão do coronel-juiz Paula Machado, que dizia ser a narrativa de Carvalho, na parte em que denunciava a violência iminente que se tramava contra ele e Benedicto, "efeito de *imaginação mórbida*". Cf. *Diário de São Paulo* (SP), Publicações Pedidas, "Ao público", 02 de setembro de 1870, p. 2. Grifos originais.

Não quero, por enquanto, discutir a intrincada questão do célebre exame de falsidade do assentamento de batismo do pardo Benedicto, feito perante o sr. coronel Joaquim Antonio, como juiz municipal, exame que verificou-se com exclusão inexplicável do advogado de Benedicto; oportunamente tratarei desse fato.[15]

É certo, porém, que essa diligência camarária,[16] praticada com exclusão da parte e do seu advogado, encerra uma monstruosidade jurídica, que não comportam a civilização atual e o decoro dos tribunais.

Não discutirei também a responsabilidade do sr. coronel, a idoneidade dos peritos, e a sua competência como juiz. Para tudo há tempo, e eu não costumo afirmar quando não posso provar.

Vim à imprensa apenas para defender a reputação do ilustre sr. dr. Marques de Carvalho, que tão severamente há sabido cumprir o seu árduo ministério de advogado, e renovar ao respeitável sr. coronel Joaquim Antonio de Paula Machado a súplica que fiz-lhe em particular:

Nós não pretendemos, nem contamos com os favores da justiça, porque não acreditamos que os seus ministros possam fazê-los; exigimos simplesmente a restrita observância da lei e a manutenção integral do direito.[17]

Queremos somente que os juízes cumpram o seu dever.

São Paulo, 8 de setembro de 1870

LUIZ GAMA

15. Não localizei tal escrito que, em vez das colunas da imprensa, pode ter recebido outro formato, a exemplo de uma carta cerrada ao presidente da província ou uma petição ao juiz municipal de Jacareí.
16. Expressão jurídica que aponta para uma questão conduzida sem observância estrita das expressas formalidades processuais ou, ainda, para decisões inadmissivelmente tomadas a portas fechadas.
17. Gama afirma ter tratado com o juiz municipal de Jacareí, o coronel Paula Machado, em privado. Isso dimensiona sua atuação na demanda de liberdade de Benedicto. Ainda que não tivesse peticionado na "torturada questão de liberdade", havia participado dela — e é de se supor que a participação tivesse sido decisiva para a estratégia levada a cabo em Jacareí —, e não parecia ser uma simples coadjuvação de alguém que tomara pé da situação pelas colunas da imprensa.

## Capítulo 2
## Meu filho
*Carta ao filho Benedicto Graccho Pinto da Gama*[1]

**Comentário**   A carta de Luiz Gama ao seu filho único é de suma importância para uma história que, mais que pessoal, é a história de um povo e de um país. A carta possui características que fazem-na um verdadeiro testamento moral. Benedicto tinha apenas onze anos de idade quando a recebeu. Se a abriu ou não, é uma boa questão, haja vista que, sendo mais que uma carta, o pai poderia ter ordenado que a abrisse apenas e estritamente se ele lhe faltasse. Seja como for, quando a carta foi aberta lá estavam aquelas que seriam as possíveis últimas palavras escritas pelo velho Gama. A carga de emoção em cada linha e a sobriedade da forma não deixam indiferente aquele que a lê. Que dirá o menino e filho Benedicto. As ordens e orientações que o pai dá ao filho — o que dizer, o que evitar, o que fazer, o que combater, o que ser, no que crer, o que ler — serviriam de guia para o menino de onze anos caso acometido pela tragédia que o remetente e pai vislumbrava como iminente. Reflete o estado anímico de seu autor e retrata a gravidade do momento. Pedia ao filho que não se atemorizasse da "extrema pobreza" que o pai lhe legava e que lembrasse das circunstâncias daquela missiva.

1. Sud Menucci. *O precursor do abolicionismo no Brasil (Luiz Gama)*, p. 145. Escrita em 23 de setembro de 1870, o conteúdo da carta confere com a denúncia pública que fez na imprensa, no dia 24 de setembro de 1870, sobre a possibilidade de um atentado fatal contra ele. É sugestivo, porém, que Menucci, mesmo não conhecendo o teor da segunda carta, que se lê na sequência dessa, soubesse, provavelmente por fontes orais, de circunstâncias que Gama apenas na segunda carta revela. Vejamos como Menucci contextualizou a ameaça de morte e a carta ao filho: "Dizem que [a carta] foi traçada pouco antes de seguir para o interior do Estado, onde ia defender um réu escravo. Embora difícil de averiguar, parece que a atmosfera formada em torno desse julgamento, pelos interessados na condenação do negro, autorizava a supor que a vida de Gama corria perigo e que sua cabeça estava a prêmio. Não me foi possível apurar o caso, documentalmente. A carta, entretanto, não deixa dúvida em que Gama atravessava um dos momentos mais críticos de sua vida e que tinha certeza de que pretendiam eliminá-lo". Cf. Sud Menucci, op. cit., pp. 144-145.

Meu filho,

Dize a tua mãe que a ela cabe o rigoroso dever de conservar-se honesta e honrada; que não se atemorize da extrema pobreza que lego-lhe, porque a miséria é o mais brilhante apanágio[2] da virtude.

Tu evitas a amizade e as relações dos grandes homens; eles são como o oceano que aproxima-se das costas para corroer os penedos.[3]

Sê republicano, como o foi o Homem-Cristo. Faze-te artista; crê, porém, que o estudo é o melhor entretenimento, e o livro o melhor amigo.

Faze-te apóstolo do ensino, desde já. Combate com ardor o trono, a indigência e a ignorância. Trabalha por ti e com esforço inquebrantável para que este país em que nascemos, sem rei e sem escravos, se chame Estados Unidos do Brasil.

Sê cristão e filósofo; crê unicamente na autoridade da razão e não te alies jamais a seita alguma religiosa. Deus revela-se tão somente na razão do homem, não existe em Igreja alguma do mundo.

Há dois livros cuja leitura recomendo-te: a *Bíblia Sagrada* e a *Vida de Jesus*[4] por Ernesto Renan.[5]

Trabalha e sê perseverante.

---

2. Atributo, privilégio, espécie de recompensa.
3. Rochedo, grande pedra.
4. Obra seminal lançada em 1863 e reimpressa centenas de vezes ao longo dos séculos xix e xx, *Vida de Jesus* formou gerações de pensadores racionalistas e humanistas na França e no exterior, argumentando a existência de um Jesus histórico e mundano. Sobre a importância de Renan na formação de Gama, cf. Lígia Fonseca Ferreira. "Luiz Gama: um abolicionista leitor de Renan". In: *Estudos Avançados*, 2007, vol. 21, n. 60, pp. 271–288.
5. Joseph Ernest Renan (1823–1892) foi um escritor, filósofo, filólogo e historiador francês. Pelo contexto da citação, Gama se revelava um admirador e leitor dedicado da obra de Renan, especialmente do humanismo e da história do cristianismo tal qual interpretada por Renan. Mantenho o aportuguesamento do prenome de Renan conforme o original.

Lembra-te que escrevi estas linhas em momento supremo, sob a ameaça de assassinato. Tem compaixão de teus inimigos, como eu compadeço-me da sorte dos meus.

Teu pai,<br>LUIZ GAMA

Capítulo 3
## Ameaça de morte
*Ao público*[1]

**Comentário** *No presente artigo, escrito no mesmo dia da carta ao seu filho Benedicto, Gama advertia ao público que tomara conhecimento de uma séria ameaça dirigida contra ele. Ele até pontua que aquela não era nem a primeira e nem a segunda vez — "Mais de uma vez..." — que amigos "residentes no interior da província" alertavam-no de "planos de atentados sérios" tramados contra ele. Gama revela que tomou precauções diante de tais ameaças, muito embora afortunadamente elas não viessem a se concretizar. "Hoje, porém, o caso é mais sério." Alguém de bastante prestígio em São Paulo, provavelmente uma autoridade de alto escalão, o procurou com um documento em mãos que não deixava dúvidas de que pretendiam matá-lo. As três frases que seguem a revelação de que a ameaça de morte não se resumia a qualquer figura retórica são cabais: "Façam o que entenderem. Eu estou no meu posto de honra. Tenho amigos em toda a parte". Ou seja, Gama não demonstrava o mínimo receio, mantinha a bandeira em riste e convocava os "amigos em toda a parte". Além das duas cartas, uma privada, ao filho, outra pública, para a sociedade paulista, Gama também mobilizava seus companheiros espalhados em cada recôndito da província (e, por que não dizer, até mesmo dentro da casa de um dos "gratuitos inimigos do município" de nome cifrado — mas não impossível de se decodificar; tarefa, no entanto, que requer outro espaço e forma).*

Mais de uma vez amigos íntimos e importantes, residentes no interior da província, hão-me dado aviso para acautelar-me, com segurança, contra planos de atentados sérios, projetados contra minha humilde pessoa.

Entendi dever prevenir-me e nisto fiz consistir o meu plano de represália.

Hoje, porém, o caso é mais sério.

1. *Correio Paulistano* (SP), 24 de setembro de 1870, p. 2.

Pessoa de subida distinção desta cidade possui documento, que foi-me manifestado, de que os meus gratuitos inimigos do município de *** estão resolvidos a *enviar-me para a eternidade*.

Façam o que entenderem.

Eu estou no meu posto de honra.

Tenho amigos em toda a parte. E se os que almejam o meu assassinato, pessoas que eu bem conheço, estão vivos, devem-no à minha nímia[2] prudência.

Podem, entretanto, satisfazer o seu magno e louvável intento.

Eu continuarei na empresa encetada,[3] sem temer os arrojos de alguns salteadores depravados.

São Paulo, 23 de setembro de 1870
LUIZ GAMA

---

2. Excessiva.
3. Iniciada, que está em desenvolvimento.

## Capítulo 4
## Estelionato judicial
*Comarca de Campinas*[1]

**Comentário**   *Gama segue a tarefa que cada vez mais tomava para si de debater questões de direito, comentar sentenças de juízes e produzir conhecimento normativo. Nesse texto dirigido aos cidadãos campineiros, discute o direito criminal para, depois, sintetizar o caso e suas conclusões sobre as evidências reunidas e resumidas ao leitor. No entanto, já no primeiro parágrafo, o autor adiantava que, além do mérito da causa, discutiria o papel de Vicente Ferreira da Silva Bueno, aquele mesmo que, em novembro de 1869, como chefe de polícia interino, assinou a portaria de exoneração de Gama do cargo de amanuense da Secretaria de Polícia da capital. Onze meses após o fatídico evento, esse seria o reencontro entre Silva Bueno e Gama. Que o leitor espere, porque terá, o melhor de Gama. Nesse artigo, ele trata de uma acusação de estelionato contra o caixeiro-viajante João Baptista das Chagas. Gama, muito provavelmente com o processo em mãos, destaca o depoimento de sete testemunhas, de onde deduzia nove considerações pacíficas e consensuais, no todo ou em parte, entre todos os testemunhos. O juiz municipal de Jundiaí acatara as provas testemunhais, essas mesmas que Gama trazia a público, e pronunciava o caixeiro-viajante Chagas como incurso no crime de estelionato. O réu apelou da sentença para o juiz de direito da comarca e finalmente a causa chegava à escrivaninha do juiz Vicente Ferreira da Silva Bueno. A crítica de Gama é fulminante. Ele deixaria que a sentença de Silva Bueno falasse por si. Evitaria adjetivações e explanações sobre a sua forma e conteúdo. Após transcrever a sentença, o arremate viria em tom satírico, trazendo uma anedota burlesca sobre a sentença de Silva Bueno. Gama dava o troco. E não pararia por aí.*

---

1. *Correio Paulistano* (SP), A Pedido, 15 de outubro de 1870, p. 2-3.

> A praxe e estilo de julgar, e decisão dos arestos[2] seguida universalmente dos doutores do reino, é o melhor intérprete da lei.
>
> ASS. 23 DE MARÇO DE 1786[3]

Se dignos são de conceito, em jurisprudência pátria, e devem ser rigorosamente observados no foro do Império os assentos[4] legais que servem de epígrafe a este meu despretensioso escrito, ouso humildemente invocar a ilustrada consideração dos doutos, e das pessoas graduadas em direito, não só para a questão que passo a expor com a maior fidelidade, como principalmente para a notável sentença firmada pelo eminente jurisconsulto, o sr. juiz de direito da comarca de Campinas, dr. Vicente Ferreira da Silva Bueno.[5]

Trata-se de assunto grave, discute-se um ponto importante de direito criminal, e a veneranda sentença do ilustre e provecto[6]

---

2. Acórdão, decisão de tribunal que serve de paradigma para solucionar casos semelhantes.
3. Assento de 23 de março de 1786, Casa da Suplicação de Lisboa. Cf. Manuel Borges Carneiro. *Direito Civil de Portugal: Das Pessoas*. Tomo I. Lisboa: Impressão Régia, 1826, p. 49; Antonio Delgado da Silva. *Coleção da Legislação Portuguesa: desde a última compilação das ordenações*. Lisboa: Tipografia Maigrense, 1828, p. 401.
4. Há dúvida na transcrição, se "assertos" ou "assentos". Embora a primeira seja mais legível, opto pela segunda, pois Gama relaciona essa palavra à epígrafe, parecendo mais adequado, portanto, transcrevê-la por "assentos".
5. Vicente Ferreira da Silva Bueno (1815–1873) teve longa carreira administrativo-judiciária, exercendo cargos de delegado de polícia, juiz municipal, juiz dos órfãos, juiz de direito e desembargador em diversas províncias, como Bahia, Paraná, São Paulo e Rio de Janeiro. Em 1869, era chefe de polícia interino da província de São Paulo, cabendo a ele papel de algoz no espetáculo da demissão de Luiz Gama do cargo de amanuense da Secretaria de Polícia.
6. Experiente.

magistrado está para esta séria questão como o ponto de apoio, fora da terra, para a celebérrima[7] doutrina da alavanca[8] do imortal Arquimedes.[9]

~

Os srs. Oliveira Cruz & Silva, quando negociantes em Jundiaí,[10] deram queixa, por crime de estelionato, definido no art. 264, § 4º, do Código Criminal,[11] contra João Baptista das Chagas, e alegaram haver Chagas comprado no armazém dos autores gêneros a crédito, dando-se, para conseguir a transação, como sócio de João Antonio de Moraes, vulgarmente conhecido pelo nome de "João Rufino", de quem aliás era simples caixeiro, e usando falsamente, para realizar tal negócio, da firma "João Baptista & Rufino" por ele astuciosamente improvisada; isto no intuito de iludir, como de fato iludiu, a boa fé dos queixosos.

Esta fundada alegação ficou evidentemente provada do seguinte modo.

---

7. Superlativo de célebre, algo como muitíssimo célebre.
8. Em breve síntese, a alavanca se apoia em um ponto fixo adequado (fulcro) para daí multiplicar força mecânica aplicada a um outro objeto. Ocorre que a analogia de Gama ironiza a sentença do juiz, na medida em que situa "a veneranda sentença" como um "ponto de apoio, fora da terra", isto é, algo sem base fixa para se apoiar e, por consequência, gerar efeitos.
9. Arquimedes de Siracusa (287–212 a.C.) foi um matemático, astrônomo e inventor grego de influência determinante para o desenvolvimento da ciência na Antiguidade.
10. Jundiaí, município paulista que fica 50 km distante de São Paulo (SP), era a principal cidade ao limite norte da capital.
11. Previsão normativa para crimes de estelionato, sendo a hipótese do § 4º assim definida: "Em geral, todo e qualquer artifício fraudulento pelo qual se obtenha de outrem toda a sua fortuna, ou parte dela, ou quaisquer títulos". Cf. *Código Criminal do Império do Brasil*. Recife: Tipografia Universal, 1858, pp. 98–99.

## TESTEMUNHAS

**Gabriel Fernandes da Costa Rego**   Disse que, por ouvir ao próprio João Baptista das Chagas, sabe que ele *se dava como sócio* de João Antonio de Moraes, vulgarmente conhecido por "João Rufino"; sendo certo, entretanto, que Chagas *era apenas empregado* da casa de Moraes; assim como sabe mais, por ouvir ao referido Moraes, *que Chagas nunca foi seu sócio*. Disse mais, que é certo, e sabe-se vulgarmente, que Chagas comprava gêneros a diversos, a crédito, dando-se como sócio de Moraes, e em nome da suposta firma "João Baptista & Rufino".

**Manoel dos Santos Teixeira do Amaral**   Disse que sabe, por ter ouvido ao próprio acusado, que ele comprara a Oliveira Cruz & Silva, negociantes estabelecidos nesta cidade, vários gêneros *para a suposta firma ou casa* de "João Baptista & Rufino" e que sabe mais ainda, por ouvir ao mesmo réu, que tais gêneros não foram pagos, alegando o mesmo réu, que não efetuava o exigido pagamento por haverem os gêneros sido comprados, não para ele réu, *mas para a mencionada firma e casa* "João Baptista & Rufino". Disse mais, que tem conhecimento, por manter relações comerciais com João Antonio de Moraes, conhecido por "João Rufino" *que o réu presente nunca fora dele sócio, mas simples caixeiro*.

**João Baptista de Sampaio**   Disse que sabe, por ter visto, como caixeiro que é dos suplicantes, haver o acusado presente comprado vários gêneros a seus patrões (Oliveira Cruz & Silva), na qualidade de membro da firma social "João Baptista & Rufino", gêneros que até hoje não foram pagos; e que sabe que essa firma era fantástica, que não existia; e que sabe que o acusado apenas era caixeiro de dita casa, e nunca sócio.

**Domingos Loureiro da Cruz**   Disse que, por ouvir aos autores, sabe que o réu comprara gêneros nesta cidade com a firma de

"João Baptista & Rufino" e que também sabe que não existe aquela firma, *isto por ter lhe contado o próprio João Antonio de Moraes*, que era o dono da casa em que o acusado presente era simples caixeiro; e que João Antonio de Moraes lhe dissera mais — *ser ele o único proprietário*, e responsável da sua casa de negócio; e isto deu-se em ocasião em que ele depoente apresentou ao dito Moraes uma conta de gêneros comprados pelo acusado *em nome daquela firma social*.

 Disse mais, que mais tarde comprando o depoente, nessa casa, um barril de aguardente, nesse barril tinha as iniciais "J.B. & R.". Disse mais, que os gêneros que vendeu em sua casa de negócio foram para a de João Antonio de Moraes, conhecido por "João Rufino", onde era empregado o acusado presente; *e que a tal casa de* "João Baptista & Rufino" *não existiu*; que ouviu dizer que o acusado comprara gêneros para essa casa, mas não sabe se tais gêneros eram levados para a casa de João Antonio de Moraes. Que sabe que João Antonio de Moraes recusou pagar gêneros em Santos,[12] porque tal firma não existia, e que não tinha dado ordem para semelhante compra: e que as marcas existentes nos barris nada querem dizer, porque João Rufino não sabe ler nem escrever, e que, por essa razão, não sabe qual a marca existente nos barris.

**Manoel da Silva** Disse que ouviu falar que o acusado presente era caixeiro de João Antonio de Moraes, conhecido por "João Rufino", que realmente viu o réu presente comprar gêneros para a casa de João Rufino.

**Antonio José da Costa** Disse que ignora que houvesse nesta cidade casa alguma comercial que girasse com a firma "João Baptista & Rufino" assim como ignora que o acusado presente usasse em tempo algum de tal firma, e para qualquer fim comercial; sabendo entretanto que o acusado presente era caixeiro de João

---

12. Isto é, na cidade de Santos, no litoral paulista.

Antonio de Moraes, conhecido por "João Rufino", que o acusado presente comprara aos autores diversos gêneros, como vinho, etc., para a casa comercial de seu amo João Antonio de Moraes, *mas que disto sabe por ter ouvido ao próprio réu, e por ter visto os gêneros na casa de Moraes.*

Disse mais que, em Santos, abonara, com a sua palavra, o acusado presente, para comprar em casa de "Eugênio & Lima", ficando responsável, na falta do pagamento, ele testemunha, *isto por causa do crédito de que goza a casa de Rufino*, para a qual deveriam ser comprados os gêneros, tendo ele, testemunha, certeza de que Rufino os pagaria.

**João Antonio de Moraes** Esta testemunha confirma os depoimentos das precedentes e, conseguintemente, a alegação dos queixosos; e mais acrescenta "que o réu, quando seu caixeiro era autorizado a pôr e dispor da sua casa, menos a fazer compras sem especial autorização; *sendo certo que não foi autorizado a comprar gêneros na casa dos autores*".

Deduz-se logicamente destes depoimentos:

1º Que João Baptista das Chagas era caixeiro de João Antonio de Moraes, e que dele jamais fora sócio;

2º Que, por ser o amo analfabeto, era Chagas encarregado da gerência da casa de negócio, e da respectiva correspondência;

3º Que, conquanto tivesse Chagas a seu cargo a gerência da casa de negócio, de exclusiva propriedade de João Antonio de Moraes, não podia fazer compras sem expressa autorização de seu amo;

4º Que nenhuma autorização teve Chagas para comprar gêneros, como confessa ter comprado, aos negociantes Oliveira Cruz & Silva;

5º Que a firma social "João Baptista & Rufino" fora ardilosamente criada por Chagas para ilícitos fins;

6º Que abusando Chagas da ignorância de seu amo, e no determinado intuito de iludir o público, marcava os gêneros da casa com as iniciais "J.B. & R." para calculadamente tornar crível a existência da suposta firma social "João Baptista & Rufino";

7º Que por meio desse estudado e bem combinado embuste conseguiu Chagas iludir a sincera credulidade dos autores, e dela houve, a crédito, gêneros no valor de mais de 100$000;

8º Que este meio empregado por Chagas para obter os gêneros — *simulando um fato comum e acreditável, relativamente à sua pessoa e posição,* fato que, porém, não era real e antes astuciosamente por ele inventado, de má-fé — constitui *artifício fraudulento;*

9º Que João Antonio de Moraes, logo que teve conhecimento deste ardil, ao qual, naturalmente por ignorância, não deu o devido valor, *declarou a diversas pessoas com quem tinha relações comerciais,* que Chagas era seu caixeiro, e não sócio, e negou-se a pagar dívidas contraídas pelo seu dito caixeiro, sem autorização sua, sob a inventada firma João Baptista & Rufino.

Conclui-se, portanto, que este procedimento de João Baptista das Chagas, em face da seguinte disposição do Código Criminal, o constitui irremediavelmente na posição dificílima de réu indefeso.

Art. 264 — Julgar-se-á crime de estelionato:

§ 4º: Em geral, todo e qualquer artifício fraudulento pelo qual se obtenha a sua fortuna, ou parte dela, ou quaisquer títulos.[13]

Assim entendendo o distinto sr. delegado de polícia e juiz municipal do termo de Jundiaí, proferiu a seguinte sentença de pronúncia:

Vistos e examinados estes autos, etc., julgo procedente a queixa dada pelos autores Oliveira Cruz & Silva, contra o réu preso João Baptista das Chagas, pelo crime de estelionato, porquanto acha-se provado nos autos:

1º Que o réu João Baptista das Chagas dizia-se sócio de João Antonio de Moraes, vulgo João Rufino, em uma casa mercantil, nesta cidade, sob a firma de "João Baptista & Rufino". (Testemunhas 1ª, 2ª e 3ª);

2º Que a firma de "João Baptista & Rufino" nunca existiu, era uma firma fantástica. (Testemunhas 1ª, 2ª e 3ª e outras);

3º Que o réu era apenas caixeiro de João Antonio de Moraes. (Testemunhas 1ª, 2ª e 3ª e outras);

4º Finalmente, que o réu comprou a crédito, a algumas pessoas, entre outras, aos autores, gêneros para a firma de "João Baptista & Rufino", alguns dos quais ainda não foram pagos. (Testemunhas 1ª, 2ª e 3ª).

Sendo assim, é claro que, com semelhante procedimento, o réu iludia àqueles a quem comprava gêneros, porque estes, depositando confiança na firma "João Baptista & Rufino", vendiam-lhe os seus gêneros a crédito: usou, portanto, o réu, na expressão do Código Criminal, de artifício fraudulento para obter de outrem parte da sua fortuna.

Por estas considerações, pois, pronuncio o réu João Baptista das Chagas incurso no art. 264, § 4º, do Código Criminal, e sujeito à prisão e livramento, etc.

(Assinado)
ESTEVAM JOSÉ DE SIQUEIRA

---

13. Transcrição praticamente idêntica ao texto normativo. Embora falte apenas uma palavra, não há alteração de sentido.

Com esta justa sentença, que outra cousa não é senão o resumo fiel da prova aduzida no sumário pelos autores, não concordou o laborioso réu, o que aliás parece-me natural; e crente de que as suas industriais aspirações outro e melhor prêmio merecessem, apelou de ânimo robusto para o sr. dr. juiz de direito da comarca, de quem a idade, o saber, a prática de julgar, e a proverbial[14] prudência auguravam-lhe[15] mais sábios e profícuos resultados; no que não enganou-se.

Aqui vem a ponto dizer, com um distinto escritor: "O gênio luta manietado[16] nos cárceres, envolto na sombria indiferença enquanto não lhe estende protetora mão a munificente[17] sabedoria".

João Baptista das Chagas é o gênio; e o ilustrado sr. juiz de direito de Campinas, como verdadeiro Júpiter da jurisprudência, bradou-lhe: Alevanta-te, e caminha!...

A sentença que passo a transcrever fielmente, e com a própria ortografia original, é prova cabal do que afirmo:

Visto e examinado o presente recurço,[18] dou provimento ao mesmo para o efeito de reformar, como reformo a *pronuncia* recorrida de folhas, que *pronunciou* ao recorrente como incurço no art. 264, § 4º, do Código Criminal, porquanto provado como está e consta do depoimento de testemunhas que o recorrente era caixeiro da casa de negócio de João Antonio de Moraes, conhecido em Jundiaí por João Rufino, e nessa qualidade estava encarregado da gerência do negócio, não constando que João Antonio de Moraes tivesse uma outra pessoa encarregada de transações ou escrituração de sua casa, visto não saber ler nem escrever, é claro que depositava no recorrente plena confiança e que lhe deixava

---

14. Notória, amplamente conhecida.
15. Prometiam-lhe.
16. Amarrado, de mãos atadas.
17. Generosa, magnânima.
18. Como Gama assinalou acima, a ortografia, grosseiramente incorreta nessa e em outras palavras que se lerão à frente, é da lavra do juiz Silva Bueno.

plena faculdade para praticar todos os atos a bem dos interesses da casa, e disto naturalmente se deduz a faculdade de comprar e vender, pagar e receber quantias, fazendo as transações necessárias a bem da Casa.

Assim pouco importa saber se o recorrente inculcava-se ou não sócio da casa, se usava ou não da firma social "João Baptista & Rufino" (circunstância esta que não está suficientemente provada), se comprava e vendia sob uma tal firma; porque se é verdade que ele assim *obrava*, se isto se dizia em Jundiaí e se era falço isto, se o recorrente usava deste artifício fraudulento etc., é também verdade que João Antonio de Moraes, morando em Jundiaí, nesse mesmo lugar onde o recorrente praticava tais atos nunca os coibiu, nunca reclamou contra a existência dessa sociedade, nunca praticou o menor ato *por onde* manifestasse ao público comercial de Jundiaí que não tinha semelhante sócio etc.

Ora, a isto acresce que os objetos comprados pelo recorrente aos recorridos foram aplicados a benefício da Casa de negócio de João Antonio de Moraes, portanto — sócio ou caixeiro o recorrente não comprou para si, não converteu em seu proveito particular, e sim em proveito da casa de que era sócio ou Caixeiro, e é muito para notar-se e digno de reparo que João Antonio de Moraes morando em Jundiaí recebendo gêneros de Santos com a marca J.B. & R. (*Note-se que o próprio juiz já declarou que Moraes é analfabeto, no intuito de conferir ao réu plenos poderes para dirigir a casa de seu amo ou sócio, palavras sinônimas nesta memorável sentença*)[19] havendo compras de gêneros nas casas comerciais de Jundiaí, como dizem os recorridos sob tal firma, etc. não *tivesse* João Antonio de Moraes ou João Rufino uma pessoa, um amigo, que lhe advertisse da existência daquela firma, não tivesse quem lhe advertisse que o recorrente seu simples caixeiro — se intitulava sócio, inventava e usava de uma firma social que o podia comprometer e só depois que vendeu o negócio ao Caixeiro sócio, e que nessa venda incluiu parte ou restos daqueles gêneros comprados aos recorridos e com aquela firma e a quaisquer outros, depois de João Antonio de Moraes se responsabilizar pelas dívidas da casa é que vem os recorridos denunciar a falcidade daquela firma, é que vem João Antonio de Moraes jurar que nunca existiu semelhante firma, que ele nunca autorizou o recorrente a fazer compras, que só se responsabilizou pelas dívidas por

---

19. Comentário original de Luiz Gama.

ele feitas, etc., etc. confessando, porém, que o recorrente lhe merecia confiança e era quem regia sua casa de negócio! Donde se conclui que ao menos tacitamente consentia nos atos por ele praticados.

Portanto, à vista do exposto e do mais dos autos onde existem à certos respeitos testemunhas contraproducentes a intenção dos recorridos, não me convencendo da existência do artifício fraudulento da parte do recorrente, reformo como disse a pronúncia de fls. e julgo improcedente a queixa.

*Dêsse* baixa na culpa ao recorrente e risque-se seu nome do rol de culpados, e passe-se o alvará de soltura etc. etc.

VICENTE FERREIRA DA SILVA BUENO

～

Ao terminar a penosa transcrição desta veneranda sentença, lembro-me de referir aos benévolos leitores uma interessante anedota.

A um dos mais distintos lentes da faculdade jurídica desta cidade, correligionário político do meritíssimo sr. dr. juiz de direito de Campinas, mostrei uma cópia deste monumental prodígio de jurisprudência. O homem leu-a com profunda atenção, e ao terminar a leitura, sorriu, e disse com ênfase:

— É um Nero[20] este Vicente!

Depois dobrou o papel e meteu na algibeira,[21] acrescentando: "Esta vai para o meu álbum de preciosidades..."

Felizes dos magistrados que são dignos de tão elevado conceito!...

São Paulo, 10 de outubro de 1870<br>LUIZ GAMA

---

20. Nero (37–68) foi imperador de Roma e passou à história como símbolo de tirania, truculência e violência.
21. Pequeno bolso interno de uma peça de roupa ou pequena bolsa, sacola.

Capítulo 5
# Para o meu amigo que está em Nova York
*Carta a José Carlos Rodrigues*[1]

**Comentário**   *Gama endereça uma carta para Nova York. O destinatário era um amigo querido, tanto dele quanto de sua esposa, Claudina, do filho Benedicto e do que parece ser uma agregada, ou parente de Claudina, de nome Leopoldina. É interessante notar que, mais do que uma correspondência remetida a um correligionário ou colega de ofício, Gama se refere a José Carlos Rodrigues como um amigo íntimo seu e de toda sua família, para quem faz questão de mandar lembranças. Essa é sem dúvida uma qualidade ímpar dessa missiva: revela pequenos detalhes, utensílios, ambientes, acontecimentos e memórias dignas de encher os olhos do leitor. Ao se mudar em definitivo para os Estados Unidos da América, onde se estabeleceria como jornalista, Rodrigues doou um conjunto de utensílios para Gama e sua família. Gama, como fez questão de frisar, ficou bastante grato pelo gesto amigo. Na carta, Gama também trata de assuntos políticos, dá notícias de São Paulo, sublinhando a recente fundação da Loja América e do Clube Republicano; conta ter sido demitido da polícia; e segue por outros temas tanto da política, quanto do que qualificava como "revolução moral" em curso na província. Mas é no íntimo da casa — e das memórias — que a carta ganha maior relevo. É uma carta escrita, diz Gama, com "as forças d'alma". Nesse sentido, aliás, nessa força, Gama traria ao papel até mesmo uma valiosíssima recordação dos tempos de criança: uma tão rica visão da Bahia de 1837 que descortina sua enigmática infância. Cabe destacar, por fim, que tamanha beleza foi escrita em meio ao fogo cruzado dos últimos meses, quando a cabeça de Gama esteve em novo e sério risco. Ele faz menção a isso de maneira que nos é muito útil para pensar sobre o período.*

José Carlos,

A leitura do *Novo Mundo* veio despertar em mim a não cumprida obrigação de escrever-te, que sobremodo pesava-me; e digo "despertar" não porque estivesse eu adormecido, mas porque por ela avivaram-se-me as forças d'alma.   5

1. Biblioteca Nacional, Carta a José Carlos Rodrigues, Documento textual, Manuscritos – I-03–02,074, São Paulo, 26 de novembro de 1870.

Boas novas de ti tive-as eu sempre pelos ministros presbiterianos que de Nova York vinham a esta cidade, e o fato de sabê-las eu de ti dispensava-me de referi-las de mim, isto não sei se por egoísmo ou por incúria.[2]

Os poucos e verdadeiros democratas desta cidade, onde já existem um Clube[3] e uma loja maçônica[4] que trabalham pelas ideias republicanas (escuso dizer-te que sou membro de ambos), tomaram-se de sincero entusiasmo pelo *Novo Mundo*, plaustro de importantes e úteis conhecimentos da melhor porção da América, que é e há de ser o farol da democracia universal.

O *Correio Paulistano*, de propriedade do nosso Amigo Joaquim Roberto, e hoje redigido pelo distinto dr. Américo Brazilio de Campos,[5] ambos republicanos, vai transcrever a maior parte dos artigos do *Novo Mundo*.

Não te espantes deste meu republicanismo, que pode afigurar-se ao teu espírito, afeito[6] ao servilismo político do Brasil, como sinais de *monomania*[7] arrasadora da minha parte; asseguro-te que o Partido Republicano, graças à divina inépcia do sr. D. Pedro II, organiza-se seriamente em todo império; e os pantafaçudos[8] politicões gangorreiros[9] já declaram-se impotentes para a irrisória obra das ardilosas cerziduras[10] do grande estandarte liberal,

---

2. Desleixo ou falta de iniciativa.
3. Refere-se ao Club Radical Paulistano.
4. Refere-se à Loja América.
5. Ver n. 5, p. 142.
6. Habituado, acostumado. Importante notar que a expressão não carrega, necessariamente, estima ou afeição.
7. Espécie de insanidade mental em que uma ideia fixa predomina na consciência de um indivíduo.
8. Grosseiros, ridículos.
9. Não é possível cravar o sentido preciso do adjetivo, mas talvez faça alusão à gangorra, brinquedo que faz movimentos alternados de baixo para cima, e vice-versa, como metáfora da alternância de poder entre os dois únicos partidos — conservador e liberal — que se sucediam mutuamente ao longo do império. Gangorreiros, portanto, pode ser uma referência a políticos que oscilavam de um lado a outro da gangorra.
10. Ação ou efeito de cerzir, de costurar, de remendar. No sentido figurado

que desfaz-se em bandeirolas democráticas, roto pelos anos do indiferentismo popular e pela enérgica pujança de alguns caracteres sisudos.

A despeito das tricas[11] imoralíssimas postas em prática pelos astuciosos adeptos do corrupto imperialismo, e das prédicas[12] calculadas dos arquisectários da Infalibilidade, erguem-se vagarosamente as escolas gratuitas para alumiamento do povo e organizam-se as associações particulares para emancipação dos escravos.[13]

Por outro lado, as seitas protestantes, com as doutrinas evangélicas que difundem, vão proclamando a liberdade de consciência, base e fundamento da melhor organização social.

Ainda mais um importante fato tenho que dizer-te.

Tudo isto marcha vagaroso como o caminhar da reflexão; é uma obra secular na qual o supremo artista gasta os dias a somar os segundos e os minutos; e a província de São Paulo, ocupando a vanguarda, vai ensinando às suas Irmãs a trilha impérvia[14] que ela própria meditando explora. É uma vasta revolução moral dirigida pela prudência.

São Paulo, 26 de novembro de 1870

∽

Meu caro José,

É plano inclinado este caminho da política; deixá-lo-ei para tratar de outros fatos menos importantes e mais íntimos.

---

que se aplica ao contexto, cerzidura — grafada à época como "sirgidura" — significa a costura de diversos agrupamentos políticos ("tecidos") em uma mesma bandeira.
11. Trapaças, sutilezas.
12. Pregações, discursos.
13. Ilustração, esclarecimento.
14. Aqui no sentido de impenetrável, inacessível.

Casei-me. Escuso dizer-te com quem. O Dito[15] já fala, traduz e escreve o alemão como um filho da Germânia. Isto é dito pelo professor que todos os meses empolga 51.000 réis. Estuda ele mais desenho, francês, inglês e geografia.

Ele, a Claudina e a Leopoldina, que ainda conserva o mesmo nariz de [ilegível] narigado, enviam-te muitas saudades.

Fui demitido do lugar de amanuense da Repartição de Polícia, por sustentar demandas em favor de gente livre posta em cativeiro indébito!...

Fiz-me rábula e atirei-me à tribuna criminal. Tal é hoje a minha profissão.

Moro à margem do rio Tamanduateí, em uma nova e excelente casa de campo.

Sou detestado pelos figurões da terra, que já puseram-me a vida em risco; mas sou estimado e muito pela plebe. Quando fui ameaçado pelos grandes, que hoje encaram-me com respeito, e admiram a minha tenacidade, tive a casa rondada e guardada pela gentalha.

A verdade é que a malvadeza recuou vencida.

Em nossa casa, sempre pobre, mas festejada de contínuo pela alegria, ainda toma-se o saboroso café pelas mesmas canecas que me deste; os lampiões são os mesmos que pertenceram-te; as cortinas das janelas foram tuas. Sobre o velador[16] de mármore, que foi teu, está o álbum que deste-me com o teu retrato, com os de outros amigos, e uma bíblia que foi do finado Macedo.

Quantas recordações saudosas não despertam estes objetos?... E como, ao ler estas linhas tão singelas como os meus sentimentos de pobre, não se dilatará o teu espírito em demanda

---

15. Refere-se ao filho, Benedicto, e aqui confessa o apelido carinhoso pelo qual o chamava.
16. Utensílio formado de uma haste de madeira que, assentada sobre uma base, tem na parte superior um disco circular onde usualmente se colocava um lampião ou velas.

destes lugares que outrora percorreste, durante a tua vida acadêmica, e com que avidez não buscará ele a realidade destes meus assertos?!

Eu ainda hoje, ao cabo de trinta anos, vejo algumas ruas da Bahia, as casas demolidas pelo incêndio de 37, e os lugares em que brinquei com as crianças da minha idade. Por isso, pelo meu, julgo do teu espírito neste momento.

Eu chego a persuadir-me que ao traçar estas linhas nossas almas se abraçam e entoam epinícios[17] à amizade!...

A Deus José.[18]

Sei que o Joaquim Roberto vai escrever-te, e remeter-te jornais.

Sou como sempre
Teu Amigo obrigadíssimo
LUIZ GAMA

---

17. Cântico feito para comemorar uma vitória ou o regozijo por um feliz acontecimento.
18. Mantenho a forma da saudação conforme o original, pois, ainda que inusual, é de se supor que o remetente estivesse expressando algo mais do que um corriqueiro "adeus".

# PARTE VI

# SPARTACUS DA GAMA

**NOTA INTRODUTÓRIA**   *Seção composta por três textos assinados por um certo Spartacus, além de uma réplica endereçada a ele. Em comum, os artigos denunciam a crueldade de senhores de escravizados e o fazem com notório manejo do conhecimento normativo, haja vista como endereçam as respectivas denúncias. A partir de dois casos escandalosos — um africano ensanguentado nas ruas do centro de São Paulo e o cativeiro ilegal de três mulheres negras nos arrebaldes da capital —, Spartacus chama a atenção do público e pede a imediata intervenção da polícia e das autoridades judiciárias. Para o primeiro caso, conseguiria que a polícia retirasse, embora não se saiba por quanto tempo, o africano escravizado dos domínios de seu possuidor de fato. Para o segundo caso, não é possível saber, até o momento, se o "juiz provedor" e o "promotor de resíduos e capelas" interviram no "atroz atentado" continuado que se praticava contra Vicencia, Bernarda e Belberina. Contudo, por que Spartacus e não Gama? A essa altura do espinhoso ano de 1870, já estava claro que Gama se ocupava de tantos problemas que, ao ser tragado por outro, abrindo nova frente de combate e se indispondo com novo adversário, jogaria lenha na própria fogueira armada zelosamente pelas autoridades judiciárias e a gente graúda da província. Não havia nem um mês que Gama avisara que "gratuitos inimigos" planejavam o seu assassinato. Justamente ali, um mês antes de Spartacus surgir, ou ressurgir, Gama advertia que, a despeito do atentado iminente, continuaria a luta "sem temer os arrojos de alguns salteadores depravados". Continuá-la, porém, exigiria ainda mais sagacidade e precisão. De modo algum isto significaria acuar-se perante os poderosos da escravidão. Ao contrário, denunciar seus horrores e organizar uma resistência cívica na imprensa continuariam a ser tarefas abolicionistas de primeira hora. Mas, novamente, teria de usar estratégias discursivas criativas para furar a trincheira escravocrata. Afinal, refletia Spartacus, "que longo é o cortejo de horrores que pretendo desvendar". Não foi apenas nessa série que Gama trouxe o mitológico gladiador romano ao seu lado — ou à sua frente. Assim como em 1870, também em 1874, 1880 e 1881 Spartacus fez as vezes de Gama. Antes de abrir a seção, voltemos à sua sentença magistral na célebre carta a Lucio de Mendonça: "Ao positivismo da macia escravidão eu anteponho o das revoluções da liberdade; quero ser louco como John Brown, como Espártacos, como Lincoln, como Jesus; detesto, porém, a calma farisaica de Pilatos". Certamente a frase de Gama possui diversas camadas textuais e múltiplas referências. Contudo, ela revela que, no íntimo do estado anímico do autor, o que logicamente se espraiava por toda sua visão de mundo, estava o libertário gladiador da Roma Antiga como referência moral pessoal para viver e denunciar o "longo cortejo de horrores" da escravidão no Brasil.*

## Capítulo 1
## Vítima da escravidão
*Escândalo I*[1]

**Comentário**  *A riqueza de detalhes na exposição concisa do caso cumpre a função de uma denúncia policial. É até de se supor, tamanho o realismo da cena, que Spartacus tenha sido testemunha ocular do ocorrido.*

Anteontem à tarde percorria a rua da Glória um *africano de 29 anos, escravo*, quase em nudez, faminto e tendo sobre a região lombar inúmeras e recentes contusões e cicatrizes!! Procurava, dizia ele, a justiça para dar-lhe *menos bárbaro senhor*. Até pela manhã de ontem assim vagou o mísero! Onde estará hoje? Daria a polícia alguma providência a bem dessa vítima da escravidão?

SPARTACUS

---

1. *Correio Paulistano* (SP), A Pedido, 19 de outubro de 1870, p. 3.

## CONFISSÃO PÚBLICA[2]

**Comentário**  *Embora sem assinatura, o bárbaro senhor daria suas bárbaras explicações sobre o escândalo da rua da Glória. Em sua versão, admite todas as premissas de Spartacus, de modo que o africano de 29 anos, caso as autoridades quisessem, seria facilmente encontrado e posto em depósito. O senhor inclusive afirmava que havia "castigado muito brandamente" o dito africano. Para ele, senhor, o escravizado apareceu desnudo pela rua da Glória "a fim de causar compaixão". Se causara compaixão ou não, é outra questão. Spartacus, por sua vez, não apelava à compaixão. Apelava ao direito.*

Sob esta epígrafe apareceu no *Correio Paulistano* de 19 do corrente um anúncio, dizendo que um africano de 29 anos, escravo, quase nu, faminto, cheio de recente cicatrizes, percorria as ruas da cidade procurando a justiça para lhe dar senhor menos bárbaro, e perguntando se daria a polícia alguma providência a bem dessa vítima.

Vejamos agora o que há de verdade. Este escravo há anos não tem sofrido o mais leve castigo e, talvez por isso, depois de muitos e pequenos furtos, pelos quais só tem sido repreendido, compromete agora a seu senhor consumindo o dinheiro que se lhe entregava para compra de gêneros necessários à casa e, como o vendedor já depois de alguns fiados se recusasse a entregar-lhe os gêneros, por falta de pagamento, tal escravo teve a habilidade de arranjar um bilhete falso, com o qual foi servido, até que o vendedor indo ultimamente procurar o dinheiro em casa do senhor, então descobriu-se o roubo, e alguma cousa mais apareceu, pelo que foi castigado muito brandamente, e talvez por isso o escravo ainda insolente não quis jantar, e saindo pelo quintal aí deixou (quando fugiu) a roupa com que estava vestido, para apresentar-se do modo com que foi visto, a fim de causar compaixão, pois ele é em extremo astuto e marralheiro.[3]

Já há 10 anos, por uma última correção,[4] saiu pela mesma forma e foi apresentar-se à autoridade que nem vestígios lhe

2. *Correio Paulistano* (SP), A Pedido, 20 de outubro de 1870, p. 3.
3. Matreiro, esperto.
4. Castigo, punição.

achou: e não era preciso a este escravo pedir à polícia que lhe desse novo senhor, porque o atual já lhe deu autorização por escrito a fim de procurar senhor que lhe agrade.

***

## Capítulo 2
## Está provado
*Escândalo II*[1]

**Comentário**   *A estrutura da segunda parte de "Escândalo" é tão sóbria quanto eloquente. Spartacus sintetizava ao máximo o caso e não alongava discussão alguma, nem mesmo a confissão perversa de que o senhor havia "castigado muito brandamente" o africano de 29 anos. Ao estilo das considerações finais que antecedem os pedidos de uma petição jurídica para um juiz, Spartacus colheu evidências de ilegalidades e crueldades na réplica do senhor, e dava como inquestionável que o indivíduo castigado era um africano de 29 anos, sendo, portanto, introduzido ao Brasil no tempo do contrabando. Daí a conclusão que entre o africano e a tortura "levanta-se o espectro de uma ilegalidade", que, além do mais, seria o provável motivo para não o venderem, haja vista a possibilidade do senhor do escravizado sequer possuir títulos de propriedade. Spartacus também colheu outras informações igualmente reveladoras. Em suma, conseguia a intervenção da polícia após criativa e habilmente fazer com que o senhor de fato da posse do escravizado produzisse provas contra si mesmo. Foi, afinal, a réplica do bárbaro senhor que patenteou a ilegalidade e a crueldade de que ele próprio, senhor, era o responsável.*

Replicando, Spartacus aceita a confissão de \*\*\* e dá como provado:

1º   O escravo em questão é *africano de 29 anos de idade*, o que não se contestou.

2º   Se, apesar de *ladrão, astuto e insolente*, só foi castigado duas vezes, e brandamente, é porque entre ele e o azorrague[2] levanta-se o espectro de uma *ilegalidade*.

---

1. *Correio Paulistano* (SP), A Pedido, 21 de outubro de 1870, p. 3.
2. Chicote, chibata formada por várias correias entrelaçadas presas num cabo de pau. Instrumento de tortura.

3º Que se deixou no quintal a roupa que vestia, e não mais entrando em casa, foi visto na tarde do castigo coberto de andrajos[3] seus e próprios — quando devia estar completamente nu —, mente *** no seu articulado.

4º Que se não jantou depois de castigado — tendo, quem *sabe*, almoçado pela madrugada — estava, de fato, *faminto*.

5º Que se apesar de *astuto, ladrão e insolente* não o vendem, é porque ou é *trabalhador, paciente e rendoso*, ou outrem não quer por seu escravo um *africano de 29 anos de idade*.

Assim, Spartacus, pelo mísero que a polícia já capturou, implora a proteção das leis, e promete auxiliar a autoridade que cumprir seu dever, com outras e mais minuciosas informações, e pede justiça.

SPARTACUS

---

3. Trapos, farrapos.

## Capítulo 3
## Cortejo de horrores
*Mais três...*[1]

**Comentário**  *O mesmo Spartacus que testemunhou a barbaridade da rua da Glória e que, pela imprensa, apelava à polícia e ao direito, pedindo justiça, aproveitava a repercussão de sua denúncia e emendava mais uma. Aliás, "mais três...", se levarmos em conta o antigo dito de que a cada cabeça uma sentença. Dessa vez, Spartacus jogava luz sobre um processo que dormia nos arquivos empoeirados de um certo cartório judiciário. Vicencia, Bernarda e Belberina, por testamento, "ficaram livres". No entanto, quase vinte anos se passaram e o processo sequer fora aberto e as vítimas permaneciam em cativeiro ilegal. Spartacus, conhecedor do direito, da jurisdição e da competência para a matéria, cobrava que o "juiz provedor" e o "promotor de resíduos e capelas" agissem de ofício.*

Vicencia, Bernarda e Belberina, por testamento de sua senhora Gertrudes Soares de Moraes, da vila da Cotia,[2] ficaram livres.

Caetano, João e José ficaram onerados de prestarem serviços a Manoel Rodrigues do Prado durante a vida deste.

Morreu a testadora *em 25 de abril de 1851* e até hoje o testamenteiro, Manoel Rodrigues do Prado, o mesmo acima dito, não prestou contas desse encargo!!

Quebrai, srs. dr. juiz provedor e dr. promotor de resíduos e capelas,[3] mais esses três elos da cadeia iníqua[4] do mais atroz atentado — a escravidão; e não vos esmoreça o espírito, que longo é o cortejo de horrores que pretendo desvendar.

SPARTACUS

1. *Correio Paulistano* (SP), A Pedido, 22 de outubro de 1870, p. 3.
2. Município do entorno da capital paulista.
3. O juiz da Provedoria dos Resíduos e Capelas julgava causas civis relacionadas a direitos sucessórios, enquanto o promotor representava uma das partes nessas causas.
4. Perversa, contrária ao que é justo.

# PARTE VII

# O HOMEM QUE MAMOU O LEITE DO LIBERALISMO

**NOTA INTRODUTÓRIA**   Raphael Tobias de Aguiar, filho do brigadeiro Tobias de Aguiar, ex-presidente da província de São Paulo, e de Domitila de Castro, a famosa marquesa de Santos, ficou assinalado, na criativa veia literária de Gama, como o homem que mamou o leite do liberalismo. Tão criativa quanto implacável, a sátira, articulada a seu conhecimento normativo, não deixou pedra sobre pedra na estrondosa causa de liberdade do pardo Narciso. Certo dia, às seis horas da manhã, Raphael Tobias mandou buscar Narciso para torturá-lo. Na fina ironia de Gama, Raphael castigava Narciso para "curá-lo da mania emancipadora de que estava acometido!" A mania emancipadora, ou sede de justiça, era tanto de Narciso quanto de Gama. No que dependesse da dupla, Narciso e Gama, a tortura não passaria impune — nem no plano retórico, nem no plano normativo. Escreve, então, uma série riquíssima que pode ser intitulada como "Coisas admiráveis". Admirável seria — notemos sempre a verve sarcástica — um pretenso proprietário tomar posse daquilo que, por força normativa, não era seu. Gama explica, passo a passo, porque Raphael Tobias não tinha domínio algum sobre o ex-escravizado Narciso. Sem domínio, não haveria posse; e, não havendo posse, jamais poderia haver castigo. Gama constrói um raciocínio juridicamente irretocável e que provavelmente figurou em comarcas da província como doutrina exemplar para casos de alforrias testamentárias — demandas de liberdade baseadas em testamento. Parte da estratégia de liberdade do caso passava por ridicularizar Raphael Tobias, a um só tempo o pretenso proprietário e o torturador de pessoa livre. Na réplica às primeiras "Coisas admiráveis", o escravocrata expunha suas razões e se defendia dizendo que era um liberal de berço, um entre "aqueles que com o leite materno beberam ideias liberais". A frase não passaria despercebida e logo se converteria em mote para reforçar a estratégia de liberdade de Gama. Raphael Tobias, "como ele próprio o afirma", "mamou com leite os princípios liberais que o distinguem"; a defesa da escravidão — e o castigo brutal — de Narciso se tornaria, portanto, "própria de quem mamou com leite os salutares princípios liberais". Gama usaria a metáfora de variadas maneiras, sempre demarcando distinções morais entre ele e o carrasco. "Eu não sou fidalgo; não tenho instintos de carrascos; não mamei liberdade com leite", diria. A tortura, a escravidão e o liberalismo de Tobias de Aguiar seriam lados equiláteros de um mesmo triângulo. "O sr. dr. Raphael Tobias sabe que em nossa pátria o poder dos régulos é superior ao império da lei." Dificilmente ele responderia pela tentativa de reescravização e pelo castigo brutal em Narciso. No fim das contas, Raphael Tobias estava "habituado a beber com leite princípios liberais, e a dar surras nos seus escravos". Pode-se dizer, lendo as tais "coisas admiráveis", que a mistura indigesta de sangue com leite constituía o peculiar liberalismo escravocrata brasileiro do século xix. "Essa é" — a escravidão! — "naturalmente a teta em que S. S. mama liberdade..."

## Capítulo 1
## Nobre, rico, maçom, liberal e torturador
*Coisas admiráveis*[1]

**Comentário**  *Gama conta uma história. E, como de praxe em sua literatura normativo-pragmática, um trecho ou um artigo inteiro, quando parte de uma série, faz as vezes de prólogo. Nesse primeiro texto da causa do pardo Narciso, Gama expõe três fatos jurídicos: o reconhecimento da liberdade do pardo Narciso por última vontade de uma testadora; as condições impostas pela testadora para que Narciso gozasse de sua liberdade; e a tentativa de reescravização do pardo Narciso por meio de uma apropriação semântica da verba testamentária por quem sequer se constituía como parte legítima na ação de inventário. Gama apresenta esses três fatos jurídicos com bastante precisão e, mestre da linguagem, virava a narrativa estritamente jurídica do avesso com uma cena de horror da escravidão. "Hoje, pelas 6 horas da manhã", reparem o nível de detalhamento próprio de quem possuía informações de testemunhas oculares, um figurão da política paulista aparecia na capital, mandava chamar o pardo Narciso — que àquele horário já se encontrava trabalhando —, e ordenava que o torturassem. "Não comentarei este fato. Deixo ao sr. dr. Raphael Tobias a impunidade deste delito, e a justa admiração de seus concidadãos." Não comentar, porém, desenhando a cena para que o leitor da época — e quiçá o de hoje — imaginasse a crueldade do espancamento poderia resultar em maior impacto do que a mera adjetivação da brutalidade. Era como se Gama dissesse que diante do horror bastaria a descrição crua da tragédia. O pardo Narciso, declarado livre, com recursos para adimplir as condições impostas pela testadora, encontraria obstáculos gigantescos e teria de enfrentar as vontades de um fidalgo que pretendia a todo custo possuí-lo. Tinha ao seu lado, porém, Gama e a Sociedade Emancipadora Fraternização.*

1. *Correio Paulistano* (SP), A Pedido, 27 de novembro de 1870, p. 2.

A exma. sra. d. Maria Carlota de Oliva Gomes, por seu falecimento, reconheceu a liberdade do pardo Narciso, seu escravo, e impôs-lhe a condição de prestar serviços, por dez anos, à exma. consorte do sr. dr. Raphael Tobias de Aguiar.[2]

Os serviços de Narciso foram avaliados em 200$000 réis no respectivo inventário, que corre pelo cartório da provedoria.[3]

Algumas pessoas desta cidade, no louvável intuito de darem caridoso auxílio ao pardo Narciso, ofereceram-lhe a quantia de réis 200$000 para resgate dos serviços que cumpre-lhe prestar; e o sr. dr. Camargo, por parte da Emancipadora Fraternização,[4] de que é digno presidente, requereu ao meritíssimo dr. provedor a exibição da mencionada quantia. E o meritíssimo dr. provedor mandou, por despacho seu, que dissessem sobre a impetra[5] dos interessados.

Hoje, pelas 6 horas da manhã, o sr. dr. Raphael Tobias de Aguiar veio à cidade, mandou chamar à sua casa da travessa de Santa Thereza[6] o pardo Narciso, que trabalhava fora a jornal,[7] mandou tosquiar-lhe os cabelos,[8] e aplicar-lhe seis dúzias de palmatoadas[9] para curá-lo da mania emancipadora de que estava acometido!...

2. Raphael Tobias de Aguiar Filho (1834-1891), natural de São Paulo (SP), foi advogado, juiz municipal, juiz de direito e deputado. Mais adiante, Gama dará outras informações biográficas valiosas sobre o seu contendor.
3. A Provedoria dos Resíduos e Capelas, importante jurisdição na organização judiciária de matriz ibérica, tinha a competência para decidir causas civis relacionadas a direitos sucessórios.
4. A Sociedade Emancipadora Fraternização era uma associação emancipacionista fundada a partir da Loja maçônica Amizade.
5. O mesmo que petição.
6. Localizada na freguesia da Sé da antiga planta da cidade de São Paulo. Região de grande concentração de sobrados, residenciais e comerciais, tratando-se da área imobiliária mais valorizada da cidade.
7. Remuneração por diária de trabalho.
8. Raspar ou cortar o cabelo muito curto. O emprego do verbo sugere que até esse ato era carregado de violência, sobretudo porque o termo era comumente utilizado para se referir ao corte de lã ou pelos de animais.
9. Pancada na palma da mão aplicada com palmatória.

Não comentarei este fato. Deixo ao sr. dr. Raphael Tobias a impunidade deste delito, e a justa admiração dos seus concidadãos.

Apenas acrescentarei que o sr. dr. Raphael Tobias de Aguiar pertence a uma das principais famílias de São Paulo;[10] é nobre e rico; membro proeminente do Partido Liberal; formado em ciências sociais e jurídicas; já exerceu os cargos de deputado, de juiz municipal e de juiz de direito; é *maçom* e como outros muitos *jurou manter os grandes princípios evangélicos da liberdade, igualdade e fraternidade!*...[11]

Cidadãos conspícuos[12] de tão elevada hierarquia devem ser recomendados à consideração do país.

São Paulo, 26 de novembro de 1870<br>LUIZ GAMA

---

10. Raphael Tobias de Aguiar (1794-1857), o pai, de quem o filho e contendor de Gama era homônimo, nasceu em Sorocaba (SP) e foi político e militar. Conhecido como brigadeiro Tobias, foi deputado por mais de duas décadas, entre 1838 e 1861, ocupando, por duas vezes diferentes, a presidência da província de São Paulo (1831-1835 e 1840-1841). A mãe de Raphael Tobias de Aguiar Filho, por sua vez, era Domitila de Castro do Canto e Melo (1797-1867), a famosíssima marquesa de Santos. Pela ascendência materna e paterna, portanto, pode-se ver que o cruel Raphael Tobias de Aguiar era uma figura pertencente a duas das mais influentes famílias de São Paulo.

11. A síntese biográfica é primorosa e dá ao leitor condições para conhecer, em um relance, traços fundamentais da personalidade de Tobias de Aguiar. A ascendência familiar, a posição estamental e econômica, a filiação partidária, a formação educacional, o currículo profissional, além da associação à sociedade maçônica, todos esses elementos estão nesse parágrafo tão simples quanto certeiro.

12. Notáveis, respeitáveis, ilustres.

## LÓGICA DE CARRASCO
## RÉPLICA DE TOBIAS DE AGUIAR[13]

**Comentário** *A réplica de Raphael Tobias de Aguiar vale a pena ser lida, tanto para que se veja como um escravocrata sentia-se à vontade na imprensa para eufemizar a tortura e defender o que entendia ser um direito do senhor sobre o corpo escravizado; quanto para ver como Gama pinçaria expressões e frases inteiras para rebatê-lo com toda a raiva vertida em sarcasmo e, paradoxalmente, sobriedade, que ele usualmente carregava consigo em defesas de causas de liberdade. Raphael Tobias não seria fácil. A provocação sem limites atingia níveis grotescos. "Tenho mais escravos e hei de castigá-los sempre que merecerem", dizia. "E convido o sr. Luiz Gama para em alguma dessas ocasiões vir à minha casa apadrinhá-los." Era a deixa para Gama voltar fervendo.*

Sob a epígrafe acima denunciou o sr. Luiz Gama o fato de ter eu castigado o meu escravo Narciso, procurando odiosamente fazer crer que o fiz para *curá-lo da mania emancipadora de que estava possuído*.

Castiguei esse escravo por me não querer prestar obediência, que facilmente podia testificar isso; mas não quero dar esse gosto ao sr. Luiz Gama.

Para a alforria de alguns escravos que possuo, não conto com o dinheiro do sr. Camargo, e muito menos com o de Luiz Gama, que se alguns libertar não será por ostentação e nem para arrebanhar votantes.

Provoco ao sr. Luiz Gama e a seus protetores para que chamem sobre mim a mão da justiça pelo castigo que apliquei ao escravo Narciso.

Sou tudo o que o sr. Luiz Gama em seu artigo diz que eu sou, e até liberal; mas não pertenço ao Partido Liberal da época, que põe à margem aqueles que com o leite materno beberam ideias liberais.

Tenho mais escravos e hei de castigá-los sempre que merecerem. E convido o sr. Luiz Gama para em alguma dessas ocasiões vir à minha casa apadrinhá-los.

13. *Correio Paulistano* (SP), A Pedido, Cousas admiráveis, 29 de novembro de 1870, p. 2–3.

Na vida de amarguras, a que fui destinado, não tenho tempo, não posso, não tenho loja maçônica que me dê dinheiro para engrandecer o nome de Luiz Gama, entretendo-me com ele.

28 de novembro de 1870
R. TOBIAS DE AGUIAR     5

Capítulo 2
# Império do castigo
*Cousas admiráveis*[1]

**Comentário**   *Gama recorta trechos da réplica de Raphael Tobias e discute cada fragmento com a maestria que lhe era habitual. O que poderia ser apenas feito de objeções e refutações sobre pontos enganosos ou mesmo calúnias envereda pela habilidosíssima articulação entre sátira e conhecimento normativo. Pelo direito, Gama pondera sobre os termos da verba testamentária e crava qual o seu sentido normativo correto. Com isso, Rafael Tobias sequer poderia sustentar juridicamente uma frase como a que disse no artigo precedente — "o fato de ter eu castigado o meu escravo Narciso" —, pois, reconhecida a liberdade por efeito da última vontade da testadora, Narciso nem mais escravo era e, se fosse, não poderia estar sob a sujeição de Rafael Tobias. O raciocínio é lógico. Mas é pela sátira que Gama faz gato e sapato de Raphael Tobias. A frase de que o jovem liberal teria sido um dentre "aqueles que com o leite materno beberam ideias liberais", serviu de mote para Gama caçoar da cara de Raphael Tobias. Tudo na picardia, mas tudo muito sério. Com jeito e manha, Gama troca o verbo "beber" por "mamar", o que, para o contexto, era perfeitamente aplicável, e dá um efeito jocoso às palavras daquele que se confessava criminoso perante a gente humanitária que o lia. O mesmo Raphael Tobias que "mamou com leite os princípios liberais que o distinguem" seria só um exemplar entre a multidão de liberais escravocratas. A interpretação senhorial da verba testamentária, coisa que Raphael Tobias argumentou na réplica, significava a reescravização de pessoa já declarada livre. Arrematava Gama: "É singular a opinião doutíssima do seleto sr. Raphael Tobias de Aguiar! É própria de quem mamou com leite os salutares princípios liberais!..." A burla não pararia por aí. Gama rechaçaria quase todos os ataques e uma "asquerosa calúnia" da réplica de Raphael Tobias reportando-se à pilhéria do leite do liberalismo. Tudo muito jocoso, tudo muito sério. Gama estava ciente — "porque estou certo da impotência das autoridades diante de pessoas prestigiosas" — das dificuldades inerentes à causa do pardo Narciso. O riso da sátira não era um riso inconsequente. A burla não se encerrava em si. Mas era preciso dar a letra sobre quem era quem e formar uma opinião pública abolicionista distante do liberalismo escravocrata.*

1. *Correio Paulistano* (SP), A Pedido, 30 de novembro de 1870, p. 2.

O respeitável e muito ilustre sr. dr. Raphael Tobias de Aguiar veio à imprensa, e dotado de finíssima educação, como é, teve a nímia[2] delicadeza de baixar até a minha humilde pessoa e responder ao artigo que fiz inserir em o n. 4.311 deste jornal.

É lamentável, entretanto, que S. S. despindo-se estranhamente da sua reconhecida e proverbial[3] cordura,[4] tratasse-me com desabrimento[5] e grosseria impróprios do seu elevado caráter e posição social.

Isto, porém, será desculpável desde que se atenda que o sr. dr. Raphael Tobias, como ele próprio o afirma no escrito notável a que dou resposta, *mamou com leite* os princípios liberais que o distinguem.

O ilmo. sr. dr. Raphael Tobias (é ele quem o diz) *castigou* o pardo Narciso *porque é seu escravo*. Entretanto, é certo que no testamento da exma. sra. d. Maria Carlota de Oliva Gomes, Narciso *está declarado livre*, sob a condição de *prestar serviços por 10 anos* à exma. consorte do sr. dr. Raphael Tobias!... E, no respectivo inventário, esses serviços foram avaliados, sem reclamação alguma, em 200$ [contos de réis]!...

É singular a opinião doutíssima do seleto sr. Raphael Tobias de Aguiar! É própria de quem mamou com leite os salutares princípios liberais!...

É certo, sr. dr. Raphael Tobias, que eu, contribuindo para alforrias de escravos, contribuo igualmente para aumentar-se o número dos cidadãos, e tendo os libertos direito de votar também contribuo indiretamente para o aumento dos votantes; mas é certo também que se alguém pode auferir lucros políticos deste meu procedimento é S. S. que, por mais de uma vez tem saído de porta em porta a *solicitar votos para si*, e não eu que nunca a pessoa alguma pedi votos para mim.

Eu nunca mamei liberdade com leite.

2. Demasiada, excessiva.
3. Notória.
4. Sensatez, prudência.
5. Desprezo, desaforo.

*Não chamarei sobre o sr. dr. Raphael Tobias a mão da justiça*, como S. S. pede-me no seu aludido escrito, porque estou certo da impotência das autoridades diante de pessoas prestigiosas; pois não me esqueci ainda da tentativa de homicídio perpetrada, há alguns anos, contra a pessoa do sr. João Antonio Baptista Rodrigues, no Tanque do Zunega,[6] e da impunidade com que foi agraciado o impudico[7] assassino, autor desse bárbaro delito...[8]

O sr. dr. Raphael Tobias sabe que em nossa pátria o poder dos régulos[9] é superior ao império da lei.

Ao pardo Narciso (a ele somente) cabe sindicar a ofensa de que foi vítima; ele que o faça se quiser. Eu apenas sou, e serei, o defensor dos seus conculcados[10] direitos.

Eu não mamei liberdade com leite.

Não aceito o convite que faz-me o sr. dr. Raphael Tobias, de ir eu à sua casa, para assistir aos castigos que ele costuma infligir aos seus cativos. Declino de mim peremptoriamente tão elevada honra. Eu não sou fidalgo; não tenho instintos de carrascos; não mamei liberdade com leite.

Deleite-se S. S. prazenteiro ao som cadente dessa orquestra sonorosa: que lhe faça bom proveito. Essa é naturalmente a teta em que S. S. mama liberdade...

---

6. Região afastada do centro de São Paulo, localizada nas atuais imediações da Cidade Tiradentes e Guaianases, zona leste de São Paulo.
7. Imoral, sem-vergonha.
8. A menção a esse crime não passaria despercebida. Baptista Rodrigues veio a público um pouco irado com a referência. Se ele parecia detestar Raphael Tobias, ele igualmente detestava Gama, ou talvez o que Gama representava. Sua nota vai nessa direção: "Bem podia o sr. Luiz Gama liquidar sua perlenga com seu antigo amigo e digno correligionário, dr. Raphael Tobias de Aguiar, sem envolver meu humilde nome em tal perlengada. Se o sr. Luiz Gama quer saber como saiu o seu amigo dr. Raphael em todas as questões que se meteu comigo, recorra aos *Correios Paulistanos* dos anos de 1862 e 1863 e aos cartórios da delegacia de polícia e juízo municipal desta capital". Cf. *Correio Paulistano* (SP), A Pedido, "Cousas admiráveis", 01 de dezembro de 1870, p. 2.
9. Chefe de pouca importância, porém tirânico.
10. Pisoteados, espezinhados, tratados com desprezo.

Por último, declaro ao respeitável sr. dr. Raphael Tobias de Aguiar que, acostumado a viver pobre e honestamente do meu trabalho, nunca assalariei a minha inteligência ao ouro das Maçonarias, ou a quem quer que seja, [para] apregoar ideias que me não pertençam, nem tampouco sei que alguém o tenha feito.

De minha parte repilo essa asquerosa calúnia; se bem que venha de cidadão conspícuo[11] habituado a beber com leite princípios liberais, e a dar surras nos seus escravos.

Fico à mercê do sr. dr. Raphael Tobias para o que der e vier.[12]

São Paulo, 29 de novembro de 1870
LUIZ GAMA

---

11. Notável, respeitável, ilustre.
12. No contexto violento que cercava essa causa, assim como outras lutas de liberdade que Gama estava ou recentemente esteve na linha de frente, dizer que ficava "à mercê para o que der e vier" tinha a inequívoca conotação de que Gama esperaria de Raphael Tobias toda a sorte de represálias, emboscadas e até mesmo atentados. Esperaria, sem dúvida, mas não de braços cruzados. "Tenho amigos em toda a parte", frase que Gama tinha escrito dois meses antes, certamente ecoava em qualquer um que planejasse matar o abolicionista negro.

## "SE PASSAR A TEORIA DE QUE O SENHOR PODE SER FORÇADO A ALFORRIAR O SEU ESCRAVO..." TRÉPLICA DE RAPHAEL TOBIAS DE AGUIAR[13]

**Comentário**  *Raphael Tobias vacila logo na primeira frase. A adversativa "mas" seria reveladora de que ele acusava o golpe. Ele vinha a público contrariado. "Não para contestar ao sr. Luiz Gama, mas para orientar o público sobre essa questão que interessará a todos os que possuem escravos", dizia o figurão da nata da sociedade escravocrata paulista. Embora a primeira parte da frase recalcasse o principal objetivo da tréplica, a segunda parte era certamente verdadeira: de fato Raphael Tobias buscava alertar aos possuidores de escravos de que as ações abolicionistas no foro tinham sim margem de vitória e isso era motivo suficiente para a preocupação de toda classe dos escravizadores. "Onde, e em que país vivemos? Se passar a teoria de que o senhor pode ser forçado a alforriar o seu escravo", refletia o jovem liberal Raphael Tobias, já com os olhos no processo legislativo que culminaria na aprovação da Lei do Ventre Livre, em 1871. "Nesta capital o juiz municipal e outros funcionários são acessíveis às emancipações forçadas", bradava Tobias, tanto contra o juiz municipal, que mandou depositar judicialmente Narciso, possivelmente para aplacar as críticas de que era alvo; quanto contra os enigmáticos funcionários que auxiliavam o correr de causas de liberdade em suas respectivas funções e competências. "Ninguém pode estar seguro de sua propriedade, que, aos olhos dessa gente humanitária, é talvez um roubo." Gama, que era dado ao bom humor, deve ter aberto um sorriso com o que deveria soar não como uma ofensa, mas, em realidade, uma constatação.*

Não para contestar ao sr. Luiz Gama, mas para orientar o público sobre essa questão que interessará a todos os que possuem escravos, transcrevo a verba testamentária, relativa ao escravo Narciso, legado por minha sogra à minha mulher:

O meu escravo Narciso servirá por dez anos, depois de minha morte, a dita minha herdeira, e findo esse prazo *será livre*.

No inventário, à fl. 25, foi esse escravo avaliado do seguinte modo: "Narciso, trinta anos, crioulo, que foi avaliado por 200$000 [contos de réis]".

Nos mesmos autos, à fl. 27, verso, há a seguinte observação, que corresponde à disposição testamentária.

---

13. *Correio Paulistano* (SP), A Pedido, Ao Público, 01 de dezembro de 1870, p. 2.

Narciso, foram avaliados os serviços de dez anos que o mesmo tem de prestar, por 200$000; findos os quais, segundo a verba testamentária, *fica livre*.

Ora, vê-se que Narciso não é livre, é escravo; porque, tendo falecido a testadora aos 18 de outubro de 1869, ainda não são decorridos dez anos. Se a testadora houvesse dito: *Deixo livre o meu escravo Narciso com a condição de servir por dez anos*, haveria alguma aparência de razão nos que querem alforriá-lo com meu prejuízo. Mas a linguagem ou expressões da testadora foram outras; o escravo Narciso *é mantido* na escravidão até passarem-se dez anos, e só depois de findo esse prazo, *será livre*.

Entretanto, apesar de cousa tão clara, o juiz municipal dr. Felicio Camargo[14] aceita requerimentos pedindo o depósito do escravo, e pretendendo-se obrigar-me a receber os 200$000 [contos de réis] da avaliação para que desde já seja liberto![15] Ainda mais, recebi do sr. Luiz Gama uma carta, cujo conteúdo é mais ou menos o seguinte:

O pardo livre Narciso, a quem V. S. mimoseou hoje com seis dúzias de bolos,[16] acha-se em minha companhia e bem garantido de novos atentados![17]

14. Felicio Ribeiro dos Santos Camargo (?-?), nascido em São Paulo (SP), foi um político e juiz que, a exemplo de Rego Freitas, foi um dos principais adversários de Luiz Gama.
15. O fato do juiz Felicio ter acatado ao menos um dos requerimentos de Narciso é bastante sugestivo de como os ataques na imprensa poderiam gerar efeitos até mesmo no mais empedernido dos juízes.
16. Golpe aplicado com palmatória.
17. Não contestada posteriormente, parece crível que Gama de fato tenha enviado uma carta particular a Raphael Tobias numa espécie de capítulo interno dessa luta que se travava nas raias da imprensa. Sobre esse tipo de negociação privada, vale notar um registro de um fazendeiro escravocrata de Minas Gerais que também estabeleceu contato particular com Gama no curso de uma ação. Naquela oportunidade, Francisco de Paula Ferreira Rezende chegou a São Paulo para reclamar como sua a propriedade da escravizada Geralda e, logo ao chegar na cidade, foi intimado após diligências instruídas por Gama. Ele relata, entre outras coisas, que Gama tinha conhecimento de todos os passos dele por São Paulo e, a dado momento, foi abordado com uma missiva de parte de

Onde, e em que país vivemos? Se passar a teoria de que o senhor pode ser forçado a alforriar o seu escravo, sem embargo dos princípios legais, muito bem exarados no Aviso nº 388 de 21 de dezembro de 1855,[18] e na consulta do Conselho de Estado que baseou aquele Aviso, não sei para que está se tratando de providenciar a esse respeito nas câmaras legislativas? E nem sei onde iremos parar!

O público previna-se. Nesta capital o juiz municipal e outros funcionários são acessíveis às emancipações *forçadas*. Ninguém pode estar seguro de sua propriedade, que, aos olhos dessa gente humanitária, é talvez um roubo.

Vou, e estou já providenciado sobre o meu direito. Também não deixarei de patentear a *proteção* aos escravos, prestada por autoridades, que deveriam zelar a propriedade alheia com mais respeito. Estou disposto mesmo a promover as ações criminais contra quem quer que seja, porque a impunidade autoriza sempre a reiteração de atos prejudiciais e criminosos.

São Paulo, 30 de novembro de 1870
R. TOBIAS DE AGUIAR

---

Gama. As tratativas tanto com Raphael Tobias, quanto com Rezende, revelam as dimensões privadas das lutas por liberdade que tomavam corpo na imprensa e nos juízos. Sobre o testemunho de Rezende, cf. Francisco de Paula Ferreira Rezende. *Minhas recordações*. Rio de Janeiro: Livraria José Olympio Editora, 1944, pp. 449-450.

18. O aviso nº 388, de 21 de dezembro de 1855, do ministério da Justiça, declarava qual a interpretação do Executivo para juízes de órfãos procederem quando "no ato de se vender em hasta pública um escravo pertencente a vários herdeiros se apresentar um licitante a oferecer o preço de sua avaliação para libertá-lo". Cf. *Coleção das Decisões do Governo do Império do Brasil*, 1855, Tomo XVIII. Rio de Janeiro: Tipografia Nacional, 1855, pp. 453-454. Para a consulta do Conselho de Estado a que o autor faz menção no corpo do parágrafo, cf. as páginas imediatamente seguintes ao aviso citado.

Capítulo 3
# Com torturador não se discute
*Cousas admiráveis*[1]

**Comentário**   As *"Cousas admiráveis"* que seguem à tréplica de Raphael Tobias são compostas por duas seções: o artigo propriamente dito e um pós-escrito. Ambos textos são interessantíssimos e o segundo trecho complementa muito bem o primeiro. Sendo um exemplar de literatura normativo-pragmática, o artigo examina documentos e desenvolve argumentos que levariam à alforria do pardo Narciso. A partir de uma análise semântica da verba testamentária e de um excerto dos autos de inventário — lidos à luz do conhecimento normativo sobre alforrias —, Gama provava que Narciso era "livre e não escravo" e que a ninguém era dado "o direito de chamá-lo de seu escravo". O leitor terá notado que chamar Narciso de escravo era um ponto central da exposição fática feita por Raphael Tobias. Mais do que combater uma mera denominação, Gama tratava de estabelecer balizas sobre o teor da verba testamentária que, afinal de contas, circunscrevia os limites da ação de inventário. Assim, a expressão *"ficará livre"*, mesmo que condicionada a uma obrigação, possuiria força normativa fundante de um novo estatuto civil. Em razão disso, prosseguia Gama, a testadora legava à sua herdeira apenas os serviços — e não a pessoa — de Narciso. O raciocínio é uma aula de direito. "Na hipótese vertente", dissertava Gama sobre o caso Narciso, "trata-se da alforria conferida por modo direto e a termo, visto como a testadora, não tendo legado pessoalmente o seu escravo, mas tão somente os serviços por prazo fixo, faz depender o pleno gozo da libertação que ela concede de uma condição que impõem ao liberto". A luta de Gama — e evidentemente também a de Narciso — era a garantia de direitos de liberdade sobre direitos senhoriais de posse e propriedade escrava. Ia muito além de qualquer análise limitada à técnica do direito. "O que cumpre-me demonstrar", dizia Gama, "é a libertação real e incontestável conferida ao pardo Narciso, e isto vou fazer em face do direito, guiando-me somente pelos princípios da ciência, e sem socorrer-me dos sábios conselhos dos honrados mercadores de carne humana." Estava demonstrada. O juiz municipal acolhia o pedido preliminar para depositar o exescravizado. "Narciso está sob a minha humilde proteção, e em depósito judicial. É livre; e tão livre como o sr. dr. Raphael Tobias e o seu distinto advogado."

1. *Correio Paulistano* (SP), A Pedido, 02 de dezembro de 1870, p. 2-3.

Não é ao ilmo. sr. dr. Raphael Tobias de Aguiar a quem tenho a honra de responder o artigo inserto no *Correio Paulistano* de hoje, relativo à questão do pardo Narciso, mas ao exmo. sr. dr. João Mendes d'Almeida,² que meditadamente o escreveu, *como advogado*.

Não para contestar ao sr. Luiz Gama, *mas* (Eis que à baila torna a *mamalhuda*³ questiúncula!)⁴ para orientar o público sobre essa questão que interessará a todos os que possuem escravos (aí vem já o exmo. sr. dr. João Mendes com o costumeiro artifício das odiosidades pessoais), transcrevo a verba testamentária relativa ao *escravo Narciso legado* (!!!) por minha sogra à minha mulher.⁵

Admirem agora os judiciosos leitores a notável disparidade que se observa entre as palavras do artigo escrito pelo exmo. sr. dr. João Mendes — *escravo Narciso legado* —, e as da verba testamentária — *serviços legados por dez anos.*

Eis a verba:

O *meu escravo* Narciso servirá por dez anos depois da minha morte à dita minha herdeira, e findo esse prazo *ficará livre.*

Nos autos de inventário lê-se mais:

Narciso, foram avaliados os serviços de dez anos, que o mesmo tem de prestar por 200$ [contos de réis], findos os quais, segundo a verba testamentária, fica livre.

Por minha parte, exmo. sr. dr. João Mendes, declaro nada ter que ver com a doutíssima opinião dos possuidores de escravos, invocada por V. Excia.; não são da minha particular afeição esses

---

2. João Mendes de Almeida (1831–1898), nascido em Caxias (MA), foi advogado, juiz, jornalista e político. Embora a crônica registre que tenha sido um líder abolicionista, foi um dos principais antagonistas e opositores das demandas de liberdade advogadas por Luiz Gama. Mantenho a grafia do sobrenome conforme o original.
3. Por dedução de sentido, espinhosa, embaraçosa.
4. Questão fútil, de pouca importância.
5. Os comentários entre parênteses que se leem no corpo do texto, inclusive as sugestivas exclamações, são originais de Luiz Gama.

Covarrubias[6] de azorrague.[7] Prezo muito o meu bom senso para não arriscá-lo em discussões e consultas com os admiradores da *escada*[8] e do *bacalhau*.[9]

O que cumpre-me demonstrar é a libertação real e incontestável conferida ao pardo Narciso, e isto vou fazer em face do direito, guiando-me somente pelos princípios da ciência, e sem socorrer-me dos sábios conselhos dos honrados mercadores de carne humana.

Guardarei essa autorizada opinião para algum dia se tiver eu a desgraça de sustentar alguma causa sobre cousas ilícitas, pois não desconheço o antigo provérbio italiano:

Buscam-se os autores conforme são as matérias.

Tratemos da questão.

O pardo Narciso foi libertado por d. Maria Carlota de Oliva Gomes, sob condição de servir sua filha por dez anos, ou foi legado a esta com a condição de por ela ser libertado, ou por outrem, findo este prazo?

Da verba testamentária conclui-se necessariamente — que d. Carlota libertou o pardo Narciso, porque ela diz:

O *meu escravo* Narciso *servirá* por dez anos, depois da minha morte, à dita minha herdeira, e *findo esse prazo ficará livre*.

A testadora não *legou* à sua herdeira o *seu escravo* Narciso, e apenas, *por seu falecimento*, *doou os serviços* do mesmo pelo

---

6. Diego de Covarrubias y Leyva (1512-1577), sacerdote católico e um dos principais juristas da história espanhola. A referência a Covarrubias tem uma conotação irônica, sugerindo que Mendes de Almeida, fervoroso católico ultramontano, possuísse uma erudição de fachada que seria efeito de uma vaidade exacerbada e não propriamente de uma educação moral.
7. Chicote, chibata formada por várias correias entrelaçadas presas num cabo de pau. Instrumento de tortura. A conjugação do azorrague a Covarrubias, por sua vez, agrega ao cinismo moral do advogado João Mendes o gosto sádico pela tortura e pela escravidão.
8. Não foi possível aferir com precisão, mas pelo contexto indica algum tipo de instrumento ou prática de tortura.
9. Chicote, chibata usada para tortura.

prazo de dez anos. E não doou o *seu escravo* porque ela pessoal e diretamente libertou-o dizendo: "E findo esse prazo *ficará livre*"; e isto assim é porque:

As alforrias, em verba testamentária, são realizáveis por dois modos:

1º direto;

2º fideicomissário.¹⁰

É direto o modo quando o testador por si mesmo confere a liberdade, sem condições ou com elas;

É fideicomissário quando o testador incumbe ou impetra a alguém de conceder ou alcançar a liberdade, mediante as condições por ele preestabelecidas.

As do primeiro modo chamam-se imediatas, por partirem diretamente da pessoa do testador;

As do segundo, mediatas, por dependerem do concurso de terceira pessoa. As de um e outro modo podem ser incondicionais ou a termo.

Na hipótese vertente trata-se da alforria conferida por *modo direto* e a termo, visto como a testadora, não tendo legado pessoalmente o seu escravo, mas tão somente os serviços por prazo fixo, faz depender o pleno gozo da libertação *que ela concede* de uma condição que impõe ao liberto.

Ora, se a liberdade ao pardo Narciso foi diretamente conferida por d. Maria Carlota; se por essa verba a testadora claramente legou à sua filha, não a pessoa do *seu escravo*, mas somente os seus *serviços*, por dez anos; se ela em tal verba a ninguém cometeu a concessão de liberdade, segue-se que ninguém tem o direito de chamá-lo seu escravo; e se ele não é escravo, é certo que não pode pertencer ao sr. dr. Raphael Tobias.

---

10. Relativo a fideicomisso, que é a estipulação testamentária pela qual algum herdeiro ou legatário é encarregado de conservar e transmitir por sua morte a um terceiro a herança ou o legado.

*To be, or not to be: that is the question.*[11]

Está provado, portanto, com os próprios documentos escolhidos pelo exmo. sr. dr. João Mendes de Almeida, que Narciso é livre e não escravo, e isto a despeito dos *avisos* e *pastorais*[12] desencavados[13] por S. Excia. para firmar a propriedade do seu infeliz cliente.

Desta vez, pois, não fez vaza[14] a reconhecida e provada argúcia alicantineira[15] de S. Excia.

Narciso está sob a minha humilde proteção, e em depósito judicial.

É livre; e tão livre como o sr. dr. Raphael Tobias e o seu distinto advogado. Nós temos leis e eu sei ter vontade.

São Paulo, 1º de dezembro de 1870
LUIZ GAMA

---

11. A famosa frase do príncipe Hamlet, oriunda da peça de igual nome, escrita pelo dramaturgo William Shakespeare (1564-1616), sugere que Gama tinha algum conhecimento de inglês. Se é provável que a frase, de tão comum, poderia ser pronunciada em inglês mesmo por alguém não familiarizado com a língua, seria temerário, sobretudo em vista das condições da disputa, expor-se num ponto frágil que daria condições para o oponente contra-atacar. É de se supor que, ainda que circunscrito às habilidades de leitura, Gama possuía sim algum grau de leitura em línguas estrangeiras, entre elas o inglês.
12. No sentido de alguma comunicação, circular, consulta de conteúdo instrutivo.
13. Tirado do esquecimento.
14. Expressão proveniente de alguns jogos de baralho populares à época, entre eles o solo e o lasquinet, similares, respectivamente, ao nosso atual truco (mineiro e paulista), e ao vinte e um (*blackjack*). Não fazer a vaza corresponde, em sentido aproximado, a quando o jogador não vence a mão ou não bate a rodada. Gama, portanto, saca do seu repertório de metáforas uma que sem dúvida era bastante inteligível para o público leitor de todas as camadas sociais. Todavia, trazer o vocabulário do carteado para rebater um advogado que se apresentava como autoridade sisuda e inflexível certamente possuía um quê de pilhéria — sobretudo por ser o oponente aquele a não fazer a vaza...
15. Trapaceira, ardilosa, fraudulenta.

P. S. O exmo. sr. dr. chefe de polícia mandou hoje expedir mandado de busca para apreensão do pardo Narciso em minha casa, apreensão que não conseguiu.

Permita-me S. Excia. que eu pergunte:

O inventário de d. Maria Carlota já está findo?

Já fizeram-se as partilhas?

Já foi judicialmente entregue ao dr. R. Tobias o pardo Narciso?

Não tendo o dito doutor título de posse, poderia ter obtido esse mandado?

Haverá da parte da polícia o fim calculado de exasperar-me ou provocar-me a prática de algum fato para motivar alguma ordem de prisão?

L. G.[16]

---

16. Assinado apenas com as iniciais, como de praxe num *post scriptum*, a nota final simplesmente sobe o tom da disputa, como se deixasse para o final do texto o contra-ataque mais incisivo.

## Capítulo 4
## O direito da alforria forçada
*Questão do pardo Narciso*[1]

**Comentário** *Mais uma vez, Gama alia o melhor do conhecimento normativo com a sátira afiada. Do parecer do ex-presidente do Instituto dos Advogados do Brasil, o jurisconsulto Caetano Soares, a uma espirituosa anedota do dramaturgo italiano Vittorio Alfieri, Gama prossegue com sua original maneira de conciliar campos distintos do pensamento humano. Esse seria o tal "vezo da arte" que o advogado futuramente confessaria sempre cultivar. "O bom advogado, como o cômico, disse Alfieri, deve aparecer em público com o rosto envolvido em tintas." Disse Alfieri, sim, mas quem dizia isso tudo ali em São Paulo era o artista Luiz Gama. Vejamos a agudeza de espírito com que, numa conjectura para lá de hipotética, sarcasticamente dava razão a Raphael Tobias e seu advogado João Mendes de Almeida: "Se fosse eu escravocrata ou traficante de escravos havia de repelir essa perigosa opinião", a que ele próprio, Gama, defendia, "com a mesma tenaz ojeriza com que o ladrão repele a corda". Na conjectura — que não haveria de ofender nem Raphael Tobias nem João Mendes —, escravocrata, traficante de escravos e ladrão estariam todos no mesmo balaio. Todos se mereciam. Mas o argumento de que cabia alforria contra a vontade senhorial, ainda mais mediante pagamento, estava em curso. Na parte final da "Questão do pardo Narciso", Gama desafiava o advogado João Mendes para um duelo literário nos jornais, um "repto literário pela imprensa". Gama propunha as armas, quer dizer, o mote do duelo: a tese de que "quer por direito romano, quer por direito português, quer por direito pátrio — são admitidas as alforrias forçadas; isto é, contra a vontade dos senhores, mediante retribuição, e até sem ela". Mendes não deve ter aceitado, afinal, nada se encontrou sobre o magistral embate entre os dois juristas, um deles, a voz da escravidão em São Paulo, o outro — desnecessário dizer? — a voz, a vez e a grande valia dos pretos, pardos e pobres de São Paulo.*

Admirou-se o exmo. sr. dr. João Mendes de Almeida,[2] não sei se o mais ditoso, porém, com irrecusável certeza, um dos mais afamados jurisconsultos desta capital, que o sr. juiz municipal

---
1. *Correio Paulistano* (SP), A Pedido, 04 de dezembro de 1870, p. 2.
2. Ver n. 2, p. 200.

— dr. Felicio Ribeiro dos Santos Camargo[3] — tenha a opinião atentatória, e até anticristã, que os escravos podem ser alforriados, ainda contra a vontade dos senhores, exibindo o seu justo valor.

Eu desembuço-me[4] perante a questão; pois sei que o que é incontestável não se nega com vantagem.

Se fosse eu escravocrata ou traficante de escravos, havia de repelir essa perigosa opinião com a mesma tenaz ojeriza com que o ladrão repele a corda.

Sem embargo, porém, deste meu modo de pensar, pois que eu posso ser ateu e buzinar pelos católicos, por minha conveniência, por meu turno, e sem fazer injúria à provada ilustração do exmo. sr. dr. João Mendes de Almeida, peço-lhe licença para admirar-me da sua catolissíssima ingenuidade....

É certo, e eu abalanço-me a sustentar, se o exmo. sr. dr. João Mendes quiser dar-me a honra de travar comigo repto[5] literário pela imprensa, que — quer por direito romano, quer por direito português, quer por direito pátrio — são admitidas as alforrias forçadas; isto é, contra a vontade dos senhores, mediante retribuição, e até sem ela.

Esta doutrina é sobremodo jurídica, aceita pelos nossos melhores juristas, e mantida com elevada independência pelos tribunais superiores do Império.

Eu sou bastante franco e sincero para não faltar com a verdade ao exmo. sr. dr. João Mendes de Almeida. Não ocultarei, pois, o sentimento que me anima ao traçar estas linhas.

Tenho para mim que S. Excia. melhor conhece estes assertos[6] e princípios do que eu; e se manifesta opinião contrária a eles não o faz por convicção íntima, senão para com sutileza, engenho

---

3. Felicio Ribeiro dos Santos Camargo (?-?), nascido em São Paulo (SP), foi um político e juiz que, a exemplo de Rego Freitas, foi um dos principais adversários de Luiz Gama.
4. Dispo-me. Pode ser lido como desarmo-me.
5. Desafio, duelo.
6. Embora no original esteja com "c", no que não está incorreto, adaptei a grafia por entender que se trata de asserção, afirmação.

e arte, anunciar o seu escritório de advocacia aos possuidores de escravos e inimigos da emancipação... O seu a seu dono, excelentíssimo.

Longe de mim, porém, vá o danado pensamento de condenar eu tão bem concertada quão humorística cilada; pois não ignoro — que indigno do ofício é o obreiro alvar[7] que o malbarata.[8]

O bom advogado, como o cômico, disse Alfieri,[9] deve aparecer em público *com o rosto envolvido em tintas*. E o exmo. sr. dr. Mendes de Almeida, conquanto inimigo acérrimo[10] da *pintura*, é mestre no seu louvável ofício.

Quando se é admirável, excelentíssimo, contrai-se a obrigação indeclinável de aceitar louvores.

Ponha S. Excia., portanto, de parte a sua natural modéstia, e digne-se de aceitar os meus rendidos protestos de consideração e apreço.

Eu, quando diviso o mérito glorificado, torno-me hinógrafo[11] por metamorfose: o exmo. sr. dr. João Mendes seria digno de uma estátua, se no mármore e de bronze já se não houvesse talhado e fundido santos, papas e reis.

A propósito da estudada admiração do digno sr. dr. João Mendes de Almeida e da religiosa escravidão por ele descoberta em o seu gabinete, nos misteriosos arcanos de um *aviso*, para felicitar o mísero pardo Narciso, vou citar uma questão análoga, e a insuspeita opinião sobre ela emitida por dois advogados da maior consideração.

---

7. Tolo.
8. Desperdiça, não aproveita.
9. Vittorio Alfieri (1749-1803) foi um dramaturgo, poeta e escritor italiano com obras sobre política, filosofia e crítica de costumes. As ideias anticlericais, antimonárquicas e jacobinas, temperadas pela sátira afiada, fizeram dele um autor lido e relido por gerações de pensadores, entre eles Luiz Gama, que o cita com frequência.
10. Excessivamente mordaz, muito teimoso.
11. Compositor de hinos.

Manoel, no testamento com que faleceu, pôs a seguinte verba:
— Declaro que o meu escravo pardo João servirá ao meu irmão Antonio durante a sua vida, e por sua morte ficará livre.

### PERGUNTA-SE:

Pode o pardo João libertar-se da prestação de serviços que foi-lhe imposta pelo testador?
No caso afirmativo — como deve ser feita essa avaliação?

### RESPOSTA:

O escravo, *por virtude da disposição testamentária ficou liberto*, só com a obrigação de prestar serviços ao irmão do testador, e obedecer-lhe; como, pois, não pode já ser reduzido novamente à escravidão, entendo que pode esse escravo assim liberto remir-se da obrigação de prestar serviços, pagando estes e indenizando o legatário,[12] pela avaliação que se fizer dos mesmos serviços; porque o contrário seria reduzir novamente à escravidão pessoa livre.

Para isso deve o dito liberto requerer ao juiz um curador[13] que o represente em juízo e o defenda.

Este curador deverá no juízo contencioso fazer citar o instituído para se avaliarem esses serviços a que ele tem direito, por peritos, por ambas as partes nomeados e aprovados, e que feita a avaliação, receba o preço ou o veja depositar por sua conta, ficando assim o mesmo liberto, desde logo, no pleno gozo de sua liberdade; sendo essa citação feita com a pena de revelia.

Essa avaliação por peritos deverá ser feita calculando-se os anos que poderá viver o instituído, e o preço por que poderia o liberto estar alugado em cada ano, abatendo-se os juros respectivos, e o mais que reputar-se razoável, pela eventualidade de moléstias, despesas de tratamento, vestuários, etc. etc.

Este o meu parecer que sujeito à emenda dos doutos.

12. Aquele que é contemplado com parte da herança por disposição testamentária.
13. Aquele que está, em virtude de lei ou por ordem de juiz, incumbido de cuidar dos interesses e bens de quem se acha judicialmente incapacitado de fazê-lo.

Rio, 6 de março de 1857
CAETANO ALBERTO SOARES[14]

Concordo
DEOCLECIANO A. C. DO AMARAL[15]

Este último acrescenta que o escravo que tiver o valor necessário para a sua alforria pode depositá-lo em juízo e judicialmente obter a sua liberdade.

Já vê o exmo. sr. dr. João Mendes que boas razões tive eu para dizer em público que o pardo Narciso é livre; afirmação esta de que estou bem convencido, e que manterei a despeito das maiores dificuldades.

Sei que alguns especuladores impudicos[16] tomarão a má conta estas minhas expansões; eu, porém, já estou habituado a rir-me desses pantafaçudos[17] camaleões.[18]

São Paulo, 2 de dezembro de 1870
LUIZ GAMA

---

14. Caetano Alberto Soares (1790-1867), nascido na ilha da Madeira, Portugal, foi um sacerdote católico e advogado radicado no Brasil. Foi um dos fundadores e presidente do Instituto dos Advogados do Brasil (1852-1857). É de se notar, portanto, que Gama escolhe a dedo um parecer emitido por um jurisconsulto e padre de bastante renome. Não bastava, porém, que fosse um parecer sobre "questão análoga". Era necessário, não só para persuadir, mas também para demonstrar domínio em território alheio, dirigir uma resposta jurídica específica a um jurisconsulto "catolicíssimo", como era o advogado João Mendes.
15. Deocleciano Augusto César do Amaral (?-?), natural do Rio de Janeiro (RJ), graduou-se em Direito na Universidade de Coimbra, Portugal. Em 1827, foi deputado e juiz de órfãos na Corte.
16. Imorais, sem-vergonha.
17. Grosseiros, ridículos.
18. Por sentido figurado, hipócritas que tomam o caráter que convém aos fins.

# PARTE VIII

## AFRO DÁ O PONTO FINAL

**NOTA INTRODUTÓRIA**  *Dias depois de fechar o capítulo da questão do pardo Narciso, um certo Afro — pseudônimo que acompanharia Gama por notáveis incursões na imprensa e o qual, em vida, implicitamente reconheceria — surge no debate. "Aos abolicionistas da escravidão", o nome do artigo, aparece como uma orientação para que os militantes da causa da liberdade estivessem alertas a um procedimento recorrente entre possuidores de escravos. Era um aviso de que os "mercadores de carne humana" estavam, dentre outras crueldades, surrupiando o dinheiro que seus escravizados juntavam através de esmolas. Afro, portanto, como voz respeitada na imprensa, haja vista o estilo de suas diretrizes, instrui como os abolicionistas deveriam passar a proceder com as subscrições de alforrias.*

## Capítulo 1
## O senhor que rouba até a esmola do escravo
### Aos abolicionistas da escravidão[1]

**Comentário**  *A carta aberta era um aviso: os possuidores de escravos cruzavam mais um limite na escala de indigência moral. Alguns deles concediam a escravizados sob os seus poderes a "permissão para esmolarem" e, dentre diversas perversidades, confiscavam o dinheiro arrecadado através de esmolas! "Temos sido vítimas", dizia Afro, "de bem calculadas especulações." É de se notar o tom sóbrio no aviso. O autor certamente visava um público mais moderado e potencialmente acima das paixões partidárias, afinal, aquele tipo de especulação poderia ser considerada abjeta até mesmo entre escravocratas. "Tais fatos, aliás verdadeiros escândalos", palavra recentemente empregada por Spartacus em denúncias de crueldade senhorial, não poderiam passar sem resposta. Assim, Afro propõe uma medida que, por um lado, restringia o alcance das subscrições de alforria, delimitando-a para casos em que tivessem "expressamente os senhores declarado a concessão de liberdade, mediante o preço que estipularem"; por outro lado, porém, a medida de Afro garantia que a prática de subscrições de alforrias continuaria em vigor em São Paulo, mesmo que a ela se opusessem os "honrados e religiosos mercadores de carne humana".*

Temos sido vítimas, e por mais de uma vez, de bem calculadas especulações.

Alguns possuidores de escravos têm concedido a estes *permissão para esmolarem* para suas alforrias e, antes que os ditos escravos tenham podido conseguir, por tal meio, o valor necessário, hão sido vendidos para localidades diversas;[2] uns levando

---
1. *Correio Paulistano* (SP), 15 de dezembro de 1870, A Pedido, p. 3.
2. Há diversos registros que atestam que Luiz Gama esmolava junto de seus companheiros — livres, libertos ou escravizados — para conseguir dinheiro para obras filantrópicas, a exemplo da constituição de um fundo comum para compra de alforria. Dentre os registros disponíveis, uma nota de cunho autobiográfico escrita quando saía do cargo de amanuense da Secretaria de Polícia da capital aponta para essa direção. Vejamos: "Seis anos depois, robustecido de

consigo o fruto das esmolas, outros deixando-o em poder dos vendedores, e outros entregando-o aos novos compradores sob frívolas promessas de futura coadjuvação.[3]

Tais fatos, aliás verdadeiros escândalos, levam-nos a prevenir as pessoas filantrópicas e que sinceramente almejam a abolição da escravatura no Brasil, de que não devem concorrer para subscrições de alforria,[4] sem que nelas tenham expressamente os senhores declarado a concessão de liberdade, mediante o preço que estipularem; e assim deve ser para que a caridade e a filantropia não sejam transformadas em móvel[5] de comércio pelos honrados e religiosos mercadores de carne humana.[6]

São Paulo, 14 de dezembro de 1870
AFRO

---

austera moral, o ordenança da delegacia de polícia despia a farda, entrava para uma repartição pública, fazia-se conhecido na imprensa como extremo democrata, e esmolava, como até hoje, para remir os cativos". Cf. *Correio Paulistano* (SP), A Pedido, "Pela última vez", 03 de dezembro de 1869, p. 1.
3. Cooperação.
4. Compromisso assumido por escrito pelo qual o subscritor contribui com determinada quantia para alguma empresa, obra filantrópica ou homenagem. Nesse caso, a subscrição visava auxiliar aqueles que pretendiam se alforriar.
5. Causa, motivo.
6. Alguns dias antes, em 02 de dezembro de 1870, Gama escrevia uma frase similar — "sem socorrer-me dos sábios conselhos dos honrados mercadores de carne humana" — com conclusão moral igualmente semelhante. Cf. *Correio Paulistano* (SP), A Pedido, "Cousas admiráveis", 02 de dezembro de 1870, pp. 2–3.

# LIVRO II

# NOS OBLÍQUOS E SOMBRIOS BECOS DA CHICANA

**NOTA INTRODUTÓRIA**   *Gama aprofunda sua ação no mundo do direito. Pela primeira vez, começa a assinar publicamente como advogado. Se é verdade que há muito, ao menos desde março de 1869, Gama se apresentava como intérprete e quiçá mesmo doutrinador do direito, foi só no início de 1872 que ele fez acompanhar seu nome com o título que conquistara em circunstâncias quase enigmáticas. Como em 1870, nos anos de 1871 e 1872 sua escrita esteve voltada para um conjunto de temas semelhantes, como a produção normativa da liberdade; denúncias da crueldade senhorial e de arbitrariedades criminosas praticadas por autoridades policiais e judiciárias; além da crítica a violências e ilegalidades processuais. Vinte e oito textos compõem essa seção. Desses, vinte e dois são assinados por Luiz Gama, um único texto é firmado por um pseudônimo e os outros cinco se ligam a um artigo ou carta de sua autoria. Quase todos eles integram o que chamamos de literatura normativo-pragmática. São textos, em suma, que buscavam nas fontes do direito a melhor resposta normativa para um caso concreto. Ocorre que, como Gama já sabia, afinal espirituosamente dizia "quem não tem peito não toma mandinga", o caminho da justiça não era feito só de prova nos autos e respostas normativas encontradas nas fontes do direito. O caminho do direito, por paradoxal que soe, era tortuoso. É o que Gama de múltiplas e variadas maneiras não se cansava de argumentar. A frase que dá título a essa seção, por exemplo, sacada de um dos textos que formam a seção, vai magistralmente adjetivada nessa direção. O caminho da justiça era um beco oblíquo e sombrio — "é uma trilha estreita/ em meio à selva triste", cantou um século e meio depois o poeta do Capão —, tão oblíquo e sombrio como era um beco da sua cidade natal, a cidade do Salvador da Bahia de Todos os Santos. Gama e seus "irmãos de infortúnios" estavam às portas dos juízos e tribunais como que metidos em becos, alguns sem saída, outros guardados por capangas armados. Embora houvesse alguma chance de ver uma luz no final do beco — a liberdade!, a justiça! —, sinal de que perseverar era o caminho, havia também como obstáculo uma espinhosa sacanagem judicial, a tal da chicana, em que juízes e delegados mancomunados com uma das partes — não à toa a mais forte, a da politicagem da escravidão — criavam mil abusos para sufocar as demandas de liberdade e direitos dos humilhados, ofendidos e sacaneados de sempre. A produção intelectual de Gama nesse período, como se lê nesse conjunto de textos, aponta para sua luta pelo direito em condições tão hostis e adversas que ele até chamava audiência judicial de "emboscada forense". Metido numa série de emboscadas sinistras, enfrentando chicaneiros profissionais, Gama levantou o estandarte da liberdade, defendendo até as últimas consequências a multidão de "míseros libertos sepultados em bárbara escravidão" que batia em sua porta.*

# PARTE IX

## OUTRO PATAMAR

**NOTA INTRODUTÓRIA**   Os cinco textos dessa seção ajudam a compreender como a advocacia da liberdade protagonizada por Gama alcançava, passo a passo, um novo patamar. Em "Estratégia da incompetência", Gama e Campos detonavam publicamente a conduta do chefe de polícia da capital em sufocar as demandas de liberdade de catorze pessoas ilegalmente escravizadas. Ao se declarar incompetente para conhecer da matéria, a autoridade policial estrategicamente se eximia de decidir sobre a liberdade de famílias inteiras escravizadas. Na carta ao amigo e conterrâneo Rui Barbosa, Gama contaria, entre minúcias do seu dia a dia, o avançar daquela que seria a maior ação de sua carreira, a famosa "Questão Netto". Ato contínuo, se lê um importantíssimo bastidor dessa mesma e gigantesca ação de liberdade. Ambos os textos são camadas discursivas que iluminam nossa compreensão sobre a histórica ação coletiva que libertou 217 pessoas. A defesa de Joanna, tema do artigo que aparece na sequência, é uma aula de direito e, particularmente, do cotejamento de evidências e provas para a apuração de um direito. Por fim, a crítica ao juiz Santos Camargo — mais uma, aliás… — em "A magistratura como escudo dos ladrões" liga os pontos com o imediatamente anterior e o primeiro dos artigos dessa seção. Cáustico, Gama apontaria que o juiz Santos Camargo tinha uma razão grave "para dormir o sono solto sobre estas perigosíssimas questões", isto é, as questões de liberdade, "que põem em perigo a segurança de muitos salteadores ilustres". Conhecer essa etapa da advocacia de Gama é fundamental para se observar as decisões que ele tomaria neste que se afigura como uma espécie de ponto de não-retorno.

## Capítulo 1
## Estratégia da incompetência
*Polícia da capital*[1]

**Comentário**   *Gama e Américo de Campos tornavam pública uma história que era um escândalo: o chefe de polícia se declarava incompetente de conhecer um fato que, por dever de ofício, deveria conhecer. Mas o escândalo era muito maior e se arrastava havia muito tempo. O chefe de polícia, o juiz de direito e muitas outras autoridades de São Paulo estavam há meses mancomunados em manter em cativeiro os "dez africanos importados ao Brasil no ano de 1844 (...) e de quatro crioulos filhos dos mesmos africanos" por cujas liberdades Gama e Campos vinham intercedendo. Essa, portanto, é apenas a parte pública de um conflito maior que se desenrolava nos corredores da polícia e da cadeia da cidade. Conhecê-la, por sua vez, leva a entendermos melhor os usos da imprensa que Gama fazia no começo de sua carreira como advogado. O conflito policial e judiciário que dá base a esse artigo de imprensa, todavia, será tratado no volume 9, Justiça, dessas* Obras Completas.

Em favor de dez africanos importados no Brasil no ano de 1844, pouco mais ou menos,[2] e de quatro crioulos filhos dos mesmos africanos, requeremos ao exmo. sr. dr. chefe de polícia, firmados no decreto de 12 de abril de 1832, art. 10, a providência da Lei de

---

1. *Correio Paulistano* (SP), A Pedido, 11 de fevereiro de 1871, p. 2–3.
2. Isto é, aproximadamente.

7 de Novembro de 1831;[3] e Sua Excelência, por despacho, houve por bem declarar-se *incompetente* para tomar conhecimento do fato!...

Maravilhou-nos sobremodo tão estranho acontecimento, porque a despeito dos nosso esforços intelectuais, não podemos descobrir a base legal do venerando despacho de Sua Excelência.

E sem a menor intenção de ofendermos a reputação jurídica de tão notável magistrado, cumpre-nos dizer, em abono do bom senso, que tal despacho é um verdadeiro aleijão[4] judicial, que não nos surpreenderia se partisse de magistrado menos escrupuloso e mais inclinado ao arranjo de conveniências privadas.

É possível, entretanto, que diante de tão importante questão, cegue-nos o amor ardente da liberdade.

À Sua Excelência cabe iluminar-nos. Nós respeitamos o direito e queremos aprender. Aguardamos as lições do exmo. sr. dr. chefe de polícia.

São Paulo, 9 de fevereiro de 1871
AMÉRICO DE CAMPOS
LUIZ GAMA

---

3. O decreto regulava a execução da Lei de 1831 e estipulava, nos termos de seu art. 10, que: "em qualquer tempo, em que o preto requerer a qualquer juiz, de paz ou criminal, que veio para o Brasil depois da extinção do tráfico, o juiz o interrogará sobre todas as circunstâncias que possam esclarecer o fato, e oficialmente procederá a todas as diligências necessárias para certificar-se dele, obrigando o senhor a desfazer todas as dúvidas que se suscitarem a tal respeito. Havendo presunções veementes de ser o preto livre, o mandará depositar e proceder nos mais termos da lei". Cf. *Coleção das Leis do Império do Brasil de 1832*, Parte II. Rio de Janeiro: Tipografia Nacional, 1874, pp. 100-102.
4. Coisa malfeita, defeituosa, monstruosa.

## Capítulo 2
## Meu conterrâneo
*Carta a Rui Barbosa*[1]

**Comentário**  Trata-se da única carta conhecida da correspondência estabelecida entre dois dos maiores juristas da história do Brasil. O tom amistoso, mas não de uma amizade íntima, preside a missiva. Mas é no teor despretensioso de uma correspondência entre amigos que coisas preciosas são reveladas. Apenas um ano e meio após a barulhenta demissão do cargo de amanuense da Secretaria de Polícia da capital e do rompimento aparentemente sem volta com o compadre e mestre Furtado de Mendonça, Gama contava a Rui o que parecia ser uma cena corriqueira. "Estive, há dias, com o conselheiro Furtado, que falou de ti com muito elogio. Cumpre notar que ele não é muito dado a dispensar louvores." O relato simples e direto sugere que a relação entre ambos, diferente do que se comumente interpreta, voltara, se não ao que era antes, ao menos a uma convivência afável. No entanto, além das relações sociais que a carta ilumina, é de se destacar a razão pela qual ela tem o inusual formato de começar com uma data, ser interrompida, e dois meses depois tornar a ser escrita. Gama justifica que, enquanto escrevia ao amigo, foi "interrompido por um telegrama" que o chamava "à cidade de Santos, para assistir a uma audiência na causa dos escravos do comendador Netto". A menção explícita de que causa se tratava, quais as partes do processo e a cidade-sede da demanda é suficiente para se interpretar as razões que levavam Gama a deixar a carta dois meses na gaveta. Aliás, é igualmente digno de nota o fato de Gama falar com Rui da "causa dos escravos do comendador Netto" sem maiores explicações, como se o interlocutor estivesse à par do litígio. "Por falar nesta causa", dizia Gama a Rui, "devo dizer-te que já escrevi as razões finais; estão os autos com vista aos advogados contrários. Nestes 20 ou 30 dias sairá a sentença." Até mesmo o modo como entra em detalhes de uma ação em particular é bastante significativo. Seria, talvez, em razão da repercussão pública que a causa alcançava? Ou, quiçá, do impacto social que ela gerava? Ambas perguntas convergem para uma mesma direção: Gama estava diante da maior ação de liberdade, talvez da história do Brasil, em que o destino de 217 pessoas escravizadas estava em jogo. Salvo melhor juízo, Gama nada falou dessa causa na imprensa. Tudo que há está nos autos do processo e nessa simples e histórica missiva.

1. Fundação Casa de Rui Barbosa, 18 de junho de 1871.

Meu caro Rui,

Soube, pelo nosso Amigo[2] dr. Câmara, que no Hotel de Europa[3] achava-se o nosso patrício dr. Souza, e que trazia uma carta para mim. E sabendo eu que a carta era tua não esperei, fui procurar o dr.; e agradeço-te o haveres deparado-me este verdadeiro baiano, distinto republicano. Ele já vai experimentando melhoras; o clima lhe é propício; pelo que, se não obtiver completa cura, alcançará seguramente melhoras consideráveis.

São Paulo, 16 de abril de 1871

⌒

Quando eu escrevia esta carta, no dia 16 de abril, fui interrompido por um telegrama, que chamara-me à cidade de Santos, para assistir a uma audiência na causa dos escravos do comendador Netto.[4] Por falar nesta causa — devo dizer-te que já escrevi as razões finais; estão os autos com vista aos advogados contrários. Nestes 20 ou 30 dias sairá a sentença.

Mudamos agora o interrompido fio.

Interrompida a escrita foi a carta para a gaveta, de onde saiu hoje para receber a última demão.

O nosso distinto patrício e excelente Amigo dr. Souza, depois de haver adquirido algumas melhoras aparentes descaiu, e lá se foi para as águas termais de Baependi, onde espera encontrar lenitivo aos seus gravíssimos sofrimentos. Viajamos juntos até Santos, onde ele embarcou para a Corte. Sinceramente desejo-lhe prósperas melhoras.

---

2. A palavra amigo, grafada com a inicial em caixa alta, segue conforme o original, haja vista que parece indicar uma forma de tratamento respeitoso entre irmãos de maçonaria.
3. A grafia original está "hotel-de-europa" mas, nesse particular, ainda que não se adeque estritamente ao critério de estabelecimento do texto, optei por mudar para facilitar leitura corrente.
4. Ver n. 3, p. 88.

Muito tenho sentido os teus incômodos; era crença minha que o intenso calor da Bahia fosse propício aos teus emperrados[5] sofrimentos. É preciso que sares, a fim de poderes trabalhar para ti e para a grande causa.[6]

Estive, há dias, com o conselheiro Furtado,[7] que falou de ti com muito elogio. Cumpre notar que ele não é muito dado a dispensar louvores.

Por aqui trabalha-se; o solo é ubérrimo,[8] como tu sabes, e a árvore estende raízes. E, ao escrever estas linhas, enche-se-me o coração de tristeza… pelo tristíssimo papel que está representando a nossa cara terra, que hoje se deve chamar "Bahia de todos os servos". Quem outrora admirou-a, que a deplore hoje…

Quero ter notícias tuas; é preciso que me escrevas.
Recomenda-me ao Vasconcellos, Juiz dos Órfãos.

São Paulo, 18 de junho<br>
Teu Amigo<br>
L. GAMA

---

5. Insistentes.
6. Isto é, para a luta abolicionista.
7. Francisco Maria de Sousa Furtado de Mendonça (1812–1890), nascido em Luanda, Angola, foi subdelegado, delegado, chefe de polícia e secretário de polícia da província de São Paulo ao longo de quatro décadas. Foi, também, professor catedrático de Direito Administrativo da Faculdade de Direito de São Paulo. A relação de Luiz Gama com Furtado de Mendonça é bastante complexa, escapando, em muito, aos limites dos eventos da demissão de Gama do cargo de amanuense da Secretaria de Polícia, em 1869. Para que se ilustre temporalmente a relação, tenhamos em vista que à época do rompimento público, aos finais da década de 1860, ambos já se conheciam e trabalhavam juntos há coisa de duas décadas; e, mais, Gama não rompeu definitivamente com Furtado de Mendonça, como erroneamente indica a historiografia, visto que, nessa carta, indica que esteve com ele, de maneira mais que protocolar, e em 1879 publicou o artigo intitulado "Aos homens de bem", defesa moral e política explícita do legado de Furtado de Mendonça. Cf. "Desagravos", in: Luiz Gama. *Crime, 1877–1879*. São Paulo: Hedra, 2023, pp. 325–328.
8. Muito fértil.

## Capítulo 3
**Acordo extrajudicial**
*Retificação*[1]

**Comentário**   *Essa é uma das raríssimas menções públicas de Gama a "Questão Netto", a ação coletiva pela qual representaria as demandas de liberdade de 217 pessoas. Nesse artigo, Gama revelaria um bastidor do litígio que seria o maior processo de sua carreira e que futuramente a historiografia registraria como a maior ação de liberdade das Américas. O representante dos interesses dos 217 libertandos diria que fora procurado por dois dos herdeiros do comendador Netto para um acordo extrajudicial. Na primeira instância, Gama e os 217 libertandos saíram vitoriosos. Restava, porém, o tortuoso e angustiante caminho da revisão do julgamento nas instâncias superiores. Os herdeiros do comendador Netto, contudo, propuseram que se ele desistisse do direito de apelar, eles também desistiriam de recorrer. Eles, conformados, poupariam dinheiro em um processo que acreditavam não terem maiores chances de reversão da decisão de piso. Gama, por outro lado, garantiria efeito imediato da força normativa da decisão. "Aquiesci ao pedido", contaria Gama, certo de que o acordo era benéfico para os interesses dos seus representados. Os advogados dos herdeiros do comendador Netto, todavia, rechaçaram a oferta que partira de alguns de seus clientes e decidiram levar o caso para o tribunal de segunda instância. O artigo narra, então, os bastidores da explosiva "Questão Netto" e o potencial acordo extrajudicial que colocaria um ponto final na causa de liberdade com a histórica decisão exarada na primeira instância.*

A notícia dada por este jornal, com a transcrição que fizera de um artigo da *Revista Commercial*, na qual afirma-se que entre mim e os herdeiros do comendador Manoel Joaquim Ferreira Netto[2] estabelecera-se um compromisso, mediante o qual eles desistiriam da apelação intentada da sentença que reconheceu a alforria dada por aquele comendador a todos os seus escravos, e eu do direito que tinha de apelar, por parte dos libertos, precisa ser explicada.

1. *Correio Paulistano* (SP), A Pedido, 30 de setembro de 1871, p. 2.
2. Ver n. 3, p. 88.

É certo que dois dos herdeiros do comendador Netto, um deles formado em direito, no cartório do honrado sr. tabelião Pacheco,[3] espontaneamente ofereceram-me desistência da apelação intentada, "por acreditarem que a dita sentença seja sustentada no egrégio Tribunal da Relação", contanto que eu desistisse do direito que tinha de apelar por parte dos libertos. Aquiesci ao pedido.

É igualmente certo que os mencionados herdeiros fizeram-me logo sentir que tinham para com o seu procurador e advogados deveres imprenscindíveis da mais profunda consideração; que a eles iam dar conhecimento da sua deliberação, afim de que, no dia imediato, se verificasse a desistência.

Retirei-me para esta cidade no dia imediato, e deixei a minha petição de desistência em poder do distinto sr. Pacífico Freire, procurador dos mesmos herdeiros.

Três dias depois soube eu que os ilustres advogados não concordaram com os desejos dos seus constituintes, por serem altamente prejudiciais dos seus próprios interesses, e que deliberaram levar o processo ao Tribunal da Relação.[4]

À vista disto, apelei da sentença por entender que há nela alguma cousa que corrigir em prol dos libertos.

Devo ponderar finalmente que este espontâneo oferecimento me foi feito diante de pessoas respeitáveis, pelos próprios herdeiros, que até então me não conheciam pessoalmente, e nem a eles.

São Paulo, 29 de setembro de 1871
LUIZ GAMA

---

3. O fato aconteceu, então, na cidade de Santos (SP), onde se localizava o cartório do tabelião Pacheco.
4. Entre os advogados dos herdeiros do comendador Netto, estava José Bonifácio de Andrade e Silva, o Moço (1827–1886), poeta, político e professor de direito que, no mínimo ironicamente, passaria à história como destacado abolicionista.

## Capítulo 4
## Os dentes da escravidão
*Foro de Jundiaí (delegacia de polícia)*[1]

**Comentário** *"Os fatos que passo a expor são a reprodução rigorosa da verdade; vão eles mencionados singelamente, sem a menor alteração", dizia Gama, como homem de imprensa que sabia chamar a atenção do público desde o primeiro minuto. A artilharia de Gama estava apontada para o delegado de polícia de Jundiaí (SP), autoridade que tinha na mais "alta conta os interesses de um indébito possuidor de gente livre, criminosamente escravizada" e, portanto, decidia demandas baseadas em critérios extralegais e subordinados à vontade senhorial. A africana Joanna, por intermédio de Gama, pedia que o delegado de polícia de Jundiaí a alforriasse administrativamente, em razão de ter sido trazida ilegalmente da África ao Brasil no tempo do tráfico transatlântico. Aberto o processo, Gama inquiriu duas testemunhas que declaravam ter conhecido Joanna ainda menina. Também diziam que ela não sabia falar português, sinal evidente de que teria chegado ao Brasil muito recentemente em relação ao período em que a conheceram. Uma das testemunhas, inclusive, fora a responsável por ensiná-la a falar português, de modo que a narrativa nos autos tornava-se cada vez mais substanciosa em termos de prova. Além disso, Gama trazia ao processo três documentos-chave: a certidão de batismo da africana Joanna, de 1840, que ocultava o seu lugar de nascimento; uma espécie de comprovante da compra da escravizada, de 1837; e o extrato de um inventário com a idade presumida da preta Joanna. Gama desconstrói a validade dos dois primeiros documentos, tomando-os, junto ao terceiro, a favor de seu argumento. No entanto, pouco valiam as provas frente aos interesses senhoriais que o zelador de plantão, o delegado de Jundiaí, tanto prezava. A "admirável sentença proferida pelo integérrimo sr. delegado de polícia" simplesmente indeferia o pleito de Joanna e a mandava sair do depósito judicial e ser entregue de volta ao poder do criminoso senhor. Gama ficara horrorizado. "Vou continuar a minha árdua tarefa (...), trabalharei à sombra da lei, até obrigar o sr. delegado de Jundiaí a cumprir seu dever". Não se sabe o desfecho do caso. Sabemos, no entanto, que Gama foi ameaçado de morte também pela defesa de Joanna.*

1. *Correio Paulistano* (SP), A Pedido, 01 de outubro de 1871, p. 2. Jundiaí, município paulista que fica 50 km distante de São Paulo (SP), era a principal cidade ao limite norte da capital.

> Sempre que for possível salvar e manter as liberdades, deve-se fazer.
>
> ULPIANO[2]

> São mais fortes, e de maior consideração as razões que há a favor da liberdade, do que as que podem fazer justo o cativeiro.
>
> ALVARÁ 2º de 16 de julho de 1773[3]

Venho discutir um fato que não deveria transpor as lindes[4] da delegacia de polícia desta cidade, se os princípios de justiça e de moral, e não as conveniências pessoais e injustificáveis, fossem a norma do procedimento do juiz; venho malsinar[5] perante o público uma ocorrência sobre a qual só competia judiciar ao digno delegado de polícia de Jundiaí, sr. Salvador Augusto de Queiroz Telles, se ele infelizmente não tivesse em mais alta conta os interesses de um indébito possuidor de gente livre, criminosamente escravizada, do que os direitos muito sagrados de três infelizes que, por não disporem de fortuna e de posição social, para atraírem as lisonjeiras simpatias desse prevenido magistrado, tiveram a irreparável desdita[6] de cair no seu funesto desagrado.

Os fatos que passo a expor são a reprodução rigorosa da verdade; vão eles mencionados singelamente, sem a menor alteração. O meu interesse nesta questão é manter a verdade das ocorrências, e entregar o digno magistrado ao considerado julgamento da pública opinião.

---

2. Eneu Domício Ulpiano (150–223), nascido na Fenícia, foi um jurista romano de enorme importância para o desenvolvimento do direito civil, da praxe processual, bem como da filosofia do direito na Antiguidade.
3. Não encontrei até o fechamento dessa edição nem o extrato, nem o inteiro teor do mencionado alvará. Pode-se dizer, todavia, que o trecho citado era de amplo conhecimento, especialmente entre advogados abolicionistas.
4. Raias, limites.
5. Denunciar, repreender.
6. Infelicidade.

No dia 4 do corrente a preta Joanna, africana, requereu à delegacia de polícia ser manumitida[7] administrativamente, nos termos do Decreto de 12 de abril de 1832, art. 10,[8] por ser de notoriedade pública que ela foi importada no território do Brasil depois da promulgação da Lei de 7 de novembro de 1831.[9]

Sobre esta alegação tão simples quão verdadeira, foram de pronto inquiridas, sob juramento, duas testemunhas probas e insuspeitas que assim depuseram:

### 1ª TESTEMUNHA

Joaquim Ambrozio de Araujo, de 61 anos de idade, casado, natural de Goiás, negociante, etc. Disse que conhece a preta Joanna, africana, ignorando, porém, qual a sua nação:

▷ que de 1836 a 1837, foi empregado na casa do finado alferes[10] Antonio Joaquim da Natividade, e que nesse tempo não possuía ele a mencionada preta Joanna;

---

7. Alforriada, liberta.
8. O decreto regulava a execução da Lei de 7 de novembro de 1831. Nos termos do art. 10, "em qualquer tempo, em que o preto requerer a qualquer juiz, de paz ou criminal, que veio para o Brasil depois da extinção do tráfico, o juiz o interrogará sobre todas as circunstâncias que possam esclarecer o fato, e oficialmente procederá a todas as diligências necessárias para certificar-se dele, obrigando o senhor a desfazer todas as dúvidas que se suscitarem a tal respeito. Havendo presunções veementes de ser o preto livre, o mandará depositar e proceder nos mais termos da lei". Cf. *Coleção das Leis do Império do Brasil de 1832*, Parte II. Rio de Janeiro: Tipografia Nacional, 1874, pp. 100–102.
9. Considerada uma lei vazia de força normativa, recebendo até o apelido de "lei para inglês ver", a conhecida "Lei de 1831" previa punição para traficantes de escravizados e, de maneira não tão assertiva como a historiografia crava, declarava livres os escravizados que chegassem ao Brasil após a vigência da lei. Cf. *Coleção das Leis do Império do Brasil de 1831*, Parte I. Rio de Janeiro: Tipografia Nacional, 1873, pp. 182–184.
10. Antiga patente militar, abaixo do tenente.

▷ que tempos depois o alferes Natividade comprou a referida preta Joanna, se bem lhe parece, a Manoel Francisco, que então morava no bairro da Terra-Nova ou Rio das Pedras, o qual Manoel Francisco dava-se ao trato de comprar e vender escravos;
▷ que conheceu bem a preta Joanna, quando foi comprada pelo alferes Natividade, a qual teria dez anos de idade mais ou menos, e "era completamente boçal,[11] ou meia-cara",[12] como chamavam nesse tempo, e aprendeu a falar mesmo em a casa do alferes Natividade, com as pessoas da família, porque só sabia a língua africana;
▷ que a preta Joanna foi batizada nessa cidade, não se recordando quando, sabendo, porém, que foram padrinhos o mesmo Natividade, e sua filha, d. Francisca de Paula;
▷ que sabe mais que a preta Joanna pertence hoje a Joaquim Antonio Leite, casado com d. Francisca de Paula, por doação que fizera-lhe o alferes Natividade.

## 2ª TESTEMUNHA

Vicencia Antonia de Jesus, de 50 anos de idade, viúva, parda, natural e moradora desta cidade, etc.

Disse que conhece a preta Joanna desde que foi comprada pelo finado alferes Antonio Joaquim da Natividade, de quem ela, testemunha, nesse tempo, era também escrava;

▷ que essa compra fora verificada "três anos seguramente antes"

---

11. Todo escravizado que ainda não falava o português.
12. Uma das denominações à época para o escravizado que chegou ao Brasil após a proibição do infame tráfico negreiro. Para se aprofundar sobre o universo de identidades dos africanos recém-chegados na São Paulo do século XIX, cf., especialmente, Enidelce Bertin. *Os meia-cara. Africanos livres em São Paulo no século XIX*. Tese de doutorado apresentada ao Departamento de História da Faculdade de Filosofia, Letras e Ciências Humanas da Universidade de São Paulo, 2006, 273f.

da revolução que houve nesta província, na qual tomou parte o brigadeiro Tobias,[13] e que se ficou chamando guerra do Tobias;[14]

▷ que a preta Joanna fora vendida ao alferes Natividade por gente do sítio da Terra-Nova, bairro do Rio das Pedras, não se recordando, porém, quem fosse o vendedor;
▷ que a preta Joanna, quando comprada pelo alferes Natividade, segundo ela, testemunha, supõe, devia ter de idade sete anos mais ou menos, e que esta suposição nasce de estar ela mudando os últimos dentes, quando foi comprada;
▷ que era "negra-nova ou meia-cara", como nesse tempo chamava-se, "e boçal ao ponto de não saber falar a língua portuguesa", pelo que foi ensinada pelas pessoas da família e por ela depoente;
▷ que a preta Joanna era bruta ao ponto de se não entender o que ela falava, porque só usava da língua africana;
▷ que não sabe ao certo quando veio da África a preta Joanna, e somente o tempo em que aqui chegou, como já depôs, e que era boçal.

Destes não refutados depoimentos conclui-se, com incontestável evidência, que a preta Joanna foi criminosamente importada no território do Brasil, depois da cessação do tráfico; isto é, depois de 1831, embora se não pudesse assegurar, com precisão, o dia, o mês e o ano em que isto aconteceu;

Que logo depois do fato da criminosa importação foi a preta vendida em Jundiaí, pelo traficante Manoel Francisco, ao alferes Antonio Joaquim da Natividade;

---

13. Para a biografia de Raphael Tobias de Aguiar, ver n. 10, p. 187. Ele ganhou maior notoriedade histórica com a revolta liberal de 1842, da qual foi o seu principal expoente.
14. Refere-se à revolta liberal de 1842, liderada, em São Paulo, pelo brigadeiro Tobias de Aguiar (1794–1857). Com a revolta, o poder do Partido Conservador foi contestado militarmente pelos liberais exaltados. Não foi, contudo, uma revolta contra o poder imperial. Ao contrário, reforçando a autoridade do imperador, atacava a concentração de poderes nas mãos dos gabinetes conservadores.

Que estes assertos[15] têm por base irrecusável o fato verificado e não contestado de não saber a preta falar a língua portuguesa, quando foi para a casa do alferes Natividade — "em dezembro de mil oitocentos e trinta e sete" —, só falar a língua africana, ser ainda completamente boçal, e haver aprendido a falar com as pessoas da família do alferes Natividade, e com a própria segunda testemunha, que, a esse tempo, morava na mesma casa.

Esta verdade, já de si tão patente, é ainda robustecida pelo assentamento de batismo, cuja certidão exibi, e foi junta aos autos, "celebrado no ano de mil oitocentos e quarenta", sendo muito para notar-se que nesse assentamento não conste a nacionalidade ou lugar do nascimento da preta Joanna, circunstância esta que se encontra em todos os outros assentamentos.

Ora, é óbvio, e ninguém, de boa fé, ousará contestar, que, se a preta Joanna fosse ladina,[16] quando comprada pelo alferes Natividade, não teria ele precisão, como teve, e está legalmente provado, de instrui-la e industriá-la com acuramento, para fazê-la batizar "três anos depois de comprada"...

Tem agora a palavra o sr. Joaquim Antonio Leite, que proclama-se possuidor de boa fé da preta Joanna e de seus filhos. Vou transcrever fielmente os documentos por ele apresentados, para provar a sua "legítima" propriedade.

I

CARTA DE VENDA

Digo eu, Manoel Francisco Rodrigues, que entre os demais bens que possuo, livres e desembargados, e bem assim uma escrava de nome Joanna, de nação "digo Joanna, ladina, de nação", cuja escrava vendi, e como vendido tenho, a Antonio Joaquim da Natividade, por preço e quantia certa de trezentos mil réis, que ao fazer desta tenho recebido

---

15. Embora no original esteja com "c", no que não está incorreto, adaptei a grafia por entender que se trata de asserção, afirmação.
16. Escravizado que já apresentava grau de aculturação. Opunha-se ao boçal geralmente por já dominar a língua portuguesa.

em moeda corrente, e traspasso na pessoa do dito comprador todo o domínio que na dita escrava tenho, e poderá lograr por si e seus herdeiros, como sua que fica sendo de hoje para todo sempre; e por verdade do referido, e eu não saber ler nem escrever, pedi a Antonio Joaquim de Moraes que este por mim passasse e assinasse a meu rogo.

Jundiaí, 11 de outubro de 1837<br>
Como testemunha que este fiz e assino a<br>
rogo de Manoel Francisco Rodrigues.<br>
ANTONIO JOAQUIM DE MORAES

Cumpre notar que Manoel Francisco Rodrigues, em nome de quem é passada a carta, não sabia nem ler nem escrever; que a carta é passada por Antonio Joaquim de Moraes, que diz fazê-lo a rogo de Manoel Francisco; que tudo isto foi forjado às ocultas, sem testemunhas, subindo o escândalo ao ponto de o indivíduo que passou o documento dar-se como testemunha "do seu próprio ato!...". É um documento clandestino, despido das formalidades essenciais e legais, e sem valor algum jurídico. Tal é o documento de propriedade exibido pelo sr. Joaquim Antonio Leite, documento que aliás prova contra ele, porque a preta foi comprada em 1837!...

II

CONHECIMENTO DE SISA[17]

Pagou o sr. Antonio Joaquim da Natividade 15$ de sisa correspondente ao valor de 300$000, preço por que comprou de Manoel Francisco Rodrigues uma escrava por nome Joanna, e consta da carta de venda retro.

Jundiaí, 17 de dezembro de 1837<br>
O administrador,<br>
JOSÉ ZEFERINO DE FARIA PAES

---

17. Espécie de imposto sobre transações de compra e venda de escravizados.

Por este documento nada provou o sr. Leite, porque o sr. Faria Paes, não tendo visto a preta Joanna, ignorava se ela era ladina ou boçal; além de que, se este distinto funcionário não examinou sequer a carta de venda, e tanto que aceitou-a, a despeito de não encerrar ela valor algum.

### III

ATO DO INVENTÁRIO

Uma escrava de nome Joanna, "de idade de vinte anos", avaliada em 450$000.

(Esta avaliação é feita em junho de 1850.)

É sobremodo palpável este fato; só não o perceberá quem for tão despido de senso comum, que chegue a atingir o idiotismo.

Se a preta Joanna, cuja nacionalidade foi ocultada no inventário, não sei se por cálculo ou por descuido, tinha 20 anos em 1850, como prova-se com o termo de avaliação apresentado pelo próprio sr. Leite, que jamais o contestou, deveria ter 10 anos em 1840, época em que batizaram-na em Jundiaí, depois de competentemente industriada;[18] e se em 1840 tinha ela 10 anos, é porque nasceu em 1830.

Ora, se, como está evidentemente provado, a preta Joanna era completamente boçal quando foi comprada pelo alferes Natividade; se ignorava inteiramente a língua portuguesa; se só falava a língua africana; se aprendeu a falar a língua nacional com as pessoas da família de Natividade; se tinha, nesse tempo, de 7 a 10 anos de idade, pois que estava mudando os dentes;[19] se não era ainda batizada; se na carta de venda, muito de propósito, ocultou-se a idade da preta, para melhor assegurar-se a emaranhada fraude; e se a compra, por Natividade, efetuou-se "em mil oitocentos e trinta e sete"; se a preta foi batizada em 1840; e se incontestavelmente contava ela 20 anos em 1850, é claro, e tão

18. Pelo contexto, forjada.
19. Isto é, trocando os dentes de leite por dentes fixos.

claro como a luz meridiana, que a preta Joanna foi importada depois da abolição do tráfico; posteriormente à promulgação da Lei de 1831.

Depois da leitura dos documentos únicos que existem nos autos, e que por mim foram cuidadosamente transcritos; depois das considerações razoáveis, que tão naturalmente decorrem dos mencionados documentos, a que deixo feitas, contemple o público judicioso esta admirável sentença proferida pelo integérrimo[20] sr. delegado de polícia:

Em vista dos documentos apresentados, interrogatórios e depoimentos das testemunhas, não se verificando qual a época em que veio para o Brasil Joanna, escrava de Joaquim Antonio Leite, não tendo, por isso, em seu favor, a "presunção de liberdade" de que trata o art. 12 do Decreto de 11 de abril de 1832 (sic),[21] em que se fundamentou a providência requerida e ordenada, como garantia de liberdade defiro a petição de fl., para o fim de ser levantado o depósito da dita escrava Joanna, e ela entregue ao seu senhor, pagas por este as custas; ficando entretanto salvo o direito "de mostrar que é livre" pelos meios ordinários.

Jundiaí, 11 de setembro de 1871
SALVADOR AUGUSTO DE QUEIROZ TELLES

∽

20. Extremamente íntegro, o que, dada a escancarada ironia, sugere exatamente o oposto.
21. Por erro tipográfico, ou equívoco técnico na decisão do delegado de polícia, hipótese que me leva a manter a grafia tal qual se lê, dois algarismos estão trocados, de modo que o número do artigo e a data do decreto não batem. Todavia, corrigindo a inversão, é possível cravar que o comando normativo a ser referenciado seja o do art. 11 do decreto de 12 de abril de 1832. Assim, deve-se ler a previsão normativa de que "as autoridades encarregadas da execução do presente decreto darão parte aos governos das províncias de tudo quanto acontecer a este respeito; e estes participarão ao governo geral". Cf. *Coleção das Leis do Império do Brasil de 1832*, Parte II. Rio de Janeiro: Tipografia Nacional, 1874, pp. 100-102.

Tenho, por enquanto, concluído a minha questão judiciária com o sr. delegado de Jundiaí; e nutro a mais firme convicção de havê-lo feito, sem ofensas pessoais; sem faltar aos deveres da urbanidade, e sem preterição do sincero acatamento que devo a um cidadão distinto e respeitável, por muitos títulos.

Conheço felizmente a distância que medeia[22] entre o magistrado e o cidadão: venero o homem, e discuto com energia os erros e os abusos intoleráveis do juiz.

Vou continuar a minha árdua tarefa; prosseguir na encetada[23] empresa; trabalharei à sombra da lei, até obrigar o sr. delegado de Jundiaí a cumprir seu dever.

A preta Joanna e seus filhos hão de ser declarados livres.

∽

Agora duas palavras a um inconsiderado amigo e parente do sr. Salvador de Queiroz.

Um dos poderosos parentes do sr. delegado de polícia, que não simpatiza com estas "manumissões inconvenientes",[24] por motivos que ele só sabe, e menos ainda com a minha humilde pessoa, no que está em seu pleno direito, disse em lugar público, em alta voz, para que eu o ouvisse — que os possuidores de escravos de Jundiaí deveriam tomar desforço[25] material muito sério contra esses aventureiros de alforrias; desforço enérgico que fizesse recuar esses atrevidos!...

Ouvi perfeitamente a provocação, e, sem respondê-la, segui tranquilamente o meu caminho.

---

22. Separa, divide.
23. Iniciada, em desenvolvimento.
24. Sendo manumissões o mesmo que alforrias, a inconveniência delas, aliás anotada entre aspas, assinalava o que deveria ser a opinião expressa daquele poderoso parente do delegado de polícia.
25. Vingança, retaliação, represália.

Não é esta a primeira vez que ameaças imprudentes chegam-me aos ouvidos.[26]

Certo é, porém, que as emboscadas fazem-se nas trevas; e que eu trabalho à luz do dia...

A minha missão única, missão de que orgulho-me, não é provar forças com assassinos, que desprezo; é prestar auxílio e proteção a pessoas livres, que sofrem cativeiro ilegal; é arrancar as vítimas das mãos dos possuidores de má-fé, é vencer a força estúpida, e a sórdida cavilação,[27] perante os tribunais, pelo direito, e com a razão. Minhas armas são as da inteligência, em luta pela vitória da justiça, e só pararei quando os juízes tiverem cumprido o seu dever.

São Paulo, 30 de setembro de 1871<br>
LUIZ GAMA

---

26. A esse respeito, cf., neste volume das *Obras Completas*, os textos "Risco de vida" e "Meu filho", que se acham, respectivamente, às pp. 151–155 e pp. 157–159.
27. Conspiração, maquinação.

## Capítulo 5
## A magistratura como escudo dos ladrões
*Foro da capital*[1]

**Comentário**   *Gama volta à carga contra o juiz Felicio. Não era nem a primeira e nem a segunda vez, como vimos em seções e volumes precedentes, e nem seria esta a última oportunidade em que Gama questionaria a capacidade intelectual e moral do "ilustrado sr. dr. Felicio Ribeiro dos Santos Camargo". Dessa vez, Gama expõe ao público a "notável morosidade" do juiz Felicio em analisar e julgar alforrias, sobretudo — e isso se revelará mais à frente muitíssimo interessante — aquelas alforrias relacionadas "à importação de africanos depois da promulgação da Lei de 7 de novembro de 1831". O que estava por vir, Gama já sinaliza, ainda que nas entrelinhas, seria de abalar a província de São Paulo.*

É notável a morosidade com que o ilustrado sr. dr. Felicio Ribeiro dos Santos Camargo[2] estuda e resolve questões de alforria, principalmente as tendentes à importação de africanos depois da promulgação da Lei de 7 de novembro de 1831...[3]

Sei que S. S. tem mais de um motivo ponderoso[4] para dormir o sono solto sobre estas perigosíssimas questões, que põem em perigo a segurança de muitos salteadores ilustres; não ignoro,

---

1. *Correio Paulistano* (SP), A Pedido, 01 de novembro de 1871, p. 2.
2. Felicio Ribeiro dos Santos Camargo (?-?), nascido em São Paulo (SP), foi um político e juiz que, a exemplo de Rego Freitas, foi um dos principais adversários de Luiz Gama.
3. Considerada uma lei vazia de força normativa, recebendo até o apelido de "lei para inglês ver", a conhecida "Lei de 1831" previa punição para traficantes de escravizados e, de maneira não tão assertiva como a historiografia crava, declarava livres os escravizados que chegassem ao Brasil após a vigência da lei. Cf. *Coleção das Leis do Império do Brasil de 1831*, Parte I. Rio de Janeiro: Tipografia Nacional, 1873, pp. 182–184.
4. Relevante, sério, grave.

porém, que a magistratura, instituída para assegurar direitos, não pode, sem quebra da dignidade dos juízes, servir de broquel[5] aos roubadores da liberdade e violadores das leis criminais.

Sei o afinco com que alguns imprudentes procuram desordens e catástrofes, à custa do inglório sacrifício de inocentes vítimas, para terem ocasião de proclamarem-se salvadores da honra, da propriedade, e da paz; e por minha parte declaro que não lhes embargarei o passo.

Ao sr. dr. juiz municipal desta cidade apenas refiro as seguintes palavras, firmadas pelo exmo. sr. conselheiro Nabuco, quando ministro:

> Cumprindo que V. S. declare ao dito juiz, que deve executar as Leis, sob sua responsabilidade, e abster-se de fazer consultas ao governo sobre causas pendentes.[6]

São Paulo, 31 de outubro de 1871

LUIZ G. P. DA GAMA

---

5. Escudo, defesa.
6. Gama demonstra, com isso, ter acesso a papéis reservados, quiçá sigilosos, que continham a comunicação oficial de um juiz municipal com o ministro da Justiça. Não se sabe, contudo, as razões da consulta, nem se a conhece na íntegra. Dado o contexto, é possível que se referisse a processos advogados por Gama no juízo municipal de São Paulo. De todo modo, a publicização de tal consulta indica aos leitores que o juiz Felicio estava perdido e não sabia o que fazer sobre o assunto, o que poderia reforçar no público a ideia de que ele não reunia condições técnicas e intelectuais para exercer o cargo de magistrado. É de se notar, todavia, que aquele documento tinha alguns anos. Sendo datado da época em que Nabuco de Araújo era ministro, informação que Gama revela no corpo do parágrafo que abre a citação textual, isso significa que a consulta foi provavelmente feita e respondida entre 1865 e 1866, período mais recente em que Nabuco de Araújo ocupou o cargo de ministro da Justiça.

# PARTE X

## A MANHÃ DE 10 DE NOVEMBRO DE 1871

**NOTA INTRODUTÓRIA**   *Quem abrisse as páginas do* Correio Paulistano *naquela manhã de 10 de novembro de 1871 veria dois textos, um seguido do outro, em que o nome de Gama se destacava ao final. No primeiro, lê-se um relatório da Loja América, "sociedade secreta" que promovia a alfabetização de escravizados e libertos, além de dezenas de ações judiciais que chegaram a libertar "mais de trezentos" negros e negras. No segundo artigo, tem-se uma defesa da Loja América e de suas ações abolicionistas. Os dois textos, escritos por Gama, podem ser lidos como partes diferentes do mesmo todo que era a luta abolicionista na província de São Paulo. O relatório da Loja América, contudo, era assinado por uma comissão de sete membros, sendo Gama o redator do documento. Sediada numa improvável loja maçônica, tendo o mais radical dos militantes republicanos em sua direção, a luta política em São Paulo era, na boca dos monarquistas, um movimento composto de "comunistas, de abolicionistas, de internacionalistas", entre outras qualificações que iam até membros de associações "'irreligiosas, perigosíssimas". Porém, mais do que defender a ação da Loja América, Gama teve que vir a público prestar conta da legalidade de sua conduta. "Sou agente da Loja América em questões de manumissões", declarava Gama "e, com o eficaz apoio dela, tenho promovido muitas ações perante os tribunais, 'em favor de pessoas livres ilegalmente mantidas em cativeiro'." Não era agente da Primeira Internacional e nem estava, como corriam boatos, "capitaneando uma tremenda insurreição de escravos". É verdade que Gama escreve o artigo "para fazer calar os meus caluniadores políticos" assim "como aos inimigos da Loja". Mas, quiçá pela efeméride histórica, escrevia mais do que um texto de imprensa, escrevia um libelo pela liberdade que se constituiria numa das mais contundentes páginas do movimento abolicionista brasileiro. Vejamos a resposta de Gama aos boatos: "Se algum dia, porém, os respeitáveis juízes do Brasil, esquecidos do respeito que devem à lei, e dos imprescindíveis deveres que contraíram perante a moral e a nação, corrompidos pela venalidade ou pela ação deletéria do poder, abandonando a causa sacrossanta do direito e, por uma inexplicável aberração, faltarem com a devida justiça aos infelizes que sofrem escravidão indébita", "aconselharei e promoverei não a insurreição, que é um crime, mas a 'resistência', que é uma virtude cívica, como a sanção necessária, para pôr preceito aos salteadores fidalgos, aos contrabandistas impuros, aos juízes prevaricadores e aos falsos impudicos detentores". Se, após a leitura desse excerto monumental, ainda sobrar fôlego e curiosidade para saber qual a efeméride histórica que intitula a seção, lembremos que tudo isso se dava no dia exato, trinta e um anos depois, em que Gama foi escravizado por seu próprio pai. Provavelmente o leitor da época não sabia de qualquer relação, talvez nem mesmo das condições em que se deu sua escravização. Mas é absolutamente fora de questão que Gama sabia, lembrava e talvez até perguntasse aos céus a que ponto chegava o menino da rua do Bângala naquela manhã de 10 de novembro de 1871.*

## Capítulo 1
## Escolas, livros e alforrias
*Relatório de atividades da Loja América*[1]

**Comentário**   *O presidente da província de São Paulo pedia informações sobre o funcionamento e as atividades da Loja América, organização maçônica da qual Gama era sócio. O chefe do Executivo provincial perguntava quais os "meios de que dispõe" a loja; os serviços que ela prestava para a alforria de escravizados; como pretendia se desenvolver; e, finalmente, se ela se propunha a receber e cuidar, na forma da lei, de crianças nascidas de ventre livre — a partir de 28 de setembro de 1871. Como se vê, queria informações detalhadas sobre os trabalhos e o planejamento da loja. É de se supor, contudo, que o ofício do presidente fosse em resposta a alguma representação inicial elaborada pela Loja América, interessada, afinal, desde sua fundação em novembro de 1868, em "promover a propagação da instrução primária e emancipação dos escravos pelos trâmites legais". Ainda que, sendo uma "sociedade secreta", a loja descartasse a ideia de firmar qualquer tipo de vínculo com o governo. O relatório da loja, assinado por uma comissão de sete membros, entre os quais estava o nome do "segundo vigilante" Luiz Gama, foi encaminhado primeiro ao mestre da ordem, Américo Braziliense, depois remetido ao destinatário final, o presidente da província de São Paulo. Consultando o documento original, sabe-se que, além de signatário, Gama foi quem escreveu o relatório. "Em relação ao ensino popular", escrevia, a Loja América "fundou e sustenta nesta capital uma escola noturna de primeiras letras, onde se acham matriculados 214 alunos, sendo efetivamente frequentes 100". O número é realmente impressionante, ainda mais se tivermos em vista a densidade populacional e as taxas de alfabetização de São Paulo à época. Ainda no campo da educação, a comissão informava que criara uma biblioteca popular, que vinha recebendo doações de livros e em breve estaria aberta ao público (o que ocorreria já no ano seguinte). Porém, quando o assunto era a emancipação dos escravizados, o trabalho que já se via notável se tornava ainda maior. A loja gastava mais de dois contos de réis "em auxílios a libertandos" e custeava o ajuizamento de ações em diferentes comarcas da província. "O número dos libertados por via de ações no foro desta capital, e em outros" juízos e localidades, revelava a comissão, "sobe a mais de trezentos". Os esforços — e os resultados — eram mais do que consideráveis.*

1. *Correio Paulistano* (SP), A Pedido, 10 de novembro de 1871, p. 2.

Ao Supr:. A:. do Un:. Gl:.[2]
A todos os mm:. do mund:.[3]
Liberdade
Igualdade Fraternidade
Ao M:. Ill:. e Honr:. Ir:. Ven:. Dr.[4] Américo Braziliense de Almeida Mello[5]

A comissão abaixo assinada, em cumprimento dos deveres impostos pela M:. Aug:. e Resp:. Loj:. *América*,[6] em sessão ordinária de 21 do próximo passado mês, vem apresentar-vos o relatório e parecer que servirão de base à resposta que deveis ao ofício a vós dirigido por S. Excia. o sr. dr. presidente da província, em data de 18, pedindo ser informado, 1º, dos meios de que dispõe a loj:.; 2º, dos serviços por ela prestados na manumissão de escravos; 3º, das medidas que a associação julga conveniente para o seu desenvolvimento; 4º, se ela se propõe, e sob que condições, a proteger os menores filhos das escravas de que trata o art. 2º da Lei nº 2.040 de 28 de setembro próximo findo.[7]

---

2. Ao Supremo Arquiteto do Universo Glorioso.
3. A todos os maçons do mundo.
4. Ao Mestre Ilustre e Honrado Irmão Venerando Doutor.
5. Ver n. 141, p. 141.
6. Magna, Augusta e Respeitável Loja América.
7. Trata-se de um dos primeiríssimos usos práticos da lei nº 2.040 de 28/09/1871 — a conhecida Lei do Ventre Livre. O art. 2º, invocado pela comissão, previa que o governo poderia "entregar a associações por ele autorizadas os filhos das escravas nascidos desde a data desta lei", que fossem "cedidos ou abandonados pelos senhores delas ou tirados do poder destes em virtude do art. 1º § 6º". A regulação dessas associações e de suas atividades era tema inscrito nos parágrafos. O parágrafo 1º rezava que "as ditas associações" teriam "direito aos serviços gratuitos dos menores até a idade de 21 anos completos" e poderiam "alugar esses serviços", mas, por outro lado, seriam "obrigadas: 1º A criar e tratar os mesmos menores; 2º A constituir para cada um deles um pecúlio, consistente na cota que para este fim for reservada nos respectivos estatutos; 3º A procurar-lhes, findo o tempo de serviço, apropriada colocação". O parágrafo 2º, a sua vez, estipulava que "as associações de que trata o parágrafo antecedente" seriam "sujeitas à inspeção dos juízes de órfãos quanto aos menores". O parágrafo 3º definia que "a disposição deste artigo" era "aplicável às casas de expostos e às pessoas a quem os juízes de órfãos encarregarem da educação

A loj:. America, instalada em novembro de 1868, além da rigorosa observância das obrigações maçônicas, conforme aos Est:. G:. da Ord:. e Rit:. Esc:. Ant:. e Aceit:.,[8] resolveu trabalhar no intuito de promover a propagação da instrução primária e emancipação dos escravos pelos trâmites legais.

Foi a primeira ofic:.[9] nesta província, e talvez no império, que encarou a caridade sob o mais elevado ponto de vista, desde que não a limitou à prestação de socorros pecuniários aos necessitados, mas considerou-a também compreensiva dos encargos de difundir o ensino popular e tornar uma realidade a igualdade dos homens no gozo de seus direitos naturais indebitamente postergados.

Nestas condições, a caridade é poderoso elemento da civilização e regeneração social, e a loj:. orgulha-se de por sua parte cooperar para a vulgarização de princípios e práticas de atos perfeitamente conformes com as aspirações públicas e sentimentos de humanidade.

Na carreira, que vai trilhando, não conta com outros recursos financeiros, senão os produzidos pelas joias de iniciação, mensalidade dos sócios, subscrições que faz correr, e donativos.

É com tais rendimentos que ela dá satisfação aos deveres a seu cargo, conservando em reserva uma pequena quantia, que só poderá ser dispendida em casos extraordinários, a juízo da oficina.

Cumpre porém à comissão, francamente dizer que de subida importância e benéficos efeitos é a notável dedicação dos associados, sempre que há urgência de qualquer serviço pessoal em favor do ensino, da emancipação ou dos pobres.

Ninguém se furta ao empenho de comissões que lhe tocam.

---

dos ditos menores, na falta de associações ou estabelecimentos criados para tal fim". E, finalmente, o parágrafo 4º decidia que ficaria "salvo ao governo o direito de mandar recolher os referidos menores aos estabelecimentos públicos, transferindo-se neste caso para o estado as obrigações que o § 1º impõe às associações autorizadas". Cf. *Coleção das Leis do Império do Brasil de 1871*, Tomo XXXI, Parte I. Rio de Janeiro: Tipografia Nacional, 1871, pp. 147–152.
8. Estatutos Gerais da Ordem e Ritualística Escocesa Antiga e Aceita.
9. Oficina.

É esta uma das circunstâncias à qual se devem o prestígio de que goza a loja e os bons serviços por ela prestados, e que são principalmente os abaixo indicados.

∾

Em relação ao ensino popular ela fundou e sustenta nesta capital uma escola noturna de primeiras letras, onde se acham matriculados 214 alunos, sendo efetivamente frequentes 100.

Os trabalhos correm ali com toda a regularidade, e com grande proveito para os alunos, que em geral mostram a melhor vontade em aprender e comportam-se com toda a conveniência, sem que entretanto estejam sujeitos a punição alguma.

Além dos esforços do professor para o preenchimento de seus deveres, há o concurso dos auxílios de um dos membros da loj:., o qual, durante a semana que lhe é designada, tem de assistir todas as noites à escola.

Além desta, há em várias localidades da província outras instaladas por adeptos da oficina e por ela pecuniariamente auxiliadas.

∾

Resolveu criar nesta cidade uma Biblioteca Popular, para o que encarregou uma comissão de dar os necessários passos.

A pedido desta se tem obtido importantes donativos, quer em livros quer em dinheiro, feitos por distintos cavalheiros, o que tudo consta de publicações do *Correio Paulistano*.

A biblioteca, apesar de não se achar definitivamente instalada, já presta alguns serviços, achando-se já mobiliada a sala da casa nº 32 da rua do Rosário,[10] colocados os livros nas estantes, e nomeado o empregado, a cujos cuidados está a guarda do estabelecimento e o fornecimento dos volumes escolhidos pelas pessoas que ali os quiserem ler, e igualmente dos jornais.

10. Rua comercial no centro de São Paulo.

No intuito de se alcançar a remessa, para a biblioteca, de todos os jornais políticos e literários que se publicam no Império, expediu a comissão circulares às redações.

~

Relativamente à manumissão de escravos — de não pequeno mérito são os trabalhos da of:. —, por sua iniciativa e esforços foi instalada em julho de 1869 a sociedade *Redemptora*,[11] que funciona com estatutos aprovados pelo governo provincial, e assinala-se pelos constantes e relevantes serviços a bem da libertação de menores. O número das pessoas emancipadas até hoje, por esta sociedade, sobe a dez, além de outras que por seu intermédio foram concedidas.

No mesmo ano tomou a loj:. as seguintes resoluções: 1. que todos os sócios eram obrigados a declararem livres os filhos de suas escravas; compromisso este que devia ter execução desde a organização da sociedade quanto a seus fundadores, e quanto a outros, desde a iniciação; 2. intentar e auxiliar causas de manumissão perante os tribunais e autoridades em favor das pessoas ilegalmente detidas na escravidão; 3. realizar e favorecer as alforrias dando preferência às de escravas de menor idade.

Quanto à primeira deliberação, já deixou de conter uma obrigação especialmente imposta aos membros da loj:., desde que foi promulgada a Lei nº 2.040, declarando de condição livre todos os filhos da mulher escrava nascidos desde a data da lei.

Para fiel cumprimento da segunda, não se limitou a of:. a fornecer recursos pecuniários exigidos pelo andamento dos processos; o patrocínio destes corre sob os cuidados de advogados, sócios dela, ou estranhos por ela incumbidos.

A importância do dispêndio, em auxílios a libertandos, vai além de 2:000$ de réis.

O número dos libertados por via de ações no foro desta capital, e em outros por determinação da loj:., sobe a mais de trezentos.

11. Associação filantrópica feminina para emancipação e auxílio mútuo.

Em sessão magna do segundo aniversário (novembro de 1870) da sua fundação, foram concedidas vinte alforrias, sendo umas à custa de subscrições, e outras gratuitamente dadas por alguns irms:.[12] a escravos de sua propriedade, distinguindo-se entre outros o irm:. tes:.[13] João Antonio da Cunha.

Os libertados pela of:. são protegidos por ela ex vi[14] de uma decisão, cuja observância está a cargo de uma comissão especial, e são convidados com instância[15] a matricularem-se nas escolas e frequentá-las.

Atualmente seguem seus termos causas relativas a 50 indivíduos indebitamente escravizados.

Depois do que fica exposto rapidamente sobre os recursos e serviços da loj:., resta à comissão manifestar seu parecer em relação à última parte do ofício de S. Excia. o sr. presidente da província.

∽

Entende ela que a loj:. não pode e nem deve propor ao governo as medidas que porventura julgue convenientes para conseguir mais amplo desenvolvimento, e nem declarar sob que condições se encarregará da proteção dos filhos das escravas, de que trata o art. 2º da lei citada, nº 2.040.

Sendo a of:. uma sociedade secreta, nos termos dos Est:. Ger:. da Or:. Mac:.,[16] não funcionando sob o regime das leis e decretos publicados desde o ano de 1860, que regulam a organização de associações, é evidente que não se acha constituída nas condições de manter relações jurídicas com autoridades, contrair obrigações e adquirir os direitos concedidos pela referida lei nº 2.040 aos que se incumbem da criação e educação daqueles menores.

12. Irmãos.
13. Irmão tesoureiro.
14. Em virtude, por força.
15. Insistência.
16. Estatutos Gerais da Ordem Maçônica.

Em conclusão, pensa a comissão que a Loj:. America, continuando a prestar os serviços que suas forças permitirem, a bem dos desvalidos, da instrução popular e da emancipação, deve fazê-lo com plena liberdade em seus atos nas raias da legalidade, não por contratos de qualquer espécie com as autoridades administrativas ou judiciárias, ainda mesmo quando possível lhe fosse celebrá-los.

A comissão dá por terminado o trabalho de que foi incumbida, fazendo votos pela prosperidade da of:. e união de todos maçons espalhados sobre a superfície da terra.

O Sup:. Arq:. vos ilum:. e guard:.[17]

Feito aos 6 do 9º mês do ano da verd:. L:. 5871 (era vulgar, 6 de novembro de 1871).

AMÉRICO DE CAMPOS[18] (1º Vig:.)[19]
LUIZ GAMA (2º Vig:.)[20]
J. FERREIRA DE MENEZES[21] (Orad:.)[22]
VICENTE R. DA SILVA (Adj:. ao Orad:.)[23]
CARLOS FERREIRA (Secret:.)[24]
FERNANDO LUIZ OZORIO (Adj:. à com:.)[25]
OLYMPIO DA PAIXÃO (Adj:. à com:.)[26]

---

17. O Supremo Arquiteto vos Ilumine e Guarde.
18. Ver n. 5, p. 142.
19. 1º Vigilante.
20. 2º Vigilante.
21. Ver n. 3, p. 141.
22. Orador.
23. Adjunto ao Orador.
24. Secretário.
25. Adjunto à comissão.
26. Adjunto à comissão.

## Capítulo 2
## Comunistas, abolicionistas e internacionalistas
*Luiz G. P. Gama*[1]

**Comentário** *No bojo de turbulências que sacudiam a cidade, especialmente a Faculdade de Direito do Largo de São Francisco, Gama teve de dar explicações de sua ação abolicionista e das atividades da loja América. Os boatos davam conta de que "agentes da internacional" planejavam tocar o terror em São Paulo e ele — que não poderia "faltar à sinistra balbúrdia" — lideraria "uma tremenda insurreição de escravos". Embora Gama pintasse o quadro com as cores de sua sátira, haja vista o pitoresco cenário "das canoas bélicas no rio Tamanduateí" que se desenhava, as "mentiras extravagantes" distribuídas sob a forma de "boatos humorísticos" chegavam tanto ao interior da província quanto ao Rio de Janeiro. E isso poderia embargar a marcha da loja América. Gama resolve acenar em duas direções: desmentia ter qualquer relação com o que qualificava como uma "calculada urdidura" feita pelo "malévolo espírito de intriga política", mas sinalizava, ao mesmo tempo, que se "os respeitáveis juízes do Brasil" faltassem "com a devida justiça aos infelizes que sofrem escravidão indébita", ele próprio promoveria "não a insurreição, que é um crime, mas a 'resistência', que é uma virtude cívica". A mensagem estava dada. Alguém pagaria para ver?*

Meu caro redator,
 Permitir-me-á que, por um pouco, eu abuse da vossa reconhecida benevolência.
 Sei que algumas pessoas desta cidade, aproveitando caridosamente o ensejo do movimento acadêmico, mandaram dizer para a Corte e para o interior da província, que isto por aqui, ao peso de enormes calamidades, ardia entre desastres temerosos e desolações horríveis, ateados por agentes da Internacional!...[2] e que eu (que não deveria, por certo, faltar à sinistra balbúrdia) estava capitaneando uma tremenda insurreição de escravos!...

1. *Correio Paulistano* (SP), A Pedido, 10 de novembro de 1871, p. 2-3.
2. Associação Internacional dos Trabalhadores (1864-1876), posteriormente conhecida como Primeira Internacional, teve Karl Marx como um de seus principais dirigentes e propugnava a necessidade do operariado tomar o poder

Parece, à primeira vista, que tudo isto não passou de simples manejo de boatos humorísticos, propalados por histriões[3] de suíça,[4] no intuito de promoverem o riso dos parvalhões[5] seletos; e, de certo, os ânimos joviais muito terão folgado com estes chorrilhos[6] de mentiras extravagantes.

Preciso é, porém, não perder de vista em toda esta calculada urdidura[7] o malévolo espírito de intriga política, tão ardilosa quão oportunamente manejado; pois é digno da mais sisuda observação que, ao passo que se anunciava o incêndio do edifício da academia jurídica,[8] as barricadas pelas ruas, os encontros das canoas bélicas no rio Tamanduateí, e a sanguinolenta insurreição dos escravos, insinuava-se, com a mais requintada perfídia, em cartas endereçadas a pessoas consideradas, "que a Loja América não é estranha à resistência acadêmica e que esta Loja maçônica trabalha sob os influxos de agentes da Internacional...". E tudo isto é calculadamente dito para obstar adesões ao Partido Republicano, cujo desenvolvimento começa de incomodar os graves servidores do rei, e deste modo explica-se a cuidada hipocrisia da imprensa monarquista, que não cessa de propalar — que o Partido Republicano compõe-se de "comunistas, de abolicionistas, de internacionalistas", e de muitas outras associações "irreligiosas" e perigosíssimas.

---

político e econômico através da revolução comunista. É de se notar que Gama tenha grafado a palavra em caixa alta, seguida por uma exclamação e reticências, e uma aparente tentativa de distanciamento da acusação feita por seus adversários. Digo aparente porque a propositura da revolução popular esteve no horizonte de expectativas do incendiário e jovem Gama, muito embora a correlação de forças políticas não lhe fosse favorável para replicar a acusação de uma maneira mais explícita.
3. Bufões, fanfarrões.
4. Costeletas, barba que se deixa crescer nas laterais da face.
5. Grandes imbecis.
6. Encadeamentos, sucessões.
7. Por sentido figurado, a maquinação que se tramou contra alguém. Enredo, trama ardilosa.
8. Isto é, a Faculdade de Direito do Largo de São Francisco.

Não quero que o meu humilde nome sirva de móvel[9] a especuladores impudicos,[10] nem alimentar, com o meu modesto silêncio, a indecisão de alguns espíritos timoratos,[11] para os quais são industriosamente[12] escritas semelhantes balelas.

Sou agente da Loja América em questões de manumissões e, com o eficaz apoio dela, tenho promovido muitas ações perante os tribunais, "em favor de pessoas livres, ilegalmente mantidas em cativeiro". A isto somente, e à promoção de subscrições filantrópicas em proveito dos que pretendem alforriar-se,[13] tem-se limitado todo o meu empenho em prol da emancipação; nem outra há sido a nobre missão da Loja América.

Protesto, sinceramente, não só para fazer calar os meus caluniadores políticos, como aos inimigos da Loja América, que não sou nem serei jamais agente ou promotor de insurreições, porque de tais desordens ou conturbações sociais não poderá provir o menor benefício à mísera escravatura, e muito menos ao Partido Republicano, a que pertenço, cuja missão consiste, entre nós, em esclarecer o país.

Se algum dia, porém, os respeitáveis juízes do Brasil, esquecidos do respeito que devem à lei, e dos imprescindíveis deveres que contraíram perante a moral e a nação, corrompidos pela venalidade ou pela ação deletéria[14] do poder, abandonando a causa sacrossanta do direito e, por uma inexplicável aberração, faltarem com a devida justiça aos infelizes que sofrem escravidão indébita, eu, por minha própria conta, sem impetrar o auxílio de pessoa alguma, e sob a minha única responsabilidade, aconselharei e promoverei não a insurreição, que é um crime, mas a "resistên-

---

9. Causa, motivo.
10. Imorais, sem-vergonha.
11. Medrosos.
12. Astuciosamente.
13. Compromisso assumido por escrito pelo qual o subscritor contribui com determinada quantia para alguma empresa, obra filantrópica ou homenagem. A modalidade de subscrição em questão visava auxiliar aqueles que pretendiam se alforriar.
14. Danosa, nociva, degradante.

cia", que é uma virtude cívica, como a sanção necessária, para pôr preceito aos salteadores fidalgos, aos contrabandistas impuros, aos juízes prevaricadores[15] e aos falsos impudicos detentores.

Esta é a verdade que profiro sem rebuço, e que jamais incomodará aos homens de bem.

São Paulo, 9 de novembro de 1871
Sou vosso respeitador e amigo
LUIZ GAMA

---

15. Corruptos, aqueles que faltam ao cumprimento do dever por interesse ou má-fé.

# PARTE XI

## TÁTICAS DE UM ADVOGADO

**NOTA INTRODUTÓRIA**  *Era mesmo outro patamar. Ainda no 10 de novembro que marcaria o histórico discurso que se lê em* Comunistas, abolicionistas e internacionalistas, *Gama daria continuidade à mesma denúncia exposta em* A magistratura como escudo dos ladrões — *ou antes, para ser mais preciso, já em* Estratégia da incompetência. *Embora curta, a nota* Sem arredar o pé *foi replicada dezenas de vezes e tinha como alvo a postura indigna e ilegal do juiz municipal de São Paulo, o velho e conhecido carrasco Felicio Ribeiro dos Santos Camargo. A intransigência de Gama em* Sem arredar o pé, *pois, é expressão manifesta de seu pensamento e tática descrito justamente em* Comunistas, abolicionistas e internacionalistas, *qual seja, a de que se "os respeitáveis juízes do Brasil" faltassem "com a devida justiça aos infelizes que sofrem escravidão indébita", ele próprio promoveria "não a insurreição, que é um crime, mas a 'resistência', que é uma virtude cívica". O primeiro, ou dos primeiros passos da resistência, como se vê, era a denúncia. Da leitura dos textos dessa seção — sequência lógica, aliás, das anteriores* Outro patamar *e* A manhã do dia 10 de novembro de 1871 — *não restará dúvidas da corrupção moral e funcional do juiz Santos de Camargo. Não haverá dúvidas, ato contínuo, a quais "arranjos de conveniências privadas" servia o juiz municipal de São Paulo. Como não haverá dúvidas, também, de qual era a lógica por trás do "caprichoso procedimento" do delegado de polícia de Jundiaí, tema do texto que encerra essa seção.*

## Capítulo 1
# Sem arredar o pé
*Até que seja satisfeito*[1]

**Comentário** *Um certo* L. G., *que, lendo o contexto, ninguém teria dúvidas em reconhecer, cobrava publicamente que o juiz Felicio despachasse "duas causas de manumissão" de pessoas que estavam "sofrendo prisão da cadeia". Com sede de justiça, Gama partia para nova ofensiva.*

FORO DA CAPITAL

Pede-se ao ilustrado sr. dr. juiz municipal o obséquio de despachar, como entender de justiça, as duas causas de manumissão[2] que jazem[3] no seu escritório, sendo para notar-se que seis dos manumitentes[4] requereram depósito, e estão sofrendo prisão na cadeia. [5]

9 de novembro de 1871
L. G.

1. *Correio Paulistano* (SP), A Pedido, 10 de novembro de 1871, p. 3. Essa série pode ser lida em muitíssimas edições até, pelo menos, 20 de fevereiro de 1872.
2. Alforria.
3. Por sentido figurado, que repousam indefinidamente.
4. Alforriandos, que demandam a liberdade.

## Capítulo 2
## O juiz resolve não decidir
*Província de São Paulo – foro da capital*[1]

**Comentário**  *Publicado em um jornal da capital do Império, Gama levava ao conhecimento dos leitores do centro político do país o caso peculiar de um juiz municipal que "obstinou-se em não decidir questões de manumissões que foram-lhe requeridas há muito tempo, e sobre as quais pediu, em ofício secreto, a opinião do governo..." Assim, tornava uma questão local e provinciana do interesse até mesmo de políticos da Corte, afinal, não só a "opinião do governo" fora requisitada, mas, também, "instruções reservadas" do ministro da Justiça teriam sido dadas. Gama apostava alto: "se o sr. ministro deu as instruções ilegais", que viesse a público para que eles começassem o debate. O ministro não apareceu. Não foi por falta de convite, haja vista que Gama publicou essa mesma nota por, ao menos, vinte e sete vezes!*

O sr. dr. Felicio Ribeiro dos Santos Camargo, juiz municipal desta cidade, obstinou-se em não decidir questões de manumissões que foram-lhe requeridas há muito tempo, e sobre as quais pediu, em ofício secreto, a opinião do governo...[2]

---

1. *A República* (RJ), Ineditoriais, 27 de dezembro de 1871, p. 4. A mesma nota foi republicada diversas vezes. Pode-se encontrá-la em diferentes edições do jornal *A República* (RJ), sempre nas páginas 3 ou 4, a começar da edição de 28 de dezembro de 1871, mas também, especialmente, entre os dias 03 e 06; 09 e 13; 15 e 30 de janeiro de 1872; e 01 de fevereiro de 1872.
2. Tal ofício secreto — aliás, é sempre instigante notar que Gama acessava esse tipo de informação reservada — não era o mesmo a que fez referência em artigo de 01 de novembro de 1871. Assim, a hipótese levantada de que o juiz Felicio sentia-se perdido com as alforrias que Gama peticionava em seu juízo ganha maior relevo.

Os amigos desse magistrado afirmam que ele tivera do sr. conselheiro ministro da Justiça[3] instruções reservadas para protelar o julgamento de tais causas; e, a julgar-se pela imperturbável obstinação do juiz, parecem essas afirmações verdadeiras.

Cumpre, entretanto, que se o sr. ministro deu as instruções ilegais, que são-lhe atribuídas, as confirme em público, para que as possamos, com lealdade, discutir.

L. GAMA

---

3. À época, o ministério da Justiça era chefiado pelo conselheiro Sayão Lobato. Francisco de Paula Negreiros Sayão Lobato (1815–1884), natural do Rio de Janeiro (RJ), foi deputado sucessivas vezes, desembargador (1856), ministro da Justiça (1861 e 1871–1872) e senador (1869–1884).

## Capítulo 3
### ... Até decidir pela escravidão
*Foro da capital – juízo municipal*[1]

**Comentário**   *O juiz Felicio enfim decidia sobre uma das alforrias que estavam "incubadas no seu misterioso escritório". E decidia mal, julgava Gama. A sentença na causa dos seis "africanos livres ilegalmente escravizados" era, na ironia afiada de Gama, o "admirável fruto das penosas elucubrações do meritíssimo juiz". O ano estava só começando. O juiz Felicio não perdia por esperar.*

O exmo. sr. dr. Felicio Ribeiro dos Santos Camargo dignou-se alfim[2] de decidir uma das questões de manumissão que existiam incubadas[3] no seu misterioso escritório. De hoje em diante, pois, e *até que seja satisfeito*,[4] continuarei a amofinar[5] S. Excia. pela outra causa que lá ficou.

É notabilíssima a sentença do exmo. sr. dr. Felicio na causa intentada pelos africanos livres ilegalmente escravizados em poder do exmo. sr. conselheiro Dias de Toledo, Antonio Corrêa e herdeiros do alferes Francisco Martins Bonilha.

---

1. *Correio Paulistano* (SP), Seção Particular, 10 de janeiro de 1872, p. 2.
2. O mesmo que enfim, finalmente.
3. Por sentido figurado, depositadas indefinidamente.
4. Título da nota que um certo L. G., obviamente ele próprio, vinha publicando na imprensa.
5. Importunar, atazanar.

Vou discutir pela imprensa da Corte,[6] em face do governo imperial, este admirável fruto das penosas elucubrações do meritíssimo juiz, mais digno da lira de Boileau[7] do que da minha humilde pena.

Desde já, entretanto, declaro que outra seria a sentença do sr. dr. Felicio, se não tivesse ele em mira, à custa do cargo que exerce, salvaguardar com perspicácia interesses domésticos que acham-se na mesma plana...[8]

9 de janeiro de 1872
L. GAMA

---

6. Busquei em periódicos da Corte mas não encontrei uma discussão mais extensa sobre a presente causa, a não ser o breve artigo, replicado ao longo do mês de janeiro de 1872, no jornal *A República*.
7. Nicolas Boileau (1636-1711) foi um poeta, escritor e crítico literário francês de grande expressão para o pensamento iluminista do século XVIII. Mais do que revelar um autor que estava em sua cabeceira, a citação contribui para se compreender o universo poético de Luiz Gama.
8. Categoria, classe.

## Capítulo 4
## Polícia arbitrária e violenta
*Jundiaí*[1]

**Comentário**   *Literatura normativo-pragmática. Assinando como advogado, quiçá pela primeira vez nas páginas da imprensa, Luiz Gama discute uma causa a um só tempo policial, administrativa e criminal ocorrida em Jundiaí. Certa noite, em uma casa de jogos de azar, o sobrinho do delegado de polícia da cidade causou um tumulto que quase resultou no assassinato do dono do tal cassino jundiaiense. Gama inicia a descrição do caso pela inquestionável legalidade do estabelecimento, que contava com "permissão e licença da polícia" e pagava seus respectivos "impostos legais". Por pouco, tamanha habilidade retórica, Gama convence os leitores que "aquela casa de jogo" era nada mais que um ambiente de "divertimento" frequentado por "homens honestos e de regular educação". Pelo sim ou pelo não, o único fato criminoso que mereceria a reprovação dos leitores seria a tentativa de homicídio levada a cabo pelo sobrinho valentão do delegado de polícia de Jundiaí. No entanto, o delegado de polícia entendeu o caso de modo bem diferente. Já no dia seguinte, intimou o dono casa de jogos e deu ordem para que ela fosse imediatamente fechada. "A manifesta irregularidade deste caprichoso procedimento", asseverou Gama, "exclusivamente baseado no mais despejado arbítrio, obriga-me a protestar em público, em nome da lei e dos direitos menosprezados de um cidadão pacífico". Para o advogado, o delegado de polícia deveria limitar-se a agir conforme as previsões normativas. Se achasse que deveria fechar a casa de jogos de Camargo, que o processasse primeiro e, cumpridos os ritos que levassem à hipotética condenação, cassasse a licença do estabelecimento. Nada disso se deu. O delegado simplesmente fechou a casa de jogos de víspora, o nosso atual bingo. A autoridade policial, dizia Gama em síntese lapidar, mais parecia "revelar uma escandalosa homenagem aos desmandos do seu sobrinho, do que a sincera observância de um rigoroso dever".*

---

1. *Correio Paulistano* (SP), Seção Particular, 13 de fevereiro de 1872, p. 2. Jundiaí, município paulista que fica 50 km distante de São Paulo (SP), era a principal cidade ao limite norte da capital.

O sr. João Baptista de Camargo, residente na cidade de Jundiaí, com a permissão e licença da polícia, e mediante impostos legais, que pagou, abriu ali e manteve uma casa pública de jogos de víspora.[2]

Em a noite de 5 do corrente o sr. Francisco de Salles Cunha, que frequentava aquela casa de jogo, diante de outras pessoas, praticou, para com os seus companheiros de divertimento, atos pouco dignos de homens honestos e de regular educação; e, sendo contido prudentemente pelo sr. Camargo, exasperou-se e tentou matá-lo com uma faca de ponta que trazia, deixando ver nesse ato mais um revólver de que estava munido!

No dia imediato a esta cena deplorável, o sr. delegado de polícia — Luiz Pupo de Moraes — mandou, *por uma praça*,[3] às suas ordens, intimar o sr. João Baptista de Camargo para que fechasse imediatamente a sua casa de jogo!

A manifesta irregularidade deste caprichoso procedimento, exclusivamente baseado no mais despejado arbítrio, obriga-me a protestar em público, em nome a da lei e dos direitos menosprezados de um cidadão pacífico, contra dislate[4] tão descomunal; e tanto mais digno de reparo é este fato, quanto é certo que o sr. Francisco de Salles Cunha, que tentou matar o sr. Camargo, é sobrinho do delegado de polícia e guarda-livros[5] da sua casa de comércio!...

É preciso que não vingue o funesto precedente de irem os parentes da polícia às casas públicas de negócio, armados de faca e revólver, provocar desordens e cometer crimes, para dar ocasião a que a suspeita solicitude policial venha impor absurdamente o ilegal fechamento de tais casas.

---

2. Jogos de azar em que se preenchem cartelas numeradas a partir de sorteio de números. O mesmo que bingo, loto, quina.
3. Isto é, por um agente policial.
4. Bobagem, estupidez.
5. Indivíduo encarregado da contabilidade e do registro de transações e negócios em um estabelecimento comercial.

Se o sr. delegado entende, dominado por princípios de ordem pública, que deve cassar a licença concedida ao sr. João Baptista de Camargo, mediante um termo de responsabilidade, que assinou, processe-o primeiro, julgue-o infrator, condene-o, e como consequência de todo este procedimento, determine o cassamento[6] da licença. Nós temos leis, e o sr. delegado de polícia não é mais do que um mero executor delas.

Nenhuma lei autorizava a S. S. o procedimento irregular que teve para com o sr. Camargo; procedimento que mais parece revelar uma escandalosa homenagem aos desmandos do seu sobrinho, do que a sincera observância de um rigoroso dever.

Permita, pois, o respeitável sr. delegado de polícia, cuja probidade jamais foi posta em dúvida, que o sr. João Baptista de Camargo continue com a sua casa de jogo, até que *legalmente* seja compelido a fechá-la, e deixe que o ofendido livremente promova em juízo competente a punição do avalentado[7] sobrinho.

A polícia só pode ser caprichosa e arbitrária quando entregue aos assomos[8] da ignorância, ou aos cálculos da prevaricação.[9]

O distinto sr. Luiz Pupo de Moraes não pode nem deve ser arbitrário.

São Paulo, 11 de fevereiro de 1872
O advogado,
LUIZ GAMA

---

6. O mesmo que cassação, revogação, anulação.
7. Cheio de valentia, valentão.
8. Arrebatamentos.
9. Corrupção, perversão.

# PARTE XII

## QUANDO O BECO DA CHICANA É SEM SAÍDA

**NOTA INTRODUTÓRIA**   Um simples detalhe da demanda de liberdade do "escravo sexagenário" Antonio Chuva alterou todo o curso desejado para aquela causa de liberdade. E foi esse detalhe que levou Gama e Franco, ambos os intercessores de Chuva, para um beco onde nada restava fazer. Em plena sala de audiência do juízo municipal de São Paulo, quando se interrogava o escravizado, o advogado da parte escravizadora descaracterizou a capacidade jurídica de Franco e Gama de agirem naquela causa, fosse como curadores, advogados ou meros requerentes. O habilíssimo Lins de Vasconcellos, de quem Gama, muitos anos depois, reconheceria méritos, perguntou a Antonio Chuva se ele havia pedido para que outro requeresse liberdade em seu nome. Diante da resposta negativa, que Gama até tentou reverter em sua arguição, ficou impraticável sustentar a demanda. Todavia, muito antes da habilidade do advogado Lins de Vasconcellos, estava o exercício truculento do poder senhorial. Gama — e/ou Franco —, sob a sugestiva alcunha de um simples "admirador", que, aliás, estava presente na sala de audiência no momento do interrogatório, atribuía a resposta negativa de Chuva ao fato dele ter sido coagido. Dado o contexto, a coação poderia assumir formas inimagináveis de crueldade, desde a ameaça de tortura futura até o imediato castigo de algum ente querido de Chuva. O fato jurídico, contudo, acabava na negativa produzida no interrogatório. A chicana era incontornável. Dali em diante, era fim de linha para a estratégia de liberdade. Aquele era, afinal, um oblíquo e sombrio beco sem saída.

## Capítulo 1
## Coação fora do juízo
*Caso virgem*[1]

**Comentário**  *Quem seria o admirador desse caso virgem, ou seja, um caso nunca visto antes? Os indícios apontam para Gama, que, afinal, era um dos poucos presentes na sala de audiências do juízo municipal de São Paulo. Não só um dos poucos presentes, como, também, o representante legal de uma das partes. O caso virgem, pois, versava sobre a controversa demanda de liberdade do escravizado "Antonio Chuva, de idade bastante avançada", que teria pedido a proteção de um cidadão para intervir por sua alforria. O tal cidadão, Francisco Franco, "mandou fazer requerimento para o dito fim". Contudo, com o requerimento preliminarmente acatado, a audiência a ponto de começar e a possuidora do escravizado representada, tem início o interrogatório e perguntam a Antonio Chuva "se ele mandou" Franco requerer sua liberdade. Chuva respondeu que não. Desse modo, sem a anuência, ou mais, sem a legitimidade de parte, faltava capacidade jurídica para Franco e Gama agirem. "O público, pois, veja se é possível um pobre escravo sujeito ao azurrague dizer (sem ser para isso coacto), que não pedira sua liberdade!" A exclamação talvez esconda o conteúdo explosivo que se lê entre parênteses — "sem ser para isso coacto", coagido. O admirador, de estilo semelhante ao autor das "coisas admiráveis", simplesmente dizia — e estava pronto a provar com documentos e testemunhas — que o velho Antonio Chuva só podia ter sido torturado para responder o que respondeu. A causa era difícil. Se a coação existiu, o que se afigura bastante provável, Gama e Franco — e que dirá Chuva... — estavam sem saídas naquele sombrio e oblíquo beco para o qual os levara o habilidoso advogado Lins de Vasconcellos.*

Antonio Chuva, de idade bastante avançada, escravo de d. Aquilina Generosa Leite de Lima, tendo procurado a proteção do cidadão Francisco Manoel Franco, para por piedade tratar de sua liberdade mediante avaliação, este, levado pelo espírito de humanidade, e em consequência das instâncias[2] do dito escravo, 5

1. *Correio Paulistano* (SP), A Pedido, 14 de abril de 1872, p. 3.
2. Insistências.

mandou fazer requerimento para o dito fim; e sendo citada a senhora do escravo para nomear avaliador e apresentá-lo em juízo, ela passou procuração ao sr. dr. Lins[3] e, qual não foi a admiração de todos os circunstantes que estavam presentes na sala da audiência, quando o escravo, perguntado por este advogado, se ele mandou requerer sua liberdade, o escravo respondeu que não!

O público, pois, veja se é possível um pobre escravo sujeito ao azurrague[4] dizer (sem ser para isso coacto),[5] que não pedira sua liberdade!

Agora, em abono da verdade, e para mostrar que houve coação da parte de quem quer que fosse, declara-se que o sr. Franco tem documentos e quatro testemunhas, além das pessoas de sua casa, para provar que, se deu passos em favor do escravo de que se trata, foi por ter sido muito instigado pelo mesmo.[6]

UM ADMIRADOR

---

3. Luiz de Oliveira Lins de Vasconcellos (1853-1916), nascido em Maceió (AL), foi um advogado, promotor público e político, chegando a exercer a presidência da província do Maranhão (1879-1880). Na advocacia, foi um colaborador recorrente de Gama em diversas demandas de liberdade, muito embora também tenha atuado, em matéria comercial e também em questões de liberdade, no polo oposto de Gama.
4. O mesmo que azorrague. Chicote, chibata, instrumento de tortura.
5. O mesmo que coato, coagido.
6. Ao final do texto original, vinha a numeração 1-3, indicando que o artigo seria publicado três vezes, sendo esta a primeira delas. De fato, foi republicado em duas edições seguintes do *Correio Paulistano*.

## COAÇÃO FORJADA
## CASO VIRGEM – RÉPLICA[7]

**Comentário** *A réplica ao caso de Antonio Chuva mostra que não haveria luz no fim daquele beco da chicana. Roberto Joaquim Alves, genro da proprietária de Antonio Chuva, selaria o fim do caso justamente pela falta de legitimidade jurídica de Franco ou Gama atuarem em uma ação em que o seu potencial titular não reconhecia pedido algum para sair do cativeiro. Alves gasta tinta dizendo que não houve coação do "escravo sexagenário" e, com o escárnio na ponta da língua, ironizava que os presentes na audiência "viram a liberdade em que estava o velho preto". Ou seja, Alves reduzia o significado da liberdade — e isso numa causa de liberdade! — a um estado momentâneo de conforto, ou um mero estar à vontade num dado instante. Gama interrogou Chuva, assim como Lins de Vasconcellos, advogado da parte escravizadora, e o juiz municipal. Um excerto do interrogatório do velho Chuva se lê ao final da réplica de Alves que, ufano da chicana, talvez mesmo ufano da coação, juntou a peça processual ao seu artigo como prova cabal do triunfo de seu direito.*

Com esta epígrafe publicou o *Correio Paulistano* de domingo, e é natural que repita hoje, um [artigo] a pedido em que se assevera que Antonio Chuva, escravo sexagenário, de minha sogra d. Aquelina Generosa Leite de Lima,[8] procurava a proteção de Francisco Manoel Franco, para, por piedade, tratar de sua liberdade, mediante avaliação, e que o dito Franco, levado pelo *espírito de humanidade*, requereu tal avaliação.

Que perguntado o escravo, perante circunstantes presentes na sala das audiências, declarou, em resposta ao advogado de minha sogra, que não mandou requerer sua liberdade.

Que tal escravo, sujeito ao azurrague,[9] só deu tal resposta por coacto.[10]

Em resposta, cabe-me dizer que o escravo nega ter procurado a *piedade* e *humanidade* do sr. Antonio [sic] Manoel Franco, e negou-o em audiência e fora desta, sendo a tais declarações

---

7. *Correio Paulistano* (SP), A Pedido, 16 de abril de 1872, p. 2–3.
8. Mantenho a grafia conforme o original, ainda que contenha, comparado a outras reproduções, leve alteração na grafia do prenome "Aquilina".
9. O mesmo que azorrague. Chicote, chibata, instrumento de tortura.
10. O mesmo que coato, coagido.

presentes o *piedoso* sr. Franco, o sr. Luiz Gama, o amanuense da Secretaria de Polícia e escrivão da chefia, Pascoal Baylão, que foi no requerimento indicado por avaliador e compareceu antes da louvação[11] e citação, e muitas outras pessoas que viram a liberdade em que estava o velho preto.[12]

Era a primeira vez que ele falava com o advogado dr. Lins[13] que, com o sr. Luiz Gama, o interrogou sobre o fato de implorar a *piedade* do sr. Franco.

Dada a hipótese da coação fora do juízo, também se pretendera que ela existisse perante o juízo?

O escravo foi interrogado pelo sr. juiz municipal e a este interrogatório assistia de parte o sr. Luiz Gama.

Admira que o *piedoso* e *humanitário* sr. Franco se retirasse da audiência quando ouviu o advogado de minha sogra requerer que fosse interrogado o escravo sobre a veracidade do pedido, e não permanecesse em juízo para defender-se de uma imputação que se lhe fazia, e que é nada menos do que ter assinado a rogo de um indivíduo que nada lhe pediu.

Admira que o sr. Pascoal Baylão, sem ter sido citado, aparecesse para uma diligência para que apenas fora indicado e não escolhido, deixando a sua repartição em hora de serviço.

O que se pretende é coagir minha sogra a abrir mão de um velho escravo que a serve desde que nasceu, a fim de, sob o pretexto de cobrar o adiantamento do dinheiro, auferir-se serviços a que ele não se oporá por sua idade e imperícia de tais *espertezas*.

Pretende-se também explorar o ânimo do advogado que defende os interesses de minha sogra, a fim de fazê-lo abandonar a causa, sob o pretexto de que há no fundo dela uma imoralidade contra a santa causa da liberdade.

---

11. Avaliação ou perícia nomeada por juiz para dar determinado parecer técnico.
12. Não sem escárnio, a expressão "liberdade" limita-se a um hipotético e momentâneo estado de conforto.
13. Ver n. 3, p. 270.

Contra isto é que venho protestar, pois sou quem procura pelos negócios de minha sogra.

Desafio ao sr. *Admirador* a provar a existência de coação da parte de qualquer pessoa contra o escravo.

Não é difícil encher as bochechas e gritar: *sou um piedoso e humanitário homem*; porém não é também estranho ao público as *explorações* de que têm sido vítimas muitos escravos, com perturbação da paz e tranquilidade das famílias.

Este negócio está afeto à justiça, que não transige com traficantes.

Leia o público o interrogatório do preto, feito pelo juiz municipal e avalie o que vai de verdadeiro em tudo quanto publica o *Admirador*, do *Correio Paulistano* de domingo, que melhor faria se admirasse *as suas façanhas*, que não são estranhas a muita gente, como pensa.

ROBERTO JOAQUIM ALVES

O BACHAREL HYPOLITO JOSÉ SOARES DE SOUZA JÚNIOR,
PRIMEIRO TABELIÃO VITALÍCIO DO PÚBLICO

Certifico que revendo os autos cíveis de avaliação para liberdade em que é Antonio Chuva suplicante, neles, a folhas oito e verso, se vê o interrogatório feito ao escravo Antonio Chuva, o qual é do teor e forma seguinte:

Interrogatório feito ao escravo Antonio Chuva. Ano do Nascimento de Nosso Senhor Jesus Cristo de mil oitocentos e setenta e dois, aos doze de abril do dito ano, nesta imperial cidade de São Paulo, em a sala das audiências, onde se achava o doutor juiz municipal substituto Francisco Leandro de Toledo, comigo escrivão do seu cargo abaixo nomeado. E sendo aí presente o doutor Luiz de Oliveira Lins de Vasconcellos, procurador de Aquilina Generosa Leite de Lima e o escravo Antonio Chuva, ao qual o juiz fez as perguntas seguintes:

Perguntado se tem algum pecúlio para com ele alcançar a sua liberdade? Respondeu que não tem pecúlio algum. Perguntado se encarregou ou pediu a alguém para tratar de sua liberdade? Respondeu que não. Perguntado se alguma pessoa lhe prometeu dar a importância de seu valor? Respondeu que ele não sabe de nada.

Nada mais disse e nem lhe foi perguntado; e lido por conforme assina a rogo do interrogado, por não escrever, Roberto Joaquim Alves, com o juiz [sic] e procurador da senhora do escravo Antonio, que neste ato requereu ao meritíssimo juiz que mandasse dar vista ao doutor promotor público da comarca os presentes autos a fim de evitar que seja perturbada a tranquilidade dos senhores de escravos com alegações insensatas em juízo. Pelo juiz, foi dito que fossem os autos com vista ao doutor promotor público da comarca. Eu, Hypolito José Soares de Souza Júnior, escrivão, que escrevi.

LEANDRO DE TOLEDO
ROBERTO JOAQUIM ALVES
LUIZ DE OLIVEIRA LINS DE VASCONCELLOS[14]

---

14. Ver n. 3, p. 270.

# PARTE XIII

## EMBOSCADA FORENSE

**NOTA INTRODUTÓRIA**   *A presente seção é formada por quatro artigos: dois textos de Gama e duas réplicas a ele. Na intrincada desavença "familiar" entre os italianos Felix Pachioto e Ardemagni Bartholomeu, o juiz Silva Ramos condenou este último pelo crime de injúria. Gama, advogado de Bartholomeu, o "improvisado réu", denunciou ao público o procedimento arbitrário do juiz em nivelar um tipo criminal com outro. Admitir como razoável um juiz recortar caprichosamente a denúncia e dar a ela outro enquadramento legal, que sequer constava na queixa, "seria dar ao juiz a faculdade de fabricar crimes ao seu talante". Gama reconstituiria passagens do caso, discutiria as distinções entre injúria e calúnia, conceituaria a ideia de prova na doutrina criminal e sustentaria que os subsídios trazidos aos autos "não constituem crime de natureza alguma, por falta do elemento subjetivo, expressamente exigido para constituir o crime". Não havia, portanto, a "prova imprescindível" que ligasse o réu, fosse ao crime alegado pelo queixoso, fosse ao crime improvisado pelo juiz Silva Ramos. Gama dá uma aula de direito e sobre o papel do julgador. A epígrafe que abre o primeiro texto, aliás, bem expressa o argumento que desenvolveria sobre os procedimentos de um juiz. Gama buscou nas antigas Ordenações do Reino de Portugal um excerto normativo para dizer que o juiz não poderia se afastar dos autos. O juiz deveria, em suma, "julgar pelo alegado e provado", mesmo que pessoalmente nutrisse convicções contrárias do que se depreendia do processo. Silva Ramos, porém, era o segundo juiz que julgaria o processo. O primeiro, um juiz municipal, absolveu o réu e declarou não haver provas da materialidade do crime de injúria. No entanto, Silva Ramos, como juiz de direito que revisava a instância inferior, reformou a sentença de piso e condenou o réu pelo crime de que fora antes absolvido. Para isso, afirmava Gama, Silva Ramos nivelou crimes distintos. "Temos, portanto, que, por sentença, foi eliminada a calúnia de nossa legislação!" A condenação de Bartholomeu era produto, então, de um processo viciado, constituído de "nulidade insanável" e imprestável do ponto de vista das provas levantadas. Ardemagni Bartholomeu não poderia ser condenado, insistia Gama — "ainda insisto, e insistirei sempre", porque não havia crime —, e "tal condenação", se fosse levada a cabo, o que de fato viria a ocorrer, se constituiria numa "emboscada forense". Também havia emboscadas nas esquinas do oblíquo e sombrio beco da chicana.*

## Capítulo 1
# Fronteiras do tipo criminal
*Foro da capital*[1]

**Comentário**  *Literatura normativo-pragmática. Gama advogava em um processo no qual as partes, dois italianos, travavam uma tão acalorada quanto "familiar" desavença. O italiano Pachioto prestou queixa contra Ardemagni Bartholomeu, que teria, "de modo artificioso e fraudulento", lhe aplicado um golpe numa transação envolvendo o resgate de um relógio penhorado. Pachioto estava certo de que Bartholomeu o trapaceara. Seja como for, sobrou xingamento e acusação de lado a lado e ambos se processaram mutuamente. O que se lê no artigo, todavia, é um dos fragmentos da briga que atingia o juízo de direito de São Paulo. O juiz Silva Ramos reverteu uma sentença de absolvição e condenou Ardemagni Bartholomeu, cliente de Gama, pelo mesmo crime pelo qual antes fora absolvido. Gama ficou possesso com a reversão e escreveu um comentário normativo-pragmático para que tanto corrigisse o caso em curso, que seria posto em novo julgamento, através de recurso, quanto servisse de doutrina para uso corrente no foro da capital. "Escrevi-as forçado pela minha posição de advogado", justificava porque vinha à imprensa, "e para que ninguém possa supor que a ilegal sentença deu-se porque fosse mal defendido o direito do acusado. Tudo aleguei em seu favor, até uma nulidade insanável, que existe nos autos, por infração manifesta." Mesmo com o empenho enérgico e o conhecimento normativo de praxe, Gama parecia não ver solução diante do que chamou de "emboscada forense". Ao término daquela etapa da contenda, Gama contaria uma anedota reveladora da identidade política do réu e de um acontecimento singular na sala de audiência do juízo de direito de São Paulo. Recém-condenado, Bartholomeu improvisou um rápido e eloquente discurso: "Estive no Paraguai durante a guerra". Chamado por sua organização política, a lendária Liga Operária, para esclarecer alguns fatos da guerra — "fui chamado secretamente para dar informações" —, Bartholomeu fez questão de ressaltar a "nobreza dos soldados brasileiros". O elogio, contudo, ganharia novo significado e contraponto com a condenação no juízo de direito de São Paulo. O arremate furioso e visceral não deixava pedra sobre pedra: "Agora aprendi à minha custa", fulminava Bartholomeu, "que em nada se parece o sr. dr. juiz de direito com os heroicos e generosos soldados brasileiros".*

1. *Correio Paulistano* (SP), Seção Particular, 17 de maio de 1872, p. 3.

> O juiz deve julgar pelo alegado, e provado, quando mesmo outra cousa lhe dite a consciência, e ele saiba que a verdade é o contrário do que no feito é provado.
>
> ORDENAÇÕES, LIVRO 3º, TÍTULO 66, PRINCIPAL[2]

Felix Pachioto deu queixa, por crime de injúrias verbais, contra Ardemagni Bartholomeu, e este foi citado pela delegacia de polícia para responder por esse crime.

No correr do processo não provou o autor a sua alegação, porque dos depoimentos prestados ficou patente que o fato, quando criminável, constituía uma calúnia; e isto porque, se se pode considerar *delito* uma narração ou *conversação* havida entre Ardemagni e alguns amigos seus, em ausência de Pachioto, como este mesmo declarou em juízo e está escrito nos autos; conversação que o próprio autor qualificou de — *familiar*; conversação inteiramente privada, em que Ardemagni dissera que Pachioto era um *carrasco*, um *canaglia*,[3] um *birbante*[4], um *latro*,[5] e que deveria negociar nas estradas de bacamarte[6] em punho, "porque tendo sido encarregado, pelo acusado, de desempenhar[7] um relógio seu, no Rio de Janeiro, o fizera de bom grado, mas apresentara-lhe, aqui,

---

2. Gama extraiu uma síntese possível do conteúdo dessa *Ordenação* que tratava das "sentenças definitivas". Para formá-la, Gama leu o seguinte trecho: "Todo julgador, quando o feito for concluso sobre a [sentença] definitiva, verá e examinará com boa diligência todo o processo, assim o libelo, como a contestação, artigos, depoimentos, a eles feitos, inquirições, e as razões alegadas de uma outra parte; e assim dê a sentença definitiva segundo o que achar alegado e provado de uma parte e da outra, ainda que lhe a consciência dite outra cousa, e ele saiba a verdade ser em contrário do que no feito for provado (…)". Cf. Candido Mendes de Almeida. *Código Filipino ou Ordenações e Leis do Reino de Portugal*, Terceiro Livro. Rio de Janeiro: Tipografia do Instituto Filomático, 1870, pp. 667–670, especialmente p. 667.
3. Canalha.
4. Vadio, vagabundo.
5. Variante italiana de ladro, de ladrão.
6. Antiga arma de fogo de cano curto e largo.
7. Resgatar de penhora.

uma conta falsa, contendo maior quantia do que a que pagara na Corte pela realização do encomendado resgate, e isto de modo artificioso, e fraudulento, e prevalecendo-se da ignorância do comitente,[8] que não sabia qual era o respectivo débito; lesão esta de que tivera conhecimento posteriormente por informações de um amigo, que a descobrira",[9] se em tal caso, repito, há delito, é o de calúnia, em face dos artigos 229 e 264, § 4º, do Código Criminal.[10]

Insisti, porém, e ainda insisto, e insistirei sempre, em afirmar que estes fatos, ou antes, estas expressões proferidas com referência ao autor, não constituem crime de natureza alguma, por falta do elemento subjetivo, expressamente exigido para constituir o crime, nos artigos 2º, §§ 1º e 3º do Código.[11]

Para que o fato seja criminado (é doutrina do Rossi),[12] não basta a prova material, ou objetiva, da sua existência, se não conjunta e necessariamente a da espontânea resolução do agente

---

8. Aquele que consigna mercadoria a outrem. Trata-se, no caso, de Felix Pachioto, que consignou um relógio a Ardemagni Bartholomeu.

9. Gama provavelmente cita um trecho da sentença de condenação do réu Bartholomeu.

10. O art. 229 do Código Criminal definia o crime de calúnia como "o atribuir falsamente a alguém um fato que a lei tenha qualificado [como] criminoso" e que desse lugar a "ação popular ou procedimento oficial de Justiça". Já o art. 264, previsão normativa para crimes de estelionato, categorizava, em seu § 4º, este crime como sendo, "em geral, todo e qualquer artifício fraudulento pelo qual se obtenha de outrem toda a sua fortuna, ou parte dela, ou quaisquer títulos". Cf. *Código Criminal do Império do Brasil*. Recife: Tipografia Universal, 1858, p. 89 e pp. 98-99.

11. O art. 2º do Código Criminal, que definia o que se julgava crime ou delito, prescrevia, em seu § 1º, que estes seriam "toda a ação ou omissão voluntária contrária às leis penais"; assim como demarcava, em seu § 3º, que o abuso de poder consistia "no uso do poder (conferido por Lei) contra os interesses públicos, ou em prejuízo de particulares, sem que a utilidade pública" o exigisse. Cf. *Código Criminal do Império do Brasil*. Recife: Tipografia Universal, 1858, pp. 10-11.

12. Gama se refere ao penalista italiano Pellegrino Rossi (1787-1849). Pelo contexto da citação, é provável que Gama fizesse menção ao célebre tratado de direito penal do jurista italiano. Cf. Pellegrino Rossi. *Trattato di Diritto Penale*. Torino: Tipografia di Gaetano Bozza, 1859.

de má-fé. E esta prova imprescindível torna-se absolutamente impossível, como no vertente caso, quando o autor e as testemunhas são acordes em dizer judicialmente, *que as expressões foram proferidas em conversação familiar*, lamentando o acusado os seus prejuízos e infortúnios.

Admito, porém, por hipótese, que seja falsa a doutrina dos criminalistas, e que esteja revogada esta parte do Código Criminal, e proibida a inocência por aresto[13] judicial; e que, portanto, as expressões proferidas por Ardemagni constituíam formalmente o crime de calúnia, e pergunto:

Podia o Ardemagni, que foi intimado para vir a juízo defender-se do crime de injúrias, pelo qual foi processado, ser, no mesmo processo, condenado por calúnia?

Não, por certo; tal condenação importaria uma emboscada forense.

Podia o juiz distinguir e escolher, das expressões proferidas, e que constituem precisamente a narração de uma ocorrência, de um fato, que tem a sua existência nelas, algumas para separadamente estabelecer o crime de injúria?

Não; porém seria dar ao juiz a faculdade de fabricar crimes a seu talante.[14] Os fatos são trazidos a juízo; e a missão do juiz é verificar se eles, tais quais existem, constituem ou não delito, e quais, em face da lei: o contrário importaria a mais completa negação da justiça.

O digno sr. dr. juiz municipal, judiciando a causa, absolveu o réu, declarando que o fazia porque foi provado delito diverso do mencionado pelo autor na petição de queixa.

O honrado sr. dr. juiz de direito, entretanto, entendeu o contrário e condenou o "réu" a 45 dias de prisão, por crime de injúrias!...

Esta sentença revogou evidentemente o artigo 229 do Código Criminal, e concedeu ilimitada amplitude ao 236![15]

---

13. Acórdão, decisão de tribunal que serve de modelo ou paradigma para solucionar casos semelhantes.
14. Arbítrio.
15. Se o art. 229, como se lê em nota acima, determinava como se julgaria o

Temos, portanto, que, por sentença, foi eliminada a calúnia da nossa legislação!...

Os amigos do sr. dr. juiz de direito, a quem muito respeito, pela nobreza do seu caráter e virtudes privadas, que o distinguem, explicam a original sentença dizendo que, tendo Pachioto e Ardemagni processado-se mutuamente por injúrias verbais, *quisera* S. S., condenando ambos, como condenou, chamá-los ao harmonioso acordo de uma desistência mútua...

Por amor da reconhecida sensatez do sr. dr. Ernesto Ramos, repilo esta inconsiderada e parva[16] defesa; ela é indigna do caráter e do civismo do sisudo juiz. Faço justiça ao seu caráter, e quero antes crer que a sentença foi fruto de má apreciação das provas, e de pouco exame da matéria de direito; esta razão, se bem que má, é, contudo, mais aceita, e melhor convém ao respeitável juiz.

Escrevi estas linhas sem ódio, e sem despeito, pois que nenhum motivo tenho para nutri-los contra um cidadão distinto e considerado. Escrevi-as forçado pela minha posição de advogado, e para que ninguém possa supor que a ilegal sentença deu-se porque fosse mal defendido o direito do acusado. Tudo aleguei em seu favor, até uma nulidade insanável, que existe nos autos, por infração manifesta do art. 2º do Decreto nº 2.438 de 6 de julho de 1859.[17] E bem se vê que tudo aleguei em vão porque a injusta sentença aí está, e Ardemagni Bartholomeu transformado em réu, por exclusiva vontade do meritíssimo juiz.

Terminarei referindo um fato que se deu quando foi intimada a sentença ao improvisado réu.

---

crime de calúnia, o art. 236, todavia, definia como se julgaria o crime de injúria. Gama, com isso, demonstra a confusão normativa em que o juiz estava metido. Cf. *Código Criminal do Império do Brasil*. Recife: Tipografia Universal, 1858, p. 90.

16. Insignificante, desprezível.

17. O decreto estabelecia parâmetros para um conjunto de ações reguladas pelo Código de Processo Criminal e prescrevia, em seu art. 2º, que "somente por impedimento invencível e declarado na sentença poderá esta ser proferida depois da segunda audiência". Cf. *Coleção das Leis do Império do Brasil de 1859*, Tomo XXII, Parte II. Rio de Janeiro: Tipografia Nacional, 1859, p. 461.

Ouviu ele ler a sentença e concluída a leitura disse:

Estive no Paraguai durante a guerra.

Chapperon,[18] cônsul de Itália no Paraguai, deu péssimas e falsas informações ao governo de Itália, difamando o caráter dos soldados brasileiros, entre os quais havia voluntários italianos.

Como membro da grande Liga Operária[19] então presidida por Mazzini[20] e Garibaldi[21] — fui chamado secretamente para dar informações à Liga sobre esses fatos.

Pus à toda luz a verdade: exaltei a nobreza dos soldados brasileiros e patenteei o papel miserável a que prestava-se Chapperon, que não passava de um pobre lacaio, hábil para papéis do seu ofício.

Os jornais da Liga fizeram justiça a Chapperon, e eu retirei-me com um diploma de sócio-benemérito da grande Liga Operária.

Agora aprendi à minha custa que em nada se parece o sr. dr. juiz de direito com os heroicos e generosos soldados brasileiros.

São Paulo, 16 de maio de 1872

LUIZ GAMA

---

18. Lorenzo Chapperon (1827-1870), nascido em Chambery, antigo Reino da Sardenha, hoje pertencente à França, foi político e diplomata de singular importância no desenrolar da Guerra do Paraguai (1865-1870). Chapperon chefiou o consulado italiano no Paraguai entre os anos de 1868-1869, apogeu da guerra, e passou à história brasileira como *persona non grata* e defensor dos interesses paraguaios.

19. Provável referência à Associação Internacional dos Trabalhadores (1864-1876), posteriormente conhecida como Primeira Internacional, que teve Karl Marx como um de seus principais dirigentes e propugnava a necessidade do operariado tomar o poder político e econômico através da revolução comunista. Essa é mais uma conexão de Gama com o debate político internacional. Se em 1871 precisou vir a público refutar ligação pessoal com a Primeira Internacional, em 1872 apresentou-se como advogado de um italiano membro da "grande Liga Operária".

20. Giuseppe Mazzini (1805-1872), nascido em Gênova, Itália, foi advogado, político, jornalista e ativista pela unificação italiana.

21. Giuseppe Garibaldi (1807-1882), natural de Nice, então Reino da Sardenha e hoje pertencente à França, foi um estrategista militar, general e liderança política de grande relevo em diversas lutas sociais do século XIX.

## O JUIZ TEM SEUS AMIGOS
## FORO DA CAPITAL – RÉPLICA[22]

**Comentário**  Assinada por um modestíssimo Ulpianni, simplesmente um nome que fazia alusão a um dos mais relevantes e influentes juristas da Antiguidade, a réplica tinha como remetente, pode-se supor, mais de um amigo do juiz Silva Ramos. A pluralidade de remetentes, que seria evidente sinal do impacto do texto de Gama, se nota nas entrelinhas da réplica, escrita sempre na primeira pessoa do plural, e pela estrutura de uma nota de desagravo partilhada por todo um grupo. Ulpianni pontua que só viria à imprensa essa única vez — e o fez por outro jornal que não o Correio Paulistano — para defender o caráter do juiz Silva Ramos, porém, aproveitou-se do espaço para dar uma estocada em Gama, qualificando-o tão só de procurador quando de fato ele era advogado constituído por uma das partes.

Lemos o artigo publicado hoje no *Correio Paulistano*, com a epígrafe supra.

Não pretendemos discutir os processos dos italianos.

Conhecedores, como somos, das belas qualidades que adornam a pessoa do sr. dr. Silva Ramos, digno juiz de direito desta comarca, da justiça e imparcialidade que sempre se encontrou nos seus atos, como juiz, ficamos surpreendidos com o que se disse naquele artigo; e, por isso, procuramos os processos e o lemos com toda a atenção e cuidado.

O resultado dessa leitura foi ficarmos cada vez mais firmes no juízo que daquele juiz formamos. Sempre reto e justiceiro é ele.

É muito natural que a parte, ou seu procurador, ache injusta uma sentença que foi de encontro aos seus desejos; é até louvável. Porém, acima da parte, ou de seu procurador (permitam a expressão),[23] está o juízo frio e imparcial de quem não se ingeriu, nem de leve, nos processos. E esse juízo é todo em favor do digno magistrado que deu as sentenças.

---

22. *Diário de São Paulo* (SP), Publicações Pedidas, 18 de maio de 1872, p. 3.
23. O ataque oblíquo à ação forense de Gama indica o desprezo do interlocutor por seu exercício legal da advocacia. Em sua tréplica, Gama responderia esse tópico certo de que se afirmar como advogado era um ponto inegociável e fora de qualquer especulação.

Repetimos: não pretendemos discutir os processos; não voltaremos mesmo à imprensa sobre este assunto, haja o que houver. Escrevendo estas linhas, só tivemos em vista um fim — protestar contra o que se disse do digno juiz. E esse havemos conseguido.

São Paulo, 17 de maio de 1872
ULPIANNI[24]

---

24. O pseudônimo fazia evidente referência a Eneu Domício Ulpiano (150-223), jurista romano de enorme importância para o desenvolvimento do direito civil, da praxe processual, bem como da filosofia do direito na Antiguidade.

## Capítulo 2
**Última palavra**
*Juízo de direito*[1]

**Comentário** *"Cumpri o meu dever de advogado e de cidadão", assinalava Gama, sem estender a discussão sobre o processo de Bartholomeu pela imprensa. Uma vez que o tal Ulpiano de antemão já se recusava a prolongar o debate de ideias — "discussão científica (...) completamente isenta de ofensas pessoais" —, não restava muito o que fazer. Gama tomaria a rápida entrada em cena do amigo do juiz a seu favor, dando por terminado o assunto nos jornais.*

Ulpiano,[2] assim assinou-se um distinto amigo do sr. dr. Ernesto Ramos, a quem lobrigo[3] através do anônimo,[4] num publicado que fez no *Diário* hoje.[5]

Não contesto os elogios feitos ao caráter do respeitável juiz, e antes os subscrevo com prazer; o que eu contesto e contestarei sempre é a procedência jurídica da sentença por ele proferida contra Ardemagni Bartholomeu; e lamento sinceramente que o distinto amigo do sr. dr. Ernesto não aceite a discussão científica, por mim proposta, e completamente isenta de ofensas pessoais.

Cumpri o meu dever de advogado e de cidadão, e, com o favor do exmo. sr. dr. Ulpiano, proclamo a minha vitória perante o direito, se bem que negada pela *Justiça*.

LUIZ GAMA

1. *Correio Paulistano* (SP), Seção Particular, Foro da Capital, 19 de maio de 1872, p. 2.
2. Ver n. 2, p. 228.
3. Entrevejo, percebo, avisto.
4. Por tática retórica ou leitura factual, Gama não creditava o desagravo ao juiz Silva Ramos como próprio de mais de um articulista.
5. Cf. *Diário de São Paulo*, Publicações Pedidas, Foro da Capital, 18 de maio de 1872, p. 3.

## O JUIZ CONTESTA O ADVOGADO
## FORO DA CAPITAL[6]

**Comentário**   *O último artigo de Gama, proclamando sua "vitória perante o direito, se bem que negada pela Justiça", deve ter sido o estopim para tirar o juiz Silva Ramos de sua cadeira magistrática. Embora dissesse logo na primeira frase que não ia descer às raias da discussão, era justamente aquilo o que o juiz fazia: discutia os fundamentos de sua sentença na imprensa. Gama, ao que parece, não contestou o juiz. Provavelmente, não por não ter o que dizer, mas, muito antes disso, por ter atingido aquilo que parecia dois de seus objetivos: ser reconhecido publicamente por aquele magistrado como "advogado" — e não simples procurador —, e trazer às raias da imprensa um juiz daquele porte. A estratégia de Gama, sobretudo na década de 1870, que então apenas começava, passava por reforçar sua habilitação de advogado e consolidar seu nome como perito em direito também na esfera pública.*

Compenetrado o juiz da imparcialidade e justiça de seus atos, não desce quando os discute e legitima.

Felix Pachioto processou por injúrias a Ardemagni Bartholomeu.[7] Condenei-o no grau mínimo, por ocorrer a atenuante do parágrafo [não informado].

Anteriormente, Ardemagni havia instaurado outro processo, também de injúrias, contra Pachioto. Igualmente, e no mesmo grau, proferi sentença condenatória contra este, pois que ocorria a atenuante do parágrafo [não informado].

Este desenlace não agradou ao acusador Bartholomeu, pois que, diz sua testemunha de fl. 28, fazia questão vital e de gabinete[8] sobre a *diminuta* quantia de 500$000 réis para desistência.

Frustou-se o plano; e ressurgiu o pleito na imprensa contra o autor desse novo crime — o juiz.

Perdoe-me o advogado: não foi fiel aos fatos, nem magistral na teoria.

Confessa que seu cliente qualificou Pachioto de *ladrão*.

---

6. *Correio Paulistano* (SP), Seção Particular, 21 de maio de 1872, p. 3.
7. Embora no original se leia Archemagne Bartolomeu e Felix Pachiotto, optei em padronizar os nomes das partes conforme escrito por Gama no primeiro artigo dessa "Emboscada forense".
8. Escapa qual o sentido do termo.

Queria com isso, diz ele, atribuir-lhe o delito de estelionato, pelo fraudulento artifício no resgate e contas sobre um relógio em penhor. Concluía que por ser ele de ação oficial, o crime era de calúnia (art. 229 do Código Criminal)[9] e não de injúrias.

Sobre tal fato de *penhor*, resgate, e *astuciosa conta* só depõem [as] testemunha[s] 1ª, de fls. 7 e 8; testemunha 2ª, fls. 9 e 10; e a de fl. 25.

Todas *por ouvirem do próprio réu*!!...

As outras, sem exceção, referem que a palavra insultuosa prendia-se ao negócio de um relógio, sem mais explicações.

Pretende o advogado elevar o silêncio a altura de artifício e fraude?...

~

Suposta, porém, a verdade do fato, para quê o esquecimento dos outros que ocorreram?

*Birbante, canalha e carrasco* foram também algumas melífluas[10] expressões de que serviu-se.

Vocábulos pronunciados em tom plagente,[11] e que por isso nunca foram intencionais, na opinião de seu advogado, e sim filhos de coração inocente.

Foram empregados separados ou conjuntamente — no mesmo ato e em ocasião diversas — e também em lugares distintos. Assinalo esses fatos por sua importância jurídica.

Proferiu injúrias em *casa de Posseto*. Testemunha primeira.

Em *outra ocasião*, e sempre que tratava do fato, enchia-se de cólera e qualificava o autor de *ladrão, canalha*, testemunha segunda.

*Em casa* da testemunha terceira foi mais explícito, denominando-o bóia de *franco-maçom* e carrasco. Em a emphmorada da testemunha sexta, iguais imputações.

---

9. *Código Criminal do Império do Brasil.* Recife: Tipografia Universal, 1858, p. 89.
10. Suaves, doces.
11. Lamurioso, tristonho.

Extremados assim esses fatos, pelo *lugar, tempo e diversidade de naturezas*, como desconhecer que (além de suposta calúnia pelo qualificativo de ladrão) injúrias existiam em virtude das palavras humilhantes que empregava, provenientes, sem dúvida, da mesma fonte, porém destinadas a fins distintos?

O que hoje à alguém qualifica de *estelionatário* e amanhã de *ébrio* tem cometido inquestionavelmente dois delitos, [os de] "calúnia e injúria".

A verdadeira doutrina não é a cômoda teoria da absorção do menor pelo maior. Ela se resume nas seguintes teses:

A homogeneidade de atos e unidade de pessoa, nos delitos de injúria, legitimam a condenação por um só crime.

Não é o caso.

A variedade de imputação, capituladas por diversos artigos de lei, subordinada à uma só resolução, e à unidade exterior do ato, igualmente exclui a imposição de muitas pessoas.

Terá aqui lugar a doutrina de Ardemagni.

Um, porém, desses elementos, que falte, e a natureza heterogênea de injúrias e calúnias são bastantes para justificarem a penalidade dupla.

Nesta situação, como negar ao magistrado o direito de condenar um réu de insultos provados à pena de injúria?...

Basta isto para justificar-me cabalmente.

Quando o signatário da ilegítima censura obtinha a palavra para o efeito de interrogar a testemunha 6ª, perguntou-lhe se sabia ela distinguir *o furto, roubo, estelionato, calúnia e injúria*.

O conselheiro delegado de polícia recusou-se a exigência decidindo formalmente que não vinha ela *fazer exame de direito criminal*.

Com resposta igualmente categórica, sujeito suas preleções sobre *a boa fé do ultraje*, quando emanado de expansão de cólera e ainda mesmo de uma justa indignação.

É doutrina original, estéril e incompreensível como o enigma final de seu artigo.
O art. 18, § 1º, do Código melhor clareia o alcance do [ art.] 3º.¹²
Mais vale a lei do que a opinião de um hábil advogado.

São Paulo, 20 de maio de 1872
ERNESTO MARIANO DA SILVA RAMOS

---

12. O juiz menciona o § 1º do art. 18, que definia a ausência de dolo como uma circunstância atenuante de um crime para, na sequência, relacioná-lo ao art. 3º, que isentava de culpabilidade aquele que agisse sem má-fé ou intenção de praticar o delito. Cf. *Código Criminal do Império do Brasil*. Recife: Tipografia Universal, 1858, p. 11 e p. 19.

PARTE XIV

MÍSEROS LIBERTOS SEPULTADOS VIVOS EM
BÁRBARA ESCRAVIDÃO

**NOTA INTRODUTÓRIA**   Em Jacareí, vale do Paraíba paulista, deu-se um fato criminoso e cruel. Da capital, São Paulo, Gama tomava conhecimento da situação e exigia, em particular e em público, que o presidente da província intervisse na instância judiciária local a fim de cessar o crime do art. 179 do Código Criminal: "reduzir à escravidão a pessoa livre, que se achar em posse da sua liberdade". Gama sintetizava o núcleo do caso: "Elias, Joaquina e Marcollina são livres, e estavam em gozo de liberdade, quando foram criminosamente escravizados, e vendidos por Joaquim Antonio Raposo". O caso era juridicamente complexo. Era uma alforria testamentária condicional, ou seja, quando um testador declarava a liberdade de alguém mediante condições. Nesse caso, a testadora Maria Angélica do Nascimento alforriou — "por escritura pública" — três dos seus escravizados, com o ônus de prestação de serviço por prazo determinado. Certo tempo depois, seu marido, o tal Raposo, astuciosamente revogou as alforrias e vendeu as mesmas pessoas antes declaradas livres. A conduta criminosa, face aos dez documentos comprobatórios que Gama juntava à sua denúncia, era flagrante. Raposo incorria no bárbaro e "inafiançável crime" de reduzir pessoa livre ao cativeiro. O promotor da comarca deveria, argumentava Gama, requerer a instauração do processo criminal; e o juiz municipal de Jacareí, ao seu turno, deveria restituir imediatamente a liberdade de Elias, Joaquina e Marcollina. O presidente da província, ciente do crime, deveria provocar as autoridades locais para que agissem em favor da liberdade. Tudo isso Gama requeria, "por manutenção dos direitos dos libertos e por desagravo da lei". É notável o conhecimento normativo que ele organiza e apresenta na denúncia. De fontes normativas do direito romano, passando pelas doutrinas civilísticas portuguesa e alemã, Gama consolida, passo a passo, sua literatura normativo-pragmática. É uma aula de direito. No arremate, afirmava que, se fosse possível revogar a alforria uma vez concedida e escriturada, a controversa hipótese dependeria obrigatoriamente de sentença judicial. Assim, a alforria não poderia ser revogada ao bel prazer de um particular, nem pela manumissora "e de modo algum por seu marido". A alforria de Elias, Joaquina e Marcollina, portanto, era juridicamente perfeita e produzia efeitos desde que outorgada. Mas Gama sabia onde estava pisando, haja vista as razões que dava para publicar a denúncia na imprensa, além de enviá-la como ofício ao gabinete do presidente da província de São Paulo. "A publicação que faço da seguinte petição", justificava Gama, "tem o duplo fim de inteirar o respeitável público de uma ocorrência gravíssima, e de evitar, com a publicidade, que a petição fique arquivada em algum cartório ou gaveta de autoridade, e os míseros libertos sepultados vivos em bárbara escravidão". A gaveta da autoridade tinha endereço certo; assim como o criminoso e as vítimas. A par desses dois textos em defesa da liberdade de Elias, Joaquina e Marcollina, esta seção agrega o caso de Vicencia. A leitura das respectivas denúncias, ambas de maio de 1872, mostram como estava àquele tempo a escrivaninha — e a cabeça — de Luiz Gama.

## Capítulo 1
## A expertise criminosa de se reduzir pessoa livre à escravidão
*Foro de Jacareí*[1]

**Comentário**  *Gama denuncia o crime de escravização dos libertos Elias, Joaquina e Marcollina, que ocorria em Jacareí (SP), sob as vistas do juiz municipal da cidade. Nesse primeiro texto, Gama limita-se a algumas informações fundamentais: descreve o fato criminoso; dá o nome do autor do crime; identifica as vítimas; e agrega elementos que robustecem sua narrativa. Gama anunciava, ademais, que logo viria um novo texto: "Vou dirigir ao governo uma petição, no intuito de chamar o sr. dr. juiz municipal de Jacareí ao rigoroso cumprimento do seu dever". A petição seria publicada alguns dias depois. É lá que, através de um notável estudo doutrinário, ele prova a autoria e a materialidade do crime de redução de pessoa livre à escravidão.*

D. Maria Angélica do Nascimento, por *escritura pública*, lavrada a 18 de agosto de 1863, alforriou os seus escravos, Elias, Joaquina e Marcollina, com a obrigação ou ônus de prestarem-lhe serviços até a sua morte, e depois do seu falecimento, por dois anos mais, prestarem-nos ao seu marido Joaquim Antonio Raposo.[2]

Este cavalheiro, por escrituras lavradas a 24 e 29 de dezembro de 1869, *vendeu criminosamente* os mencionados libertos, que até hoje sofrem cativeiro ilegal.

---

1. *Correio Paulistano* (SP), Seção Particular, 26 de maio de 1872, p. 2.
2. Joaquim Antonio Raposo era comerciante e tinha um "armazém de molhados" no largo do Bonsucesso, em Jacareí (SP). Cf. Antonio José Baptista de Luné e Paulo Delfino da Fonseca *Almanaque da Província de S. Paulo.* São Paulo: Tipografia Americana, 1873, p. 151.

A 14 do corrente, exibindo certidão da escritura manumissora,[3] requereu o sr. advogado José Antonio Miragaya,[4] ao distinto dr. juiz municipal de Jacareí, o depósito judicial e a nomeação de curador[5] aos libertos, para ser proposta regularmente ação liberal em favor deles.

O honrado sr. dr. juiz municipal indeferiu essa petição!!!

É certo que o sr. advogado Miragaya, com os documentos que exibiu, não andou bem requerendo a propositura de ação liberal, pois que, nos termos da lei, é o caso de manumissão incontinente,[6] por ofício do juiz; que este, porém, indeferisse tal petição, e deixasse em cativeiro ilegal pessoas evidentemente livres, é o que não posso compreender.

Vou dirigir ao governo uma petição, no intuito de chamar o sr. dr. juiz municipal de Jacareí ao rigoroso cumprimento do seu dever, petição que hei de publicar nas colunas deste jornal.[7]

Esta publicação tem por fim levar ao conhecimento do público um atroz atentado, e recomendar ao exmo. sr. dr. chefe de polícia o cidadão sr. Joaquim Antonio Raposo, como benemérito do art. 179 do Código Criminal.[8]

Maio de 1872
LUIZ GAMA

3. Que outorgava a liberdade.
4. José Antonio Miragaya era advogado provisionado e tinha endereço profissional à rua das Flores, em Jacareí (SP).
5. Aquele que está, em virtude de lei ou por ordem de juiz, incumbido de cuidar dos interesses e bens de quem se acha judicialmente incapacitado de fazê-lo.
6. Imediatamente, sem demora.
7. Está publicada no próximo artigo. Cf. *Correio Paulistano* (SP), Seção Particular, 30 de maio de 1872, p. 2.
8. O art. 179 do Código Criminal definia como crime contra a liberdade individual o fato de "reduzir à escravidão a pessoa livre, que se achar em posse da sua liberdade". A sarcástica qualificação de Joaquim Raposo como "benemérito do art. 179 do Código Criminal" cumpria a função de alertar os leitores — e o chefe de polícia, em especial — de que a conduta do "cavalheiro" era expressamente tipificada como uma conduta criminosa. Cf. *Código Criminal do Império do Brasil*. Recife: Tipografia Universal, 1858, p. 74.

## Capítulo 2
## Semântica jurídica da alforria testamentária
*Foro de Jacareí*[1]

**Comentário**  *Gama publica a petição-denúncia para que o presidente da província de São Paulo mandasse o promotor público da comarca e o juiz criminal de Jacareí (SP) intervirem e fazerem cessar imediatamente o "crime inafiançável" que corria sob suas vistas. Gama juntava à petição dez documentos comprobatórios de sua denúncia. Estava patente, sustentava Gama, que Joaquim Raposo reduzira à escravidão três pessoas livres. O promotor devia, portanto, requerer a instauração de um processo criminal contra Raposo e o juiz, à luz daquelas provas, determinar a liberdade do alfaiate Elias e de Joaquina e Marcollina. Não seria fácil. Tudo dependia da mediação do presidente da província. Gama, contudo, demonstrava que o chefe do Executivo tinha lastro para intervir na jurisdição judiciária local. O crime cometido contra os três libertos exigia uma resposta da autoridade máxima da província. Mas, avisava Gama, a crueldade do pretenso senhor Raposo só existia porque o juiz de Jacareí o acobertava, indeferindo as petições do colega de Gama e advogado, José Antonio Miragaya. Gama tinha detalhes do fato criminoso. E construía, destarte, sua argumentação doutrinária a partir de uma descrição minuciosa do fato.*

A publicação que faço da seguinte petição que, nesta data, dirijo a S. Excia. o sr. dr. presidente da província[2] tem o duplo fim de inteirar o respeitável público de uma ocorrência gravíssima, e de evitar, com a publicidade, que a petição fique arquivada em algum cartório ou gaveta de autoridade, e os míseros libertos sepultados vivos em bárbara escravidão.

São Paulo, 23 de maio de 1872
LUIZ GAMA

1. *Correio Paulistano* (SP), Seção Particular, 30 de maio de 1872, p. 2.
2. José Fernandes da Costa Pereira Júnior (1833-1899), advogado e político, ocupava a presidência da província de São Paulo nessa época.

Ilmo. e Exmo. Sr. Dr. Presidente da Província,

O abaixo assinado vem respeitosamente requerer a V. Excia. que seja servido mandar ao juiz criminal do termo de Jacareí que, de próprio ofício, em face dos incontestáveis documentos à presente petição juntos, nos termos do Alvará de 10 de março de 1682, período 5º,[3] e mais disposições relativas em vigor, se ponha incontinente[4] em liberdade, estado de que violenta e criminosamente foram tirados, por Joaquim Antonio Raposo,[5] os libertos Joaquina, Elias e Marcollina, e mandar, outrossim, que haja vista imediatamente desta petição e seus documentos o dr. promotor público da comarca, para que requeira instauração de processo criminal contra o dito Joaquim Antonio Raposo, de conformidade com o que prescrevem o Código do Processo Criminal art. 37, § 1º, Regulamento nº 120 de 31 de janeiro de 1842, art. 221; Aviso nº 15 de 16 de janeiro de 1838 e Lei nº 2.033 de 20 de setembro de 1871, art. 16; a fim de que seja o indiciado devidamente punido pelo delito de reduzir pessoa livre à escravidão, previsto no Código Criminal, art. 179.[6]

---

3. O alvará regulava a liberdade e a escravização de negros apreendidos na guerra dos Palmares, na antiga capitania de Pernambuco. Conhecido da historiografia sobretudo pela regulação da prescrição do cativeiro após cinco anos de posse da liberdade, o alvará é reportado em seu quinto parágrafo por Gama: o rei de Portugal outorgava que os cativos poderiam demandar e requerer liberdade, ainda que contra o interesse de seus senhores. Em 1880, Gama adaptou, preservando o teor normativo, a redação desse trecho do alvará do seguinte modo: "Estando de *fato* livre o que por direito deva ser escravo, poderá ser demandado pelo senhor por cinco anos somente, no fim do qual tempo se entende *prescrito* o direito de acionar". Cf. "Porque sou abolicionista sem reservas", in: Luiz Gama. *Liberdade, 1880–1882*. São Paulo: Hedra, 2021, pp. 155–169, especialmente p. 157.
4. Imediatamente, sem demora.
5. Ver n. 2, p. 293.
6. Gama fundamentava seu pedido para que o promotor da comarca requeresse a "instauração de processo criminal contra o dito Joaquim Antonio Raposo". Assim, do art. 37 do Código de Processo Criminal, que estabelecia quais as atri-

O impetrante residente nesta cidade, na impossibilidade de dirigir-se diretamente ao juiz criminal de Jacareí, vem requerer

buições de um promotor público, Gama marcava a hipótese do § 1º, que previa que o promotor devia "denunciar os crimes públicos e policiais, e acusar os delinquentes perante os jurados, assim como os crimes de reduzir à escravidão pessoas livres, cárcere privado, homicídio, ou a tentativa dele, ou ferimentos com as qualificações dos artigos 202, 203, 204 do Código Criminal; e roubos, calúnias e injurias contra o Imperador, e membros da Família Imperial; contra a Regência, e cada um de seus membros; contra a Assembleia Geral, e contra cada uma das Câmaras". Cf. Araujo Filgueiras Júnior. *Código do Processo do Império do Brasil*, Tomo I. Rio de Janeiro: Eduardo & Henrique Laemmert, 1874, pp. 30-31. Do regulamento nº 120 de 31 de janeiro de 1842, que executava a parte policial e criminal da lei nº 261 de 03 de dezembro de 1841, que por sua vez reformava o Código de Processo Criminal, Gama citava o art. 221, que especificava quais as atribuições de um promotor. Nos termos do art. 221, "aos promotores pertencem as atribuições marcadas no art. 37 do Código do Processo Criminal. Requererão, por meio de petição, como outra qualquer parte, e somente se dirigirão por meio de ofícios às autoridades quando tiverem de pedir providências a bem da justiça em geral, sem referência a este ou aquele outro caso especial". Cf. *Coleção das Leis do Império do Brasil de 1842*, Tomo V, Parte II. Rio de Janeiro: Tipografia Nacional, 1843, pp. 39-134, especialmente p. 82. Já o aviso nº 15 de 16 de janeiro de 1838, do ministério da Justiça, instruía "sobre a maneira de proceder-se contra os procuradores das partes". Possivelmente, Gama tinha em vista o trecho que dizia que juízes não poderiam cercear o livre exercício de um promotor em denunciar delitos de responsabilidade, "nem quaisquer outros" especificados no art. 37 do Código de Processo Criminal. Cf. *Coleção das Decisões do Governo do Império do Brasil*, Tomo I, 1838. Rio de Janeiro: Tipografia Nacional, 1839, pp. 16-17. Por sua vez, o art. 16 da lei nº 2.033, de 20 de setembro de 1871, dava novas, "além das atuais atribuições", aos promotores públicos. Cumpria, portanto, em acordo com o § 1º, "assistir, como parte integrante do Tribunal do Júri, a todos os julgamentos, inclusive aqueles em que haja acusador particular; e por parte da Justiça dizer de fato e de direito sobre o processo em julgamento". E, conforme o § 2º, também "nos processos por crimes em que caiba a ação pública, embora promovidos por acusação particular, pertence também ao promotor público promover os termos da acusação e interpor qualquer recurso que no caso couber, quer na formação da culpa, quer no julgamento". Cf. *Coleção das Leis do Império do Brasil de 1871*, Tomo XXXI, Parte I. Rio de Janeiro: Tipografia Nacional, 1871, pp. 126-139, especialmente pp. 132-133. Por fim, o art. 179 do Código Criminal definia como crime contra a liberdade individual o fato de "reduzir à escravidão a pessoa livre, que se achar em posse da sua liberdade". Cf. *Código Criminal do Império do Brasil*. Recife: Tipografia Universal, 1858, p. 74.

pela mediação de V. Excia. as providências retro mencionadas, firmado na legal e jurídica doutrina da Provisão de 20 de setembro, e 1º de 15 de dezembro de 1823; Avisos 2º de 17 de março e de 27 de junho de 1830 e 2º de 29 de agosto e de 16 de setembro de 1831.[7]

Elias, Joaquina e Marcollina são livres, e estavam em gozo de liberdade, quando foram criminosamente escravizados, e vendidos por Joaquim Antonio Raposo, por quanto:

1º EM TESTAMENTO ABERTO, solene e publicamente feito no livro de notas do tabelião José Leme da Silva Ramalho, a 18 de agosto de 1863, d. Maria Angélica do Nascimento alforriou diversos escravos, entre os quais Elias, alfaiate, Joaquina e Marcollina, com *obrigação expressa* de servirem-na durante a sua vida, e de, por seu falecimento, prestarem dois anos de serviços a seu marido Joaquim Antonio Raposo, e que, findo este determinado prazo, que se contaria do momento da morte da concessora outorgante, *entrassem os libertos no pleno gozo de sua liberdade*. (doc. nº 1).

2º O TESTAMENTO ABERTO, feito no livro de notas do tabelião, com observância restrita dos requisitos legais, é considerado *escritura pública* para os atos de outorga voluntária

---

7. Não encontrei, até o momento, parte dos textos normativos citados. Contudo, o aviso nº 289, de 16 de setembro de 1831, do ministério da Justiça, versava sobre "a concessão de licença às companhias de mão morta para alienação de seus bens e liberdade dos escravos". No entanto, encartado em suas instruções — que, aliás, tinham base jurídica no "requerimento do pardo Miguel da Silva", que "pretendia sua liberdade" —, havia a permissão do imperador para que uma dada autoridade agisse um pouco além da marcação normativa naquela demanda de liberdade. Em suma, a concessão de licença, nos termos do aviso, deixava margem para uma autoridade "poder fazer" algo em favor da liberdade. Cf. *Coleção das Decisões do Governo do Império do Brasil de 1831*. Rio de Janeiro: Tipografia Nacional, 1876, p. 215.

do testador *mortis causa* (*Ordenações*, Livro 1º, Título 78, § 4º; Livro 4º, Título 80, principal; Corrêa Telles, Seção 1ª, Capítulo 1º, § 1º, etc.).[8]

3º A alforria concedida, pelo modo legal por que o fez d. Maria Angélica do Nascimento, não é uma doação *mortis causa manumissora*, embora tenha o fato de manumissão muita afinidade com esta doação; entende-se a liberdade, *assim conferida*, concedida a *termo* para que o *liberto* dele goze quando faleça o senhor (vide o doc. nº 1 — *Digesto, de manum.*, Livro 15, 1 — *in extremum tempus manumissoris vitae*, Savigny, *Direito Romano*, Tomo 4º, § 170).[9]

---

8. O § 4º do título 78 do livro 1º das *Ordenações* — "dos tabeliães das notas" — estabelecia modos e solenidades a que os tabeliães deveriam observar para escrever em livro as "notas dos contratos que fizerem". O parágrafo precedente, por sua vez, equiparava, para efeito notário, as formalidades do testamento com a do contrato. Cf. Candido Mendes de Almeida. *Código Filipino ou Ordenações e Leis do Reino de Portugal*, Primeiro Livro. Rio de Janeiro: Tipografia do Instituto Filomático, 1870, p. 181. Por sua vez, o *caput*, ou trecho principal, do título 80 do livro 4º das *Ordenações*, que cuidava dos testamentos e das formas com que se deveria fazê-los, apresentava uma série de condições para validade do testamento. Cf. Candido Mendes de Almeida. *Código Filipino ou Ordenações e Leis do Reino de Portugal*, Quarto Livro. Rio de Janeiro: Tipografia do Instituto Filomático, 1870, pp. 900–901. Por fim, a citação do jurista português José Homem Corrêa Telles (1780–1849) é bastante pertinente, haja vista que o § 1º do capítulo 1º, seção 1ª, trata das condições suspensivas sobre direitos e obrigações condicionais. O caso de Jacareí guardava correspondências precisas com os argumentos de Corrêa Telles nessa parte da obra, principalmente quanto aos efeitos suspensivos de potenciais direitos de um herdeiro condicional num dado testamento. Gama traduzia normativamente, portanto, a doutrina aplicável ao caso concreto. Cf. José Homem Corrêa Telles. *Digesto Português ou Tratado dos Direitos e Obrigações Civis acomodado às Leis e Costumes da Nação Portuguesa*. Tomo I. Coimbra: Imprensa da Universidade, 1840, pp. 16–19.
9. A citação de Friderich von Savigny (1779–1861), jurista alemão fundador da conhecida Escola Histórica de Direito, remete ao tema das doações *causa mortis*. Porém, por provável erro tipográfico, a reprodução da frase não parecia exata, de modo que optei em corrigir a transcrição conforme cotejamento com o texto original de Savigny. Contribuiu para essa correção, também, a comparação

4º A liberdade concedida pelo próprio senhor de modo direto, com obrigação expressa do liberto prestar serviços, como o fez d. Maria Angélica do Nascimento, reputa-se em face do Direito, concedida a título oneroso, e o ato de alforria, por parte do confessor, completo desde o momento de concessão, porque a concessão, como ensina Bremeu,[10] na vertente hipótese, *está no ato, e não na condição ou na obrigação*; doutrina esta verdadeira e aceita pela nossa Lei nº 2.040 de 28 de setembro de 1871, art. 4º, § 5º;[11] pelo que a alforria assim concedida *não é revogável ad nutum*,[12] por exceção à regra geral nas doações *causa mortis*, pois que não só não é de essência ou de substância de doação *causa mortis* a revogação arbitrária, como por-

com outro texto de Gama, que discute o mesmo trecho de Savigny e que se lê no volume *Crime* destas *Obras Completas*. Cf. "Sobre alforrias testamentárias", in: Luiz Gama. *Crime, 1877-1879*. São Paulo: Hedra, 2023, pp. 67-83. No parágrafo citado, Savigny discorre sobre o excerto indicado acima, qual seja, o *in exterminium tempus manumissoris veto*, que, em livre tradução, pode ser lido como "no final da vida do libertador, a liberdade é concedida". Assim, é possível que Gama estivesse com o quarto tomo do célebre *Tratado de Direito Romano* aberto ao escrever o presente argumento. Para o livro do jurista alemão, cf. Friderich von Savigny. *Traité de Droit Romain, Tome Quatrième*. Paris: Librairie de Firmin Didot Frère, 1856, pp. 242-256, especialmente pp. 252-253.

10. Refere-se a António Cortez Bremeu (1711-1759?), jurista e sacerdote católico português. Provavelmente, Gama fazia menção à obra setecentista *Universo jurídico*. Cf. António Cortez Bremeu. *Universo jurídico ou Jurisprudência Universal, Canônica e Cesárea Regulada pelas disposições de ambos Direitos, Comum e Pátrio*, Tomo I. Lisboa: Oficina de Domingos Rodrigues, 1749.

11. A primeira parte do *caput* do art. 4º da Lei do Ventre Livre permitia "ao escravo a formação de um pecúlio com o que lhe" proviesse "de doações, legados e heranças, e com o que, por consentimento do senhor", obtivesse "do seu trabalho e economias". O § 5º do art. 4º resolvia que: "a alforria com a cláusula de serviços durante certo tempo" não ficaria "anulada pela falta de implemento da mesma cláusula, mas o liberto" seria "compelido a cumpri-la por meio de trabalho nos estabelecimentos públicos ou por contratos de serviços a particulares". Cf. *Coleção das Leis do Império do Brasil de 1871*, Tomo XXXI, Parte I. Rio de Janeiro: Tipografia Nacional, 1871, pp. 147-152, especialmente pp. 149-150.

12. Discricionariamente, ao arbítrio.

que esta faculdade (de revogar) considera-se tacitamente renunciada em face da concessão, e como consequência necessária de perfectibilidade do ato, solenemente praticado por escritura pública (Livro 35, § 4º, *Digesto, de m. c. donatio* XXXIX, 6, Nov. 87., principal, Capítulo 1º, Savigny, citado; Corrêa Telles, *Digesto Português*, Tomo 3º, art. 123; Coelho da Rocha, *Direito Civil*, § 673).[13]

5º E assim transformada, por exceção jurídica, a doação *causa mortis* em doação *inter vivos*, pela natureza do ato, e seus consequentes efeitos, só podia, por *justa causa*, e por sentença judicial, em ação competente, *intentada pela manumissora*[14] ser revogada a liberdade (Livro 39, *Digesto, de m. c. donatio*, XXXIX, 6, Savigny, citado; *Ordenações*, Livro 4º, Título 63, § 1º a 5º, 7º e 8º, Sec. Relação da Corte, 24 de

---

13. Embora truncadas e intrincadas na disposição textual, pode-se afirmar que pelo menos duas das três referências são exatas. Através de Savigny, Gama cita um fragmento do *Digesto* que versava sobre a possibilidade de revogação da doação. Cf. Friderich von Savigny. *Traité de Droit Romain*, Tome Quatrième. Paris: Librairie de Firmin Didot Frère, 1856, pp. 242–256, especialmente a nota *f*, p. 244. Para a citação do jurista Corrêa Telles, a referência indicada é igualmente acurada. O trecho citado por Gama aplica-se ao caso concreto de modo bastante sugestivo. Basta ver que, segundo o jurista português, "se o doador a título de doação *causa mortis* doa, e se obriga a não revogar a doação, [esta] é uma verdadeira doação entre vivos, com troca de nome". Cf. José Homem Corrêa Telles. *Digesto Português ou Tratado dos Direitos e Obrigações Civis acomodado às Leis e Costumes da Nação Portuguesa*. Tomo III. Coimbra: Imprensa da Universidade, 1840, pp. 23–24. A referência da obra do jurista português Manuel Antonio Coelho da Rocha (1793–1850) também parece ter sofrido algum erro tipográfico, pois, muito provavelmente, os algarismos corretos foram dispostos equivocadamente. Após minucioso cotejamento com o original de Coelho da Rocha, bem como com obras especializadas, a exemplo das *Ordenações* editadas pelo jurista Candido Mendes de Almeida, optei em rearranjar os mesmos algarismos e retificar direto no corpo do parágrafo para aquela que por afinidade temática e lógica seria a marcação correta. Gama citava, então, a parte da doutrina que rezava sobre a "definição e natureza dos testamentos". Cf. Manuel Antonio Coelho da Rocha. *Instituições de Direito Civil Português*. Coimbra: Imprensa da Universidade, 1867, pp. 530–531.
14. Que cede, outorga, restitui a liberdade.

abril de 1847, Sec. 19 de fevereiro e 21 de outubro de 1848, Sec. Supremo Tribunal [de] Justiça, de 5 de fevereiro de 1850)[15].

O abaixo assinado, pelos documentos que apresenta, exuberantemente prova:

1º Que d. Maria Angélica do Nascimento faleceu a 21 de abril de 1870, e que, até esta data, nenhum pleito intentou no intuito de obter revogação da alforria que concedera aos seus escravos (docs. nº 2 e 3);

2º Que seu marido Joaquim Antonio Raposo, arbitrária e criminosamente por escrituras lavradas a 24 e 29 de dezembro de 1869, vendeu os libertos Elias, Joaquina e Marcollina a Antonio José Nogueira, Claudio Manoel dos Santos e Mariano Galvão Bueno (docs. nº 4, 5 e 6);

3º Que é notória a má-fé com que em três atos se houve Joaquim Antonio Raposo, porque reconheceu, como firme e valiosa, a manumissão aludida em relação às escravas Miquelina e Jacyntha, cujos serviços, pelo prazo de dois anos, transferiu a terceiros (docs. nº 4, 7 e 8);

---

15. Nesse trecho, Gama cita um trecho da doutrina de Savigny que tratava da doação por *causa mortis* que envolvia pessoa escravizada. Na sequência, Gama cita o título 63 do Livro 4º das *Ordenações*, que versava sobre "doações e alforrias" que se podiam "revogar por causa de ingratidão", e elenca diversas causas, dispostas em cada um dos parágrafos mencionados, que poderiam motivar tal revogação. Não encontrei a tempo do fechamento dessa edição, todavia, os julgados mencionados. Cf., respectivamente, Friderich von Savigny. *Traité de Droit Romain*, Tome Quatrième. Paris: Librairie de Firmin Didot Frère, 1856, pp. 242–256, especialmente a nota *y*, p. 252; e Candido Mendes de Almeida. *Código Filipino ou Ordenações e Leis do Reino de Portugal*, Quarto Livro. Rio de Janeiro: Tipografia do Instituto Filomático, 1870, pp. 863–866.

4º Que o meritíssimo dr. juiz municipal do termo de Jacareí, cuja ilustração é proverbial[16] e cuja honradez é inconcussa,[17] procedeu precipitada e irregularmente e com violação manifesta ao dito escrito, indeferindo a petição que endereçara-lhe, com os documentos que a esta acompanham, o advogado José Antonio Miragaya;[18] ato este tanto mais revoltante quanto é certo que, no seu memorável despacho, o meritíssimo juiz invoca desastradamente um grosseiro sofisma, ofensivo do seu grau científico, e indigno da sua posição de magistrado (vide os citados docs. nº 9 e 10).

Este mal pensado procedimento do juiz deu causa à bárbara prisão de um dos libertos por capangas do pretendido senhor, e à sua condução, amarrado, para o poder de quem nenhum direito tem para mantê-lo em escravidão; e que o não faria, por certo, se não fora poderosamente auxiliado pela inaudita[19] incúria,[20] e pela indesculpável ignaria[21] do meritíssimo juiz (vide o citado doc. nº 9).

Da presente exposição, documentos citados, leis e princípios de direito invocados, evidencia-se:

Que Elias, Joaquina e Marcollina foram manumitidos a *termo*, por escritura pública, por d. Maria Angélica do Nascimento, que podia fazê-lo;

Que esta manumissão não podia ser revogada por mero arbítrio da manumissora, e de modo algum por seu marido;

Que não tendo sido judicialmente revogada a manumissão, por quem podia fazê-lo, permaneceu ela perfeita;

---

16. Notória, amplamente conhecida.
17. Indiscutível, incontestável.
18. José Antonio Miragaya era advogado provisionado e tinha endereço profissional à rua das Flores, em Jacareí (SP).
19. Extraordinária.
20. Negligência, desleixo ou falta de iniciativa.
21. Variação de ignara, o mesmo que ignorância.

Que o ato de venda dos libertos praticado por Joaquim Antonio Raposo é uma violação voluntária e flagrante da disposição do art. 179 do Código Criminal.²²

Que, em conclusão, à vista do exposto e provado, devem os libertos ser repostos incontinenti no gozo de sua plena liberdade, por ofício do juiz, e processado, como indiciado em crime inafiançável, Joaquim Antonio Raposo.

O abaixo assinado, por manutenção dos direitos dos libertos e por desagravo da lei.

P. a v. ex. benigno deferimento, e
Não paga selo.
(Lei n° 2.040 de 28 de setembro de 1871, art. 4°, § 6°)²³

E. R. M.
São Paulo, 27 de maio de 1872
LUIZ G. P. DA GAMA

---

22. Isto é, a prática do crime de reduzir pessoa livre, que se acha em posse de sua liberdade, à escravidão. Cf. *Código Criminal do Império do Brasil*. Recife: Tipografia Universal, 1858, p. 74.

23. A primeira parte do *caput* do art. 4° permitia "ao escravo a formação de um pecúlio" e o seu respectivo § 6° garantia que "as alforrias, quer gratuitas, quer a título oneroso" seriam "isentas de quaisquer direitos, emolumentos ou despesas". O requerimento, portanto, não pagaria selo. Cf. *Coleção das Leis do Império do Brasil de 1871*, Tomo XXXI, Parte I. Rio de Janeiro: Tipografia Nacional, 1871, pp. 147-152, especialmente pp. 149-150.

## Capítulo 3
## Tragicomédia policial
*Repartição da polícia*[1]

**Comentário**   Mais uma vez, Gama acha sua voz original na confluência da literatura normativo-pragmática com a sátira dos costumes sociais. A narrativa beira o conto fantástico, sem descuidar do olhar pragmático sobre as ilegalidades de uma diligência policial perversa. O subdelegado de polícia do distrito de Santa Ifigênia disse ter sido furtado em sua própria casa. Ato contínuo, acusou a "pobre rapariga, Vicencia Maria Teixeira, sua infeliz criada", como a autora do furto. Não satisfeito, prendeu-a e levou-a à presença do chefe de polícia da capital. Interrogatório após interrogatório, e ainda que Vicencia refutasse a acusação descabida, resolveu o chefe de polícia passar ordem de prisão contra Vicencia. O que se lê a seguir é uma cena de horror ocorrida na sala do carcereiro, onde "ameaçaram brutalmente e por tal modo a tímida rapariga, que ela pretendeu suicidar-se". No dia seguinte, o mesmo subdelegado de Santa Ifigênia foi até a vizinha freguesia da Sé e prendeu "um italiano mascate". Só agora Luiz Gama entra na história. E em grande estilo. "Nesta ocasião", disse Gama, "fui chamado pelo sr. Angelo Spinelli, procurador do vice-cônsul de Itália, para requerer o que preciso fosse em prol do conduzido, seu compatriota e conhecido". Assim, na qualidade de representante do mascate, Gama tomou conhecimento do que se passava naquela tarde na Secretaria de Polícia da capital. Em fração de segundo, o italiano detido foi dispensado. Tudo aquilo era muito estranho. Gama e mascate aguardaram "o desenlace da comédia" no corredor, quando, através de acareação com Vicencia, um "moleque" confessou ter sido o subtrator do dinheiro do subdelegado. A decisão do chefe de polícia foi não menos pitoresca do que todo o caso: liberou todo mundo. Gama expõe a cru a incoerência absoluta de uma autoridade que mandava prender quem não devia e soltava quem confessava o crime. Em quatro perguntas demolidoras, Gama deixava para que os leitores respondessem se a conduta do subdelegado, do chefe de polícia e de um outro agente policial era legal ou não. Logo na primeira, mostrava a força dos questionamentos. Podia o subdelegado de Santa Ifigênia, "como parte e juiz, fora do seu distrito, fazer interrogatórios e ameaçar a interrogada para extorquir confissões, por meios ilícitos e criminosos?" Evidentemente não. Mais do que isso: Gama deixava a um só tempo implícito e expresso que Vicencia tinha sofrido torturas para confessar um crime de que ela era inteiramente inocente.

1. *Correio Paulistano* (SP), Seção Particular, 28 de maio de 1872, p. 3.

## SEGURANÇA PÚBLICA

> Prisão antes de culpa formada, à exceção de flagrante delito, só pode ter lugar nos crimes inafiançáveis, por mandado escrito do juiz competente para a formação da culpa, ou à sua requisição precedendo neste caso ao mandado ou a requisição, declaração de duas testemunhas, que jurem de ciência própria, ou prova documental de que resultem veementes indícios contra o culpado, ou declaração deste confessando o crime
> LEI Nº 2.033 DE 20 DE SETEMBRO; DECRETO Nº 4.824 DE 22 DE NOVEMBRO DE 1871[2]

Admirem os briosos paulistas estas espécies de acrisolada[3] prudência, e estes lampejos de suprema sabedoria do exmo. sr. dr. chefe de polícia, e do seu muito digno subdelegado, no distrito de Santa Ifigênia,[4] o benemérito comendador Manoel Leite do Amaral Coutinho.

Em a noite de 22 do corrente, o sr. comendador Manoel Leite deu por falta da quantia de 300$00$ réis e supõe, com fundamento, que tal quantia fora-lhe subtraída da algibeira[5] do paletó, dentro da sua casa; e entendeu, com fundamento ou sem razão, que a autora da subtração era uma pobre rapariga, Vicencia Maria Teixeira, sua infeliz criada.

Chamou-a imediatamente à sua presença, atribuiu-lhe o furto, e exigiu a restituição do dinheiro.

---

2. A síntese confere com os textos normativos citados, especialmente com o art. 13 da Lei nº 2.033 de 1871 e o art. 29 do Decreto nº 4.824 de 1871. Cf., respectivamente, Cf. *Coleção das Leis do Império do Brasil de 1871*, Tomo XXXI, Parte I. Rio de Janeiro: Tipografia Nacional, 1871, pp. 126-139, especialmente pp. 130-131; e *Coleção das Leis do Império do Brasil de 1871*, Tomo XXXIV, Parte II. Rio de Janeiro: Tipografia Nacional, 1871, pp. 653-683, especialmente p. 664.
3. Apurada, aperfeiçoada.
4. Bairro que se localizava na periferia do centro político e comercial de São Paulo.
5. Pequeno bolso interno.

A mísera rapariga, que estava inocente, negou o fato, e mostrou-se agastada[6] pela infamante coima.[7]

O sr. comendador subdelegado prendeu-a!... Conduziu-a à presença do exmo. sr. dr. chefe de polícia, e, aí amistosa, esbravejante e verbalmente fez a narração do fato, segundo a sua gasconio-trágica[8] imaginação.

O exmo. sr. dr. chefe de polícia fez também o seu interrogatório verbal, e como nada colhesse lavrou contra a conduzida a seguinte ordem de prisão!...

Secretaria de Polícia de São Paulo, 22 de maio de 1872.

O carcereiro da cadeia recolha presa, à minha ordem, a Vicencia, por crime de furto: o que cumpra.

(Assinado)
RODRIGUES

Lavrada esta iníqua[9] ordem, tão atrevida quanto ilegal, os srs. comendador Manoel Leite e tenente Salles, do corpo policial (aqui entra ele), da melhor boa vontade conduziram à cadeia a paciente.

Aí chegados, e na sala do carcereiro, tomaram algemas de ferro, constituíram-se em inquisição, e *ameaçaram brutalmente* e por tal modo a tímida rapariga, que ela aterrada[10] pretendeu suicidar-se, e quis precipitar-se da janela do sobrado à rua; desgraça que foi evitada pela presteza com que impediu-a o guarda Antonio Luiz da Silva, que revoltado e paciente assistia àquela cena inqualificável.

Isto deu-se na capital de São Paulo, no ano da graça de 1872, sob os auspícios da segunda autoridade da província... Seria tudo isto um crime inaudito;[11] daria motivo à execração pública, e importaria necessariamente a demissão de tais funcionários, se

---

6. Irritada, contrariada, enraivecida.
7. Acusação de erro, de culpa.
8. O mesmo que tragicômica, o que é simultaneamente trágico e cômico.
9. Perversa, contrário ao que é justo.
10. Aterrorizada, apavorada.
11. Sem precedentes.

em o nosso abençoado país tais desmandos não constituíssem títulos de recomendação, para o magnânimo governo que felicita-nos com tais funcionários!...

No dia 23, pelo meio dia, o sr. comendador Manoel Leite, subdelegado de Santa Ifigênia, prendeu à rua de São Bento (freguesia da Sé)[12] um italiano mascate; pôs-lhe uma sentinela à vista (o seu ordenança de cavalaria) e partiu apressadamente para a polícia, de onde voltou minutos depois, com o sr. tenente Salles; e ambos, unidos ao ordenança, conduziram o italiano preso à presença do exmo. chefe.

Nesta ocasião fui chamado pelo sr. Angelo Spinelli, procurador do vice-cônsul de Itália, para requerer o que preciso fosse em prol do conduzido, seu compatriota e conhecido.

Na polícia, depois de avisado o exmo. chefe, fomos admitidos à sua presença, e dirigindo ele de pronto a palavra ao sr. Angelo, perguntou-lhe:

— Você é o Betoldi?!!!

Obtida resposta negativa, continuou:

— Podem retirar-se; porque nada têm que ver com o meu procedimento policial; e... rua!... Estava no seu direito; a casa é da polícia, e nós pagamo-la...

Já se vê que o Exmo. não rende cultos à boa urbanidade, nem faz cabedal[13] de preceitos de macieza educação...

Descemos para o corredor, e aguardamos o desenlace da comédia: o corredor é da gente boa de dois e de quatro pés.

Subiram os presos à presença de S. Excia.; travaram-se em renhida disputa com um moleque do sr. Manoel Leite, que fora o autor confesso da subtração, e... foram mandados embora os três: o italiano, que era o Pilatos[14] daquele credo policial, a Vicencia e... o moleque...

Eis a fiel narração do fato.

12. Uma das principais vias do centro da cidade de São Paulo.
13. Por sentido figurado, possuir, reunir, manejar.
14. Pôncio Pilatos foi governador da Judeia (26–36 a.C.) e presidiu o julgamento que sentenciou a crucificação de Jesus. A referência, nesse caso, toma seu nome por metonímia burlesca para alguém sem consciência do que está fazendo.

Agora pergunto com a devida reverência ao ilustre e honrado sr. dr. promotor público, em face do Código Criminal.

Podia o sr. comendador Manoel Leite, como *parte* e *juiz*, fora do seu distrito, fazer interrogatórios e ameaçar a interrogada para extorquir confissões, por meios ilícitos e criminosos?

Podia o sr. tenente Salles prestar-se, como agente da polícia, a auxiliar a perpetração desfaçada desse bárbaro atentado?

Podia o exmo. sr. dr. chefe de polícia, violando a lei, sem competência, mandar recolher à prisão Vicencia Teixeira, com uma ordem irregular, por ele escrita, *por crime de furto*?

Podia o sr. Manoel Leite prender um italiano à rua de São Bento, e conduzi-lo à polícia, para indagações policiais, sobre negócio do seu interesse?

Tudo isto fez-se; muito também cabe agora ao sr. dr. promotor fazer.

Nada mais direi dos srs. comendador Manoel Leite e tenente Salles: são dois guardas do direito que desconhecem o tesouro que lhes foi confiado. Do exmo. sr. dr. chefe de polícia, porém, jurisconsulto e magistrado, não direi o mesmo, porque seria irreparável injúria irrogada[15] ao seu título e à sua posição: S. Excia. se tem consciência dos atos que praticou, e se possui a ilustração, que atribuem-lhe pessoas eminentes, permita que lhe diga, iludiu o destino com admirável habilidade, e trocou a jaqueta-penitenciária pela toga de juiz, mas se, pelo contrário, exerce o cargo de chefe de polícia, como um polichinelo[16] representaria de Phocion,[17] modifico desde já o meu juízo; apertemos as mãos ambos, e exclamemos com júbilo:

Glória à pátria, viva o rei!!!

LUIZ GAMA

---

15. Imputada.
16. Palhaço, comediante.
17. Phocion (402–318 a.C.) foi um político, estrategista militar e estadista ateniense que passou à história clássica retratado como popular e virtuoso. A metáfora pode ser lida como um palhaço ocupando o lugar de estadista.

# PARTE XV

## O JUIZ DO INFERNO

**NOTA INTRODUTÓRIA**   *Luiz Gama escreve, em três atos, uma peça monumental. O "Cousas do sapientíssimo sr. dr. Felicio" integra o que há de melhor na sua literatura normativo-pragmática, combinada, como o leitor bem sabe, com a verve satírica que o notabilizava como artista da palavra. O núcleo do conflito era a liberdade de uma mulher escravizada, a parda Polydora, que o juiz Felicio insistia em esmagar, mantendo a mulher sob o jugo da cruel escravidão. Gama fez tudo que podia a bem do direito de Polydora e, sem saída no juízo municipal da capital, apelou para que os leitores do* Correio Paulistano *tomassem ciência do caso e da estupidez intelectual e técnica do juiz Felicio. Essa não era a primeira vez — e também não seria a última — que Gama batia de frente com Felicio. A história já vinha de longa data. Basta que se leia, neste volume, a série de artigos sobre a prisão do artista Leal, na seção "Juiz criminoso", título que, assim como o da presente seção, prestigia o legado do juiz Felicio. Nos dois casos, Gama buscou, em seu fértil manancial de metáforas, a mesmíssima referência literária para satirizar o juiz Felicio: o mitológico Minos. Pela* Comédia *de Dante Alighieri, ele passou à história moderna como um dos três juízes do inferno, aquele que julgava as almas condenadas ao limbo eterno e decidia a qual punição correspondiam seus pecados, enviando-as para que cumprissem suas respectivas penas em diferentes recônditos dentro do mesmo limbo. A analogia entre Minos e Felicio é não só uma sátira pessoal da miséria moral de um juiz corrupto, mas é também parte de uma alegoria sobre o inferno que era a escravidão no Brasil. Inferno do poeta Dante, inferno do poeta Gama. Poesia, a propósito, que toma o jurista de espanto e o faz descambar por instantes o curso lógico de seu comentário normativo-pragmático para dar a lume nove novas quadras de trovas burlescas. Como poeta, Gama invocava uma célebre passagem bíblica para deixar patente a qual senhor Felicio servia. Como jurista, tinha os olhos concretamente voltados para uma fase muito específica das alforrias mediante indenização do valor monetário do escravizado, o que se chamava à época de alforria através da exibição do pecúlio. Dessa combinação sui generis entre poesia e conhecimento normativo, Gama fazia, a um só tempo, arte e direito, em busca da justiça e da liberdade. Para sobreviver no inferno da escravidão brasileira e paulista, Gama adotou um código de honra rígido que se pode ler direta ou indiretamente em muitos dos seus textos. Nessa jornada épica, sabemos, Gama não estava só. Tinha ao seu lado Polydora e outras muitas pessoas que, assim como eles, tinham fome de saber e sede de justiça.*

## Capítulo 1
# De tudo se vende no Império do Brasil, até a liberdade
## Cousas do sapientíssimo sr. dr. Felicio[1]

**Comentário**   *Gama já inicia seu texto com o claro objetivo de denunciar a má conduta — moral, intelectual e técnica — do seu velho conhecido, o juiz municipal Felicio Ribeiro dos Santos Camargo. Para isso, publicaria diversos excertos de petições e despachos por ele proferidos. Desde a epígrafe, o leitor pode esperar o melhor da sátira correndo nas linhas de Gama. Mais uma vez, ele articularia a ironia afiada ao sólido conhecimento normativo. "São mais do que despachos; parecem anúncios americanos", diria Gama, numa tacada que criticava tanto a moda da propaganda da época quanto a forma com que se davam certas decisões judiciais. O núcleo da demanda era a liberdade de uma mulher parda escravizada que, "querendo alforriar-se", encontrava resistência do seu possuidor. Embora Gama tenha ocultado o nome da mulher, sabe-se, com a análise de processos do período, que se tratava da parda Polydora. O autor pedia ao juiz municipal o depósito judicial de Polydora "em mão de pessoa particular e idônea, para poder litigar em juízo". Pedia também que se intimasse o possuidor que teria direito à propriedade escrava para que então as partes pudessem escolher os peritos que avaliariam a quantia da indenização senhorial. Esse parecia ser o único caminho legal para Polydora obter enfim a sua alforria. O despacho viria em meia linha e nada concedia ao pedido. Ao contrário, estipulava rito estranho e prejudicial à demanda de liberdade, exigindo que se apresentasse o pecúlio antes de qualquer outro procedimento de direito. Gama, como um artista da palavra, suspende o exame de excertos do processo e passa para uma aula pública sobre a alforria mediante indenização e arbitramento de terceiros. Seguem-se mais duas petições de Gama e outros dois despachos do juiz Felicio. A demanda, que já começara tensa, ficaria muito mais turbulenta. Gama sabia que Polydora corria risco de vida. O passo dado era sem volta: precisavam ganhar a causa. Se fosse preciso aumentar a temperatura da ação, que não temessem a fervura.*

1. *Correio Paulistano* (SP), Foro da Capital, Juízo Municipal, 28 de julho de 1872, p. 2. Felicio Ribeiro dos Santos Camargo (?-?), nascido em São Paulo (SP), foi um político e juiz que, a exemplo de Rego Freitas, foi um dos principais adversários de Luiz Gama.

# I

> Era grande, era tremendo;
> Magistrado era de arromba;
> Derrubava mais de pena,
> Que um elefante co'a tromba!
>
> josé daniel,[2] *Almocreve de petas*[3]

É uma questão de direito, se bem que vulgaríssima, a que ora exponho à pública consideração; e para que as pessoas sisudas possam bem apreciar o procedimento do ríspido magistrado — sr. dr. Felicio Ribeiro dos Santos Camargo —, para com míseros e desprotegidos escravos, passo a reproduzir as petições por mim feitas, e os doutíssimos despachos por ele proferidos:

Ilmo. sr. dr. juiz municipal,

A parda F..., ex-escrava de d. B..., querendo alforriar-se, e não tendo podido para isso chegar a acordo com o herdeiro da mesma senhora — a., b., c. —, vem respeitosamente perante V. S., nos termos

---

2. José Daniel Rodrigues da Costa (1757-1832), nascido em Colmeias, Portugal, foi poeta, dramaturgo, jornalista e funcionário público.
3. Mais do que uma compilação única e estática, o *Almocreve de petas, ou moral disfarçada para correção das miudezas da vida* foi uma série de livros e folhetos que reuniam colunas de imprensa e textos avulsos publicados em Portugal. Do final do século xviii até meados do século xix, as edições do *Almocreve de petas* ganharam grande repercussão na sociedade lisboeta, consolidando a sátira como discurso político no debate público. Gama, aliás, redator e fundador de periódicos humorísticos como o *Diabo Coxo* (1864-1865), *O Cabrião* (1866-1867) e *O Polichinello* (1876), dominava esse estilo discursivo como poucos e a citação da sátira portuguesa demonstra o seu repertório de leituras. Embora não tenha encontrado o verso posto à epígrafe, vale conferir uma das principais edições do *Almocreve de petas*, que provavelmente Gama conhecia de perto. Cf. José Daniel Rodrigues da Costa. *Almocreve de petas, ou moral disfarçada para correção das miudezas da vida*, Tomo i. Lisboa: Oficina de J. M. de Campos, 1819. Para uma visão da obra satírica de José Daniel, em geral, e do *Almocreve de petas*, em particular, cf. João Pedro Rosa Ferreira. "'Com toda a certeza, se não for mentira'. Mentira e verdade nos folhetos humorísticos de José Daniel Rodrigues da Costa". In: *Cultura — Revista de História e Teoria das Ideias*, vol. 36, 2017, pp. 246-265.

da lei, impetrar segurança pessoal, mediante depósito judicial, em mão de pessoa particular e idônea, para poder litigar em juízo; ficando desde logo intimado o referido herdeiro — para vir na primeira audiência deste juízo propor e escolher louvados[4] que pratiquem o arbitramento legal, para ter lugar o depósito da quantia equivalente ao valor da suplicante que seja estimado, e seguirem-se nos termos de direito os mais do respectivo processo.

Assim, por ser de plena justiça,
P. a V. S. benigno deferimento, e
E. R. M.
Pela suplicante
O curador[5]
L. GAMA

DESPACHO

Apresente o pecúlio[6] com que pretende *comprar a liberdade* (!)

São Paulo, 24 de julho de 1872
SANTOS CAMARGO

As disposições legais referidas na petição, que fica transcrita, em as quais fundei-me para endereçá-la ao meritíssimo juiz, são as seguintes: *E porque em favor da liberdade são muitas cousas outorgadas* contra as regras gerais: se alguma pessoa tiver algum mouro cativo, o qual seja pedido para na verdade se haver de dar e resgatar algum cristão cativo em terra de mouros, que por tal mouro se haja de cobrar e remir: mandamos que a pessoa, que tal mouro tiver, *seja obrigada de o vender*, e seja para isso pela justiça constrangido. E se o comprador e o senhor do mouro se não acordarem no preço, no lugar onde houver dois juízes, eles

---

4. Avaliador, perito, especialista nomeado ou escolhido pelo juiz para dar parecer técnico.
5. Aquele que está, em virtude de lei ou por ordem de juiz, incumbido de cuidar dos interesses e bens de quem se acha judicialmente incapacitado de fazê-lo.
6. Patrimônio, quantia em dinheiro que, por lei (1871), foi permitido ao escravizado constituir a partir de doações, legados, heranças e diárias eventualmente remuneradas.

ambos, com um dos vereadores mais antigos, não sendo suspeito, e onde não houver mais que um juiz, ele com dois vereadores sem suspeita, e sendo algum suspeito, se meterá outro em seu lugar, em maneira que sejam três, avaliem o mouro; informando-se bem do que pode valer segundo comum valia, etc. (*Ordenações*, Livro 4º, Título 11, § 4º, — Vide mais para maior clareza — Provisões de 8 de agosto de 1821; 23 de outubro e 15 de dezembro de 1824; Resolução de 21 de janeiro de 1828; e Avisos de 17 de março e 29 de julho de 1830; e de 13 de março de 1845.[7]

É permitido ao escravo a formação de um pecúlio com o que lhe provier de doações, legados e heranças e com o que, por consentimento do senhor, obtiver do seu trabalho e economias. O *Governo* providenciará nos regulamentos sobre a *colocação e segurança* do mesmo pecúlio.

O escravo que, por meio de seu pecúlio, obtiver meios para indenização de seu valor, tem direito à alforria. Se a indenização não for fixada por acordo, o será por arbitramento. Nas rendas judiciais ou nos inventários o preço da alforria será o da avaliação.

É, outrossim, *permitido ao escravo em favor da sua liberdade*, contratar com terceiro a prestação de futuros serviços, por tempo que não exceda de sete anos, mediante o consentimento do senhor, e aprovação do juiz de órfãos (Lei nº 2.040 de 28 de setembro de 1871, art. 4º, §§ 2º e 3º).[8]

∽

7. Gama transcreve praticamente a íntegra do § 4º, Título 11, do Livro 4º das *Ordenações*. Todas as normas citadas após a mencionada *Ordenação* podem ser lidas numa nota de rodapé da edição de 1870, de modo que Gama possivelmente tinha acesso e faxia uso da mais recente das edições das *Ordenações*. Cf. Candido Mendes de Almeida. *Código Filipino ou Ordenações e Leis do Reino de Portugal*, Quarto Livro. Rio de Janeiro: Tipografia do Instituto Filomático, 1870, pp. 790-791.
8. Trata-se da conhecida Lei do Ventre Livre. O art. 4º, em seu *caput*, permitia "ao escravo a formação de um pecúlio com o que lhe" proviesse "de doações, legados e heranças, e com o que, por consentimento do senhor", obtivesse "do seu trabalho e economias". Ainda segundo o texto normativo, o governo providenciaria posteriormente "sobre a colocação e segurança do mesmo pecúlio". O § 2º do art. 4º, a sua vez, prescrevia que "o escravo que, por meio de seu

Ilmo. sr. dr. juiz municipal,

Replicando, diz a parda F..., por seu curador, que lei alguma do império, ou disposição regulamentar, ou aresto[9] de tribunal existe, que autorizar possa a vexatória e de todo arbitrária exibição do seu pecúlio neste juízo; nem tampouco lei ou disposição alguma existe, que a V. S. dê o direito de fiscalizar *ex-officio*[10] e administrativamente o pecúlio dos escravos.

A suplicante requereu depósito pessoal e nele insiste, para tratar judicialmente da sua manumissão. O depósito é ato preliminar da propositura da ação de liberdade, e não a exibição do pecúlio, como V. S., por vontade própria, ordenou, da qual a exibição em semelhante hipótese, lei alguma cogitou (Borges Carneiro, *Direito Civil*, Livro 1º, Título 3º, § 32; Aviso [de] 5 de novembro de 1783; Arg. do Aviso [de] 6 de novembro de 1850, *Consolidação* [das] *Leis Civis Brasileiras*, 2ª ed., pág. 249).[11]

---

pecúlio" obtivesse "meios para indenização de seu valor", teria "direito à alforria". "Se a indenização não for fixada por acordo", dizia o texto legal, esta seria determinada por arbitramento. Quando fosse em "vendas judiciais ou nos inventários o preço da alforria" seria o determinado pela avaliação. Por fim, o § 3º do art. 4º permitia que o escravizado "em favor da sua liberdade" contratasse "com terceiro a prestação de futuros serviços por tempo que não" excedesse "sete anos, mediante o consentimento do senhor e aprovação do juiz de órfãos". Cf. *Coleção das Leis do Império do Brasil de 1871*, Tomo XXXI, Parte I. Rio de Janeiro: Tipografia Nacional, 1871, pp. 147-152, especialmente pp. 149-150.
9. Acórdão, decisão de tribunal que serve de modelo ou paradigma para solucionar casos semelhantes.
10. Realizado por imperativo legal e/ou por dever do cargo ou função.
11. O aviso de 1783 se lê na indicação dada por Gama, a saber, em Borges Carneiro, *Direito Civil*, Livro 1º, Título 3º, § 32. Segundo Borges Carneiro, tal aviso "declarou que as Pretas que se achavam presas em cadeia pública, enquanto se litigava sobre sua liberdade, fossem, por esta ser mui favorável transferidas para depósitos particulares, onde seus contendores as sustentassem durante o litígio". É de se notar, igualmente, que o § 32 da doutrina civilista de Borges Carneiro tratava do "favor da liberdade" e se constituía de cinco ideias centrais, sendo quatro delas bastante caras ao conhecimento normativo que Gama colocava em prática em São Paulo. Descontadas citações internas e referências externas, são elas: 1º. "Todo o homem se presume livre; a quem requer contra a liberdade incumbe a necessidade de provar"; 2º. "Quando se questiona se alguém é livre ou escravo, esta ação ou exceção goza de muitos privilégios concedidos em favor da liberdade". 3º. "A favor do pretendido escravo não só pode

A suplicante, meritíssimo juiz, ainda quando não tivesse pecúlio, não estaria inibida de questionar neste juízo, sobre a sua manumissão, e de obtê-la legalmente; porque uma vez reconhecido o seu direito podia obrigar os seus *serviços futuros*, para com terceiros, para o pagamento do preço de sua alforria, ou obter do governo a soma para isso necessária (Lei nº 2.040, cit., art. 3º e 4º, § 3º);[12] é certo, entretanto, e doloroso é dizê-lo, que a manutenção do venerando despacho, por V. S. proferido, importa revogação expressa desta lei!...

Estas considerações, exclusivamente baseadas na boa jurisprudência, se bem que ofensivas de bárbaros preconceitos e prevenções antiliberais, dão à suplicante a lisonjeira esperança de que V. S. dignar-se-á ordenar o depósito requerido.

P. deferimento, e
E. R. M.
Pela suplicante
LUIZ GAMA

DESPACHO

Cumpra-se o despacho supra.

São Paulo, 24 de julho de 1872
SANTOS CAMARGO

⁕

requerer ele mesmo, mas qualquer pessoa (*assertor*), ainda repugnando ele". 4º. "A causa da liberdade não admite estimação, por ser ela de valor inestimável (...)" Cf. Manuel Borges Carneiro. *Direito Civil de Portugal*. Tomo I. Lisboa: Impressão Régia, 1826, pp. 96–97. Por derradeiro, Gama cita a *Consolidação das Leis Civis*, obra do advogado, juiz e presidente do Instituto dos Advogados do Brasil (IAB), Augusto Teixeira de Freitas (1816–1883). Cf. Augusto Teixeira de Freitas. *Legislação do Brasil — Consolidação das Leis Civis*. 2 ed. Rio de Janeiro: Tipografia Universal de Laemmert, 1857. Não localizei a tempo do fechamento dessa edição, todavia, os extratos dos avisos citados.

12. O art. 3º da Lei do Ventre Livre estabelecia que seriam libertados cada ano, em cada província, "tantos escravos quantos corresponderem à cota anualmente disponível do fundo destinado para a emancipação". A redação do art. 4º, § 3º, pode ser lida em nota que se acha acima. Cf. *Coleção das Leis do Império do Brasil de 1871*, Tomo XXXI, Parte I. Rio de Janeiro: Tipografia Nacional, 1871, pp. 147–152, especialmente p. 149.

Ilmo. sr. dr. juiz municipal,

A suplicante torna respeitosamente à presença de V. S., para que se digne declarar *onde, quando* e *como* deve ser feita a exibição do pecúlio, visto ser inevitável o cumprimento do venerando despacho de V. S., para cuja observância são precisas fórmulas novas, que devem estar preestabelecidas na lei, que a suplicante não conhece, mas que V. S. sabiamente está confeccionando.

A impetrante implora a V. S. humildemente de relevar esta insistência, porque o seu pecúlio é a sua fortuna, a sua propriedade; e ela não o deixará neste juízo, sem que se dê a mais estrita observância das formalidades garantidoras da sua propriedade, a despeito da novíssima jurisprudência promulgada nos sábios despachos de V. S.

P. benigno deferimento, e
E. R. M.
Pela suplicante,
L. GAMA

DESPACHO

Faça-se o *depósito* em mão da pessoa que receber o *depósito* da suplicante, que ordeno se faça conjuntamente, depois de apresentado o pecúlio no cartório do escrivão, a quem for *este* distribuído.

Feito o *depósito* nos termos ordenados, *cumpra-se o requerido* (!) na petição primeira.

São Paulo, 24 de julho de 1872
SANTOS CAMARGO

São dignos de nota os luminosos despachos do sr. dr. Felicio!

Deles, o primeiro principalmente, é de apavorar tíbios[13] espíritos, e para abrir larga concorrência a emigrantes aventureiros!

É de venalidade a época; e estamos no primeiro país comercial do mundo! São mais do que despachos; parecem anúncios americanos.

Na autorizada opinião do sr. dr. Felicio, tudo se vende no império do Brasil: estamos em contínua e plena barganha: de tudo

---

13. Débeis, fracos.

se faz comércio, desde os canudos de papelão encampados à província para encanamento de chafarizes *gratuitos*, até a liberdade, que se compra perante certos magistrados!

Chegamos felizmente aos ditosos tempos em que tudo é lícito vender...

É que o juiz integérrimo,[14] que isto afirma nos seus venerandos despachos, tem plena consciência de que enverga paletó burguês, em vez da trábea[15] romana, e sabe que em certas mãos o gládio[16] mitológico dos helenos[17] converteu-se em macete[18] de leiloeiro.

De minha parte, e creio estar de acordo com os homens honestos, rendo sincera homenagem ao sr. dr. Felicio, pela memorável franqueza de soldado espartano com que lavra os seus marciais despachos; é que as armaduras de Marte[19] não prejudicam a facúndia[20] de Minerva...[21]

Peço permissão a S. S. para repetir com entusiasmo as suas admiráveis palavras:

Apresente o pecúlio com que pretende *comprar a liberdade*.

E chegue-se a ele... que receberá seu lanço![22]

25 de julho de 1872

L. GAMA

---

14. Extremamente íntegro, o que, dada a escancarada ironia, sugere exatamente o oposto.
15. Manto ou toga romana de cor branca e púrpura usada por reis, magistrados, cônsules.
16. Espada.
17. Refere-se aos gregos.
18. Tipo de martelo.
19. Divindade romana da guerra e da agricultura, regendo suas armas e ferramentas.
20. Eloquência.
21. Divindade romana das artes e da sabedoria.
22. O mesmo que lance, oferta.

## Capítulo 2
## Trinta dinheiros
*Cousas do sapientíssimo sr. dr. Felicio*[1]

**Comentário**   Gama dobra a aposta na segunda parte da série de "cousas do sapientíssimo sr. dr. Felicio". Agora, daria prova cabal da absoluta falta de lógica nos julgamentos do juiz Felicio. Não que o artigo se prenda a isso ou que essa tenha sido a crítica mais enérgica. Se antes Gama tinha deixado fora de toda dúvida qual o estilo de julgamento de Felicio — o que talvez possa ser resumido na frase lapidar "despacho extravagante na forma e absurdo na essência" —, dessa vez o advogado abolicionista traria e discutiria um elemento incontestável da incoerência normativa feliciana. Uma vez que o juiz Felicio tinha ordenado a exibição do pecúlio, Gama tornou a peticionar e satisfez essa ordem apresentando um pecúlio de 30$000 réis. O juiz Felicio voltou furioso. Dizendo que aquela quantia não era, "em caso algum, suficiente para comprar a liberdade", indeferiu em "todas as suas partes" a petição de Gama e ordenou que ele só voltasse com um pecúlio razoável, sem especificar, certamente para embargar o pleito, o que seria um montante razoável. O retorno de Gama foi digno do grande tribuno que ele era. Gama trazia uma prova inquestionável: o próprio juiz Felicio havia aceitado, dez dias antes, uma avaliação de dois escravizados, cada um pelo valor de vinte réis! Ou seja, nem mesmo a justificativa de que o pecúlio de Polydora não era "em caso algum" suficiente tinha fundamento. E tal incoerência, se não fosse bastante, ganhava maior destaque comparada com uma decisão do próprio juiz exarada havia apenas dez dias! O curador continuaria a investida. O caso não estava terminado. Gama daria nova e fulminante lição de direito ao julgador. Mas falaria ao coração do leitor. "Finalmente", arrematava Gama, "se é verdade, como a história da Igreja o atesta e V. S. não a ignora, que a liberdade de Nosso Senhor Jesus Cristo foi vendida no tribunal de Sinédrio, perante o magno juiz hebreu, por trinta dinheiros, não é estranhável (...) que, perante V. S., a suplicante avalie a sua própria liberdade em trinta mil réis".

1. *Correio Paulistano* (SP), Foro da Capital, Juízo Municipal, 31 de julho de 1872, p. 3. Felicio Ribeiro dos Santos Camargo (?-?), nascido em São Paulo (SP), foi um político e juiz que, a exemplo de Rego Freitas, foi um dos principais adversários de Luiz Gama.

> Examinar os fatos, e a eles aplicar sábia e escrupulosamente a lei, tal é nobre missão do juiz.
>
> SENADOR PIMENTA BUENO[2]

## II

O asserto com tanta sabedoria escrito, que serve de epígrafe ao presente artigo, mostra clara, filosófica e praticamente qual a elevada missão do juiz perante a sociedade: é o homem da Lei, porque foi ele escolhido para velar pela sua rigorosa observância.

Cumpre agora ver como o ilustrado sr. dr. Felicio observa os preceitos legais, e distribui justiça pelos seus concidadãos.

Em obediência do último despacho, por S. S. proferido e por mim publicado no artigo precedente, embora esse despacho extravagante na forma e absurdo na essência atacasse em seus fundamentos a disposição do artigo 4º, última parte, da Lei nº 2.040 de 28 de setembro de 1871, que reservou ao governo, em seus regulamentos, que ainda não foram confeccionados, a guarda e administração do pecúlio[3] dos escravos, exibi no cartório respectivo o pecúlio da manumitente,[4] no valor de 30$000 [réis].[5] Isto feito, o escrivão lavrou os mandados para o depósito da manumitente, e do seu pecúlio, nos termos prescritos no mencionado

---

2. Para a nota biográfica de José Antonio Pimenta Bueno, ver n. 2, p. 92. Não se sabe, todavia, qual a obra doutrinária ou discurso político de Pimenta Bueno a que Gama fazia referência.
3. Patrimônio, quantia em dinheiro que, por lei (1871), foi permitido ao escravizado constituir a partir de doações, legados, heranças e diárias eventualmente remuneradas.
4. Alforrianda, que demanda liberdade.
5. O art. 4º da lei 2.040 de 28 de setembro de 1871, a conhecida Lei do Ventre Livre, permitia "ao escravo a formação de um pecúlio com o que lhe provier de doações, legados e heranças e, com o que, por consentimento do senhor, obtiver do seu trabalho e economias". A parte final do mesmo texto normativo estabelecia que: "O Governo providenciará nos regulamentos sobre a colocação e segurança do mesmo pecúlio".

despacho, e os submeteu à assinatura do digno juiz, que os devolveu ao cartório, no mesmo estado, determinando, por um simples recado seu — que autuadas as petições com os documentos da manumitente, lhe fossem conclusos. E assim se cumpriu imediatamente.

Às 5 horas da tarde tornaram os autos ao cartório, com o seguinte estupendo despacho:

Não sendo a quantia constante do documento de folhas, *em caso algum*, suficiente para comprar a liberdade da suplicante, *mesmo* porque em tempo algum se comprou um escravo por 30$000 [réis], indefiro a petição de folhas em todas as suas partes (!!!), enquanto a suplicante não apresentar, em juízo, *um pecúlio com que razoavelmente* possa conseguir os seus fins.[6]

São Paulo, 25 de julho de 1872
SANTOS CAMARGO

A este venerando despacho que importa, se não grosseira inverdade, ao menos uma atroz calúnia, irrogada[7] pelo preclaríssimo sr. dr. Felicio à sua própria memória, repliquei com a seguinte petição:

Ilmo. sr. dr. juiz municipal,

A parda F..., com o acatamento devido, pela mediação do seu humilde curador,[8] tendo sido intimada do respeitável despacho em que foi V. S. servido, se bem que contra expressa disposição de lei, negar-lhe depósito pessoal, como providência preliminar, para proposiura de ação manumissória,[9] e repelir por exíguo e insuficiente o pecúlio de 30$000 réis por ela exibido, para alforriar-se, dizendo e afirmando V. S. no aludido despacho — que nunca escravo algum foi vendido nem comprou a sua liberdade por tal preço, implora permissão sem

---

6. Todos os grifos em itálico, bem as exclamações, são da autoria de Gama. As marcações do autor visam sinalizar quais os trechos do despacho servirão de base para os argumentos que ele virá a explorar mais à frente.
7. Imputada.
8. Aquele que está, em virtude de lei ou por ordem de juiz, incumbido de cuidar dos interesses e bens de quem se acha judicialmente incapacitado de fazê-lo.
9. Processo em que se demanda a liberdade.

embargos do reconhecido critério e sempre honrada palavra de V. S., para ponderar e provar, com o documento junto, extraído de autos que correm por este juízo egrégio, *e nos quais V. S. tem oficiado*:

1º Que, até pela quantia de vinte mil réis se tem avaliado escravos, os quais em virtude da lei, e se for da vontade de V. S. sapientíssima, poder-se-ão libertar (pelos 20$000 réis) exibindo o preço da avaliação;

2º Que, se é verdade, como V. S. acaba de observar e jamais o poderá contestar, que por este juízo tem-se avaliado escravos em certos inventários, a vinte mil réis, não é extraordinário, e menos ainda ofensivo da cobiça dominical,[10] que não pode ser alimentada, nem graciosamente defendida por V. S., o fato de haver a suplicante exibido um pecúlio de 30$000 [réis], no intuito de obter a sua manumissão;

3º Finalmente que, se é verdade, como a história da Igreja o atesta e V. S. não a ignora, que a liberdade de Nosso Senhor Jesus Cristo foi vendida no tribunal de Sinédrio,[11] perante o magno juiz hebreu, por trinta dinheiros, não é estranhável, nem caso de lesa[12] empolgadura,[13] que, perante V. S., a suplicante avalie a sua própria liberdade em trinta mil réis.

À vista, pois, do doutíssimo despacho de V. S., a suplicante requer que seja servido declarar, a seu talante,[14] qual a quantia que determina para a constituição razoável e legal do pecúlio, para que, quando seja obtida, possa a suplicante tornar à presença de V. S., para, de novo, implorar o cumprimento da lei bem entendida.

Nestes termos,
P. a V. S. benigno deferimento.

L. GAMA

---

10. Senhorial.
11. Refere-se à assembleia dos antigos judeus, em Jerusalém, que disciplinava e julgava crimes contra a lei judaica.
12. Ferir.
13. Mesmo que empolgamento, ato ou efeito de empolgação. A expressão como um todo tem um sentido semelhante a estraga-prazeres.
14. Arbítrio.

## DESPACHO

Nos autos.

São Paulo, 26 de julho de 1872
SANTOS CAMARGO

A esta petição acompanha um certificado, extraído do inventário do capitão José Joaquim de Jesus,[15] pelo escrivão sr. dr. Soares de Souza Júnior, do qual consta que os escravos *José* e *Geraldo* foram avaliados a 20$ réis cada um, *perante o sr. dr. Felicio há dez dias.*

~

Há quatro dias tem o sr. dr. Felicio em seu poder os autos para despachar: S. S., que anda atualmente com a bossa[16] da energia pejada,[17] estará, de certo, preparando algum despacho-bomba, para estrondar e iluminar sinistramente o foro.

Fico à espera do mau *sucesso*, de pena em punho, e prometo não deixar em silêncio a glória excelsa do marcial juiz.

30 de julho de 1872
L. GAMA

---

15. Procurar processo pelo nome daquela parte.
16. Têmpera.
17. Carregada, confusa, entulhada.

## Capítulo 3
# Jurisprudência do ódio contra os negros
## Cousas do sapientíssimo sr. dr. Felicio[1]

**Comentário**   A terceira e última parte da série fulmina o juiz municipal da comarca de São Paulo. Já na epígrafe, com versos do satírico Bocage, se vê que Gama vinha para arrebentar. "Eis o seu último despacho", Gama chamava a atenção dos leitores, "o qual justamente se deve denominar chave-de-ouro". Nele, o juiz Felicio finalmente estipulava um valor para a parda Polydora obter a alforria mediante pagamento: "um conto de réis", quantia trinta e tantas vezes maior do que a que Gama exibiu no cartório! Gama ficou furioso. Sem avaliação ou arbitramento, o juiz tirava ao seu capricho qual deveria ser o valor do pecúlio. E, haja vista a avaliação feita e acatada pelo mesmo juiz dez dias antes, aquele valor exorbitante tinha todo o jeito de ter sido imposto para enterrar as possibilidades de liberdade de Polydora. Tomado por espanto, Gama metamorfoseia o juiz em animal. Felicio, então, seria uma águia, no olhar, nas abas da casaca, nas pernas finas, nos cabelos, nas unhas, na vontade, nas pretensões, "águia, enfim, no gênio e na sanha contra os negros". Polydora e ele, curador, seriam como presas diante de uma águia feroz e implacável. Como que do absurdo e do espanto o artista resolvesse fazer arte, Gama corre um poema arrebatador, aberto justamente com a imagem do juiz-águia preparando o bote sobre Polydora. "Ponhamos, entretanto, de parte estes contrapontos de zombaria" — saía de canto o satírico para dar lugar ao jurista — "e consideremos, com profunda seriedade, estes gravíssimos trechos de cantochão forense". Gama invoca "os venerandos lentes da faculdade jurídica, os decanos da famosa academia paulistana", para que respondessem uma consulta, composta por três perguntas, que ele mesmo elaborara. Seis juristas ligados à Faculdade de Direito do Largo de São Francisco se pronunciaram. Unanimemente, os pareceristas e signatários se manifestavam em sentido semelhante ao que Gama vinha arguindo no juízo e na imprensa. Mais do que a confluência de opiniões, contudo, os jurisconsultos e professores se alinhavam com a interpretação que Gama há muito vinha martelando no juízo de São Paulo sobre como demandar e processar causas de liberdade. O final do beco parecia próximo. A história de Polydora e Gama, porém, estava longe do final.

1. *Correio Paulistano* (SP), Foro da Capital, Juízo Municipal, 04 de agosto de 1872, p. 2–3.

> Já frio de terror sussurra o povo,
> Porque a tua cachola anda pejada,[2]
> E mui cedo se espera um parto novo!...
>
> ELMANO[3]

## III

Está racionalmente resolvida a magna questão do arbitramento da parda F..., minha curatelada.[4]

Motivos tinha eu de sobra quando declarei, no meu segundo artigo, que o respeitável sr. dr. Felicio anda com a bossa[5] da energia sinistramente abarrotada; e o eminente magistrado que, por devoção própria, rendo cultos pomposos à verdade, não quis deixar em falha a minha proposição.

Eis o seu último despacho, o qual justamente se deve denominar chave-de-ouro:

> Uma vez oferecido um pecúlio[6] equivalente à quantia de um conto de réis, faça-se depósito da suplicante.

2. Carregada, cheia.
3. Elmano foi um dos pseudônimos de Manuel Maria Barbosa du Bocage (1765-1805). Nascido em Setúbal, Portugal, o popular Bocage foi um dos mais incisivos e mordazes poetas do século XVIII, tendo deixado contribuição valiosa para a literatura portuguesa. Ocorre, porém, que Gama não reproduz rigorosamente o poema de Bocage, mas, antes, modifica ligeiramente os versos. Ao lado de mínimas alterações de tempo poético, que aliás parecem atender a dinâmica discursiva da polêmica, Gama criativamente substitui a original "estupidez" para "cachola". O leitor familiarizado com a sátira portuguesa veria que Gama havia operado uma metonímia, onde a cachola faria a vez da estupidez. Para a leitura desses versos e do contexto a que ele originalmente se ligava, cf. Manuel Maria Barbosa du Bocage. *Excerptos*, Tomo III. Rio de Janeiro: Livraria de B. L. Garnier, 1867, p. 2.
4. A pessoa sob representação do curador.
5. Têmpera.
6. Patrimônio, quantia em dinheiro que, por lei (1871), foi permitido ao escravizado constituir a partir de doações, legados, heranças e diárias eventualmente remuneradas.

São Paulo, 1º de agosto de 1872
SANTOS CAMARGO

Finda a leitura deste sublimado disparate judicial, os venerandos lentes da faculdade jurídica, os decanos da famosa academia paulistana, tão duplamente respeitados pelo seu saber, como pela sua prudência, devem cobrir as frontes envergonhados. O sr. dr. Felicio obteve um título de jurisconsulto, conferido por eles, que, subscrevendo-o, não poderiam alienar as virtudes que os distinguem, e menos ainda faltar aos seus deveres... O pergaminho existe; o sr. Felicio é jurisconsulto; o governo fê-lo magistrado; e ele, novo Heróstrato,[7] na vaidade, incendeia as leis, para eternizar seu nome!

Que Licurgo[8] improvisado!
Quem jamais viu sábio assim?
Fero, teso, empavesado.[9]
Qual da China um mandarim!...

É esplêndida e incomparável a atitude arrogante do magno juiz, espancando as sombras deste mísero foro paulistano! Que originalidade de concepções, e que leonino rompante nas manifestações! É incontestavelmente a águia sublimada da jurisprudência, e nem há [quem possa] negá-lo. Águia na ferina altivez do olhar; águia nas abas da casaca e nas esguias[10] gambias;[11]

---

7. Heróstrato foi um incendiário grego que ateou fogo no segundo templo de Artemis, em Éfeso, destruindo uma das *sete maravilhas da Antiguidade*. Seu nome, com o tempo, tornou-se metonímia para quem comete um ato criminoso pelo desejo de ser eternizado.
8. Não é possível cravar em definitivo, dada a multiplicidade de homônimos, a qual Licurgo Gama se referia. Possivelmente, trata-se de Licurgo de Esparta, legislador que, entre outros fragmentos históricos, se destacou pelo voluntarismo e extrema rigidez em aplicar a lei.
9. Soberbo, orgulhoso.
10. Finas.
11. Pernas.

águia nos cabelos,[12] em falta de lustrosas penas; águia nas unhas, posto que não tenha garras; águia na vontade, nas arrojadas pretensões e na ardência da palavra; águia, enfim, no gênio e na sanha contra os negros: águia sem penas, mas águia de cabelo.

Grande é o perigo que correm as cabras diante das águias; e é por isso que a parda F... foi tão infeliz perante o sr. dr. Felicio. Vê-la e tomá-la nas unhas foi cousa de momento.

Aqui vem a pelo[13] dizer:

— Olha de riba
E de soslaio;[14]
E, como raio,
Lá ferra na mulata pela giba![15]

Com sede e sanha
Exclama o bicho:
Quero a capricho
Mostrar-me doutoraço na patranha.[16]

Quero dar prova
De quanto valho;
Que sou vergalho[17]
Nas mãos da tirania para a sova.[18]

---

12. No original, em razão de erro tipográfico, lê-se o inexistente vocábulo gabelos. Por lógica e contexto, todavia, pode-se cravar como se lê corrigido no corpo do parágrafo.
13. Pode ser lido tanto como forma de invocação, rogativa, apelação, ou, mais provavelmente, como a expressão coloquial "vem a pelo", que indica o que vem de improviso e que tem cabimento.
14. Esguelha, de viés.
15. Corcova, corcunda.
16. Mentirada, falácia.
17. Chicote, chibata formada por várias correias entrelaçadas presas num cabo de pau. Instrumento de tortura.
18. Surra.

Com *trinta bicos*[19]
Se alforriar?!
Vá se abanar,
Que eu Minos[20] sou tremendo ou mata-micos[21]

De réis um conto,
Depositados;
Já, bem contados,
Que em trinchas desta laia não dou ponto.

Mão no pecúlio,
Senhor meirinho;
Vá de mansinho
De tudo que pilhar fazendo embrulho.

Parva negrada
Não quer carrego?
Salta que é rego;[22]
Há muito que eu, por mim, não tomo nada.

---

19. Mil-réis.
20. Na mitologia grega, Minos era filho de Zeus e da princesa Europa e foi rei da ilha de Creta. A citação, contudo, provavelmente faz referência à obra-prima *A divina comédia*, do poeta florentino Dante Alighieri (1265–1321), em que Minos, depois de morto, se tornou um dos juízes do Inferno. Essa não teria sido a única vez em que o autor de *A divina comédia* serviria de inspiração para Gama refletir sobre o Brasil. Ele o citou ao menos outras três vezes Cf. "'Não garantir educação é violar a Constituição", in: Luiz Gama. *Democracia, 1866-1869*. São Paulo: Hedra, 2021, pp. 211–217; "A modéstia é filha da ignorância e irmã gêmea da mentira", nesse volume, pp. 343–349; e "No verbo mora o sarcasmo", in: Luiz Gama. *Liberdade, 1880-1882*. São Paulo: Hedra, 2021, pp. 345–351.
21. Não foi possível identificar a metonímia. Aliás, se houve erro tipográfico na publicação, o verso pode ser lido de modo alternativo: "Que eu Minos sou tremendo no mata-micos".
22. O mesmo que vala.

Quer liberdade?
Busque outro ofício,
Que eu — grão Felicio —
O pregão já mandei pela cidade:

— Atentem nisto!
A — liberdade —,
Sem piedade,
Eu vendo como Judas vendeu Cristo.[23]

Pecúlio à vista;
Nada de tralhas,[24]
Nada de malhas,[25]
De gimbo[26] de contado ando na pista.

Ponhamos, entretanto, de parte estes contrapontos de zombaria, e consideremos, com profunda seriedade, estes gravíssimos trechos de cantochão[27] forense, que tão admiravelmente entoa o memorável sr. dr. Felicio.

∽

Vão responder ao sr. dr. Felicio jurisconsultos distintos, cujas opiniões autorizadas não podem ser suspeitas ao doutíssimo juiz. A jurisprudência singularíssima e incompreensível do sr. dr. Felício vai ser julgada *sem prevenções e sem paixões* por cultores preclaríssimos da ciência.

---

23. Judas Iscariot foi um dos doze primeiros discípulos de Jesus. De acordo com os Evangelhos, Judas traiu e entregou Jesus para seus captores em troca de trinta moedas de prata.
24. Refere-se com desprezo às moedas e notas de pouco valor que tipicamente constituíam o pecúlio.
25. Por metáfora, enredo, trama.
26. Dinheiro.
27. Por extensão de sentido, doutrina monótona, enfadonha e repetida.

A escrava F..., não tendo chegado a acordo com seu senhor, para o fim de libertar-se, requereu depósito pessoal, e a intimação do senhor, para arbitrar-se judicialmente o preço. O juiz, porém, para permitir o depósito, mandou que a escrava exibisse previamente o pecúlio no cartório; mas exibido este, no valor de 30$000, não o aceitou e marcou, de próprio arbítrio, a quantia de 1:000$000, mediante a exibição da qual se verificasse depósito.

PERGUNTA-SE:

1º Pode o juiz exigir a exibição do pecúlio em juízo por ordenar o depósito pessoal da manumitente?

2º Pode o juiz taxar ao escravo o *quantum* constitutivo do seu pecúlio?

3º Pode o escravo ser constrangido a exibir dinheiro em juízo, antes de praticado o arbitramento judicial?

RESPOSTA:

O primeiro quesito tem duas partes:

1º A escrava F... podia requerer o depósito de sua pessoa, como preliminar para a ação manumissória[28] contra seu senhor?

2º É essencial ou de direito que ao depósito preceda ou acompanhe a exibição de pecúlio resgatante da liberdade?

Respondo: (quanto à primeira) em virtude do § 2º, art. 4º da Lei nº 2.040 de 1871,[29] a escrava F... podia requerer o depósito referido,

28. Processo em que se demanda a liberdade.
29. O art. 4º, *caput*, permitia "ao escravo a formação de um pecúlio com o que lhe provier de doações, legados e heranças, e com o que, por consentimento do senhor, obtiver do seu trabalho e economias. O governo providenciará nos regulamentos sobre a colocação e segurança do mesmo pecúlio". O § 2º do art. 4º prescrevia que: "O escravo que, por meio de seu pecúlio, obtiver meios para indenização de seu valor, tem direito à alforria. Se a indenização não for fixada por acordo, o será por arbitramento. Nas vendas judiciais ou

porquanto, tendo direito de demandar a sua alforria, contra a vontade de seu senhor, não o poderia fazer estando em poder e companhia do mesmo. O direito, para garantir a ação de divórcio à mulher casada, muito sabiamente prescreve o depósito de sua pessoa para, afastada da obediência, e quiçá maus tratos do marido, fazer valer o mesmo divórcio.

Esse depósito que se dá à mulher que está sob o poder marital não podia ser recusado ao escravo, sujeito a um poder mais severo, e que o desviaria de gozar do direito de alforriar-se, contra a vontade de seu senhor. A lei não é absurda, não podia conceder um direito e negar o meio de usá-lo.

Quanto à segunda parte deste primeiro quesito, respondo negativamente: o pecúlio, na hipótese em que estamos, e como se depreende do citado § 2º, não é uma cousa indeterminada, mas sim o *quantum*[30] correspondente ao valor da indenização pela alforria: logo o pecúlio só pode ser juridicamente conhecido, depois de sabido o valor da indenização, que infalivelmente pressupõe o competente processo de ação de arbitramento; mas este processo entre partes — o senhor e o escravo — considera a este *já habilitado em juízo*, logo o pecúlio não precede e nem acompanha o depósito.

Ao segundo quesito também respondo negativamente: o pecúlio que a lei (§ 2º, cit.) se encarregou de definir é o valor da indenização pela alforria, sendo essa indenização fixada *por acordo ou arbitramento*, o acordo é a combinação entre o senhor e o escravo; o arbitramento é a avaliação judicial, feita por *peritos escolhidos pelas partes*: é, portanto, intuitiva a incompetência do juiz para taxar o *quantum* constitutivo ao pecúlio, incompetência essa que ainda se evidencia pelo nenhum interesse do juiz, naquilo que só afeta à fortuna do senhor e do escravo.

O terceiro quesito está prejudicado pelo que respondi ao primeiro.

São Paulo, 1º de agosto de 1872
AMÉRICO DE ABREU[31]

nos inventários o preço da alforria será o da avaliação". Cf. *Coleção das Leis do Império do Brasil de 1871*, Tomo XXXI, Parte I. Rio de Janeiro: Tipografia Nacional, 1871, pp. 147-152, especialmente p. 149.
30. Este e os grifos em itálico marcados na sequência são autorais de Gama e enfatizam pontos determinantes do litígio.
31. Américo Ferreira de Abreu (?-?) foi promotor de resíduos e capelas (1878) da comarca da capital.

Concordo em tudo com o parecer supra.
DR. JOSÉ RUBINO DE OLIVEIRA[32]
Concordo.
DR. J. J. VIEIRA DE CARVALHO[33]

Mais dois pareceres, no mesmo sentido, foram escritos pelos exmos. srs. conselheiro Ramalho,[34] dr. Almeida Reis[35] e dr. Sá Benevides.[36]

Está, portanto, justa e imparcialmente julgado o sr. dr. Felicio, que, se tem a precisa inteligência para exercer o importante cargo que obteve, pelos seus merecimentos, certo é que dá largas aos boatos, que se espalham, de que S. S. falta com a devida justiça a míseros escravos, para agradar aos grandes senhores que empenham esforços para presentearem-no com uma boa comarca de primeira entrância...[37]

O que por mim sei, e que de minha conta afirmo, é que o sr. dr. Felicio não é o mesmo juiz de outros tempos, nem o mesmo homem de outras eras não remotas. S. S. está patenteando uma face nova do seu caráter, e dando prova da maleabilidade da

---

32. José Rubino de Oliveira (1837-1891), nascido em Sorocaba (SP), foi advogado, subdelegado de polícia e professor catedrático de Direito Administrativo da Faculdade de Direito de São Paulo (1882-1891). Ao ser nomeado professor das Arcadas, em 1882, após concurso público, Rubino se tornou o primeiro professor negro da história daquela instituição de ensino.
33. Joaquim José Vieira de Carvalho (1842-?), nascido em Santos (SP), foi advogado, juiz municipal, político e professor catedrático de Economia Política na Faculdade de Direito de São Paulo (1881-1886).
34. Ver n. 24, p. 114.
35. José Joaquim de Almeida Reis (?-1874) foi professor substituto da Faculdade de Direito de São Paulo.
36. José Maria Corrêa Sá e Benevides (1833-1901) foi advogado, professor da Faculdade de Direito de São Paulo e político. Presidiu as províncias de Minas Gerais (1869-1870) e do Rio de Janeiro (1870).
37. Refere-se a qualidade da comarca e sua quantidade de varas. Pelo contexto, sugere-se uma pequena comarca numa localidade pacata e, possivelmente, próxima de uma cidade grande.

sua moral. Está se manifestando homem de Corte,[38] de quem a fisionomia é uma máscara de carne, e anunciando a sua aptidão para arrojados cometimentos.

A estrada é ampla, e eu lhe desejo próspero futuro. Peço-lhe, entretanto, que, nas alturas do poder, que tão nobremente almeja, não se esqueça da planície em que outrora juntos lutamos pela mesma causa, que eu fico defendendo, que deixa-me ao lado da miséria e da escravidão; e que os aventureiros, quando partem do seio do povo e penetram nos palácios, deixam nas soleiras[39] a probidade e o pudor.

3 de agosto de 1872
LUIZ GAMA

---

38. Refere-se à Corte do Império e, por extensão, aos hábitos dos homens que agiam para cair nas graças do monarca. A expressão pode ser compreendida como um homem que bajula e se adapta às vontades dos poderosos.
39. Limiar da porta.

# PARTE XVI

# QUEM NÃO TEM PEITO NÃO TOMA MANDINGA!

**NOTA INTRODUTÓRIA**   Esta seção é composta por três textos: o primeiro, de autoria de Gama; em seguida, uma réplica assinada pelo advogado Pereira Pinto Júnior; e o terceiro e último, fechando a série, outro artigo da lavra de Gama. Nas duas oportunidades em que veio a público se pronunciar sobre a "questão Fryer & Jones", Gama afirmou que daria continuidade à peleja jurídica na imprensa. No entanto, certamente porque o curso do processo virou ao seu favor, ele não precisou dar destaque na imprensa à disputa que travava com o advogado Pereira Pinto Júnior. O juiz da causa era o mesmíssimo Felicio Ribeiro dos Santos Camargo que, ao que parece, fez de tudo para não voltar às páginas dos jornais. Foi só Gama qualificar a sentença como "um grosseiro atentado ao direito escrito" e prometer vir à imprensa discutir os fundamentos de uma nova decisão do juiz Felicio, que a causa tomou uma direção diferente. No mês seguinte ao início da disputa na imprensa, o réu e cliente de Gama, Eduardo Jones, condenado pelo juiz municipal, veria sua própria sentença de condenação anulada. Talvez o fato daquela não ser uma demanda de liberdade ou não tratar de um réu negro ou pobre tenha concorrido para o andamento da causa. Seja como for, a promessa de Gama de voltar à imprensa deve ter abalado o juízo do "respeitável Minos" e feito ele próprio ou o juiz de direito revogar a sentença dada. Não se tem maiores detalhes da causa. E isso, por paradoxal que seja, justamente por conta da vitória de Gama no juízo municipal. Uma vez vencida a causa — ou ao menos uma etapa decisiva dela —, Gama se dava o direito de recolher a artilharia que, como se verá, estava afiada e apontada para aqueles que lesavam os direitos de seu cliente.

## Capítulo 1
### Espere e verá
*O sr. Percy John Fryer*[1]

**Comentário**   *Gama anuncia que publicará uma crítica jurídica afiada contra uma sentença proferida no juízo municipal de São Paulo. Esse artigo, por sua vez, faria as vezes de introdução. No entanto, a crítica que se anunciava não veio a público. É de se supor que Gama solucionou a demanda por canais internos, seja pela pressão em privado ou por diligências no processo. Como a imprensa publicou um mês depois desse artigo, a sentença que Gama aqui definia como "um grosseiro atentado ao direito escrito, ofensiva da dignidade do juízo e da ilustração do juiz", fora anulada. Talvez por antever a possibilidade de anulação da sentença, que logo veio a se confirmar, Gama adiou a contestação pública que nesse artigo — "Brevemente provarei o que afirmo" — anunciava que estava por vir. Não veio. Mas era ele, afinal, quem ia rir no fim do oblíquo e sombrio beco da chicana.*

Acabo de ler no *Correio Paulistano* um artigo firmado pelo sr. Fryer,[2] relativamente ao processo criminal[3] ordenado a requerimento do mesmo senhor contra José Eduardo Jones.[4]

Sem indagar os fatos geradores da extrema suscetibilidade que dá-se entre os srs. Fryer e Jones; sem apreciar os fundamentos morais, que determinaram o sr. dr. juiz municipal a lavrar a sentença que foi tão prontamente publicada pela imprensa; sem entrar nos cálculos do sr. Fryer, que esperava pela sentença aludida para fundamentar a seu jeito essa publicação; e sem ajuizar

---

1. *Correio Paulistano* (SP), Seção Particular, Foro da Capital, Juízo Municipal, 13 de setembro de 1872, p. 2.
2. Cf. *Correio Paulistano* (SP), Seção Particular, Foro da Capital, "Percy John Fryer, ao público", 12 de setembro de 1872, p. 1.
3. Tratava-se de uma acusação de injúrias em impressos, espécie de crime em que Gama se notabilizou como estudioso da matéria.
4. Em muitas notícias o nome aparece grafado como Joseph Edward Jones.

da oportunidade da *judiciosa* sentença, bem esperada, sibilinamente[5] escrita, e adrede[6] publicada, declaro que tal sentença é um grosseiro atentado ao direito escrito, ofensiva da dignidade do juízo e da ilustração do juiz; e que a nenhum homem de bom senso é dado encomiá-la[7], com imparcialidade.

Brevemente provarei o que afirmo.

São Paulo, 12 de setembro de 1872
O advogado
L. GAMA

---

5. Obscuramente.
6. Premeditadamente.
7. Elogiá-la, louvá-la.

## DESAFIO ACEITO
## JUÍZO MUNICIPAL[8]

**Comentário**   *Em réplica, o advogado da parte contrária, oponente de Gama nessa "questão Fryer & Jones", dizia que logo que Gama publicasse "seus argumentos", ele viria a público com "a devida refutação da parte jurídica".*

Em um artigo feito ontem pelo sr. Luiz Gama nesta folha, promete ele discutir brevemente os fundamentos da sentença do ilustrado sr. dr. juiz municipal, em que condenou a Eduardo Jones no processo contra este instaurado pelo sr. Percy John Fryer, meu cliente.

Aguardo a publicação de seus argumentos, que, asseguro, terão a devida refutação na parte jurídica.[9]

São Paulo, 14 de setembro de 1872
A. PEREIRA PINTO JÚNIOR[10]

---

8. *Correio Paulistano* (SP), Seção Particular, Foro da Capital, 14 de setembro de 1872, p. 2.
9. Como se lê, o advogado do sr. Fryer foi a público e desafiou Gama a debater a causa com ele. No entanto, Gama, ao que parece, teria preferido silêncio e assim declinado do debate pela imprensa. A provável razão seria que ele não mais representava o seu então cliente. Mas no mês seguinte surgiu uma pequeníssima nota em que se lia que "o processo crime que corria nesta capital, a requerimento do sr. Fryer, contra o sr. J. E. Jones, por injúrias impressas, foi anulado pelo exmo. sr. dr. juiz de direito da comarca, por se ter dado preterição de formalidades legais na organização do processo". Cf. *Correio Paulistano* (SP), Noticiário Geral, "Foro", 10 de outubro de 1870, p. 2. Nesse contexto, surge a segunda intervenção de Gama sobre o caso, que, se antes preferira guardar silêncio, agora redobrava o desafio ao seu melhor estilo.
10. Antonio Pereira Pinto Júnior (1842-1884), nascido no Rio de Janeiro (RJ), foi juiz municipal e de órfãos na comarca de Bragança Paulista. Cf. *Correio Paulistano* (SP), Parte Oficial, 19 de janeiro de 1870, p. 2; *Correio Paulistano* (SP), Correio da Corte, 22 de agosto de 1871, p. 1.

Capítulo 2
# A modéstia é filha da ignorância e irmã gêmea da mentira
*Questão Fryer & Jones – carta ao advogado dr. Pereira Pinto Júnior*[1]

**Comentário**  *Um mês depois do anúncio de que logo viria a discussão jurídica da "questão Fryer & Jones", Gama voltou à imprensa com um texto tão cômico quanto erudito. É verdade que a sentença havia sido anulada e isso fazia toda a diferença para a estratégia de defesa. Se antes Gama dizia que faria questão de provar que a sentença do juiz municipal era "um grosseiro atentado ao direito escrito, ofensiva da dignidade do juízo e da ilustração do juiz", agora, com a sentença declarada nula, o teor e a forma da disputa também mudavam. Até o direcionamento mudava. Não seria mais ao juiz — que talvez respirasse enfim aliviado... — e sim ao advogado da parte oponente contra quem a artilharia de Gama se voltaria de vez. Daí surge a presente carta aberta ao advogado Pereira Pinto Júnior. Gama escolhe como epígrafe um verso do poeta romano Horácio, estabelecendo sugestiva analogia para o caso concreto, haja vista se tratar aquela de uma causa que começava grave, e que prometia grandes coisas, mas que, por algum lance do destino, ganhava uma espécie de remendo que lhe punha um ponto diferente no bordado da luta. A carta é belíssima. O repertório de metáforas, a tônica satírica, a assombrosa erudição de referências literárias, além, é claro, da defesa pública enfática de José Eduardo Jones, seu "ex-encapoeirado" cliente, "homem cujo delito único era a sua manifestada inocência, homem simples e inexperiente, pescado a laço (...) e metamorfoseado milagrosamente em réu nos auditórios estabelecidos no edifício da Sé, ao sopro mágico da (...) sedutora advocacia" de Pereira Pinto Júnior. Aqui o leitor tem o melhor do fantástico e pragmático Luiz Gama.*

1. *Correio Paulistano* (SP), Seção Particular, Foro da Capital, Juízo Municipal, 17 de outubro de 1872, p. 2.

> Comumente a princípios de si graves,
> E que tratar prometem grandes cousas,
> De púrpura remendos se lhes cose...[2]
>
> HORÁCIO, II[3]

Meu nobre amigo,

A escatapafúrdica[4] jaculatória,[5] traçada em estilo rodante, e semicadente[6] fraseado, em que o distinto sr. P. J. Fryer saudou, com ardimento, a judiciosa[7] sentença adrede[8] proferida pelo integérrimo[9] sr. juiz municipal desta cidade — dr. Felicio de Camargo[10] —, contra J. Eduardo Jones, meu ex-encaiporado[11] cliente, trouxe-me à imprensa, não para travar luta de Cruzados

---

2. Costura.
3. Quinto Horácio Flaco (65-8 a.C.) foi um poeta satírico e filósofo romano de importância definitiva tanto para o mundo clássico quanto para o mundo moderno. O verso citado por Gama vem da tradução feita ao português por Cândido Lusitano, pseudônimo do historiador e padre Francisco José Freire (1719-1773), em sua edição da *Arte poética* de Horácio. Gama cita o canto segundo. Cf. Horacio. *Arte poética de Q. Horacio Flacco traduzida e ilustrada em português por Candido Lusitano*. Lisboa: Oficina Rollandiana, 1778, pp. 9-12. Para uma análise desse verso de Horácio, vale a pena ler o instrutivo estudo de Joana Junqueiro Borges. Cf. Joana Junqueiro Borges. "A *Arte poética* de Horácio e sua tradução e recepção no arcadismo português: Marquesa de Alorna". In: *Rónai, Revista de Estudos Clássicos e Tradutórios*, 2016, vol. 4, n. 1, pp. 3-15, especialmente pp. 8-9.
4. Variação de estapafúrdica, que pode ser lida como bizarríssima, estrambólica, ridicularíssima.
5. Que expressa fervor, exaltação, em manifestação súbita.
6. Parece indicar o movimento de declínio, ou cadência ritmada.
7. Sensata.
8. Previamente.
9. Extremamente íntegro, o que, dada a escancarada ironia, sugere exatamente o oposto.
10. Felicio Ribeiro dos Santos Camargo (?-?), nascido em São Paulo (SP), foi um político e juiz que foi um dos principais adversários de Luiz Gama.
11. Permita-me, leitor, uma pequena licença, mas, não encontrando nos dicionários especializados qualquer aproximação razoável, fico mesmo em dúvida se se faz necessária qualquer anotação porque, mesmo não se achando nada no pai dos burros, quem é que nunca topou um ex-encaiporado por aí?

com vitoriosos campeões de provada valentia, senão para protestar em termos humildes, em abono da ciência do direito, com tanta soberba desprezada, em nome da dignidade dos magistrados, e também da Vossa,[12] porque já fostes um desvelado juiz,[13] contra o encomiástico[14] arreganho[15] do vosso entusiasmado constituinte,[16] que poderia, inopinadamente, e com irreparável dano da causa pública, estuporar,[17] por desazo,[18] a diáfana[19] reputação do nosso respeitável Minos.[20]

Este meu ingênuo e despretensioso procedimento, determinado principalmente pela ríspida condenação de um homem cujo delito único era a sua manifestada inocência, homem simples e inexperiente, pescado a laço no gasômetro da várzea do Carmo,[21] e metamorfoseado milagrosamente em réu, nos au-

---

12. Manterei as iniciais dos pronomes de tratamento em caixa alta, porque Gama utiliza-as repetida e marcadamente como um sinal gráfico específico que denota ironia com o seu, também irônico, "nobre amigo".
13. Ver n. 10, p. 341.
14. Elogioso, por extensão de sentido carrega a ideia de adulação, bajulação.
15. Efeito de arreganhar, no caso possui a conotação de falar em demasia, com soberba e escárnio.
16. Refere-se, desde o início do parágrafo, ao artigo de Percy John Fryer que provocou a resposta pública de Gama. Para o artigo de Fryer, cf. *Correio Paulistano* (SP), Seção Particular, Foro da Capital, "Percy John Fryer, ao público", 12 de setembro de 1872, p. 1.
17. Fazer cair, ou deteriorar.
18. Inabilidade, negligência.
19. Translúcida, sugerindo também uma coisa vaga, vazia.
20. Na mitologia grega, Minos era filho de Zeus e da princesa Europa e foi rei da ilha de Creta. A citação, contudo, provavelmente faz referência à obra-prima *A divina comédia*, do poeta florentino Dante Alighieri (1265-1321), em que Minos, depois de morto, se tornou um dos juízes do Inferno. Essa não teria sido a única vez em que o autor de *A divina comédia* serviria de inspiração para Gama refletir sobre o Brasil. Ele o citou ao menos outras três vezes Cf. "'Não garantir educação é violar a Constituição", in: Luiz Gama. *Democracia, 1866-1869*. São Paulo: Hedra, 2021, pp. 211-217; "Jurisprudência do ódio contra os negros", nesse volume, pp. 327-336; e "No verbo mora o sarcasmo", in: Luiz Gama. *Liberdade, 1880-1882*. São Paulo: Hedra, 2021, pp. 345-351.
21. Região da então periferia de São Paulo; corresponde hoje ao bairro do Brás.

ditórios estabelecidos no edifício da Sé,[22] ao sopro mágico da Vossa sedutora advocacia, acendeu-Vos os brios de máximos Pandectas,[23] ocorrência homérica que sobremodo maravilha-me, e compelio-Vos a terreiro, para contestar em campanudas[24] réplicas as minhas sáfias[25] parolagens[26] de culcarni:[27] paciência, meu nobre amigo.

Agora, creio eu, se bem que tarde na vulgar e antiquíssima parêmia:[28]

Quem não tem peito não toma mandinga!

Sei, meu caro amigo, que não é digno de quem se preza, e que muito menos o seria de nós ambos, condignos cidadãos de fina têmpera, se bem que vivamos encantoados[29] na túrbida[30] indiferença de impávidos gazeteiros,[31] o rejeitar covardemente tão galhardo[32] repto.[33] De minha parte, pois, aceito-o com transportes[34] de contentamento, e, no dizer dos antigos gladiadores, levanto pressuroso[35] o férreo guante.[36]

22. Refere-se indiretamente às dependências judiciárias da comarca da capital.
23. A expressão, oriunda do grego antigo e referente à codificação do direito dos romanos, indica alguém que domina profundamente o conhecimento jurídico. Pela notória carga de ironia aplicada ao contexto, pode-se compreender que seu emprego subverte a ideia de erudição.
24. Empoladas, pomposas.
25. Grosseiras, incultas.
26. Tagarelices.
27. Escrivão de aldeia.
28. Alegoria breve, expressão proverbial.
29. Retirados, isolados.
30. Sombria, obscura.
31. Pode significar tanto redatores de gazetas, i.e., jornais, quanto jornalistas ou articulistas sem credibilidade.
32. Elegante.
33. Desafio, duelo.
34. Aqui a expressão ganha um sentido figurado próprio da época: uma sensação de entusiasmo, êxtase, arrebatamento que levaria o indivíduo a um transportamento, uma elevação, em suma.
35. Ansioso, ávido.
36. Luva de ferro que compunha as antigas armaduras.

A liça[37] prolonga-se prazenteira à nossa vista, e além se estende pelos páramos[38] vastíssimos da jurisprudência, que nos é familiar; e eu ufano embraço[39] do broquel[40] de tais combates e recontros[41] dúbios, nos sombrios e oblíquos becos da chicana,[42] o qual é o meu velho Covarrubias,[43] que nunca me deixou fora de pleitos.

Tenho eu, e muitos já de antemão esperam estupefatos, que a justa[44] seja encarniçada e porfiosa;[45] mas, garantido o crânio com o elmo[46] famoso de Westenberg,[47] aguardarei de pena em riste e ânimo tranquilo, e feriado[48] de esdrúxulos escarcéus, os pâmpanos[49] virentes[50] da vitória.

Conto que me não façais a clamorosa injustiça de supordes que eu, por ocultos fundamentos, nutra a temerária ousadia de

37. Arena ou, em sentido similar, disputa.
38. Planaltos.
39. Sustentar com a braçadeira.
40. Pequeno escudo redondo feito de madeira, ferro e aço, com uma alça para encaixe do antebraço.
41. O mesmo que pelejas, brigas, lutas.
42. Estrutura judicial, com ênfase em suas sutilezas jurídicas, astúcias retóricas e manobras capciosas.
43. Ver n. 6, p. 201.
44. Aqui no sentido de batalha.
45. Incessante, incansável.
46. Equipamento de guerra antiga e medieval, armadura utilizada em ambiente bélico e destinada a defender a cabeça do soldado.
47. Provável referência a Johann Ortwin Westenberg (1667-1737), professor de direito e jurista alemão com diversas obras escritas sobre direito civil e direito romano. A julgar pelo contexto, em que, no parágrafo anterior, o "velho Covarrubias" servia, por metonímia, de escudo, pode-se ler que a obra de Westenberg faria as vezes, em nova e original metonímia, de capacete para Gama vestir no duelo que se anunciava.
48. Descansado.
49. Ramos novos de videira coberta de folhas.
50. Que verdejam, viçosos, florescentes.

opor-me ao devido encomoroçamento[51] de tão seleto magistrado;[52] longe de mim tais tresloucados embustes de perro[53] entendimento.

O que eu quero, não só para o bem da pátria, como principalmente para esplendor do nosso foro, é que não seja a festa ruidosa, que se dê sem rumores de ataballes[54] e trinados[55] de anafil,[56] para que não seja acometida de improviso a proverbial[57] pudicícia[58] do nosso semideus, de quem com tanto arrojo se proclamam cultos.

Espero também que os rechanos[59] da arena que escolhermos não sejam salpicados de vil peçonha de sáfaras[60] questiúnculas[61] esquipáticas,[62] condignas dos ânimos estúrdios;[63] e para esperá-lo, esteio-me tranquilo não só na esplêndida magnitude do exímio magistrado, cujos feitos vamos ter a honra de analisar, como no conceito nunca desmentido, que nós, os contendores, de sobejo[64] gozamos na pública opinião.

No dia 20 do corrente, dia de Nossa Senhora dos Remédios,

---

51. No sentido de elevação, de pôr em relevo.
52. Gama relembra a condição de ex-magistrado do seu oponente.
53. Descabido, despropositado. Do antigo perraria, coisa que se faz a alguém para o amofinar, importunar. Também pode ser lido como impertinente, fora de propósito.
54. Mesmo que tambores, tipo de caixa metálica tocada com baquetas muito usada na cavalaria.
55. Tipo de som agudo e prolongado.
56. Trombeta lisa de origem árabe, semelhante ao clarinete, que também servia como sinal de combate.
57. Notória, amplamente conhecida.
58. Probidade, decência.
59. O mesmo que rechãs, planaltos, altiplanos.
60. Toscas, grosseiras.
61. Futilidades, coisas de pouca importância.
62. Estapafúrdias, esquisitas, que não são coerentes.
63. Levianos, irresponsáveis.
64. De sobra, demasiado.

darei à estampa[65] o amargo fruto das minhas acerbas[66] elucubrações, e fá-lo-ei com pervicácia,[67] porque três Grócios[68] ocupam atualmente pela sua vastíssima facúndia[69] os cuidados da magna Pauliceia: o primeiro é o jovem magistrado, o segundo sois Vós; e o terceiro... Vós e ele unidos, ou eu!... Desculpe-me a sem-cerimônia.[70]

Preciso é que nos conheçamos, caríssimo colega, e que nos gabemos mutuamente a nós mesmos, para exemplo da beócia[71] humanidade; pois de tempos remotos é sabido que "a jágara[72] não se fez para beiçadas",[73] que a modéstia é filha da ignorância e irmã gêmea da mentira, e que se parecem tanto como três gotas de água.

Até à vista preclaríssimo doutor.

Vosso dileto
LUIZ GAMA
16 de outubro de 1872

---

65. Infelizmente, de tudo o que pesquisei não encontrei o tal artigo prometido. Isso, no entanto, sugere que um acordo evitou o duelo.
66. Pungentes, violentas.
67. Mesmo que pertinaz, que demonstra muita tenacidade, persistência.
68. Referência a Hugo Grócio (1583-1645), filósofo e jurista holandês que é considerado um dos mais importantes intelectuais do direito na modernidade.
69. Eloquência.
70. Falta de modos, informalidade.
71. Simplória, ingênua.
72. Açúcar mascavo, não refinado.
73. Infelizmente, escapa-me o sentido aproximado da metonímia. Pode-se especular, de empréstimo, que substituindo jágara por melado e beiçadas por comer, chega-se perto do conhecido ditado "quem nunca comeu melado quando come se lambuza". Com isso, a expressão sutilmente sugeriria que prudência e comedimento não fariam mal algum.

# PARTE XVII

# FIOS DE SOLIDARIEDADE E POLÍTICA

**NOTA INTRODUTÓRIA**   Sete textos compõem essa miscelânea de escritos rápidos sobre política e redes de solidariedade. Quatro deles destacam a participação de Gama em organizações republicanas: primeiro, um núcleo de base do que viria a ser o primeiro Partido Republicano brasileiro e, segundo, o jornal A República, que se publicava no Rio de Janeiro. Embora curtos, particularmente as três notas que o vincula como espécie de representante do jornal A República na província de São Paulo, todos esses textos são importantes registros da militância republicana de Gama no biênio 1871-1872. Os outros três artigos, dois de Gama e uma carta a ele endereçada, versam sobre atividades que podem ser chamadas de beneficentes. Eram casos de arrecadação de dinheiro para destinar a quem estivesse em necessidade. No primeiro caso, a arrecadação era para a viúva de um militar; no segundo, um acordo extrajudicial que resultaria em recursos para os pobres de um bairro humilde de São Paulo. Em conjunto, ainda que a ideia de miscelânea possua conotação diversa, os textos jogam luzes sobre outras redes e relações de que Gama se ocupava naquele agitado biênio de 1871-1872.

## Capítulo 1
**Assinatura de jornal I**
*A República*[1]

**Comentário**  *Anúncio curto, direto e revelador: a própria casa de Luiz Gama era um ponto de apoio do jornal A República, importante periódico que se editava na Corte.*

Assina-se nesta cidade, no escritório do *Correio Paulistano* e na rua Vinte e Cinco de Março, em casa de Luiz Gama.[2]

---

1. *Correio Paulistano* (SP), Seção Particular, 03 de janeiro de 1871, p. 3.
2. Ao final do texto original, a numeração 6-1 indicava que o mesmo artigo seria republicado em outras cinco oportunidades, o que de fato ocorreu em edições subsequentes.

## Capítulo 2
**Assinatura de jornal II**
A República[1]

**Comentário**  *Se lido complementarmente ao anúncio anterior, nota-se que não só Gama colocava a própria casa à disposição do jornal A República, como também tinha poderes para delegar funções para terceiros na província de São Paulo. Isso significa que entre o espaço de um e outro anúncio, a saber, mais de dez meses, Gama estava envolvido diretamente na distribuição e financiamento desse órgão da imprensa republicana.*

Está autorizado a receber o valor das assinaturas deste importantíssimo jornal, em a cidade de Jundiaí, o sr. Fausto Gonçalves da Silva, negociante estabelecido no largo da Matriz.

A cobrança será feita do seguinte modo:

De dezembro de 1870 até maio, inclusive, deste ano: 8$000.

De junho deste ano até agosto: 4$000.

De setembro a dezembro: 3$000.

A razão de custar a assinatura dos últimos 4 meses somente 3$000 é o abatimento feito pela administração da folha.

Recebem-se desde já assinaturas para o ano de 1872 por 10$000.

São Paulo, 8 de novembro de 1871
L. GAMA

1. *Correio Paulistano* (SP), Seção Particular, 09 de novembro de 1871, p. 2.

## Capítulo 3
## Beneficência
*Subscrição em favor da família do finado brigadeiro Oliveira*[1]

**Comentário**  *Ação beneficente entre amigos. De Campinas, o major Cantinho Doque enviava a Gama uma quantia a ser encaminhada para a viúva do brigadeiro Francisco Antonio de Oliveira. A carta, bastante simples, faz conhecer este tipo de ação beneficente da qual Gama também tomava parte, bem como sugere que ele mantinha laços de amizade e lealdade com militares, como o major Doque e o brigadeiro Oliveira, companheiros seus, quiçá, do tempo em que vestia a farda da Força Pública de São Paulo.*

Amigo Luiz Gama,

Remeto-lhe a quantia de 525$, por conta da subscrição[2] que estou promovendo nesta cidade, em favor da viúva do nosso estimável amigo, brigadeiro Francisco Antonio de Oliveira.

Do teu amigo,
CANTINHO DOQUE
Campinas, 9 de novembro de 1871

Esta quantia fica recolhida em depósito no banco do sr. Barão de Mauá,[3] nesta cidade.

São Paulo, 11 de novembro de 1871
L. GAMA

1. *Correio Paulistano* (SP), A Pedido, 12 de novembro de 1871, p. 2.
2. Compromisso assumido por escrito no qual o subscritor contribui com determinada quantia para alguma empresa, obra filantrópica ou homenagem. Nesse caso, a subscrição visava auxiliar a viúva de um amigo em comum.
3. O Banco Mauá MacGregor & Cia., cujo fundador e um de seus principais acionistas era o empresário Irineu Evangelista de Sousa (1813-1889), o barão de Mauá, foi inaugurado em 1855 e encerrou suas atividades em 1875.

## Capítulo 4
## Aviso aos assinantes
*Aos srs. assinantes da* República[1]

**Comentário** *Os três abaixo assinados, Gama entre eles, se apresentavam ao público paulista como representantes, para resolver problemas de distribuição, do jornal A* República, *que se publicava no Rio de Janeiro. Entre janeiro e fevereiro daquele ano, 1872, Gama publicou nas páginas da* República *cerca de trinta vezes uma mesma nota sobre alforrias no foro da capital de São Paulo, de modo que sua colaboração operacional com o jornal poderia vir desde o início de 1872.*

Os assinantes da *República* que deixarem de receber qualquer número da folha podem dirigir suas reclamações aos abaixo assinados.[2]

São Paulo, 23 de abril de 1872
AMÉRICO DE CAMPOS[3]
LUIZ GAMA
VICENTE RODRIGUES

1. *Correio Paulistano* (SP), Seção Particular, 24 de abril de 1872, p. 3.
2. Ao final do texto original, a numeração 2-1 indicava que o mesmo artigo seria replicado em mais duas oportunidades, o que de fato ocorreu na edição subsequente.
3. Ver n. 5, p. 142.

## Capítulo 5
# Os pobres de Santa Ifigênia
*Carta a Eloy Ottoni*[1]

**Comentário**   *A troca de cartas entre o médico Eloy Ottoni e Luiz Gama lança luzes sobre uma conciliação extrajudicial conduzida por Gama e sobre redes de solidariedade em São Paulo. A carta que se lê a seguir, bem como a réplica que aparece na sequência, foram trazidas a público por Ottoni. É razóavel supor que a divulgação de ambas contasse com a anuência de Gama. Não se tem claro o núcleo da contenda e nem maiores detalhes sobre a conciliação, mas se sabe que, assim que se chegou a um termo comum, o médico Ottoni se mudou de São Paulo no mesmo dia. Evidente que outro possa ter sido o motivo da mudança de cidade, porém, o fato é que ela se deu no curso de um acordo extrajudicial mediado por Gama. Ao que se percebe, havia uma desavença entre o médico Ottoni e o capitão Gavião Peixoto. Ottoni teria aberto processo contra o capitão Gavião exigindo-lhe o pagamento de honorários. Gavião, por sua vez, parecia não reconhecer o montante do débito. Diante do impasse, parece que Gama costurou uma solução onde médico transferia, à título de doação, o direito aos honorários aos "pobres de Santa Ifigênia". A loja maçônica América, de que Gama e Ottoni eram membros, administraria e destinaria os recursos à população necessitada dos casebres e cortiços do bairro de Santa Ifigênia. Antes que as partes voltassem a digladiarem entre si, Gama tratava de "finalizar amigavelmente a demanda em benefício dos pobres". Na missiva, se vê que Gama cuidava por onde pisava. Ele relata ter falado com o advogado da parte contrária, i.e., o advogado do capitão Gavião Peixoto — "a quem confiei a carta e o bilhete (...) relativamente à terminação da questão de honorários" —, e sublinha o caráter pacífico e conciliatório de sua ação: "falei no intuito de finalizar amigavelmente a demanda". Gama reforça que acima dos interesses pessoais estavam os dos necessitados. Ao destacar esse componente, certamente visava que os ânimos esfriassem. O tom sereno da mediação — "nutro a esperança de ver esta questão terminada" — é digno de nota, sobretudo para quem já viu a que ponto a intransigência advocatícia de Gama poderia chegar. "É convicção minha que a solução desta questão está próxima, pelo desejo que as partes manifestam de chegar a acordo".*

1. *Correio Paulistano* (SP), Seção Particular, "Os pobres de Santa Ephigenia", 29 de agosto de 1872, p. 2.

Ilmo. Sr. Dr. Eloy Ottoni,[2]
   Falei ao sr. dr. Falcão Filho,[3] a quem confiei a carta e o bilhete que V. S. endereçou-me[4] relativamente à terminação da questão de honorários que V. S. move judicialmente contra o sr. capitão José Maria Gavião,[5] e falei no intuito de finalizar amigavelmente a demanda em benefício dos pobres, aos quais V. S. cedeu os seus direitos.
   O sr. dr. Falcão prometeu-me responder ao alvitre[6] por V. S. proposto, *depois de considerá-lo*, e porque pareça-me razoável o alvitre, nutro a esperança de ver esta questão terminada, na qual hoje tomo interesse pelo que aproveita aos necessitados.
   *Os muitos afazeres do sr. dr. Falcão* e as minhas ocupações por estes dias *têm motivado a impossibilidade de encontrarmo-nos* e de tratarmos *finalmente* deste negócio.[7]
   É convicção minha que a solução desta questão *está próxima*, pelo desejo que *as partes* manifestam de chegar a acordo.[8]

Sou com estima e consideração,
De V. S.
Servo obrigadíssimo
LUIZ GAMA
São Paulo, 27 de agosto de 1872

---

2. Eloy Ottoni era médico especializado em moléstias nervosas e tinha consultório à rua Direita. Cf. *Correio Paulistano* (SP), Anúncios, 11 de fevereiro de 1872, p. 3.
3. Ver n. 25, p. 98.
4. Nota original de Eloy Ottoni: "(No bilhete eu reclamava resposta até o dia 20 do corrente por ter de retirar-me de São Paulo)".
5. José Maria Gavião Peixoto (1820-?) foi militar e comandante da Guarda Municipal Permanente de São Paulo.
6. O mesmo que sugestão, conselho.
7. Nota original de Eloy Ottoni: "(Os grifos e comentários desta carta são do dr. Eloy Ottoni)".
8. Nota original de Eloy Ottoni: "(Os pobres de certo que nutrem aquele desejo, mas o sr. Gavião tem interesses contrários)".

## CONDIÇÕES PARA O ARBITRAMENTO AMIGÁVEL
## CARTA A LUIZ GAMA[9]

**Comentário**   Pela estrutura da carta, percebe-se que a conversa vinha de longe. Aparentemente, Ottoni tomava decisões instado pela leitura de conjuntura de Gama: "Tendo V. S. dito que desejava...". Este, ao seu turno, procurava "por meios conciliatórios obter um acordo" sobre uma pendência judicial que passava a ganhar a forma de um acordo fora do processo. Contudo, Ottoni impunha uma condição para o arbitramento: a avaliação do valor de seus honorários. É provável que tal condição não tenha prosperado, porque atendê-la parecia implicar na continuidade da desavença entre o médico e o capitão. Gama, que visava uma solução a um só tempo amigável entre as partes e que agilizasse a destinação dos recursos para os pobres do bairro de Santa Ifigênia, mediaria o conflito com todo o cuidado do mundo.

Ilmo. Sr. Luiz Gama,

Tendo-me V. S. dito que desejava, no interesse dos pobres de Santa Ifigênia, por meios conciliatórios obter um acordo com o sr. Gavião,[10] sobre os honorários que doei àqueles desgraçados, mando-lhe hoje por escrito minha resposta.

Se o interesse fosse meu, V. S. sabe, que nenhum acordo, a não ser judicial (se tivéssemos juízes), seria possível entre mim e aquele senhor; mas, no interesse dos pobres, dar-lhe-ei ocasião de sair com honra deste pleito.[11] Eis o modo:

Escolha o sr. Gavião um médico habilitado pela nossa academia, e que resida nesta capital, ou um lente da academia de medicina do Rio.

Eu escolherei outro nas mesmas condições, isto é, de São Paulo ou lente da academia.

Estes dois médicos, depois de ouvirem as razões de ambas as partes (verbais ou escritas), darão o seu laudo por escrito a V. S.

---

9. *Correio Paulistano* (SP), Seção Particular, "Os pobres de Santa Ephigenia", 29 de agosto de 1872, p. 2.
10. José Maria Gavião Peixoto (1820–?) foi militar e comandante da Guarda Municipal Permanente de São Paulo.
11. Refere-se ao capitão Gavião Peixoto.

No caso de divergência, pode o sr. Gavião nomear terceiro árbitro, nas condições dos primeiros, o qual desempatará escolhendo um dos dois arbitramentos.

Me será remetida cópia deste arbitramento amigável para que eu passe quitação, autorizando V. S. a entregar a quantia arbitrada à Loj∴ América[12] (nossa Loj∴), que não recusará incumbir-se de missão tão caridosa, nomeando uma comissão encarregada de distribuir aquela esmola[13] pelo modo mais conveniente aos pobres de Santa Ifigênia.

Pelo exposto, verá V. S. que sacrifico boa parte dos meus direitos garantindo, em última análise, o arbitramento da confiança do sr. Gavião, pois, no caso de desacordo, será o médico de sua escolha quem desempata.

E obrigo-me a não publicar o arbitramento se ele me for favorável, guardando assim segredo sobre o triunfo que possa obter e ficando o sr. Gavião autorizado a publicar o dito arbitramento, se me for contrário.

Parece-me que tenho correspondido aos bons desejos de V. S., que pode fazer desta carta o uso que lhe convier, considerando-a em todo o caso como garantia dos compromissos que tomei.

Devo acrescentar que não me obrigo por mais despesa alguma nesta questão.

Tenho a honra de assinar-me,<br>
De V. S.<br>
Amigo atencioso venerador<br>
DR. ELOY OTTONI<br>
São Paulo, 14 de agosto de 1872

---

12. A Loja América, fundada em novembro de 1868, é uma das mais antigas organizações maçônicas de São Paulo e teve em seus quadros diretivos, por longos anos, a presença de Luiz Gama.
13. Nesse contexto, o mesmo que donativo.

## Capítulo 6
## Organização partidária
*Ainda o congresso republicano em Itu*[1]

**Comentário**  *A carta aberta de uma comissão formada por três militantes republicanos, Gama entre eles, pedia que se adiasse o congresso republicano que ocorreria em Itu (SP). Tratava-se, muito provavelmente, da célebre Convenção republicana, sediada em Itu no mês de abril de 1873. Duas razões subsidiavam o pleito dos correligionários paulistas: primeiro, porque as "bases gerais da organização" do Partido Republicano ainda estavam em discussão no Rio de Janeiro e demorariam um pouco mais para serem debatidas e aprovadas em núcleos locais do partido. A segunda razão para o adiamento do congresso seria a "inauguração da linha férrea daquela cidade" que, uma vez instalada, facilitaria o deslocamento "a grande número dos amigos que concorrem ao Congresso". De fato, a ferrovia que ligou Itu a Jundiaí e, por extensão, a São Paulo e a Santos, foi inaugurada em 17 de abril de 1873. No dia seguinte, 18 de abril de 1873, teve lugar a Convenção republicana, que fundou o primeiro Partido Republicano do Brasil.*

A comissão abaixo-assinada resolve pelo presente comunicar a seus correligionários da província o seguinte:

Considerando que no Rio discute-se bases gerais da organização do partido, conforme as últimas notícias;

Considerando que estas bases devem ser submetidas ao juízo e aprovação dos núcleos provinciais;

Julga oportuno e de alta conveniência demorar[2] a reunião do Congresso republicano que se vai instalar em Itu,[3] adiando sua abertura para a época da inauguração da linha férrea daquela cidade, ficando neste ponto modificado o convite anteriormente publicado.

1. *Correio Paulistano* (SP), Seção Particular, 19 de dezembro de 1872, p. 2.
2. Adiar, retardar.
3. Cidade do interior paulista localizada a aproximadamente 100 km da capital.

À razão importante acima apontada acresce em justificação do adiamento a circunstância de oferecer a instalação da linha férrea mais facilidade de trânsito a grande número dos amigos que concorrem ao Congresso.

A comissão abaixo-assinada acredita que este seu ato merecerá a aprovação de todos os correligionários, atentas as razões que o determinaram.

Recorre à imprensa, dispensando circulares, em vista da necessidade de levar mais rapidamente a notícia a todos os pontos da província.[4]

São Paulo, 18 de dezembro de 1872
MALACHIAS R. SALLES GUERRA[5]
DIOGO ANTONIO DE BARROS[6]
LUIZ GAMA

(Não assinam os dois outros membros da comissão, por estarem ausentes).

---

4. Ao final da publicação original, a numeração 3-1 indicava que o mesmo artigo seria republicado em mais duas oportunidades, o que de fato ocorreu nas duas edições subsequentes.
5. Malachias Rogério Salles Guerra foi vereador em São Paulo.
6. Diogo Antonio de Barros (1844-1888) foi militar e industrial, proprietário da primeira fábrica de tecidos de São Paulo.

# LIVRO III

# NÃO SOU GRADUADO EM DIREITO

**NOTA INTRODUTÓRIA**   *No triênio de 1873-1875, Gama seguiu como figura atuante na imprensa de São Paulo. Embora tenha diminuído a intensidade de sua presença no debate público, sobretudo se comparado ao triênio anterior, Gama continuava relevante, fosse como o advogado que escrevia literatura normativo-pragmática, fosse como o polemista republicano que se posicionava sobre temas correntes da política local ou nacional. De um modo ou de outro, Gama não estaria sumido ou silente como a historiografia, de posse de pouquíssimos registros, parece sugerir. Dos catorze textos aqui reunidos (descontando-se apenas um deles que não é de sua autoria), onze ganharam as páginas dos jornais. Somam-se a esses textos outros dois que são, por sua vez, cartas enviadas a amigos. Assim, ainda que não tão extensa quanto a produção textual do triênio precedente, tem-se nessa seção um conjunto coerente que forma um quadro interessante para se ler em detalhes os caminhos e as batalhas de Gama no Império do Brasil naqueles anos. Das instruções abolicionistas que deu ao advogado João China, segue-se para três artigos que tratam do tema da liberdade — primeiro de imprensa, depois de manumissões — e que convergem para o nome do imperador Pedro II. Na sequência, encontram-se escritos políticos firmados por seu conhecido pseudônimo, Afro, e o caso da bancarrota e prisão ilegal Julio Geraud, cliente de Gama, que se constitui de três artigos, sendo dois de Gama e uma réplica a ele endereçada. Por fim, tem-se uma miscelânea de textos que vão desde o desagravo a um amigo até uma denúncia de uma sucesão de escândalos criminosos que tomavam conta de Ribeirão Preto (SP). Auge da hegemonia conservadora na década, os anos de 1873, 1874 e 1875 não foram fáceis para o abolicionismo de Luiz Gama. O desgaste que adveio do enfrantamento com juízes poderosos, assim como o esgarçamento das suas relações com correligionários de partido, certamente contribuíram para um período que pode ser chamado como um período de vacas magras. Contudo, mesmo que suas vitórias não atingissem as célebres marcas do início da década, Gama permanecia ativo e sem dúvidas continuava a ser considerado, por um lado, como o inimigo número um dos escravocratas da província de São Paulo, e por outro, como as últimas esperanças de liberdade de uma multidão de seus "irmãos de infortúnios".*

# PARTE XVIII

# INSTRUÇÕES ABOLICIONISTAS

**NOTA INTRODUTÓRIA**   *O texto a seguir foi uma entre as certamente muitas cartas que Gama enviou para instruir seus companheiros abolicionistas sobre como requerer causas de liberdade. Destinada ao advogado João Rodrigues de Oliveira China, que tinha pedido orientações a Gama, a carta é uma aula de direito. Gama fundamenta ao colega de profissão e ideais republicanos e abolicionistas qual a "razão de direito" para a "competência das autoridades criminais judiciarem sobre as manumissões de africanos livres". Embora a relevância da carta resida em seu conteúdo, especialmente por se tratar de uma resposta teórico-normativa para um problema geral, é de se destacar a peculiaridade da missiva. Diferentemente de artigos na imprensa ou petições e requerimentos oficiais, a carta para João China corria silenciosamente sem que autoridade alguma detectasse a troca de informações subversivas entre inimigos declarados da escravidão e do poder senhorial. Nesse sentido, em fração de dias ou meses uma distante comarca do interior paulista poderia processar um tipo de demanda que se via apenas na capital da província, ajuizada, é bom que se diga, pela mais radical liderança abolicionista do Império, que vinha a ser, como sabemos, o advogado negro Luiz Gama. Com isso, tem-se a hipótese de que advogados e militantes abolicionistas no interior da província poderiam, por exemplo, receber do próprio Gama inovadoras instruções normativas sobre alforrias que ele mesmo vinha pleiteando nas instâncias policiais e judiciárias da capital. Não se sabe muito a respeito dessas redes de articulação política abolicionista entre advogados e amanuenses, por exemplo, entre comarcas ou províncias distintas. Contudo, a carta para João China que, é de se sublinhar, resistiu ao tempo guardada nas pastas de seu acervo pessoal, indica que essa rede de comunicação — senão secreta certamente discreta — tanto existiu quanto foi efetiva.*

## Capítulo 1
## Doutrina jurídica para se alforriar africanos ilegalmente importados ao Brasil
*Carta a João Rodrigues de Oliveira China*

**Comentário**  Gama responde uma carta do seu colega João China. Mais do que uma simples carta, a resposta é uma espécie de página de um livro de direito autoral, em que Gama respondia questões sobre o processamento e julgamento de causas de liberdade. Era, evidentemente, uma instrução para a ação abolicionista de China nas repartições policiais e juízos municipais e de direito no vale do Paraíba. Gama explicava qual era a base normativa para se alforriar "africanos ilegalmente importados no Brasil". Explicava, ainda, a qual autoridade competia "conhecer e decretar por sentença tais manumissões". O conhecimento normativo organizado por Gama é notável.

Caro Colega,[1]

A tua carta de 6 do corrente respondo praticamente com a minuta inclusa, e teoricamente do seguinte modo.

O processo, ou modo de manumitir[2] africanos ilegalmente importados no Brasil, não é o de que trata o regulamento de 1871, mas o estabelecido no decreto de 12 de abril de 1832, art. 10º.[3]

---

1. Embora o nome do destinatário não viesse expresso no endereçamento da missiva, a carta era dirigida a João Rodrigues de Oliveira China (1841–1924?), advogado e militante abolicionista que atuava no interior paulista, sobretudo nas cidades de Caçapava e Avaré. Para o contexto da carta de Gama a China, cf. Ana Flávia Magalhães Pinto. *Escritos de liberdade: literatos negros, racismo e cidadania no Brasil oitocentista*. Campinas: Editora da Unicamp, 2019, pp. 96–97. Para a carta original, cf. Arquivo do Estado de São Paulo, Instituto Histórico e Geográfico de São Paulo, Fundo João Rodrigues de Oliveira China, Carta de Luiz Gama a João China, 10 de julho de 1873.
2. Alforriar, libertar.
3. Gama crava o seu entendimento doutrinário sobre o marco normativo competente para esse tipo de alforria. Afastando as disposições estipuladas

A competência para conhecer e decretar por sentença tais manumissões é hoje exclusiva dos juízes municipais e de Direito. Antigamente também pertencia aos Delegados, Subdelegados e Chefes de Polícia, hoje, porém, não lhes pertence, porque deixaram de ser autoridades criminais e foram consideradas meramente policiais pela Lei nº 2.033 de 20 de setembro de 1871.[4]

Está, pois, entendido que a manumissão dos africanos livre é da exclusiva competência das Autoridades Criminais. E isto assim é porque está expressamente determinado no citado decreto de 12 de abril de 1832, art. 10º, portaria de 21 de maio de 1831, cujo fundamento é o alvará de 10 de março de 1682.[5] Nada tem que ver, pois, com estas manumissões os Juízes meramente civis e policiais.

pelo decreto nº 4.824 de 1871, Gama estabelecia, a um só tempo, forma e conteúdo definido para resolução da matéria — o que se verá, particularmente, no desfecho da carta. Uma vez que o decreto de 1832 regulava a execução da Lei de 7 de novembro de 1831, a conhecida "lei para inglês ver", Gama tentava ao máximo dar força normativa a essa lei para, com isso, aumentar as chances de vitória em demandas de liberdade de africanos introduzidos no Brasil depois de 1831. Nos termos do art. 10 do decreto de 1832, "em qualquer tempo, em que o preto requerer a qualquer juiz, de paz ou criminal, que veio para o Brasil depois da extinção do tráfico, o juiz o interrogará sobre todas as circunstâncias que possam esclarecer o fato, e oficialmente procederá a todas as diligências necessárias para certificar-se dele, obrigando o senhor a desfazer todas as dúvidas que se suscitarem a tal respeito. Havendo presunções veementes de ser o preto livre, o mandará depositar e proceder nos mais termos da lei". Cf. *Coleção das Leis do Império do Brasil de 1832*, Parte II. Rio de Janeiro: Tipografia Nacional, 1874, pp. 100-102.
4. *Coleção das Leis do Império do Brasil de 1871*, Tomo XXXI, Parte I. Rio de Janeiro: Tipografia Nacional, 1871, pp. 126-139, especialmente pp. 134-137.
5. Gama faz referência indireta aos artigos 5º, 9º e 10, especialmente, do decreto de 1832, além de invocar a portaria nº 111, de 21 de maio de 1831, do ministério da Justiça. Ambos os textos normativos cuidavam, em parte, da atribuição de autoridades criminais no processamento de causas relacionadas ao contrabando de africanos. O alvará de 1682, por sua vez, regulava a liberdade e a escravização de negros apreendidos na guerra dos Palmares, na antiga capitania de Pernambuco. Não está claro, todavia, o trecho do alvará que serviria de base à portaria citada. Cf., por ordem de remissão, *Coleção das Leis do Império do Brasil de 1832*, Parte II. Rio de Janeiro: Tipografia Nacional, 1874,

A razão de direito para esta especial ou exclusiva competência das autoridades criminais para judiciarem sobre as manumissões de africanos livres provém da natureza do ato de que emana a ilegal escravidão; e é que sendo o africano livre de nascimento e, estando, por lei, proibida a introdução de escravos no Império, e sendo tal introdução criminosa, fora absurdo, reconhecido uma vez o delito, admitir discussão sobre o fato da libertação. E foi por isto, como expressamente o declarou, que o legislador português estatuiu no Alvará citado de 1682, que sendo intuitiva a condição livre do indivíduo, fosse ele como tal reconhecido e de próprio ofício incontinenti[6] pelos juízes criminais.

Assim penso conforme a Lei o dispõe e tal tem sido a doutrina observada em casos semelhantes. Examina por ti as disposições citadas e verás se bem ou mal penso.

Dispõe do
Teu amigo obrigado
LUIZ GAMA
São Paulo, 10 de junho de 1873

P. S. Junte à petição, em original ou por certidão, o despacho nomeando-o Curador,[7] o Termo de juramento e o de depósito do manumitente.[8]

pp. 100–102; *Coleção das Decisões do Governo do Império do Brasil de 1831*. Rio de Janeiro: Tipografia Nacional, 1876, p. 89; e Candido Mendes de Almeida. *Código Filipino ou Ordenações e Leis do Reino de Portugal*, Quarto Livro. Rio de Janeiro: Tipografia do Instituto Filomático, 1870, pp. 1045–1047. Para uma visão de como Gama utilizava esse alvará em seus argumentos, cf., por exemplo, "Porque sou abolicionista sem reservas", in: Luiz Gama. *Liberdade, 1880–1882*. São Paulo: Hedra, 2021, pp. 155–169, especialmente p. 157.
6. Imediatamente, sem demora.
7. Aquele que está, em virtude de lei ou por ordem de juiz, incumbido de cuidar dos interesses e bens de quem se acha judicialmente incapacitado de fazê-lo.
8. Alforriando, que demanda a liberdade.

# PARTE XIX

## O IMPERADOR E A LIBERDADE DE IMPRENSA

**NOTA INTRODUTÓRIA**   Nos três textos que se lê a seguir, publicados entre o final de 1873 e o início de 1874, Gama trata de um caso que dizia respeito a conduta privada e pública do imperador Pedro II. Era uma polêmica partidária, ou de Estado, se preferirem, que surgia de uma denúncia no mínimo pitoresca: uma mulher portuguesa acusava o próprio imperador Pedro II de lhe dar um calote. Sim, quando em visita a Portugal, Pedro II se hospedara no hotel da proprietária e sairia sem pagar a conta. Indignada, a mulher ia até a imprensa do Rio de Janeiro e expunha o caso publicamente, exigindo o pagamento devido. O artigo de Gama, todavia, não se estende sobre o núcleo do conflito. Ele simplesmente rebatia opiniões que estavam em voga — mesmo entre republicanos! — que criticavam a publicação da denúncia, compreendendo que ela era ofensiva à dignidade do imperador, que era, afinal de contas, o chefe de Estado do Brasil. Gama, junto de Ferreira de Menezes e Américo de Campos, coautores dos textos intitulados "O imperador e a liberdade de imprensa" e "O imperador e a liberdade de injúria", demarcavam de modo incisivo o inegociável direito de manifestar pensamentos e publicá-los na imprensa. Se republicanos da corte — e de Campinas — flertavam com a censura, o trio Gama, Ferreira de Menezes e Campos defendia que a liberdade de imprensa — e não o imperador — era inviolável. "O direito de falar, como o Sol", dizia o trio republicano, "é para todos". Os autores chamavam a atenção, então, para o direito à livre expressão e manifestação de pensamentos. Não aceitariam, sustentavam, que críticas dirigidas ao imperador fossem cerceadas na imprensa, especialmente sob alegação que confundisse a figura pessoal com a representação política. Reunidos, os três textos podem ser lidos como páginas históricas da luta por liberdade de imprensa no Brasil.

## Capítulo 1
## A hoteleira contra o imperador
*O imperador e a liberdade de imprensa*[1]

**Comentário**   *Firmado por Luiz Gama, Ferreira de Menezes e Américo de Campos, e dividida em três partes, a polêmica sobre a responsabilidade do imperador expressava uma discordância política entre uma fração dos republicanos paulistas e seus "ilustres correligionários" do Rio de Janeiro. A divergência girava em torno de um imbróglio pitoresco: a proprietária de um hotel na cidade do Porto, Portugal, acusava publicamente o imperador Pedro II de se recusar a pagar pela hospedagem em seu estabelecimento. O trio de republicanos paulistas tomou o pequeno caso para discutir uma questão não só moral, mas de soberania política. Se os republicanos do Rio de Janeiro viam a questão como pessoal, Gama e seus companheiros paulistas viam como uma questão de princípios. Em síntese afiada que habilmente contrastava categorias de política, classe e gênero, o trio defendia que "ante os tribunais judiciários e a opinião pública, pode uma mulher, embora hoteleira, obrigar às custas e a sem razão um homem, embora imperador".*

Os republicanos abaixo assinados, fiéis sempre ao evangelho de seu partido, vêm à imprensa declarar que na questão debatida na Corte entre a *República*, o *Diário do Rio* e o *Jornal do Commercio*, a propósito da publicação de uma senhora portuguesa com referência ao imperador, aceitam e prestam culto à posição assumida pelo *Jornal do Commercio*.

Esta folha, na opinião dos abaixo assinados, mantém a doutrina democrática e civilizadora da liberdade de imprensa, a qual, assim elevada, deve servir aos pequenos em litígio com os grandes e ser *soberana* mesmo ante o próprio *soberano*.

---

1. *Correio Paulistano* (SP), Crônica Política, 01 de novembro de 1873, p. 1. Após uma explanação sobre a questão de fundo, a redação do *Correio* publicou a carta que se lê.

Pensam também os abaixo assinados que as questões pessoais e interesses particulares do imperador não envolvem nunca a honra nacional.

Ante os tribunais judiciários e a opinião pública, pode uma mulher, *embora hoteleira*, obrigar às custas e a sem razão um homem, embora imperador.

Sentem os abaixo assinados discordar, neste assunto, da opinião dos ilustres correligionários que redigem a *República*, mas entendendo preferível a tudo e apesar de tudo a verdadeira doutrina republicana, que é, no caso, a franquia da imprensa a todos, sem distinção de classes ou de posições constitucionais, pois é a imprensa o foro nobilíssimo para o debate de todas as queixas e todos os direitos.

Concluindo, julgam os abaixo assinados poder asseverar que estas ideias que avançam são comuns a todos os seus correligionários desta província.

São Paulo, 31 de outubro
FERREIRA DE MENEZES[2]
AMÉRICO DE CAMPOS[3]
LUIZ GAMA

2. Ver n. 141, p. 141.
3. Ver n. 5, p. 142.

Capítulo 2
# Fetichismo constitucional
*O imperador e a liberdade de injúria*[1]

**Comentário**  *Gama, Ferreira de Menezes e Américo de Campos, coautores do artigo, sobem o tom contra o imperador Pedro II. A polêmica esquentava: em apenas um dia, a questão foi de "o imperador e a liberdade de imprensa" para "o imperador e a liberdade de injúria". Parte da imprensa entendia que a crítica ao imperador no litígio com a hoteleira portuense era mais do que uma "descomunal afronta"; era uma injúria não só contra o imperador, mas até mesmo contra o país e o "primeiro cidadão do Império". A polêmica, contudo, tinha larga base constitucional. A começar pela discussão sobre a responsabilidade do imperador. Quais eram as suas "prerrogativas monárquicas"? Ou, ainda, em que medida a insolvência do imperador lesava o interesse público? Habilmente, Gama e seus parceiros saíam em defesa do* Jornal do Commercio, *que assumira a defesa da proprietária portuguesa, e enfocavam a matéria pela ótica republicana, separando o público do privado e argumentando pela igualdade civil entre os litigantes. "Ante os tribunais judiciários e a opinião pública", definiam os autores, "pode uma mulher, embora hoteleira, obrigar às custas e à sem razão um homem, embora imperador". Assim, de maneira tão enérgica quanto original, matizavam as nuances do conflito em suas muitas gradações, fosse de gênero, estatuto civil ou estatura política.*

É conhecida a pendência levantada no Porto, quando ali esteve o imperador, entre este e a proprietária de um hotel, por amor do preço do alojamento do hóspede imperial e sua comitiva. A conta do hotel foi impugnada por excessiva (4:500$ fortes)[2] e depositada pelo cônsul brasileiro do Porto, até ser a questão liquidada em juízo.

1. *A República* (RJ), edição conjunta de 02, 03 e 04 de novembro de 1873, pp. 1-2. O texto, que foi republicado em edições seguintes da mesma *República*, é introduzido pela seguinte nota editorial: "Na questão da conta do Porto, a redação do *Correio Paulistano* e os nossos ilustres correligionários Ferreira de Menezes, Américo de Campos e Luiz Gama deram o seu voto da seguinte forma".
2. Os autores enfatizavam que se tratava da moeda corrente do Reino de Portugal, e não da moeda portuguesa insulana, a chamada moeda fraca, que possuía valor 25% menor do que a moeda forte.

A ação judiciária proposta pelo cônsul foi anulada pelos tribunais em razão da incompetência do autor, que ao que consta a ia renovar como mandatário da mordomia imperial do Rio.

Entretanto, chega agora à capital do Brasil a proprietária do hotel do Porto a implorar diretamente a paga de sua conta, alegando falência e ruína completa de sua casa, senão conseguir o que suplica à magnanimidade do imperial devedor, ou se em falta disto não obtiver um equivalente por via de subscrição[3] *pública*, que desde já solicita da população do RJ.

Esta última fase da questão foi largamente exposta pela credora portuense em uma publicação feita sob sua assinatura no *Jornal do Commercio*.

Até aqui nada de notável, a não ser o *escândalo* que as próprias prerrogativas monárquicas prestam ao litígio, pois um rei, embora esteja no pleno direito de resguardar seu dinheiro como qualquer mortal, deve ser o primeiro a remir tais *dissabores* e salvar a *honra do posto*, em perfeito acordo com o prolóquio[4] antigo: *vão-se os anéis, mas fiquem os dedos*.

Mas o publicado no *Jornal do Commercio* produziu verdadeira sensação, e daí nasceu nova e importante polêmica.

Ao que parece, a população da corte referveu em grossa indignação ante aquele publicado, havido como descomunal afronta ao imperador.

As iras ergueram-se principalmente contra o *Jornal do Commercio*, tomando parte direta na clamorosa vindita[5] alguns jornais da corte, e notadamente o *Diário do Rio* e a *República*.

Esta indignação contra o *Jornal do Commercio* é que se nos afigura absolutamente injusta e mal cabida.

---

3. Compromisso assumido por escrito pelo qual o subscritor contribui com determinada quantia para alguma empresa, obra filantrópica ou homenagem. Nesse caso, a subscrição visava a fundação de um hospital de caridade.
4. Ditado, adágio.
5. Vingança, desforra.

O publicado inserido naquela folha contra "o primeiro cidadão do Império" representa um alto e nobre princípio — a liberdade de imprensa.

Atacar o *Jornal* pelo motivo exposto é atacar aquele princípio; é pretender que a imprensa abata-se[6] às condições de turíbulo,[7] sempre que ante ela assome o vulto de um alto personagem.

Solicitam muito especial atenção as doutrinas exibidas a tal propósito pelo *Diário do Rio*.

Mais realista que o rei, o *Diário* apela para o inviolável e *sagrado* da pessoa imperial, elevando a constitucional ficção ao grau de refinado fetichismo.

O que é certo é que a magna questiúncula[8] está dando brados.[9]

Tão grande importância não costumam ter assuntos de interesse público, o que aliás é lógico e coerente com os tristes abatimentos a que o imperialismo mais e mais afeiçoa o aviltado feudo.

Feios tempos estes!

Não concordamos igualmente com a posição assumida na polêmica pela *República*.

Pesa-nos isto sobremodo, mas sem dúvida serão aqueles nossos distintos correligionários os primeiros em reconhecer que em nossa franqueza não vai ofensa alguma, porém somente o exercício de um direito, se não o cumprimento de um dever.[10]

Os republicanos abaixo assinados, fiéis sempre ao evangelho

---

6. Reduza-se, apequene-se.
7. Incensário, recipiente de metal usado em funções litúrgicas, para se queimar incenso. Por sentido figurado, mero suporte.
8. Questão fútil, de pouca importância.
9. Repercussões. Lido em conjunto, a expressão sugere que aquele debate estava dando o que falar.
10. No original, o texto é interrompido pela seguinte nota editorial: "Versam ainda sobre o assunto acima exposto as seguintes linhas, que representam uma manifestação individual, aliás em plena harmonia com o juízo da redação desta folha". Ato contínuo, a *República* transcreve o artigo que fora publicado na edição de 01/11/1873, do *Correio Paulistano*, e que se lê antes do presente texto. Cf. *A hoteleira contra o imperador*, pp. 395-396.

de seu partido, vêm à imprensa declarar que na questão debatida na Corte entre a *República*, o *Diário do Rio* e o *Jornal do Commercio*, a propósito da publicação de uma senhora portuguesa com referência ao imperador, aceitam e prestam culto à posição assumida pelo *Jornal do Commercio*.

Esta folha, na opinião dos abaixo assinados, mantém a doutrina democrática e civilizadora da liberdade de imprensa, a qual, assim elevada, deve servir aos pequenos em litígio com os grandes e ser *soberana* mesmo ante o próprio *soberano*.

Pensam também os abaixo assinados, que as questões pessoais e interesses particulares do imperador não envolvem nunca a honra nacional.

Ante os tribunais judiciários e a opinião pública, pode uma mulher, *embora hoteleira*, obrigar às custas e à sem razão um homem, embora imperador.

Sentem os abaixo assinados discordar, neste assunto, da opinião dos ilustres correligionários que redigem a *República*; mas entendendo preferível à tudo e apesar de tudo a verdadeira doutrina republicana, que é, no caso, a franquia da imprensa a todos, sem distinção de classes ou de posições constitucionais, pois é a imprensa o foro nobilíssimo para o debate de todas as queixas e de todos os direitos.

Concluindo, julgam os abaixo assinados poder asseverar que estas ideias que avançam são comuns a todos os seus correligionários desta província.[11]

São Paulo, 31 de outubro
FERREIRA DE MENEZES[12]
AMÉRICO DE CAMPOS[13]

11. Ao término do texto, a redação da *República* insere o seguinte comentário: "A opinião autorizada de ilustrados colegas e correligionários merece-nos tanto maior acatamento quanto que eles julgam poder asseverar que as ideias que avançam são comuns a todos os nossos correligionários da província de S. Paulo".
12. Ver n. 141, p. 141.
13. Ver n. 5, p. 142.

# LUIZ GAMA

Capítulo 3
# Interesse particular do imperador não se confunde com interesse público
*O imperador e a liberdade de imprensa*[1]

**Comentário**   *A terceira parte da polêmica sobre "o imperador e a liberdade de imprensa" reforça o ponto anteriormente sustentado e rebate textos posteriores que viriam a público contestar a opinião de Gama, Ferreira de Menezes e Campos. Antes de mais nada, resumiam os autores, o conflito era sobre as "dívidas do imperador" e não sobre acusações de uma estrangeira contra o Brasil, como os defensores do imperador — inclusive entre republicanos! — postulavam. Da celeuma, é de se destacar especialmente a visão partidária do trio republicano paulista tão somente alguns meses depois da fundação do Partido Republicano, em Itu (SP), no mês de abril daquele mesmo ano. Gama, Ferreira de Menezes e Campos diziam que, ao contrário de fragilizar, a crítica partidária era fundamental para o próprio partido, "sendo que os partidos nessa idade e em tais condições têm como primeiro dever e destino fatal, ao lado da proclamação das teses, o expor bem à luz e muito em relevo as individualidades dos seus adeptos". O recado estava dado. Ao pé da letra.*

Os abaixo assinados, por uma muito devida consideração aos ilustres redatores da *República*, se haviam imposto o silêncio na polêmica levantada a propósito do protesto contra opiniões que aquele jornal dissera no conflito das dívidas do imperador.

O silêncio fora-lhes também aconselhado pelas *pretendidas* conveniências do partido, vozeadas[2] por muita gente, mau grado pensarem os abaixo assinados que a vida dos partidos de propaganda nada padece com a acentuação dos princípios cardeais,

5

---

1. *Correio Paulistano* (SP), Crônica Política, 22 de novembro de 1873, p. 1. À guisa de introdução, a redação do *Correio* inseriu essa pequena nota, que revela, rapidamente, a notoriedade que o assunto teria ocupado nas páginas dos jornais daqueles meses: "As seguintes linhas que nos são endereçadas para dar à estampa, ainda referem-se a essa magna questiúncula".
2. Faladas, ventiladas.

sendo que os partidos nessa idade e em tais condições têm como primeiro dever e destino fatal, ao lado da proclamação das teses, o expor bem à luz e muito em relevo as individualidades dos seus adeptos.

Rompem, porém, o selo desse propósito os abaixo assinados pelo valor que prestam aos três contra-protestantes na *República* do dia 18.[3]

Disseram os abaixo assinados "*que julgavam* poder asseverar que as suas ideias eram comuns a todos os correligionários da província de São Paulo".[4]

Este fecho do protesto não revelava imposição do sentir dos protestantes aos correligionários da província, sim tão somente que conhecedores como são da índole dos paulistas, os abaixo assinados iam ao ponto de avançar que, na publicação do *Jornal do Commercio,* viam os paulistas republicanos, como os abaixo assinados, uma *questão de princípios* — os princípios da liberdade plena, de direito da imprensa — e não uma questão *pessoal.*

E tão razoáveis fomos pensando assim que a mesma *República,* numa franqueza toda louvável, veio em apoio das previsões confessando isso mesmo no número do dia 5 do mês corrente.

Pedimos licença para transcrever o trecho:

Mal interpretando, quer a questão em si, quer a maneira porque a encaramos e discutimos, os nossos amigos fizeram de *uma questão pessoal e incidental uma questão de princípios, uma questão fundamental.*

Tivessem sido os abaixo assinados convencidos do erro, que para sua absolvição bastara-lhes o trecho citado!

E pensam também os mesmos ter amparado com a citação o golpe de censura que no contra-protesto lhes atiram os ilustres cidadãos de Campinas.

Os abaixo assinados não podem, não podiam impor opinião

---

3. Não localizei a tempo do fechamento dessa edição a publicação original da *República*, de modo que esta e as citações seguintes se baseiam apenas no artigo do *Correio Paulistano.*
4. O grifo em itálico é de Gama, Ferreira de Menezes e Campos.

deles aos demais correligionários na província, mas da esperança desse assentimento por parte destes se nutrem ainda, tanto que não julgam que os contra-protestantes de Campinas possam vir ao prelo com a opinião de que o *Jornal do Commercio*, dando a lume o célebre *a pedido*, não estava com o princípio da *liberdade de imprensa*.

Dariam por acabada neste ponto a polêmica os abaixo assinados se ainda não se julgassem obrigados a insistir em certas doutrinas, sobre as quais os dignos e muito ilustrados redatores da *República* não acordam com os mesmos.

São elas que não podem convir com aqueles dignos republicanos, glórias do partido, "que os vícios ou defeitos reais (?),[5] ou assacados à pessoa do imperador, revertem em definitiva sobre o país que o suporta".

Com esta teoria, estaria hoje padecendo na história a reputação moral da Inglaterra nos reinados de Henrique VIII[6] e Jorge IV;[7] a mesma reputação da Rússia, no domínio de Catharina II;[8] a da França, sob Luiz XV;[9] a do papado, sob Alexandre VI[10] e papisa Joana;[11] e mal cogita-se o que se poderia dizer da Espanha por ter suportado a última rainha!

Essa doutrina levada às suas naturais consequências justificaria o Xá da Pérsia[12] e a Pérsia, onde desde que aquele espirra, espirra o povo inteiro.

5. Marcação original de Gama, Ferreira de Menezes e Campos, indicando, provavelmente, discordância de plano em se conjugar tal expressão.
6. Henrique VIII (1491-1547) fundou a Igreja Anglicana e foi rei da Inglaterra entre 1509 e 1547.
7. Jorge IV (1762-1830) foi um monarca britânico e reinou de 1820 até 1830.
8. Catharina II (1729-1796) foi imperatriz da Rússia no período entre 1762 e 1796.
9. Luiz XV de França (1710-1774) foi rei da França e de Navarra de 1715 até 1774.
10. Alexandre VI, nascido Rodrigo de Borja (1431-1503), foi o 214º papa da Igreja Católica, pontificando entre os anos 1492-1503.
11. Refere-se à controvertida história em torno do papado de uma mulher, durante a Idade Média.
12. Título equivalente ao de monarca, rei ou imperador.

Justificaria, outrossim, a mesma doutrina, o brasão simbólico de Luiz XIV.[13]

Como este, o imperador do Brasil podia proclamar-se o "Sol" desta terra. Ele erguido, nós em claro; ele deitado, todos às escuras!

E não foi esta mesma nefasta doutrina que armou o braço àqueles que na monarquia de Carlos X[14] de França arrancaram do seio da representação nacional o grande Manuel?

∽

Também aproveitam-se do momento os abaixo assinados para dizerem que nem são *adoradores* do *Jornal do Commercio*, nem pleiteiam pela "liberdade da injúria", sendo que não atinam com a possibilidade da injúria pela imprensa, sem que haja a liberdade desta.

Não compreendem, outrossim, os abaixo assinados, a designação de *folha estrangeira*. Todo o periódico que se levanta é um farol ou um combatente.

No primeiro caso há um lucro, no segundo há a ocasião de uma vitória para as ideias livres.

No mundo, só a China teme e conta os estrangeiros e guarda a chaves o seu alfabeto. O direito de falar, como o Sol, é para todos.

∽

Tais são as ideias e são tais os sentimentos dos abaixo assinados.

Como na declaração dos denodados redatores da *República*, lavram o presente e assinam-o com a "exempção[15] e independência com que costumam proceder em todos os casos".:

Por isso que são republicanos, entendem-se com o direito de dizer o que pensam, principalmente aos seus correligionários.

13. Luiz XIV de França (1638-1715) foi rei da França e de Navarra ao longo de sete décadas.
14. Carlos X de França (1757-1836) foi rei da França e de Navarra de 1824 a 1830.
15. Mesmo que isenção.

Não julgam que possam ter ofendido as conveniências do seu partido; mas, quando assim acontecesse, não fora por intenção e, em último caso, muito respeitadores embora dessas conveniências, entendem, contudo, que acima delas está o culto aos princípios.

E de junto desta ara,[16] onde estão guardados os destinos desta terra, reverenciam os seus irmãos maiores da *República* e os da cidade de Campinas.

São Paulo, 20 de novembro
FERREIRA DE MENEZES[17]
LUIZ GAMA
AMÉRICO DE CAMPOS[18]

---

16. Mesmo que altar.
17. Ver n. 3, p. 141.
18. Ver n. 5, p. 142.

# PARTE XX

# LUIZ GONZAGA «AFRO» DA GAMA

**NOTA INTRODUTÓRIA**  *Como se lê no segundo volume destas* Obras Completas, *Gama fundou a folha* Democracia *em finais de 1867, e nela, sobretudo, adotou um pseudônimo que marcaria sua trajetória literária:* Afro. *É de se destacar, contudo, que ainda antes das páginas da* Democracia, *Gama já havia publicado outros artigos com essa sugestiva assinatura. Todos eles podem ser igualmente lidos no citado segundo volume. Agora, anos depois, Gama voltava a assinar alguns textos como Afro. As razões para o uso de um — ou outro — pseudônimo variavam caso a caso e são pouco compreensíveis se tomadas isoladamente sem o contexto que as formava. Não cabe nesse curto espaço explorar tais variáveis nem esmiuçar as razões. Basta, por ora, que se relembre que o pseudônimo fora tacitamente reconhecido pelo próprio Gama, quando da publicação do perfil biográfico escrito por Lúcio de Mendonça, que afirmou textualmente que Gama "assinava com o pseudônimo Afro". Nesse sentido, não é de surpreender que os três artigos dessa seção revelem um Afro rigorosamente alinhado com Gama em matéria política e cultural. Afinal, do conjunto que se lê, Afro é tanto abolicionista quanto anticlerical e antimonarquista. Além, é claro, de possuir notório conhecimento de direito. Tomando de empréstimo uma frase do segundo volume, aliás da seção que não à toa leva título homônimo a esta — Luiz Gonzaga Afro da Gama —, pode-se dizer que "a singularidade de Afro nos leva a conhecer melhor, com a licença da referência ao poeta do Capão, uma entre as "mil faces de um homem leal" que foi e é Luiz Gonzaga Afro da Gama".*

## Capítulo 1
# É de interesse público alforrias à custa do Estado
*Sobre a comissão de classificação de escravos*[1]

**Comentário** *Embora opinasse introdutoriamente sobre a inadequação do Código de Posturas da capital, Afro estava mesmo preocupado com a "classificação dos escravos que têm de ser alforriados à custa do Estado". Havia dinheiro e determinação legal para tal iniciativa. Cumpria, portanto, que a cidade de São Paulo desse efetividade à medida. No entanto, o que seguia ocorrendo era a velha crueldade senhorial. "Uma escrava", conta Afro, requereu sua liberdade mediante exibição de pecúlio e o senhor tratou logo de vendê-la, "por não querer este concordar com estas asneiras subversivas do sagrado cativeiro". Afro insistia que a comissão de classificação, mecanismo de alforrias à custa de fundos do Estado, deveria funcionar de fato e de direito. Ao final, Afro pergunta: "Será bom que os infelizes requerentes estejam expostos ao ódio e às vinganças dos senhores? Deverá o governo consentir que a justa aspiração da liberdade seja causa de ódio e de perseguição contra os míseros escravos?"*

Sr. Redator,
 Em nome do interesse público, peço-lhe de chamar a atenção dos poderes competentes para os seguintes fatos:
 O comércio de São Paulo, em peso, representou ao governo contra o atual código de posturas da capital;[2] esse código perma-  5

---

1. *Correio Paulistano* (SP), Seção Particular, 17 de março de 1874, p. 2.
2. Refere-se ao Código de Posturas de São Paulo do ano de 1873, conjunto de normas locais legislado pela Câmara Municipal da capital. Com duração curta, o impopular Código de Posturas teve vigência apenas até 1875, tendo sido derrogado após intensa crítica de setores da sociedade paulistana. Para leitura dos mais de duzentos artigos do mencionado corpo legislativo, *i.e.*, da resolução nº 93, de 14 de maio de 1873, cf. *Coleção da Legislação Paulista*, Leis Provinciais, 1873, pp. 165-180.

nece intacto; a Assembleia aí está funcionando e os senhores vereadores ainda nenhuma modificação propuseram relativamente a essa lei vexatória e barbarizadora.[3]

Algumas representações mais têm subido à Assembleia contra diversas disposições deste código, e não sabemos que resultado terão elas, à vista do silêncio da Câmara.

Mandou-se proceder à organização de uma lista e à classificação dos escravos que têm de ser alforriados à custa do Estado; alguns escravos apresentaram petições com pecúlio[4] à junta respectiva; a junta funciona há 4 meses e consta que ainda nada fez!

Uma escrava do sr. Clemente Braga, que requereu e exibiu pecúlio de 500$000 réis, *já foi vendida, pelo senhor, para o interior da província*, por não querer este concordar com estas asneiras subversivas do sagrado cativeiro...

Não deveria o governo cuidar já dos escravos que requereram, com pecúlio, e deixar que a comissão continue a classificar os demais?

Será bom que os infelizes requerentes estejam expostos ao ódio e às vinganças dos senhores?

Deverá o governo consentir que a justa aspiração da liberdade seja causa de ódio e de perseguição contra os míseros escravos?

AFRO

---

3. A menção às duas casas legislativas, "Assembleia" e Câmara (através da expressão "vereadores"), pode indicar, por um lado, a existência de um possível conflito regulatório entre ambos níveis de legislaturas ou, por outro lado, um duplo grau de organização da matéria.

4. Patrimônio, quantia em dinheiro que, por lei (1871), foi permitido ao escravizado constituir a partir de doações, legados, heranças e diárias eventualmente remuneradas.

## Capítulo 2
## Intervenção em jurisdição eclesiástica
*Franca ao Imperador*[1]

**Comentário** *Escrevendo da capital, Afro tratava de um assunto pertinente ao distante município de Franca, no extremo nordeste da província de São Paulo. Afro tratava de relembrar as autoridades de duas denúncias de violências praticadas pelo padre Rosa, o "dominador daquela infeliz paróquia". Visceralmente anticlerical, o texto de Afro usa do sarcasmo como arma política, além de ter o nítido objetivo de chamar a atenção do presidente da província para que interviesse na jurisdição "daquela Judeia brasileira".*

Há meses fomos incumbidos de endereçar aos exmos. srs. presidente da província e vigário capitular duas representações em que muitos moradores da Franca[2] relatavam atos de consumada imprudência, senão de insofrível violência, praticados contra eles e contra outras pessoas pelo revdm. padre Rosa, dominador daquela infeliz paróquia.

Na forma do costume, foram tais representações devolvidas àquela paróquia, para que sobre as reclamações dissesse o revdm. increpado;[3] e nada mais até a presente data...

Não sabemos, portanto, o que de si mesmo informara S. Revdm.; sendo de presumir que se pintasse, segundo a moda, qual novo Cristo imaculado, humilde e divino, sofrendo o necessário holocausto que aplicam-lhe os bárbaros fariseus daquela Judeia brasileira!...

---

1. *Correio Paulistano* (SP), Seção Particular, 21 de março de 1874, p. 3.
2. Município paulista distante 400 km da capital.
3. Acusado.

Um bom resultado produziram aquelas representações; foi a criação da Sociedade Católica, que conta já cerca de 200 membros, sob as inspirações do sr. padre Rosa, cujo fim principal, já manifestado, por meio de contra-representações, é endeusar o revdm. orago[4] da paróquia, defender os seus atos e atacar os adversários, para maior glória de Deus.

Acabam de chegar daquela cidade mais três representações, provocadas pela biliosa energia do revdm. sr. padre Rosa: uma é endereçada ao governo imperial; outra ao exmo. presidente da província; e outra a S. Excia., o sr. bispo diocesano.

Cremos que, como as antecedentes, seguirão a via ordinária: irão a informar...

São Paulo, 20 de março de 1874
AFRO

---

4. Padroeiro. Por metonímia, contudo, o padroeiro seria o mesmo padre Rosa.

## Capítulo 3
**Alistamento militar**
*Aos srs. redatores de jornais*[1]

**Comentário** *Profundamente antimonarquista, Afro chamava a atenção para a invasão do Poder Executivo sobre o Poder Legislativo em assunto que tratava de alistamento e recrutamento para o Exército. Afro denunciava o "hábito maléfico" do Executivo em ampliar ou restringir leis conforme a conveniência do gabinete de ocasião. Transitando com desenvoltura pela ideia de separação de poderes, além de examinar o conteúdo normativo de leis e avisos, Afro criticava um aviso do ministério dos Negócios da Guerra, "expedido com ofensa do nosso já tão aviltado Poder Legislativo". Afro concluía, em tom solene: "Esperamos que, ao menos, em nome do direito e da moral, se levante o clamor da imprensa contra esse perigo iminente dos foros do cidadão".*

É velho entre nós o hábito maléfico do governo que, ao seu talante,[2] amplia ou restringe as leis, de conformidade com as *suas* conveniências, por meio dos seus infalíveis *regulamentos* e indispensáveis *avisos*; mas nem por ser antigo tal vezo,[3] o deixaremos acumear-se,[4] à semelhança de farol indispensável.

É o caso que a Lei nº 2.556, de 26 de setembro de 1874, no artigo 2º, estatui expressamente que, todos os anos, na época que o *regulamento determinar*, proceder-se-á ao alistamento dos cidadãos que, não pertencendo ao Exército ou Armada, tiverem idade de 19 anos completos, e dos omitidos nos alistamentos anteriores, *que não forem* maiores de 25 anos *ou tiverem perdido as isenções* do § 1º, artigo 1º, antes de completarem 21 anos: que,

---

1. *A Província de São Paulo* (SP), Seção Livre, 11 de setembro de 1875, p. 2.
2. Arbítrio.
3. Costume, hábito.
4. Elevar-se até o cume.

no primeiro ano da execução desta lei, o alistamento compreenderá todos os cidadãos idôneos desde a idade de 19 anos até a de 30 incompletos, *que pela legislação atualmente em vigor estão sujeitos ao recrutamento*.[5]

Deduz-se necessariamente desta disposição que estão isentos do serviço das armas, e não devem, por isso, ser considerados na classificação respectiva, nem mencionados nas listas de paróquia, os indivíduos excetuados pela lei, ou os que não estão sujeitos ao recrutamento pela legislação em vigor.

É isto evidente em face da lei, cuja disposição muito de indústria[6] transcrevemos. É certo, porém, se bem que espantoso, que o governo de S. M. o Imperador, pelo ministério dos Negócios da Guerra, acaba de expedir um *aviso*, com data de 19 do mês precedente, revogando esta disposição da lei e estatuindo "que sejam compreendidos nas listas paroquiais todos os cidadãos de 19 a 30 anos *que não pertencerem ao Exército ou Armada*, limitando-se, quanto às isenções, a mencioná-las nas casas das observações das mesmas listas, etc..."[7]

É isto inaudito[8] e dá-se ao tempo em que o Rei-cidadão,[9] exemplo de abnegação e de democracia, que, para agradar ao povo, até agora deu em andar de roupa suja, viaja pelas províncias,

---

5. Trata-se de lei que estabelecia o modo de recrutamento para o Exército. O autor discute, então, parte das hipóteses e requisitos legais para o alistamento militar. Cf. *Coleção das Leis do Império do Brasil de 1874*, Tomo XXXIII, Parte I, Volume I. Rio de Janeiro: Tipografia Nacional, 1875, pp. 64–73, especialmente, p. 64.
6. Astuciosamente pensado.
7. Indiretamente, o autor remete ao aviso nº 352, do ministério da Guerra, datado de 19 de agosto de 1875. A citação, praticamente literal, corresponde ao texto normativo original. Cf. *Coleção das Decisões do Governo do Império do Brasil de 1875*, Tomo XXXVIII. Rio de Janeiro: Tipografia Nacional, 1876, pp. 295–296, especialmente, p. 296.
8. Sem precedente.
9. Refere-se, ironicamente, ao imperador Pedro II. É de se notar que Gama publicou o poema intitulado *O rei cidadão — dois metros de política*, satirizando desde a altura do monarca até — e principalmente — sua administração. Cf. *O Polichinello*, edição de 21 de março de 1876.

examinando escolas de a.b.c.[10] Sabemos que as autoridades, umas por ignorância e outras por baixeza, não levantaram o menor reclamo, e antes cumpriram com acatamento o firmã[11] do governo, expedido com ofensa do nosso já tão aviltado Poder Legislativo.

Esperamos que, ao menos, em nome do direito e da moral, se levante o clamor da imprensa contra esse perigo iminente dos foros[12] do cidadão.

AFRO

---

10. Isto é, escolas de alfabetização.
11. O mesmo que firmão, decreto vindo de soberano ou autoridade máxima. Carrega sentido pejorativo, que assinala ato despótico.
12. Por metonímia, direitos.

# PARTE XXI

## ARGÚCIAS DA CHICANA

**NOTA INTRODUTÓRIA**  *Não se sabe muito do caso de Julio Geraud. Apenas três textos, que se lê a seguir, contam a história do litígio e da ação que Gama tomou nele. De saída, uma coisa chama atenção: o espaçamento temporal entre os textos. Os dois primeiros são, respectivamente, de fevereiro e março de 1873; e o terceiro, de março do outro ano, 1874. Assim, ainda que pouca seja a informação pública sobre o processo, é de se notar que a causa se desdobrou por, no mínimo, longuíssimos treze meses. Se pensarmos que o litígio envolvia a falência comercial e, depois, a prisão ilegal do francês Geraud, cliente de Gama, podemos até imaginar o tamanho do imbróglio forense. A celeuma gira em torno de cinco julgamentos: a primeira sentença, provavelmente no juízo municipal de São Paulo, dizia que Geraud tinha agido criminosamente no processo de falência. A segunda, talvez no próprio juízo municipal, proferida pelo juiz Leandro de Toledo, isentava Geraud de culpa e considerava "causal a quebra". Completam a lista, somente no ano de 1874, a sentença do juiz de direito da comarca de São Paulo, um acórdão do Tribunal da Relação da Corte e outro acórdão, agora do recém-formado Tribunal da Relação de São Paulo. Se o juiz de direito paulistano condenava Geraud pelo crime de bancarrota, i.e., a falência acompanhada de fraude do devedor contra o credor, os desembargadores do tribunal da Corte finalmente absolviam Geraud. Nesse interminável vaivém entre instâncias e tribunais, Geraud permanecia preso. Gama requereu a soltura do paciente Geraud, uma vez que o seu cliente já fora absolvido. O juiz de direito, porém, se recusava a soltá-lo. Surpreso e possesso com a chicana do juiz — que aliás contrariava a "prática de há muitos anos estabelecida, e mantida no foro da capital" —, Gama pediu* habeas corpus *em favor de Geraud ao Tribunal da Relação de São Paulo, superior hierárquico ao juiz de direito de São Paulo. Daí, se Gama já estava possesso, quedou-se furioso. Gama trouxe o acórdão para discussão pública e apontou a lambança em que os desembargadores paulistas estavam metidos ao se julgarem incompetentes para determinar a soltura de Geraud. Gama fulminava: "meu intuito único é patentear a grave desordem que perigosamente fermenta nesta sinistra decisão do colendo Tribunal; é manifestar à opinião esclarecida do País que nem sempre a sabedoria dos juízes constitui garantia segura da inocência; que a lei mal entendida é um dos piores flagelos da sociedade; e que os tribunais também passam por horas aziagas, e se transformam em castelos feudais".*

## Capítulo 1
### Aguardar em silêncio
*O julgamento da falência de Julio Geraud*[1]

**Comentário**   *O artigo é uma contestação a um texto precedente, assinado pela parte contrária de uma causa em que Gama advogava, que, infelizmente, não se encontra na base de dados da Hemeroteca da Biblioteca Nacional. Ainda assim, é possível compreender aspectos importantes da disputa entre credores, representados por Antonio dos Santos Soares, e o cliente de Gama, Julio Geraud. Aqui, Gama explora o fato da outra parte ter se exposto na imprensa e especulado sobre as motivações da sentença do juiz. E conjectura que a parte contrária passava por algumas divergências internas sobre a estratégia judicial a adotar. É, portanto, um artigo que diz mais sobre o repertório de estratégias forenses do experiente e jovem advogado Luiz Gama do que do conflito em debate. Ao fim, ele anunciava que voltaria a debater a causa quando da conclusão do processo. Pouco mais de um ano depois, com a absolvição de seu cliente em instância revisora superior, o Tribunal da Relação da Corte, Gama voltaria para dar a última palavra sobre as desventuras de Geraud.*

Respeito muito os vastíssimos conhecimentos do distinto e ilustrado sr. Antonio dos Santos Soares, em matérias complicadas de jurisprudência, e maiormente a sua erudita e conceituada prática em negócios comerciais de mar e terra, em que, sem contestação, é notável perito; tenho porém em maior conta, e peço permissão para dizê-lo, o cumprimento dos meus deveres, o pronunciamento da pública opinião, a consideração devida aos bons magistrados, e principalmente o indispensável acatamento às pessoas dos desventurados, sujeitos à vara terrível da *justiça dos homens...*

Isto posto, não tomará a má conta o muito ilustre e honrado sr. Antonio dos Santos Soares, que lhe impetre eu o bondoso obséquio de guardar silêncio pela imprensa, enquanto as autoridades competentes não disserem a última palavra, sobre a falência do infeliz Julio Geraud.

1. *Correio Paulistano* (SP), Seção Particular, 28 de fevereiro de 1873, p. 2.

Esta súplica que faço, despida da mínima recriminação, foi-me inspirada pela prudência que deve ser o distintivo dos homens sisudos, como é certamente o ríspido sr. Soares, e pela dignidade moral que nos não permite de servimo-nos da imprensa, como instrumento de indecorosa especulação, perante os juízes, para o alcance de reprovados fins.

Sei que o sr. Soares consultou o seu advogado sobre a publicação, antes de fazê-la;[2] e também sei que o seu advogado,[3] para quem a profissão é um sacerdócio, respondera-lhe: que tal publicação seria uma indignidade, e uma ofensa grosseira ao caráter do magistrado a quem cabia judiciar a causa.

A despeito desta manifestação formal o sr. Soares realizou a publicação![4]

Certo, entretanto, de que o sr. Soares é um homem honesto, se bem que atrabiliário,[5] e incapaz de calculadas vilanias, ouso esperar de S. S. este favor que já devera lhe ter ditado a razão.

Concluído regularmente o processo, e dada sobre ele a última sentença, aceitarei com prazer a discussão que S. S. dignou-se a propor pelo *Correio Paulistano* de hoje: só então poderemos livre e convenientemente discutir.[6]

São Paulo, 23 de fevereiro de 1873
O advogado
LUIZ GAMA

---

2. Para se ler a réplica de Santos Soares, cf. *Correio Paulistano* (SP), Seção Particular, 02 de março de 1873, pp. 3-4.
3. Refere-se a Luiz de Oliveira Lins de Vasconcellos. Para sua biografia, ver n. 3, p. 270. Cf. *Correio Paulistano* (SP), Seção Particular, 02 de março de 1873, pp. 3-4.
4. Não foi possível localizar o texto de Soares, uma vez que não se encontra a edição de 23 de fevereiro de 1873 do *Correio Paulistano* na excelente base de dados da Hemeroteca Digital da Biblioteca Nacional.
5. Irritadiço, raivoso, irascível.
6. Um ano depois, no artigo que se lê a seguir, Gama cumpriu com o anunciado e discutiu aspectos da causa publicamente.

## SEM QUERER DISCUTIR, MAS JÁ DISCUTINDO[7]

**Comentário**   *Antonio dos Santos Soares, procurador de credores de Julio Geraud, veio a público contestar o artigo precedente de Gama. Nesse texto, vê-se tanto o cuidado do autor em não digladiar em público com Gama, quanto em evitar complicar-se ainda mais com a arriscada estratégia de especular futuros julgamentos pela imprensa. Ainda que Soares tenha evitado, ele flertou com a especulação e indicou sua suspeita sobre um dos julgadores. Não sabemos que repercussão poderia ter, mas, a julgar pelo silêncio que se estabeleceu entre as partes nos meses seguintes, pode-se pensar que todos avaliaram por bem evitar as colunas dos jornais.*

Veio o ilustrado sr. advogado Luiz Gama pedir-me que me remetesse ao silêncio enquanto não for dada a última palavra no processo do falido Julio Geraud.

Não precisei do seu conselho, porque depois da dúvida em que fiquei pelo modo por que os dois meritíssimos juízes apreciaram as provas dos autos, e que manifestei por esta folha, fiquei silencioso esperando a última palavra. Não provoquei nem aceito discussão com o sr. advogado Luiz Gama, porque nada tenho com ele; S. S. cumpre o seu dever e eu tenho cumprido o meu e, quando for tempo, um ou mais advogados darão seu parecer em relação ao modo de apreciar as provas que oferecem os autos, e com elas o público sensato julgará de que lado está a justiça!

Nunca fiz nem faço alarde de *vastos conhecimentos* e ilustração, porém, no ramo de negócio a que me dediquei, pode S. S. encontrar uma pequena amostra nos autos, de fls. 138 a 142.

Devolvo-lhe, porém, intactas, as intenções que me empresta e as amabilidades que me dirige, certo de que não sei retribuí-las.

Se vim à imprensa, foi por causa da surpresa que me causou a sentença do meritíssimo juiz dr. Leandro de Toledo, julgando *causal* a quebra, quando o seu digno antecessor *encontrou* no processo *fortes indícios de criminalidade*, e não para influenciar de qualquer modo no juízo superior, que se não deixará levar por quem quer que seja que *especule* na imprensa.

7. *Correio Paulistano* (SP), Seção Particular, 02 de março de 1873, pp. 2–3. Texto sem título no original.

Quanto à resposta que o meu advogado deu (que S. S. lhe atribui)[8] em relação à publicação que fiz,[9] a sua resposta, abaixo desta, mostrará ao público o engano de S. S. e da sua afirmativa.

ANTONIO DOS SANTOS SOARES<br>
Curador fiscal<br>
P.P.[10] de Frederico Martins & Cia

Ilmo. Sr. Dr. Lins de Vasconcellos,
Rogo-lhe o favor de me dizer ao pé desta se o consultei, ou lhe mostrei a publicação que fiz no *Correio Paulistano* de 23 do corrente, pedindo-lhe licença para fazer uso desta como me convenha.

Sem motivo para mais, sou<br>
De V. S.<br>
Amigo atento e respeitador e criado<br>
ANTONIO DOS SANTOS SOARES<br>
Curador fiscal<br>
P.P. de Frederico Martins & Cia

Ilmo. Sr. Antonio dos Santos Soares,
É verdade que em conversação que com S. S. tive, manifestei-me sempre contra qualquer publicação a respeito de causas pendentes; não tenho sido, entretanto, consultado a respeito da publicação a que alude S. S.

São Paulo, 28 de fevereiro de 1873<br>
De V. S.<br>
Amigo at.[ento] e resp.[eitoso] e criado<br>
LINS DE VASCONCELLOS

---

8. Ver n. 3, p. 270.
9. Refere-se ao texto publicado em 23 de fevereiro de 1873 do *Correio Paulitstano*, que, infelizmente, não se encontra na excelente base de dados da Hemeroteca da Biblioteca Nacional.
10. Por Procuração.

## Capítulo 2
**Desordem judiciária**
*Egrégio tribunal da relação – J. Geraud – petição de «habeas corpus»*[1]

**Comentário**   *Embora fosse o advogado de Julio Geraud, Gama momentaneamente oculta a titulação do ofício, que possuía e invocava normalmente, talvez para marcar que a "crítica sisuda", antes de qualquer outra coisa, era "um direito do cidadão". A razão do escrito, portanto, não seria a do advogado vencido pela chicana do juiz mancomunado com desembargadores. Seria, antes, o exercício do cidadão em criticar o abuso de poder e denunciar a injustiça que tomava corpo no tribunal. Em um irretocável parágrafo, Gama indica de um só fôlego que de nada valia titulação ou cadeira de juiz alguma se de tais apetrechos resultasse a inércia ou o endosso de uma injustiça. Por um momento, e certamente por efeito retórico imbatível, Gama falava apenas com um tipo de leitor mediano: aqueles sem vínculos intelectuais com os poderosos e que se interessavam por analisar um conflito que se passava em sua cidade ou província. Gama expunha a nu ocorrências dos bastidores do julgamento do habeas corpus de seu cliente Julio Geraud e perguntava se aquilo que se via era justiça. Se é evidente que Gama falava ao público de pouca ou nenhuma instrução escolar, também era sabido que tinha os olhos voltados para dentro do tribunal, onde, da combinação da "crítica sisuda" na imprensa com a tribuna da defesa, poderia reverter a opinião dos doutores que impediam a soltura de seu cliente. Os desembargadores do tribunal paulista, em suma, concederam a ordem de* habeas corpus *e, na sessão seguinte, desdisseram o que haviam mandado e declararam "que este Tribunal era incompetente para decretar a soltura do preso, por ter sido o seu processo julgado pelo Tribunal da Corte". Gama passa, então, ao seu comentário normativo-pragmático, esquecendo-se — "não cogito nem quero saber se pode o juiz antepor as argúcias da chicana aos fundamentos filosóficos do direito" — do juiz de direito e discutindo tão somente o acórdão em que os desembargadores se eximiam de decidir da soltura de Geraud. Havia um "erro de direito que passou em julgado", Gama argumentava, e urgia reconhecê-lo e corrigi-lo. A bem do direito e da justiça.*

1. *Correio Paulistano* (SP), Seção Particular, 12 de março de 1874, p. 2.

> Boas são leis: *melhor o uso bom delas*,
> Boa é sua ciência, quando pura
> Vem das espinhas, que nascem d'entre elas
>
> FERREIRA[2], liv. 2 cart. 2ª[3]

A crítica sisuda, ainda quando judiciosa[4] não seja, nem se recomende pela fama literária do seu autor, é um direito do cidadão.

Não sou jurisconsulto; nem sou douto; não sou graduado em direito; não tenho pretensões à celebridade; nem estou no caso de ocupar cargos de magistraturas; revolta-me, porém, a incongruência notória de que, com impávida arrogância, dão prova cotidiana magistrados eminentes, que têm por ofício o estudo das leis, e por obrigação a *justa* aplicação delas.

Creio que os atos meditados dos tribunais, reunião de jurisconsultos provectos,[5] devem, por sua própria importância, estabelecer normas de jurisprudência: e que por tais normas, frutos da prudência e da sabedoria, devem os juízes subalternos pautar o seu procedimento legal.

E é sob a fé deste salutar princípio, digno da mais profunda consideração, que abalanço-me a analisar um Acórdão[6] hoje proferido pelo egrégio Tribunal da Relação desta cidade.[7]

---

2. António Ferreira (1528–1569), nascido em Lisboa, Portugal, foi poeta, dramaturgo e magistrado de grande renome no século XVI. Foi professor de direito em Coimbra e desembargador do Tribunal da Relação de Lisboa. Suas obras poética e dramatúrgica, reunidas em edições póstumas, prolongaram a influência de Ferreira na vida cultural luso-brasileira pelos séculos seguintes.
3. Gama refere-se à segunda parte de *Poemas Lusitanos* e, muito provavelmente, consultou a edição de 1771. A citação é praticamente literal e corresponde ao poema da carta II do Livro II. A única modificação textual, mínima, aliás, é que ao invés de "entre elas", Gama anotou "d'entre elas". O grifo em itálico, a seu turno, é do próprio Gama. Cf. Antonio Ferreira. *Poemas Lusitanos*, Livro II. Lisboa: Régia Oficina Tipográfica, 1771, pp. 67–68.
4. Sensata, ponderada.
5. Experientes.
6. Decisão de tribunal que serve de modelo ou paradigma para solucionar casos semelhantes.
7. Refere-se ao tribunal de segunda instância localizado em São Paulo.

O francês Julio Geraud, condenado por crime de bancarrota[8] pelo meritíssimo dr. juiz de direito desta cidade, foi absolvido pelo colendo Tribunal da Relação da Corte,[9] em Acórdão de 13 de fevereiro deste ano; e tendo requerido alvará de soltura no dia 6 do corrente, mediante certidão autêntica do Acórdão absolutório, foi declarado pelo meritíssimo dr. juiz de direito, *a cuja ordem se acha preso o paciente*, que indeferia a petição, porque da certidão exibida não consta que o Acórdão tenha transitado em julgado. São estas as textuais palavras do meritíssimo dr. juiz de direito, cujo procedimento surpreendeu-me, por contrariar de chofre[10] a prática de há muitos anos estabelecida, e mantida no foro da capital.

Com este inesperado despacho, com a mesma certidão do Acórdão, e com a petição desatendida, requereu o paciente uma ordem de *habeas corpus* ao egrégio Tribunal da Relação desta cidade.

Em sessão de 7 do corrente foram designados 3 três exmos. desembargadores; por eles foram lidos e judiciosamente[11] apreciados a petição e documentos oferecidos; foi concedida, por votação unânime, a ordem de *habeas corpus*; foi mandado ouvir o meritíssimo juiz de direito, *à ordem de quem está preso o paciente*; e marcada a sessão de hoje para comparecimento do mesmo paciente à barra do tribunal.

E hoje, efetuado o comparecimento, feito o relatório, e depois de perfunctório[12] debate, resolveu-se, pelos votos dos exmos.

---

8. Falência acompanhada da culpa ou fraude do devedor.
9. Tribunal de segunda instância localizado no Rio de Janeiro.
10. De um só golpe, de uma só tacada.
11. De modo sensato, ponderado.
12. Superficial, ligeiro.

desembargadores Cerqueira Lima[13] e José Norberto,[14] contra o voto do exmo. desembargador Luiz da Gama,[15] — que este Tribunal era incompetente para decretar a soltura do preso, por ter sido o seu processo julgado pelo Tribunal da Corte...

Aqui termino a exata narração da ocorrência, para dar começo às considerações que o caso pede.

É somente competente para conceder *habeas corpus* o juiz superior ao que decretou a prisão (Lei n° 261 de 3 de dezembro de 1841, art. 69, § 7°).[16]

A prisão de J. Geraud foi decretada pelo meritíssimo dr. juiz de direito da comarca da capital;

O Acórdão absolutório foi proferido pelo Tribunal da Relação da Corte, a despeito da criação de tribunal semelhante em São Paulo, por ter sido a jurisdição prevenida[17] antes da instalação deste;

---

13. Antonio Cerqueira Lima Júnior (1832-1876), natural da Bahia, foi juiz de direito em sua província natal (1856), além das províncias do Ceará (1857), Rio Grande do Sul (1858) e Minas Gerais (1861, 1872-1873), além de desembargador do tribunal da Relação de São Paulo (1874-1876).
14. José Norberto do Santos (?-?) foi político e magistrado. Presidiu a província do Rio de Janeiro e foi desembargador nos tribunais do Maranhão, Bahia, Rio de Janeiro e São Paulo, onde também foi presidente desse tribunal (1874-1875).
15. Agostinho Luiz da Gama (?-1880), nascido na província do Mato Grosso, foi político e magistrado. Exerceu os cargos de juiz municipal, juiz de direito e desembargador do Tribunal da Relação de São Paulo. Foi chefe de polícia das províncias da Bahia, Pernambuco e na Corte (Rio de Janeiro), além de presidir a província de Alagoas.
16. O *caput* do art. 69 estipulava quais as decisões a que caberia recurso, sendo a hipótese legal do parágrafo 7° aquela referente a concessão de soltura "em consequência" de *habeas corpus*. Nesse caso, rezava o texto da lei, seria "somente competente para conceder *habeas corpus* o juiz superior ao que decretou a prisão". Cf. *Coleção das Leis do Império do Brasil de 1841*, Tomo IV, Parte I. Rio de Janeiro: Tipografia Nacional, 1842, pp. 101-122, especialmente p. 114.
17. Em sentido jurídico, quando um juiz se antecipa e estabelece a competência para conhecer de uma causa, excluindo outros juízos potencialmente concorrentes.

Uma vez julgada a causa, e decorrido o prazo legal necessário, transitou em julgado o Acórdão, e tornou-se irrevogável; pelo que *cessa completamente*, na causa, a missão judicial dos julgadores.

Isto posto, é certo — que o preso continua em prisão à ordem do meritíssimo dr. juiz de direito de São Paulo, que decretou-a;

E tanto é isto incontestável, que o mesmo juiz negou por despacho a ordem de soltura impetrada, e manteve a sua competência para fazê-lo.

O egrégio Tribunal, reconhecendo expressamente esta verdade, *concedeu a ordem de habeas corpus*, e mandou ouvir o *juiz à cuja disposição está o paciente preso*.

Este juiz confirmou plenamente as alegações do paciente, e declarou *que o mantinha preso* para preenchimento de certas *formalidades*, ainda não satisfeitas...

Assim temos necessariamente que no dia 7 era o egrégio Tribunal competente para conceder a ordem de *habeas corpus* requerida; e que, no dia 10, *em face dos mesmos documentos, das mesmas alegações, e dos mesmos fatos*, tornou-se incompetente para ordenar a soltura; do que logicamente deduz-se que o fundamento do venerando Acórdão, que negou soltura a J. Geraud é injurídico e fútil, ou que o egrégio Tribunal não está em posição legal superior à do juiz de direito de São Paulo; ou que [ilegível] de São Paulo, por força do absurdo, [ilegível] ao distrito da Relação da Corte; ou que o art. 69, § 7º, da Lei de 3 de dezembro não vigora nesta cidade; ou que os exmos. desembargadores têm ampla licença de inventar fundamentos, e galvanizar[18] sofismas para encobrir os dislates[19] dos seus subalternos.

Não discuto, porque não vem agora de molde, se o meritíssimo dr. juiz de direito procedeu bem ou mal, negando a soltura impetrada por J. Geraud; nem se obrou ele calculadamente, interrompendo de momento antigos costumes do foro; não indago se são procedentes as suas razões, que aliás por si mesmas estão

---

18. Provocar, suscitar.
19. Despautério, estupidez.

refutadas; não cogito nem quero saber se pode o juiz antepor as argúcias da chicana[20] aos fundamentos filosóficos do direito: o meu intuito único é patentear a grave desordem que perigosamente fermenta nesta sinistra decisão do colendo Tribunal; é manifestar à opinião esclarecida do País que nem sempre a sabedoria dos juízes constitui garantia segura da inocência; que a lei mal entendida é um dos piores flagelos da sociedade; e que os tribunais também passam por horas aziagas,[21] e se transformam em castelos feudais.

De hoje em diante, por esta memorável decisão, ficar-se-á sabendo que a comarca da capital de São Paulo, na parte em que administra justiça o exmo. sr. dr. Antonio Candido da Rocha,[22] pertence ao distrito da Relação da Corte;

Que, pelo egrégio Tribunal da Relação de São Paulo, foi revogado o Decreto nº 2.342 de 6 de agosto de 1873;

Que o mencionado juiz não deve subordinação a este egrégio Tribunal;

Que um indivíduo, uma vez julgado por qualquer autoridade, qualquer que seja a sentença, fica perpetuamente sob a imediata influência de tal autoridade;

Que uma pessoa irregularmente presa, por qualquer autoridade de São Paulo, por deprecada[23] do chefe de polícia da Bahia (por exemplo), só naquela província poderá requerer *habeas corpus*;

Que o fundamento legal do *habeas corpus* não é a justa cessão do fato do constrangimento irregular, e as relações local e hierárquica dos juízes; mas as considerações de cortesia e mútua deferência que devem entre si manter;

---

20. No sentido de sutilezas jurídicas produzidas para embaraçar o curso de um processo judicial.
21. Desafortunadas, infelizes.
22. Ver n. 4, p. 74.
23. Ato escrito pelo qual um juiz pede a outro que lhe cumpra algum mandado, ou ordene alguma diligência.

Que, se depois de proferido o Acórdão absolutório, pela Relação da corte, fosse aquele tribunal extinto e estivesse o paciente preso à ordem do meritíssimo dr. juiz de direito de São Paulo, não teria a quem requerer *habeas corpus*.

Que os direitos, a inocência, e a liberdade do cidadão são somenos[24] à polidez, e à finíssima cordura[25] que, entre si, aristocraticamente, dispensam os eminentes magistrados.

Para mim, porém, há uma só verdade nesta questão; é a expressada pela lei:

É somente competente para conceder *habeas corpus* o *juiz superior ao que decretou a prisão.*

Há um erro de direito, que passou em julgado, é que o egrégio Tribunal da Relação de São Paulo não se julgou superior legal do dr. juiz de direito do 1º distrito da capital.

São Paulo, 10 de março de 1874<br>LUIZ GAMA

---

24. Inferiores, irrelevantes.
25. Qualidade de quem é cordato.

# PARTE XXII

## DUAS TESES CONTRA A ESCRAVIDÃO

**NOTA INTRODUTÓRIA**   Em fevereiro de 1874, Gama publicou dois textos que bem sintetizam a erudição de seu conhecimento normativo sobre matérias de escravidão e liberdade. As duas doutrinas que escreve, pois, deixam patente o seu grau doutoral forjado não nos bancos acadêmicos, mas sim nas lutas travadas pelo direito. No primeiro texto, que bem pode ser chamado de tese, Gama desenvolve uma hermenêutica jurídica autoral e amplia o entendimento ordinário sobre as possibilidades da alforria mediante pecúlio. Num exercício crítico, fulmina duas decisões judiciais que restringiam o alcance de normas em abstrato favoráveis à constituição do pecúlio e o faz remontando às tradições do direito romano e português, ao passo em que analisava sentidos lógicos de legislações promulgadas havia pouquíssimo tempo. Já o segundo texto que compõe essa seção, também digno de ser qualificado como tese doutrinária, foi escrito originalmente como uma petição. Gama tratava de uma questão manumissória que envolvia de uma só tacada a liberdade de 238 pessoas. O advogado, então, descrevia o fato criminoso, indicava seus autores e clamava que o imperador Pedro II restituísse a liberdade das centenas de pessoas livres ilegalmente escravizadas. Era um apelo direto para que o imperador fizesse cessar o crime de redução de pessoa livre à escravidão e intercedesse em favor da liberdade das vítimas. A par da descrição fática da denúncia criminal, elemento poderoso de persuasão dos leitores, Gama argumentava citando a mais atualizada literatura jurídica disponível. É o caso, por exemplo, das referências ao tratado de direito público europeu do jurista alemão August Heffter. Gama demonstra, pois, o que andava lendo — e o que andava criando. Não se sabe o desfecho, todavia, nem de um nem de outro caso inclusos nessa seção. Sabe-se, por sua vez, que Gama não foi indiferente a nenhum deles.

## Capítulo 1
# Doutrina jurídica da alforria por pecúlio
*Foro da capital*[1]

**Comentário**   *O estudo doutrinário de Gama interpreta a intrincada multinormatividade da alforria mediante indenização do senhor, isto é, mediante exibição de pecúlio. À guisa de comentário de uma decisão judicial, aliás duas, ambas proferidas pelo juiz municipal de São Paulo, Acácio de Aguiar, Gama escreve uma tese sobre a legalidade do alforriamento mediante pecúlio baseado em avaliação realizada em qualquer tempo e fase processual. A interpretação do advogado alargava as estreitas margens dessa modalidade de alforria. Refutando as ideias do juiz, que, no mínimo, tornavam indisponíveis circunstâncias eventualmente favoráveis para a alforria, Gama costurava referências normativas de diferentes jurisdições, temporalidades e níveis semânticos para argumentar em favor da liberdade. Embora tenha optado por uma exposição de motivos teorética, bem como por não nomear publicamente a parte interessada na alforria, evidente que Gama tinha em vista um caso concreto em que ele próprio atuava. Assim, o texto doutrinário pode ser lido como mais um de seus escritos normativo-pragmáticos, onde os imperativos do litígio serviam de baliza para a reflexão teórica. Vale a pena ler, então, o raciocínio lógico, esquemático e metodológico do jurista, sem se esquecer de que a base reflexiva provém, pois, de um conflito social local.*

> Pode o escravo alforriar-se, por meio de pecúlio, prevalecendo-se, para isso, de avaliação judicial existente em autos findos?[2]

---

1. *Correio Paulistano* (SP), Seção Particular, 05 de fevereiro de 1874, pp. 1-2.
2. O termo "pecúlio", que recentemente tinha sido positivado na conhecida Lei do Ventre Livre (Lei nº 2.040 de 28 de setembro de 1871), dizia respeito ao patrimônio ou quantia de dinheiro que era permitido ao escravizado constituir a partir de doações, legados, heranças e diárias de trabalho eventual e excepcionalmente remuneradas.

Submetida a questão ao critério do ilustrado sr. dr. Acácio de Aguiar,[3] como terceiro substituto do juiz municipal desta cidade, foi ela decidida pela negativa, como se vai ver dos dois venerandos despachos, que em seguida estampamos.[4]

PRIMEIRO [DESPACHO]

Não pode ser decretada *ex-officio*[5] a manumissão[6] requerida a fl. 2, pelo escravo F..., à vista dos citados artigos (56, § 1º, do decreto nº 5.135 de 13 de novembro de 1872, porquanto só se referem tais disposições *aos inventários pendentes*, e não àqueles cujos efeitos cessarão, para dar lugar aos da partilha, cujos termos estejam iniciados, ou terminados.[7]

---

3. Não localizei informações biográficas detalhadas sobre Acácio Polycarpo Figueira de Aguiar, o juiz Aguiar, muito embora é possível saber que ele, já em 1873, era bacharel pela Faculdade de Direito de São Paulo. Em 1875, Aguiar figurava como advogado na conhecida banca de João Mendes de Almeida Júnior, ferrenho opositor de Gama. Para ambas informações, cf., respectivamente, *Almanaque da Província de S. Paulo para 1873*. São Paulo: Tipografia Americana, 1873, p. 97; e *Correio Paulistano* (SP), Anúncios, 31 de agosto de 1875, p. 3.
4. Como dito acima no comentário a esse texto, Gama partia de um conflito local para refletir e escrever sobre o tema. O caso concreto, a saber, era a demanda de liberdade de Estevam, que será tratada em sua dimensão judicial no volume *Justiça, 1850-1882* dessas *Obras Completas*. Para informações sobre a ação que dá base para a presente tese, cf. Arquivo do Tribunal de Justiça do Estado de São Paulo. *Autos cíveis de manutenção de liberdade*, Estevam, como suplicante, e dr. Belisário Francisco Caldas, como suplicado, 2ª Vara Cível, cx. 42, 1873.
5. Por imperativo legal e/ou dever de ofício.
6. Alforria, demanda de liberdade.
7. Com mais de 100 artigos, esse regulamento, aprovado pelo decreto de número indicado no corpo do texto, tratava e modulava os efeitos da Lei do Ventre Livre. O caput do art. 56, a sua vez, estipulava o "direito à alforria" mediante pecúlio. A hipótese legal do § 1º pode ser lida, na sequência, no segundo despacho do juiz Acácio de Aguiar. Para o inteiro teor do decreto, cf. *Coleção das Leis do Império do Brasil de 1872*, Tomo XXXV, Parte II. Rio de Janeiro: Tipografia Nacional, 1872, pp. 1053-1079, especialmente p. 1065.

O art. 4º, § 2º, da lei nº 2.040 de 28 de setembro [de 1871], e o art. 56, § 1º, do decreto citado, são melhor explicados pelo art. 90, § 2º, do citado decreto, que, como disposição geral, domina as disposições parciais.[8]

Portanto, levante-se o depósito da quantia exibida em juízo, etc.

ACÁCIO DE AGUIAR

### SEGUNDO [DESPACHO]

Não procedem os argumentos do suplicante, atribuindo aos citados artigos uma inteligência que eles não admitem.

Diz o art. 56, § 1º:

Em quaisquer autos judiciais, existindo avaliação, e correspondendo a esta a soma do pecúlio, etc.;[9]

E o art. 90, § 2º, das disposições gerais:

Nas vendas judiciais e nos inventários em geral, o juiz concederá carta de alforria aos escravos, que exibirem à vista o preço de suas avaliações.[10]

---

8. A primeira parte do *caput* do art. 4º da Lei do Ventre Livre permitia "ao escravo a formação de um pecúlio com o que lhe" proviesse "de doações, legados e heranças, e com o que, por consentimento do senhor", obtivesse "do seu trabalho e economias". O § 2º do art. 4º, a sua vez, prescrevia que "o escravo que, por meio de seu pecúlio" obtivesse "meios para indenização de seu valor", teria "direito à alforria". "Se a indenização não for fixada por acordo", dizia o texto legal, esta seria determinada por arbitramento. Quando fosse em "vendas judiciais ou nos inventários o preço da alforria" seria o determinado pela avaliação. A hipótese citada do art. 90 do decreto nº 5.135, de 1872, pode ser lida na sequência, no corpo do texto. Para ambos os textos normativos, cf. respectivamente, *Coleção das Leis do Império do Brasil de 1871*, Tomo XXXI, Parte I. Rio de Janeiro: Tipografia Nacional, 1871, pp. 147–152, especialmente p. 149; e *Coleção das Leis do Império do Brasil de 1872*, Tomo XXXV, Parte II. Rio de Janeiro: Tipografia Nacional, 1872, pp. 1053–1079.
9. A citação corresponde com o original. Cf. *Coleção das Leis do Império do Brasil de 1872*, Tomo XXXV, Parte II. Rio de Janeiro: Tipografia Nacional, 1872, pp. 1053–1079, particularmente p. 1065.
10. A citação corresponde com o original. *Ibid.*, p. 1075.

*Em quaisquer autos judiciais, nos inventários, etc.*, não se diz existir avaliação, uma vez que tenham sido satisfeitos os fins, realizados os efeitos, que tem a lei em vista, mandando proceder a ela.

Há, pois, entre aquelas duas disposições esta semelhança: que é indispensável para a concessão da alforria, a exibição de um pecúlio, *correspondente às avaliações atuais*, não, porém, antigas ou caducas.

Neste mesmo sentido, e mais claramente, dispõe o art. 40, § 3º: "Os escravos que houverem de ser vendidos judicialmente, ou que ainda não houverem sido adjudicados por partilha, por sentença final, não dependem de arbitramento. Prevalecerá a avaliação judicial ou a do inventário".[11]

Afirmar o contrário, extrair certidão de avaliação de inventários findos, instaurados já ou ultimados os termos da partilha, e com ela requerer a decretação *ex-officio* da manumissão, importa admitir a possibilidade de ser atualmente alforriado um escravo cujo valor as circunstâncias modificaram e aumentaram, unicamente porque tem, e exibe em juízo, um pecúlio correspondente à avaliação baixa e mínima de outros tempos, quando, aliás, outras eram as condições, outras as circunstâncias.

Semelhante violação do direito de propriedade de modo algum pode estar no pensamento da lei.

Há, todavia, uma diferença entre as hipóteses do artigo 56, § 1º, e art. 90, § 2º, cujo fundamento é a intervenção ou não de terceiro em favor da alforria. É assim que na primeira hipótese não se permite senão a liberalidade indireta de terceiro, concorrendo como elemento de constituição do pecúlio, e por meio deste pecúlio, se corresponder *às avaliações existentes em quaisquer autos judiciais*, poderá ser decretada a alforria pelo juiz.

Na segunda hipótese, porém, é permitida a liberalidade direta de terceiro, mas somente nas *vendas judiciais e nos inventários*

---

11. A citação corresponde com o original. *Ibid.*, p. 1062.

*em geral (!),*[12] devendo o juiz nestes casos conceder a carta de manumissão, se for exibido à vista o preço das avaliações (!!).[13] A diferença, pois, não destrói o que há de comum entre as espécies.

O art. 90, § 2º, sob a epígrafe "disposições gerais" é uma das modificações com que continua em vigor a lei nº 2.695, de 15 de Setembro de 1869, dispondo sobre as vendas de escravos, e serve-se, aliás, das mesmas palavras do art. 3º daquela lei;[14] contudo, pelo seu final (?)[15] em que admite a liberalidade direta de terceiro, constitui uma restrição aos artigos 56, § 1º, e 57, § 1º, que não admitem a liberalidade direta, mas sim a indireta.[16]

Não é, pois, lícito, como entende o suplicante, em todo e qualquer tempo, em virtude de toda e qualquer avaliação, em todos e quaisquer autos e inventários, findos ou pendentes, requerer por este meio de direito sua manumissão, cumprindo notar ainda que só é competente para decretar *ex-officio* a manumissão o juiz perante quem se proceder a inventário.

Cumpra-se, portanto, o despacho, de que se replica, sendo esta junta aos respectivos autos, etc.

ACÁCIO DE AGUIAR

---

12. Grifo original de Gama.
13. Idem.
14. Para o inteiro teor da norma, cf. *Coleção das Leis do Império do Brasil de 1869*, Volume I, Parte I. Rio de Janeiro: Tipografia Nacional, 1869, pp. 129-130, particularmente p. 130.
15. Grifo original de Gama.
16. Os grifos de Gama ao longo do parágrafo bastam para indicar que nem o raciocínio do juiz, muito menos a ligação estabelecida entre as normas citadas, fazem sentido jurídico. Para o fundamento normativo invocado por derradeiro, cf. *Coleção das Leis do Império do Brasil de 1872*, Tomo XXXV, Parte II. Rio de Janeiro: Tipografia Nacional, 1872, pp. 1053-1079, particularmente pp. 1065-1066.

Divirjo essencialmente da autorizada opinião manifestada pelo distinto sr. Acácio de Aguiar e começo de refutar a sua perigosa jurisprudência distinguindo hipóteses especiais por ele calculadamente confundidas:

São estas as disposições legais relativas à questão que se discute:

▷ "O escravo que, por meio do seu pecúlio, obtiver meios para indenização do seu valor tem direito à alforria. Se a indenização não for fixada por acordo, o será por arbitramento. Nas vendas judiciais, ou nos inventários, o preço da alforria será o da avaliação" (lei nº 2.040 de 28 de setembro de 1871, art. 4º, § 2º);[17]
▷ O escravo que, por meio de seu pecúlio, puder indenizar o seu valor tem direito à alforria;
▷ Em quaisquer autos judiciais, existindo avaliação e correspondendo a esta a soma do pecúlio, será a mesma avaliação o preço da indenização para ser decretada *ex-officio* a alforria;
▷ Em falta de avaliação judicial, ou de acordo sobre o preço, será este fixado por arbitramento;
▷ *Não poderá requerer* arbitramento para execução do art. 4º, § 2º, da lei, o escravo que não exibir no mesmo ato, em juízo, dinheiro ou títulos de pecúlio, cuja soma equivalha ao seu preço razoável;
▷ *Não é permitida a liberalidade de terceiro para a alforria*, exceto como elemento para a constituição do pecúlio; e só por meio deste, e por iniciativa do escravo, será admitido o exercício do direito à alforria, *nos termos do art. 4º, § 2º, da lei* (decreto nº 5.135, de 1872, artigos 56 e 57, § 1º).[18]

~

---

17. A citação confere com o original. Cf. *Coleção das Leis do Império do Brasil de 1871*, Tomo XXXI, Parte I. Rio de Janeiro: Tipografia Nacional, 1871, pp. 147–152, especialmente p. 149.
18. Os respectivos textos normativos, já referenciados acima, serão discutidos por Gama, em detalhes, abaixo.

Analisando-se estas disposições, conhece-se que o legislador estabeleceu sinteticamente no art. 40, § 2º, do decreto nº 2.040, de 1871,[19] o fato da manumissão mediante pecúlio; e dois modos de realizá-lo. O que se deduz, em termos precisos, da seguinte exposição:

1º O escravo que, por meio do seu pecúlio, obtiver meios para indenização do seu valor, tem direito à alforria;

2º Se a indenização não for fixada por acordo, o será por arbitramento;

3º Nas vendas judiciais, ou nos inventários, o preço da alforria será o da avaliação.

~

Temos, portanto, neste contexto legal, não só a individuação de uma espécie jurídica, como o estabelecimento das suas condições objetivas.

No decreto nº 5.135, de 13 de Novembro de 1872, que é complementar da lei de nº 2.040, de 1871, e promulgado para a sua execução, estabeleceu o governo, como necessárias, as seguintes condições e distinções:

1ª Que existindo avaliação em quaisquer autos judiciais, e correspondendo a esta a soma do pecúlio, será a mesma avaliação o preço da indenização para ser decretada *ex-officio* a alforria (decreto nº 5.135, de 1872, artigos 56, § 1º);[20]

---

19. Nesse caso pontual, o autor inadvertidamente confunde o decreto com a lei. A citação, pois, se refere ao decreto nº 5.135, de 1872.

20. Preservando o sentido jurídico do texto, Gama reposiciona os diferentes comandos da norma para discuti-lo em detalhes. Para o inteiro teor, cf. *Coleção das Leis do Império do Brasil de 1872*, Tomo xxxv, Parte ii. Rio de Janeiro: Tipografia Nacional, 1872, pp. 1053–1079, particularmente p. 1065.

2ª Que em falta de avaliação judicial, ou de acordo sobre o preço, será este fixado por arbitramento (decreto e artigo citado, § 2º);[21]

3ª Que não possa requerer arbitramento para execução do art. 4º, § 2º, da lei, o escravo que não exibir no mesmo ato, em juízo, dinheiro ou título de pecúlio, cuja soma equivalha ao seu preço razoável (decreto citado, art. 57);[22]

4ª *Que é proibida a liberalidade de terceiro* para a alforria, e só admissível como elemento para a constituição do pecúlio (decreto e artigos citados, § 1º);[23]

5ª *Que só por meio do pecúlio* e por iniciativa do escravo será admitido o exercício do direito à alforria, nos termos do art. 4º, § 2º, da lei (disposição citada).[24]

∾

Do exposto evidentemente resulta:

▷ Que o arbitramento do preço do escravo *só será admitido*, em juízo, em falta de acordo com o senhor (decreto citado, artigos 56, § 2º, e 84);[25]
▷ Que o acordo será necessário quando em quaisquer autos judiciais não existir avaliação do escravo ([decreto] citado, art. 56, § 2º);[26]

---

21. *Ibid.*, pp. 1065-1066.
22. *Ibid.*, pp. 1065-1066.
23. *Ibid.*, pp. 1065-1066.
24. *Coleção das Leis do Império do Brasil de 1871*, Tomo XXXI, Parte I. Rio de Janeiro: Tipografia Nacional, 1871, pp. 147-152, especialmente p. 149.
25. *Coleção das Leis do Império do Brasil de 1872*, Tomo XXXV, Parte II. Rio de Janeiro: Tipografia Nacional, 1872, pp. 1053-1079, respectivamente pp. 1065-1066 e p. 1073.
26. *Ibid.*, pp. 1065-1066.

▷ Que, portanto, a existência de avaliação, em quaisquer autos judiciais, dispensa o acordo entre o escravo e o senhor e o arbitramento;
▷ Que, assim sendo, a avaliação prevalecerá sempre, quer exista em autos judiciais pendentes, quer em autos findos.

Ainda mais, em relação à hipótese vertente, não estabeleceu o legislador a distinção invocada pelo sr. dr. Acácio de Aguiar no seu segundo despacho, de autos findos e autos pendentes; não determinou a idade nem a caducidade de tais autos; não declarou prejudicadas as avaliações existentes em autos findos; não curou primordialmente de direitos de propriedade, senão *regulou a manumissão legal por meio de pecúlio*; não fez ampliações, precisou os casos; não elidiu hipóteses preestabelecidas, distinguiu-as e especializou-as; não iludiu os preceitos equitativos, prescreveu-os; e, como onde a lei não distingue, não é lícito ao executor distinguir; não existindo na lei as distinções enumeradas no venerando despacho, são elas ilógicas e improcedentes.

Um argumento aparentemente valioso se pode apresentar contra esta doutrina: é o *taxamento arbitrário do preço do escravo*,[27] sem atenção à idade, força e aptidões!

Certo é, porém, que em casos especiais, como é este da *manumissão por pecúlio*, a lei de 24 de Dezembro de 1734 taxou em 400$ [mil réis] o preço do manumitente, sem atender às suas qualidades, *nem às prescrições do suposto direito de propriedade*.[28] Não prevalece, portanto, esse argumento.

27. Mantenho a sentença conforme o original, sublinhando, todavia, que o trecho pode ser atualizado como "a taxação arbitrária do preço do escravo".
28. Gama interpreta criativamente um dos comandos normativos de um antigo alvará do Reino de Portugal em que o escravo seria avaliado em quatrocentos mil réis para efeito de manumissão em caso de descoberta ou entrega de diamantes para a autoridade competente. Para saber mais sobre o alvará, habilmente qualificado por Gama como lei, cf. *Boletim do Conselho Ultramarino*, Legislação Antiga, Volume I, 1446 a 1754. Lisboa: Imprensa Nacional, 1867, pp. 407-408, e, especialmente para o trecho referenciado, p. 407.

No art. 90, § 2º, do citado decreto nº 5.135, de 1872, se estabelece, sob a inscrição *disposições gerais*:

1º  Que nas vendas judiciais e *nos inventários em geral*, o juiz conceda carta de alforria aos escravos que exibirem à vista o *preço de suas avaliações*;

2º  *Que neste caso* é permitida a liberalidade direta de terceiro.

Destas disposições resultam:

▷ Que, nas vendas judiciais e nos inventários em geral, podem os escravos alforrar-se exibindo à vista o preço da avaliação;
▷ Que, nesta hipótese, não cogita-se de pecúlio, e tanto que é permitida a liberalidade direta de terceiro em favor do manumitente;
▷ Que versando a disposição *sobre vendas judiciais e inventários* em geral, é certo que o legislador quis somente tratar dos *processos judiciais pendentes*;
▷ Que, por isso, esta disposição encerra caso diverso do previsto no art. 56, § 1º, que trata exclusivamente da *manumissão por pecúlio*;
▷ Que tão evidente é esta distinção, quanto incontestável, que no art. 56, § 1º, determina o legislador que a avaliação existente em QUAISQUER AUTOS JUDICIAIS será o preço da manumissão; e no art. 90, § 2º, refere-se a *vendas judiciais* e a *inventários* em geral;
▷ Que sendo, como fica demonstrado, diversas as disposições em discussão, não pode a do art. 90, § 2º, ser complementar da do art. 56, § 1º;
▷ Que, quando fosse a disposição do art. 90 complementar da do art. 56, ter-se-ia em resultado a unificação do pensamento do legislador e a declaração de uma só hipótese legal;
▷ Se os dois modos constituem ou importam *um só fato*, é absurda, por incompreensível, a permissão da *liberalidade* quanto ao art. 90, quando é proibida em relação ao art. 56;

▷ E não menos inexplicável a dispensa de pecúlio, e de *iniciação pessoal*, no mesmo art. 90, ao passo que constituem condição imprescindível para alforria, no caso do art. 56.

Se as disposições dos artigos 56 e 90 completam-se, e se constituem um só caso de direito, como se explica a existência de condições opostas, que se destroem, estabelecidas para cada uma das mesmas disposições de per si?...

Será a lei contraditória nos termos e absurda nas consequências?!

O gabado argumento do art. 40, § 3º, do decreto supracitado, não auxilia ao ilustrado sr. dr. Acácio de Aguiar, pelo contrário, é infenso ao seu modo de pensar.

O art. 40 pertence ao capítulo II do decreto, que inscreve-se: *do fundo de emancipação*.

Nesse capítulo, determina o governo sobre o modo de realizar-se a manumissão por conta do Estado.

Estabelece como base para a indenização dos senhores o *arbitramento*.

Admite, por exceção (art. 40, § 3º), a avaliação judicial e as dos inventários.

Esta mesma exceção é especial e somente aplicável aos escravos que houverem de ser vendidos judicialmente, ou que ainda não tenham sido adjudicados em partilha por sentença final.

Ainda, neste caso, deve ser levada em conta da avaliação, sob pena criminal, no caso de fraude, qualquer quantia que o senhor tenha recebido do escravo.

Por este sistema do arbitramento, visou o governo não só o benefício da manumissão, como a economia dos cofres públicos.

Finalmente, pelos decretos nº 2.040 e 5.135 manifesta o legislador, segundo sábios preceitos do direito romano e do português, decidida proteção aos escravos, facilitando-lhes meios de obterem manumissão; e tão notório é este benéfico sentimento que no art. 70, § 1º, do decreto nº 5.135, e art. 4º, § 3º, do decreto nº 2.040, estabeleceu que nenhum escravo seja obrigado a servir por mais de 7 anos, para pagamento do valor da alforria, *qualquer que tenha sido o preço*; e assim, limitando o tempo de serviços, não só procurou impedir especulações indecentes contra os escravos, como principalmente curou da diminuição do *quantum*, pela restrição do prazo.

Assim, entendo:

▷ Que a lei não é redundante, nem confusa, e que por ser clara em seus assertos não carece de interpretação;
▷ Que quando de interpretação carecesse, não poderia tal interpretação ser tomada em termos absolutos, mas de conformidade com os preceitos da legislação — servil e do direito natural;
▷ Que a disposição do art. 56, § 1º, é distinta e constitui hipótese diversa da do art. 90, § 2º, do decreto nº 5.135, de 1872;
▷ Que, sendo distintas as hipóteses, não pode ser a disposição do art. 90 complementar da do art. 56;
▷ Que a disposição do art. 56, § 1º, é taxativa, e que, portanto, o preço da avaliação do escravo, existente em *quaisquer autos judiciais*, deve ser o da manumissão por pecúlio;
▷ Que a avaliação é válida nos autos findos, por ter o legislador usado da expressão genérica *quaisquer autos judiciais*;
▷ Que a distinção de *autos pendentes* e a *caducidade* das avaliações, referidas no despacho do sr. dr. Acácio constituem amplificação e pertencem à retórica.

Terminando, peço permissão ao honrado sr. dr. Acácio de Aguiar para transcrever um trecho, escrito por um velho e ilustre magistrado português, e que vem a ponto, sobre a interpretação contida nos seus venerandos despachos; e bem assim para lamentar, com toda sinceridade, que o moço juiz, nascido e educado nas *plagas libérrimas do Brasil*, manifeste, em seus atos públicos, mais aferro às imposições despóticas, do que o velho legista de Portugal.

As escravidões são fatos tolerados pela lei, mas que causam indecência, confusão e ódio entre os vassalos, e delas resultam ao Estado graves prejuízos, além de ofenderem o direito natural; por isso, sempre que se possa, com a proteção eficaz da lei, restituir à Coroa um vassalo digno dos ofícios públicos, se o deve fazer; porque é preceito da nossa Ordenação que em favor do escravo, para vindicá-lo, dentro dos limites da justiça, *são muitas coisas outorgadas contra as regras gerais de direito*.[29]    5

São Paulo, janeiro de 1874
L. GAMA

---

29. A ênfase na última frase da citação remete ao famoso trecho das *Ordenações* que Gama notoriamente conhecia e invocava. Cf. Candido Mendes de Almeida. *Código Filipino ou Ordenações e Leis do Reino de Portugal*, Quarto Livro. Rio de Janeiro: Tipografia do Instituto Filomático, 1870, pp. 790. Não foi possível, todavia, localizar a tempo do fechamento dessa edição a referência exata do escrito do "velho legista de Portugal".

## Capítulo 2
## Escravidão e direito internacional
Questão manumissória – petição dirigida ao Governo Imperial[1]

**Comentário**   Gama escreve uma petição para o imperador Pedro II e, como era comum em sua estratégia de liberdade, dá conhecimento ao público através da imprensa. O caso era grave: 238 pessoas livres foram "ilegalmente escravizadas" no percurso entre Salvador e o Rio de Janeiro. O que seria mais um tenebroso episódio do então rotineiro tráfico de escravos interprovincial foi tratado pelo hábil jurista como inequívoca e *"flagrante violação do nosso direito escrito"*. O raciocínio é singular e, se tal conhecimento normativo ressoasse nos tribunais brasileiros, poderia implicar em algum tipo de bloqueio do tráfico interprovincial. Uma embarcação de bandeira hamburguesa, estado onde a escravidão era taxativamente proibida, viajava o trecho entre Salvador e o Rio de Janeiro. Durante o trajeto, o barco navegou fora dos mares territoriais do Brasil. Gama apresentava indícios relevantes para sustentar tal argumento. Indícios, aliás, próprios de quem conhecia bem a rota marítima que levava do porto baiano ao cais do Valongo, no Rio de Janeiro. Aparentemente, os indícios foram recolhidos numa notícia do Jornal do Commercio (RJ), que reportava o tempo de viagem da embarcação alemã e publicava documentos expedidos a bordo. Todavia, para além das pistas iniciais, Gama parece ter falado com alguém que estava inteirado do caso ou possuísse provas concretas do atentado, como o mapa de navegação do navio alemão. O fato criminoso é intrigante e os detalhes não permitem conjecturar muito mais. Porém, da notícia e documentos publicados no Jornal do Commercio somados a, quem sabe, outros elementos trazidos por terceiros, Gama construía um sofisticado argumento de direito internacional que defendia que, uma vez que a embarcação navegara em águas internacionais, ela passava a ser uma *"porção do território confederado do império alemão, ao qual pertence a cidade de Hamburgo (...), onde não é permitida a escravidão"*. Sendo assim, *"é inquestionável que os escravos neles postos tiveram assistência voluntária, em país estranho, no qual é proibido o cativeiro, enquanto o mesmo navio navegou no alto-mar"*, de modo que todos os 238 escravizados *"adquiriram, por tal fato, até que o contrário seja regularmente provado, a liberdade legal"*.

1. *Correio Paulistano* (SP), 27 de fevereiro de 1874, p. 2. Questão relativa a alforria, em que se demandava a liberdade através de diversas formas processuais.

Senhor!

No dia 18 de dezembro do ano precedente, com o tácito apoio das autoridades civil e criminais da cidade de São Sebastião do Rio de Janeiro, foram importadas, vindas de fora do império, e ilegalmente escravizadas, 238 pessoas livres, das quais 37 vieram com destino à mencionada cidade, e 201 em trânsito...

Este gravíssimo atentado deu-se, com a mais flagrante violação do nosso direito escrito, pela mediação do vapor[2] alemão *Rio*, procedente de Hamburgo,[3] e escalas, comandante R. O. Sebedanx, segundo a letra do manifesto publicado no *Jornal do Commercio* de 19 de dezembro, página 1ª, coluna 4ª, na seção inferior;[4] ou *Lorenzen*, segundo faturas e documentos expedidos de bordo do mesmo vapor, que trouxe 28 dias de viagem, sendo 3 dias do porto de São Salvador da Bahia, onde recebera a seu bordo as 238 vítimas sacrificadas à feroz ambição de alguns especuladores atrevidos.

É certo, porque esta é a boa e corrente doutrina de direito das gentes, geralmente admitida entre nações cultas de Europa, "que os navios de uma nação, navegando no alto-mar, são considerados como porções flutuantes dessa nação a que pertencem, ou, segundo a técnica expressão dos jurisconsultos franceses — 'como continuação ou prorrogação de território' " (Heffter, *Le droit international public de l'Europe*, Livro II. Capítulo II, § 78, pág. 158, Paris, 1866).[5]

---

2. Barco, navio.
3. Principal porto alemão e um dos maiores da Europa. Já àquela época, o porto de Hamburgo era muito bem conectado aos portos brasileiros.
4. A referência é exata e subsidia a descrição que Gama faz do fato criminoso. Na nota, se lê que o "vapor alemão" transportava "37 escravos a entregar e mais 201 em trânsito". Cf. *Jornal do Commercio*, Movimento do porto, 19 de dezembro de 1873, p. 1.
5. Embora Gama tenha abreviado o título com alterações mínimas, achei por bem retificar para o título original direto no corpo do parágrafo, bem como corrigir um erro tipográfico na paginação indicada. Afora isso, sublinho que a referência é exata e expressa de modo inequívoco a erudição de Gama também em matérias de direito internacional. O parágrafo citado desse clássico do

Este navio, tendo largado do porto de São Salvador da Bahia 3 dias antes da sua assinalada entrada no da cidade do Rio de Janeiro, fez-se ao largo, e navegou efetivamente no alto-mar, fora dos mares territoriais do Brasil; e, por isso mesmo, segundo o preceito de direito das gentes supracitado, constituiu, de modo incontestável, porção do território confederado do império alemão, ao qual pertence a cidade de Hamburgo, [de] cuja [cidade] é o navio aludido, e onde não é permitida a escravidão; e assim sendo é inquestionável que os escravos nele postos *tiveram assistência voluntária, em país estranho*, no qual é proibido o cativeiro, enquanto o mesmo navio navegou no alto-mar,[6] e adquiriram, por tal fato, até que o contrário seja regularmente provado, a liberdade legal, da qual licitamente não poderão jamais ser despojados (Bremeu, *Universo jurídico*, Tratado 1°, Título 7°, § 6°, pág. 27; dr. Perdigão Malheiro *A escravidão no Brasil*, parte I, § 97, n° 10, Lei 7 de novembro de 1831, art. 1°).[7]

jurista alemão August Wilhelm Heffter (1796-1880), por exemplo, tratava precisamente dos direitos de navegação em alto-mar. Cf. August Heffter. *Le droit international public de l'Europe*. Paris: Cottilon Éditeur, Libraire du Conseil d'État, 1866, pp. 157-159.
6. Isto é, fora do mar territorial de qualquer estado costeiro.
7. Gama cita, primeiro, o livro setecentista *Universo jurídico* do jurista e sacerdote português António Cortez Bremeu (1711-1759?) e, na sequência, o clássico *A escravidão no Brasil* do jurista Perdigão Malheiro (1824-1881). De Bremeu, Gama possivelmente se reportava a casos onde escravos conseguiam sua liberdade em razão do lugar em que estavam. De Perdigão Malheiro, Gama anotava a passagem n° 10 do § 97, que versava sobre a hipótese da ''saída do escravo para fora do Império". Ao voltar, defendia Malheiro, e por extensão também Gama, o escravo deveria ser tido ''como livre". Cf., por ordem de remissão, António Cortez Bremeu. *Universo jurídico ou Jurisprudência Universal, Canônica e Cesárea Regulada pelas disposições de ambos Direitos, Comum e Pátrio*, Tomo I. Lisboa: Oficina de Domingos Rodrigues, 1749, p. 27 e pp. 34-41; e Agostinho Marques Perdigão Malheiro. *A escravidão no Brasil: ensaio histórico-jurídico-social*, Parte 1ª. Rio de Janeiro: Tipografia Nacional, 1867, pp. 124-127. Retifiquei no corpo do parágrafo um equívoco tipográfico ou de notação, a saber, qual o volume de *A escravidão no Brasil* citado. A marcação correta é, como se acha corrigido acima, a 1ª parte. Por fim, Gama invoca o art. 1° da Lei de 1831, que declarava que ''todos os escravos" que entrassem "no território

Os melhores publicistas e jurisconsultos, tanto antigos como modernos, são acordes em afirmar, esteiados[8] em bons fundamentos, e em face do direito dos povos cultos de Europa, que a escravidão supõe-se permanentemente abolida nos Estados que a não admitem; e que, por isso, livre se deve considerar o escravo que, espontaneamente levado, sem constrangimento do senhor, tiver assistência no território do país que a não permite; e que, segundo princípio inconcusso,[9] como a liberdade uma vez adquirida não mais se perde, segue-se necessariamente que o escravo que tornar ao país da escravidão é de pleno direito livre, para jamais ser a ela forçado (Lei citada 7 de novembro de 1834, arts. 1º, 2º e 3º; Código Criminal, art. 179).[10]

No Rio de Janeiro (assim o afirmaram ao suplicante), foi censurado o comandante do referido vapor, pela irregularidade de haver admitido escravos a bordo, como passageiros, pelo respectivo cônsul, o cavalheiro H. Haupt; e principalmente pelos ter, como tais, entregado imprudentemente, quando pelas leis do Brasil haviam adquirido liberdade.

Aqui vem de molde[11] lamentar o peticionário, que o ilustrado e respeitável cônsul se limitasse a censurar inconsequentemente o comandante do navio, e não exigisse das autoridades do país a manutenção da liberdade dos importados.

---

ou portos do Brasil, vindos de fora", ficariam "livres". Cf. *Coleção das Leis do Império do Brasil de 1831*, Parte I. Rio de Janeiro: Tipografia Nacional, 1875, pp. 182–184, especialmente, p. 182.
8. Amparados, apoiados.
9. Fixado, incontestável.
10. Gama sublinhava qual o escopo da lei e qual a definição legal dos agentes criminosos envolvidos no contrabando. Cf. *Coleção das Leis do Império do Brasil de 1831*, Parte I. Rio de Janeiro: Tipografia Nacional, 1875, pp. 182–184, especialmente, p. 182–183. Por arremate, Gama atacava com o art. 179 do Código Crimnal, precisamente o que previa o crime de ''reduzir à escravidão a pessoa livre que se achar em posse da sua liberdade". Cf. *Código Criminal do Império do Brasil*. Recife: Tipografia Universal, 1858, p. 174.
11. Modo próprio de se conceber as coisas.

E, pois, para restrita observância da lei, requer o suplicante a V. M. Imperial que se digne a mandar que sobre esta lamentável ocorrência proceda-se à minuciosa sindicância pela repartição dos negócios da justiça, e que os escravizados sejam restituídos à liberdade.

Pede deferimento e justiça.

LUIZ GAMA

# PARTE XXIII

## ALERTA AO JÚRI

**NOTA INTRODUTÓRIA**   *Em abril de 1874, o italiano Pascoal Calderaro se entregou à polícia de São Paulo após assumir a autoria do homicídio de um conterrâneo seu. Segundo contou, agiu em legítima defesa. Posto em prisão imediatamente, Calderaro responderia, em meados de junho do mesmo ano, pelo crime de homicídio no Tribunal do Júri de São Paulo. O seu advogado seria Luiz Gama. No final do mês de maio, porém, surgiu uma denúncia na imprensa de que Calderaro era um homicida reincidente e de que sua versão sobre o crime da Penha deveria ser posta em xeque. De acordo com Augusto Blanco, o réu era um criminoso de longa data e havia fugido da Itália justamente para escapar da polícia local. É no curso da acusação de Blanco que Gama aparece na imprensa, a um só tempo para defender os direitos de seu cliente, que continuava preso, bem como para advertir a Blanco de que se prosseguisse com o falatório infundado seria tratado e processado como caluniador. A contenda criminal extrapolou, pois, as raias do júri e foi parar também nos jornais. Comedido, Gama soube replicar o ofensor, alertando sobre a criminalidade de sua conduta, mas optou por não alongar a discussão. Ele parecia ter os olhos voltados para o julgamento que decidiria sobre a liberdade de seu cliente. Nessa oportunidade — ocorrida, como dito, em meados de junho daquele ano —, Gama passaria mais de sete horas argumentando pela inculpabilidade de Calderaro. Tanto tempo de julgamento depois — algo, aliás, bastante incomum àquela época e àquele tribunal — o veredito do júri declararia, por unanimidade, a absolvição do italiano Calderaro. Aos três textos de Gama, dois deles assinados enquanto advogado e um terceiro, o único após a vitória no tribunal, assinado estrategicamente pelo seu cliente, acompanham outros três da parte contrária. Lê-los, a sua vez, lança luzes sobre a atuação habilidosa do experiente criminalista e jornalista, revelando igualmente obstáculos que enfrentou para garantir direitos de seus representados.*

## Capítulo 1
## Acusação sem prova é calúnia
*Ao respeitável público*[1]

**Comentário**  *Gama refutava a acusação de Augusto Blanco de que seu cliente, Pascoal Calderaro, possuía um histórico criminoso. Ao proceder dessa maneira, o advogado tinha em vista não apenas a defesa moral da reputação de Calderaro, mas, muito antes disso, ele visava o convencimento dos juízes de fato que, dentre algumas semanas, julgariam seu cliente no Tribunal do Júri da capital.*

Em o suplemento do *Diário de S. Paulo*, nº 2.565, de 20 do corrente, vem inserto um artigo firmado pelo sr. Augusto Blanco, denunciando ao país, como réu de homicídio em o Reino de Itália, o sr. Pascoal Calderaro, atualmente preso para responder perante o Tribunal do Júri da capital pelo fato de haver morto um assassino, que o acometera.

A esse artigo vai o sr. Calderaro, como deve, e pelo único meio digno, responder com um apelo aos tribunais criminais, onde o sr. Blanco terá de provar o fato, que tão calculadamente relata, ou sofrer as penas que o Código comina[2] aos caluniadores.

São Paulo, 23 de maio de 1874
O advogado,
L. GAMA

---

1. *Correio Paulistano* (SP), Publicações Pedidas, 24 de maio de 1874, p. 3.
2. Impõe, prescreve.

## ACUSAÇÃO PESADA
## ÀS AUTORIDADES E AO TRIBUNAL DO JÚRI DE SÃO PAULO[3]

**Comentário**   *A acusação na imprensa de que o italiano Calderaro era um homicida reincidente tinha o objetivo de criar uma atmosfera para a sua condenação — primeiro na opinião pública da cidade e depois no Tribunal do Júri da capital. O denunciante Augusto Blanco, contudo, talvez não esperasse que a acusação fosse refutada publicamente pelo experiente criminalista Luiz Gama, advogado de Calderaro e alguém versado como poucos na articulação tática entre imprensa e juízo.*

Acha-se preso na cadeia desta cidade o italiano Pascoal Calderaro pelo fato de haver assassinado ao italiano Blassi. Toda a cautela será pouca para a investigação da verdade sobre este fato, debaixo do ponto de vista criminal. Pelo contrário, será bem fácil um grande crime passar pelas vistas dos agentes da lei como o exercício justo e necessário de um direito.

Na presença de um fato desta ordem, convém que se saiba o antecedente de quem o realizou, para que o juízo respectivo seja de harmonia com a realidade. O preso é membro de uma família respeitada na Itália pelos seus atos desta natureza.

Em 1849 ou 1850, este homem assassinou a Costabeli Cordugi, homem importante, no lugar denominado Água Fria, província de Salerno, sendo auxiliado por um seu irmão. Em consequência disto, fugiu para este país logo que a polícia liberal subiu, tendo em sua frente Victor Manuel. O irmão também fugiu para este país.

Em vista disto, que é sabido por muitos italianos residentes nesta cidade, é claro que o preso não é um homem cujo caráter e procedimento garantam a sua inocência. O que quero é simplesmente que não se tome Juno por Vênus. Prestando estes esclarecimentos à autoridade, estou satisfeito.

São Paulo, 18 de maio de 1874
AUGUSTO BLANCO

3. *Correio Paulistano* (SP), Seção Particular, 20 de maio de 1874, p. 4.

## Capítulo 2
## A sabor meu
*Ao público*[1]

**Comentário**  *A breve resposta de Gama sinalizava duas coisas importantes: a de que ele estava a par dos movimentos da parte contrária e a de que ele, ao fim e ao cabo, era quem pautava o curso da ação.*

Li o artigo firmado pelo sr. dr. Ramos Nogueira, relativo ao preso Pascoal Calderaro, artigo que vem incerto[2] no *Correio* de hoje.

Agradeço a Sua Senhoria o oficioso conselho que dá ao sr. Calderaro, em nome do sr. Augusto Blanco. Estou incumbido da defesa do preso Calderaro e determinei-me a dirigi-la a sabor meu.

L. GAMA

---

1. *Correio Paulistano* (SP), Seção Particular, 07 de junho de 1874, p. 2.
2. Embora o sentido possa ser exatamente o de "inserto", ou seja, "inserido", "colocado", é possível que Gama tenha deliberadamente destacado a conotação de "impreciso" e "duvidoso" no termo escolhido, razão pela qual mantenho a grafia original.

## PRONTO, MAS NÃO TANTO
## AO PÚBLICO[3]

**Comentário**  *Embora parecesse engrossar o tom com o advogado de Calderaro, a resposta dada a Gama se limitava a dizer que Blanco não recuaria de suas acusações. Se é verdade que não recuou, é igualmente verdade que não prosseguiu com o que Gama qualificou de calúnias. Fazer cessar as acusações contra o seu cliente, aliás, era um dos objetivos do experiente criminalista.*

O preso italiano, Pascoal Calderaro, por meio do seu advogado, declarou nesta folha que ia chamar perante o tribunal competente à Augusto Blanco para provar o fato criminoso que lhe imputou.

Augusto Blanco declara que está pronto a responder nos "termos da lei" pelo seu procedimento e diz que Calderaro tinha a obrigação de destruir a acusação que lhe foi feita antes do seu julgamento pelo júri.

São Paulo, 03 de junho de 1874
O advogado,
RAMOS NOGUEIRA

---

3. *Correio Paulistano* (SP), Seção Particular, 06 de junho de 1874, p. 2.

Capítulo 3
# Vencer e convencer
*Ao respeitável público*[1]

**Comentário**  Assinado em primeira pessoa pelo recém-absolvido Pascoal Calderaro — provavelmente para melhor convencer os leitores da idoneidade moral do italiano que acabara de atravessar o suplício do banco dos réus —, o artigo tanto obedecia a estratégia de defesa em curso, quanto trazia as marcas estilísticas da escrita do advogado que tudo dirigia. Sendo Gama, então, quem diligentemente patrocinou a defesa de Calderaro, mais do que razoável que fosse ele quem escrevesse, ao seu talante, os próximos passos de sua defesa. Não restam dúvidas, pois, de que o artigo, profundamente técnico e erudito, é de sua lavra. A história que conta, a sua vez, reforçava a advertência exposta já no primeiro texto, qual seja, a da iminente abertura de ação por calúnia contra Blanco ou quaisquer outros que tentassem incriminar sem provas a Calderaro. Nesse contexto, a opção da voz em primeira pessoa parecia reforçar o apelo com o público e dar nova camada semântica para possível instrução processual futura.

Tendo o sr. Augusto Blanco afirmado pela imprensa ser eu assassino em o Reino de Itália, dei poderes ao meu advogado, sr. Luiz Gama, para chamar à responsabilidade o autor do artigo; e o meu advogado, correndo em defesa da minha honra, declarou pela imprensa que ia querelar do meu gratuito difamador.

Mais tarde apareceu-me uma pessoa de Pindamonhangaba, nas grades de minha prisão, por duas vezes, propondo-me, por parte do sr. Augusto Blanco, uma declaração formal, do mesmo sr. Blanco, desdizendo-se de tudo quanto havia contra mim publicado, mediante uma declaração minha, de não persegui-lo em tempo algum, por tal motivo, e a entrega de 300$000 réis, para indenização de despesas que fizera!...

1. *Correio Paulistano* (SP), Seção Particular, 17 de junho de 1874, p. 2.

Instruído pelo meu advogado recusei *in limine*[2] o alvitre[3] proposto; e isto deu em resultado o aparecimento do artigo inserto no *Correio Paulistano* de 6 do corrente, sob a firma do ilustre advogado sr. dr. Ramos Nogueira, três dias depois; artigo que já foi respondido pelo meu advogado.

Hoje venho declarar ao respeitável público que não posso criminar o sr. Augusto Blanco; porque sendo ele estrangeiro não pode, segundo a legislação do Brasil, fazer uso da imprensa, *senão em causa própria*.

O distinto sr. coronel Paulo Delphino, impressor proprietário do *Diário*, iludido relativamente às qualidades políticas do sr. Blanco, fez inadvertidamente a publicação; e, sem o querer, constituiu-se dela responsável.

Não é meu fim perseguir inocentes; por isso deixo de instaurar processo por este fato. Se, porém, outros aparecerem, ocorridos fora da imprensa, creia o sr. Blanco que o não deixarei impune.

Nós temos leis e juízes.

São Paulo, 16 de junho de 1874
PASQUALE CALDERARO

---

2. De plano, no princípio.
3. Conselho, sugestão.

## NENHUM CONTATO
## DECLARAÇÃO[4]

**Comentário**   *Ainda que mal redigida, a nota dos pindamonhangabenses deixava claro de que nem eles, e ao que parece, nem ninguém..., queriam envolvimento com o potencial litígio entre Calderaro e Blanco. Ademais, a nota sugere que os leitores acompanhavam com atenção os desdobramentos do julgamento de Calderaro — recém-absolvido pelo Tribunal do Júri de São Paulo.*

Os abaixo-assinados declaram que nenhuma referência têm com a alusão que [sic] a pessoa de Pindamonhangaba faz no artigo inserto no Correio Paulistano, n° 5.324, de 17 de junho deste ano, firmado pelo sr. Pasquale Calderaro.

São Paulo, 19 de junho de 1874
ANTONIO DINO DA COSTA BUENO
IGNÁCIO MARCONDES ROMEIRO SOBRINHO

4. *Diário de S. Paulo* (SP), Anúncios, 20 de junho de 1874, p. 3.

# PARTE XXIV

## MISCELÂNEA: UM INCÊNDIO E TRÊS PEDIDOS

**NOTA INTRODUTÓRIA**   *Quatro textos compõem essa seção. O primeiro é um desagravo a um amigo que perdera sua fábrica de sabão para um incêndio e ainda por cima sofria com "infundados e caluniosos boatos" de que ele teria dado causa ao incêndio. Gama e Américo de Campos, coautor do texto, pedem que os leitores tenham sensatez e não acusem aquele que nada tinha e que acabava de perder parte significativa de suas economias. Na sequência, lê-se uma brevíssima carta, ou bilhete mesmo, em que Gama pedia ao amigo Salvador de Mendonça que lhe mandasse do Rio de Janeiro um livro de poesias. Embora curta, a linguagem franca do bilhete do texto sugere uma relação amistosa entre os dois — Mendonça e Gama —, além de adicionar mais uma importante referência literária ao repertório diverso e multifacetado do jurista negro. Os dois textos finais têm um interessante ponto de contato: são denúncias de ilegalidade dirigidas, respectivamente, ao ministro da Justiça e ao chefe de polícia da capital. Ambos artigos certamente integram a sua coleção de textos normativo-pragmáticos. Para o ministro da Justiça, Spartacus, conhecido pseudônimo de Gama, denunciava um documento forjado que fora astuciosamente utilizado como base de um argumento que se via bastante frágil. O documento viciado seria razão incontestável da ilegalidade do que se pleiteava nele. Para o chefe de polícia da província, Gama escreve aquilo que sem dúvida pode ser chamado como uma das páginas da história do município de Ribeirão Preto (SP). A denúncia de Gama é algo extremamente forte de se ler e demonstra, mais uma vez, sua aguçada visão sobre o direito e, especialmente, sobre o processo crime.*

## Capítulo 1
**Desagravo a um amigo**
*Ao público*[1]

**Comentário**   *Escrita por Luiz Gama e Américo de Campos, esta carta é um desagravo ao amigo e irmão da Loja América, Vicente Rodrigues, que vinha sendo alvo de boatos infundados e caluniosos. Rodrigues estava fora de São Paulo quando houve um incêndio em sua pequena fábrica de sabão. As más línguas da cidade atribuíam ao próprio Vicente Rodrigues a autoria do incêndio. Gama e Campos, enérgica e imediatamente, tão somente algumas horas após o incêndio, saíram em defesa de Rodrigues para que se acabasse com aquela boataria injusta. "Como amigos, cumprimos o nosso dever", diziam Gama e Campos, ao final do texto, "e esperamos que os homens sensatos, melhor do que nós, saberão também cumprir o seu". Era hora de recobrar a prudência.*

Em a noite de ontem para hoje, como de todos é sabido, incendiou-se a fábrica de sabão pertencente ao sr. Vicente Rodrigues, situada nesta capital, rua Vinte e Cinco de março.

Este lamentável sucesso, que a ninguém pode comprazer, mesmo a desafetos, deu azo entretanto a boatos desairosos,[2] e à imputação arriscadíssima de todo ponto improvável de que não é aquele nosso amigo alheio ao incêndio, senão autor dele!

Pelo fato de achar-se o sr. Vicente Rodrigues na corte, onde, como é notoriamente sabido, foi tratar de negócios relativos ao engrandecimento da sua fábrica, no intuito de montá-la em maior escala, julgamo-nos no dever de vir a público protestar em defesa da dignidade do proprietário da fábrica, tão deslealmente ofendido.

1. *Correio Paulistano* (SP), Seção Particular, 13 de setembro de 1874, p. 2.
2. Desonrosos, indignos.

O sr. Vicente Rodrigues tornará brevemente a São Paulo, e então responderá como entender, e ao certo vitoriosamente, aos aleives[3] assacados[4] à sua reputação.

De nossa parte limitamo-nos a asseverar, pelo que sabemos dos negócios daquele nosso amigo, que as condições em que foi estabelecida a fábrica e os elementos que garantiam sua prosperidade, sem qualquer outra consideração, repelem de plano os injustos aleives propalados.

Os capitais empregados na fábrica foram fornecidos ao proprietário por alguns amigos seus, poucos e íntimos, ante os quais nada tinha ele a recear, ainda quando não lhe corresse com felicidade a empresa.

Não declinamos os nomes destas pessoas, porque não tratamos de negócio próprio, mas a simples indicação do fato é suficiente para demonstrar quanto são irrisórios e infundados os caluniosos boatos.

Como amigos, cumprimos o nosso dever, e esperamos que os homens sensatos, melhor do que nós, saberão também cumprir o seu.

São Paulo, 12 de setembro de 1874
LUIZ GAMA
AMÉRICO DE CAMPOS[5]

---

3. Calúnias, perfídias.
4. Imputados.
5. Ver n. 5, p. 142.

## Capítulo 2
## Pedido de livro
*Carta a Salvador de Mendonça*[1]

**Comentário**  *Em tom bastante coloquial e direto, Gama pede que o amigo Salvador de Mendonça lhe envie sem falta dois exemplares de um livro de poesias satíricas.*

Salvador,
   Pelo portador, mandar-me-hás, sem falta,[2] dois exemplares do *Barão e seu cavalo*.[3]

Teu amigo obrigadíssimo,
LUIZ GAMA
19 de dezembro de 1874
Na Redação do *Globo*

---

1. Biblioteca Nacional, Carta a Salvador de Mendonça solicitando a remessa de dois exemplares de seu livro, *O Barão e seu cavalo*, 19 de dezembro de 1874, Documento textual, Manuscritos – I-04, 23, 027, São Paulo [s. n].
2. Expressão originalmente sublinhada.
3. Poema "herói-cômico" em sete cantos assinado pelo pseudônimo *Um admirador*. De cunho satírico, a obra publicada em 1868 ataca duas figuras centrais da política local: o presidente da província de São Paulo, Cândido Borges Monteiro (1812-1872), e o chefe de polícia, José Ignacio Gomes Guimarães (?-?). A autoria desse livreto foi posteriormente atribuída a José Bonifácio, o Moço, e reunida em edições póstumas de sua antologia poética.

## Capítulo 3
**Corregedoria externa**
*Ao sr. exmo. sr. ministro da Justiça*[1]

**Comentário**   *O texto rebate um requerimento em que mais de duzentas pessoas pediam ao ministro da Justiça a recondução do juiz municipal de Atibaia (SP). O juiz em questão era Antonio Bento de Souza e Castro, que anos mais tarde viria a ser reconhecido como importante militante abolicionista, muito embora, ao menos até a década de 1870, fosse tão somente mais um escravocrata membro do Partido Conservador brasileiro. As fontes disponíveis indicam que Gama nunca fora próximo de Bento, de modo que não faz sentido retroprojetar uma hipotética relação pelo simples fato de Bento ter, após a morte de Gama, se convertido ao abolicionismo. Assim, tendo os olhos postos naquela véspera de Natal de 1874, pode-se encontrar um desentendimento entre ambos, responsável quiçá pelo distanciamento que havia entre eles. Assinado por Spartacus, pseudônimo que Gama usaria em diversas ocasiões, a réplica ao tal requerimento é uma aula de direito. Spartacus esmiúça o documento e identifica uma série de fraudes. O percurso do raciocínio é próprio de quem conhecia por dentro as entranhas de uma repartição cartorial e igualmente manejava com destreza as armas da crítica jurídica na imprensa. Vale notar, portanto, a descontrução, ao mesmo tempo, da legitimidade política e da legalidade do documento-base que pedia ao ministro a recondução do juiz de Atibaia. Habilmente, Spartacus reduzia a pó o abaixo-assinado que pedia a recondução do juiz de Atibaia e ainda atacava, com a perceptível ironia que marcava o estilo de sua assinatura, que Bento era um juiz que "esmaga[va] com cínica perversidade" os seus jurisdicionados.*

Sob a epígrafe *Requerimento que os habitantes da cidade de Atibaia*[2] *dirigiram a S. M. Imperial*, publicou o *Jornal do Commercio* de 2 do corrente mês uma representação ao Poder Executivo assim concebida:[3]

1. *Correio Paulistano* (SP), Seção Particular, 24 de dezembro de 1874, p. 2.
2. Município paulista que está a aproximadamente 70 km da capital.
3. De fato, o requerimento foi publicado naquele que era um dos mais importantes jornais do país. Cf. *Jornal do Commercio*, Província de S. Paulo, 02 de dezembro de 1874, p. 1.

Senhor,

Os abaixos assinados, residentes no município de Atibaia, comarca de Bragança, da província de São Paulo, vêm aos degraus do trono de v. m. i. impetrar a recondução do dr. Antonio Bento de Souza e Castro[4] no lugar de juiz municipal do termo de Atibaia. Senhor, os abaixo assinados veneram por tal forma o princípio sacrossanto da justiça que julgam de grande felicidade para o lugar de sua residência e segura garantia de seus direitos e interesses a recondução do dr. Antonio Bento de Souza e Castro, cuja retidão e inteireza na administração da justiça durante o quatriênio que finda dá-lhe o mais justo título do respeito e estima que lhe votam seus jurisdicionados e a consideração de v. m. i., que é o primeiro cultor do direito e a mais segura garantia do reconhecimento do mérito. Os abaixo assinados, Senhor, certos de que v. m. i. nunca foi surdo aos pedidos dos brasileiros, pedem e esperam de v. m. i. benévola atenção do seu reclamo.

E. R. M.

*Duzentas e sessenta e sete* assinaturas fazem cortejo esplêndido a esta manifestação, que é encerrada pela usual confirmação *sic*: As firmas estavam reconhecidas.

Na realidade, o quatriênio calamitoso do atual juiz municipal de Atibaia devia findar-se por esse estupendo e arrojado cometimento e, forçados a expor à execração pública os autores da fraude a mais repulsiva, nessa apresentação aos altos poderes do Estado de um documento meticuloso, obtido pelo terror ou por meios capciosos, releve-nos o público e S. Excia o sr. ministro da Justiça se para demonstrarmos as razões de nossa convicção nos demorarmos neste e subsequentes artigos algum tanto mais

---

4. Antonio Bento de Souza e Castro (1843-1898) foi promotor público, político e juiz municipal. Embora mais conhecido pela atuação junto ao movimento abolicionista dos caifazes, em meados da década de 1880, Bento não teve proximidade relevante com o movimento abolicionista paulista enquanto Luiz Gama estava ativo, isto é, até a sua morte, em agosto de 1882. Do que se sabe, não existem indícios razoáveis para se estabelecer uma hipotética parceria entre ambos; ao contrário, do que se depreende desse texto, Gama provavelmente não possuía admiração alguma por aquele que sarcasticamente a historiografia hegemônica identificaria como seu herdeiro político à frente do abolicionismo paulista.

do que merece o assunto, desde que afirmamos ser o horror à insídia e o acatamento à verdade o que nos demovem a sair do silêncio em que estávamos.

Parto laborioso e lento de enfezado espírito, o documento em questão, como que arredado de uma análise no lugar de sua feitura, foi publicado na capital do Império para fazer efeito somente nos reposteiros[5] do exmo. ministro da Justiça.

E por que não o deram à estampa nesta capital, onde podia ser examinado e julgado, e sim no *Jornal do Commercio*, que só tem três assinantes no termo de Atibaia?

A verdade não foge da luz, nem procura expandir-se longe daqueles que testemunhariam os meios de sua obtenção.

Quem e donde o funcionário público que reconheceu essas firmas?

Qual a profissão, ofício ou posição social dos signatários para pesar o valor de sua reclamação e o interesse que os levou a dirigir esse pedido aos altos poderes do Estado?

Aí tudo falta, e tais omissões são pontos negros, vestígios culposos que cabalmente demonstram o nenhum valor dessa manifestação.

O funcionário público, consciente de haver cumprido os deveres e obrigações de seu cargo, não se apega a essas oficiosas ou extorquidas atestações e sim espera a benemerência da nação, convicto de que é digno dela. Os que procedem de outro modo dão bem ruim cópia de si.

É o que deu-se com a publicação a que aludimos.

Nefasta situação esta que inspira o arrojo, ou melhor, a insensatez de apresentar-se ao Poder Executivo um papel repulsivo, nodoado[6] e coberto de assinaturas na mór [maior] parte de indivíduos analfabetos, filhos-famílias,[7] camaradas de contrato, preenchendo o número necessário para a mistificação premeditada!

5. Por sentido figurado, assessores submissos, empregados subservientes.
6. Manchado ou, por sentido figurado, desonroso.
7. A expressão, provavelmente, designava aqueles que eram menores de idade e não tinham capacidade jurídica de responder por seus atos.

O número de indivíduos aí apresentados a que ficará reduzido se dentre eles destacarmos o funcionalismo composto dos juízes suplentes, dos empregados da justiça e advogados, dos inspetores de quarteirão e guardas policiais, todos de envolta com entidades desconhecidas, filhos-famílias, e até analfabetos, figurando por si mesmos?

Foi tanto o afã, tanto o desespero de, por todos os meios, embora irrisórios, encher papel, que até duplicatas se deram e de pessoas por demais conhecidas.

Eis porque insistimos em negar que essas firmas estejam legalmente reconhecidas como verdadeiras todas, e do próprio punho dos indivíduos que elas indicam.

E se não vejamos ou provemos o que vem de ser dito:

Jacyntho Manoel Leite assina duas vezes e é o atual primeiro suplente do juízo municipal; João de Moraes Véga e João Véga são o mesmo indivíduo; José Norberto de Oliveira Pires, Francisco Pires de Oliveira, Antonio Fernandes Passos, Francisco Bueno de Moraes Véga, José Soares do Amaral, Antonio do Amaral, Salvador Teixeira do Nascimento, Rufino Pedro de Almeida, João Pires das Neves, que assina duas vezes, Eugenio José Teixeira, Antonio Gonçalves de Moraes Cunha, Pedro Alexandrino Leite, Olegario José do Amaral, Bernardino Soares do Amaral, Claudino Neves do Amaral são alguns órfãos sob tutela, outros de menor idade, e todos incapazes para julgarem da boa ou má administração do juiz em questão.

Alguns aí se leem desconhecidos, como Boaventura Soares de Camargo, Guilherme Magimiore de Oliveira, Telles Joaquim de Almeida, Boaventura do Amaral Caldeiro, Zeferino Alves de Araújo, Domingos Loumano, Vicente Ferreira leite, Donato Monaies e José Monaro.

Deixando, por enquanto, de parte outros em idênticas circunstâncias, por falta de capacidade, notemos que Eufrazio Antonio Ribeiro, Antonio da Silva Ribeiro, José Antonio Ribeiro,

João Soares Bueno, Antonio Ortiz de Camargo são analfabetos e ninguém a seu rogo assinou; e também suas firmas seriam reconhecidas?

Duvidamos e duvidaríamos da apresentação desse documento contraproducente se a evidência do fato não destruísse qualquer dúvida a respeito.

Assim se escreve a história, e assim dois ou três indivíduos que tudo esperam da recondução do atual juiz de Atibaia pretendem ilaquear de modo pouco honesto a boa fé do exmo. sr. conselheiro ministro da Justiça.

A leitura, entretanto, refletida do petitório que precede o assinado descobrirá uma omissão que, voluntária ou não, bastante comprometedora é para o juiz elogiado.

Nada, absolutamente nada sobre a primeira das virtudes que deve distinguir os magistrados: a moralidade, a conduta, quer pública quer particular, do moço reclamado para *felicidade dos seus jurisdicionados*, ficaram envoltas nas brumas de inexplicável mistério.

Que importa a inteireza do magistrado quando é um crime qualificado para ele a incontinência pública, se por desgraça ela mancha o arminho de sua toga? Tal omissão, pois, foi uma lacuna de difícil preenchimento e que irá felizmente entorpecer as probabilidades de tão nefasta recondução; porque S. Excia. o sr. ministro da Justiça deve relembrar-se que, sem estar convencido da moralidade do moço magistrado, sua recondução seria um ato reprovado, muito principalmente depois do que se tem dito dele pela imprensa e na tribuna.

Note-se ainda que, de seus superiores e das três câmaras municipais do seu termo, nenhum documento obteve, quer sobre o modo porque se houve na administração da justiça, quer atinente a seus costumes morigerados.

E que supor desse papel, fornecido por amigos, dependentes e ignorantes, quando de três câmaras municipais e do juiz de direito da comarca não consta que ele obtivesse outro tanto?

É porque o atual juiz de órfãos de Atibaia, vendo fugir-lhe

das garras a vítima, que durante quatro anos esmaga com cínica perversidade e, convencido de que sua recondução pelo atual ministro da Justiça é um impossível, e mancharia as mãos do exmo. sr. conselheiro Duarte de Azevedo,[8] como o louco das montanhas prestes a cair no abismo, apega-se a qualquer arbusto, embora espinhoso e frágil, para impedir-lhe a queda inevitável.

Como ele obteve o documento em questão, que foram contraditórios[9] alguns dos signatários, que sua recondução será um ato calamitoso e prejudicial ao termo de Atibaia, nos artigos seguintes demonstraremos.

SPARTACUS[10]

---

8. Manuel Antônio Duarte de Azevedo (1831-1912) foi juiz e político de grande destaque entre o final do século XIX e início do século XX À época dos fatos relatados nesse artigo, Duarte de Azevedo era o ministro da Justiça do Império.
9. Que foram contrários, que se opuseram.
10. Para ler outros artigos em que Gama firma a assinatura de *Spartacus*, cf., Luiz Gama. *Liberdade, 1880-1882*. São Paulo: Hedra, 2021, pp. 101-109; e, também, nesse volume das *Obras Completas*, a parte "Spartacus da Gama", pp. 181-190.

Capítulo 4

# A venda de sentença é o de menos
*Ribeirão Preto*[1]

**Comentário**   *A petição de Luiz Gama para o chefe de polícia da capital ilustra bem o alcance geográfico de artigos normativo-pragmáticos na imprensa. Da capital, ele reportava diversos fatos criminosos como quem estivesse na distante cidade de Ribeirão Preto, onde os delitos ocorreram. Mais do que a denúncia de um crime, Gama oferece ao chefe de polícia um inventário de crimes recentes que foram praticados por autoridades policiais e judiciárias de Ribeirão Preto. Descrevia circunstâncias, autores, vítimas e juntava à sua petição dois documentos judiciais e uma relação com os nomes de 32 testemunhas. Possivelmente, pessoas de Ribeirão Preto, talvez vítimas das autoridades locais, o contrataram para defender seus interesses junto ao chefe de polícia da capital. Afinal, pela denúncia de Gama, Ribeirão Preto parecia viver sob a lei do crime, embora ele fosse comandado pelas autoridades policiais e judiciárias. Por exemplo, Gama traz um caso em que um procurador da Câmara Municipal, o subdelegado de polícia e um suplente do subdelegado atiraram em um cidadão que passeava tranquilamente após o término de uma procissão religiosa. Na tentativa de assassinato, até uma criança escravizada foi atingida por um tiro. Meses depois, um suplente de juiz municipal e outro suplente de delegado de polícia armaram uma emboscada contra o suposto autor de um furto na casa de um padre e torturam-no até que ele delatasse como mandantes alguns "inimigos fidagais" do padre e deles próprios. Gama continua denunciando outras violências praticadas pelas autoridades locais. Um delegado suplente acobertava em sua própria casa a ré confessa de um assassinato. Porém, a gota d'água seria no início de maio de 1875, quando Gama escrevia o artigo. Outra cena de horror tomava conta de Ribeirão Preto. Era o assassinato de um desafeto do subdelegado, que teria ordenado os dois disparos contra a vítima, que estava dentro de sua própria casa. A linguagem de Gama é afiada: não poupa palavras e indica os autores dos crimes. É de se notar, finalmente, um certo vereador e juiz municipal que vendia sentenças e torturava testemunhas. Eis o estado da administração policial e judiciária na vila de Ribeirão Preto naqueles anos da década de 1870.*

1. *A Província de São Paulo* (SP), Seção Livre, 01 de junho de 1875, p. 2.

Ilmo. e Exmo. sr. dr. chefe de polícia,

Perante V. Excia. comparece Luiz Gonzaga Pinto da Gama, residente nesta cidade, e, com o devido acatamento, implora vênia[2] para narrar fatos reprovados, indecorosos, e crimes inauditos[3] cometidos publicamente com afronta da moralidade, e com escárnio das leis, pelas autoridades de São Sebastião do Ribeirão Preto, ou com apoio e sob a perniciosa proteção delas.

São espantosos, Exmo. Sr., e até incríveis os delitos cinicamente perpetrados naquele termo; e V. Excia. não acreditaria, por certo, na existência de tão hediondas perversões, se não começasse a ver a realidade, imposta pelos fatos, no princípio de prova que patenteiam os documentos inclusos.

Digne-se, pois, V. Excia. de atentar à narração lúgubre,[4] que tanto tem de dolorosa, como de verídica, que passa o peticionário a fazer.

Em dias do mês de outubro do ano precedente, terminada a procissão, por ocasião da festa de São Sebastião, que então dera-se na vila do Ribeirão Preto, quando passeavam, tranquilamente, na principal rua, mais de 300 pessoas, aconteceu por ela passar a cavalo Antonio Moreira de Arantes Cunha; e foi visto no seu trânsito pacífico receber um tiro de arma de fogo, disparado de propósito, por Valério Dias do Carmo, procurador da Câmara Municipal. Sentindo-se inesperadamente ferido, pôs o cavalo a galope e como que desatinadamente deitou a correr, abrindo caminho por entre o povo. Ao passar pela frente da casa de negócio de Silvestre Pimenta dos Reis, onde parece, como acusam as circunstâncias, que estavam de vela,[5] recebeu segundo tiro, que a voz pública malsina[6] ter sido disparado pelo referido Silvestre, que aliás é subdelegado de polícia!... E ainda não está concluída a tragédia... Ao frontear o paciente a casa de Maria Candida, *o*

2. Licença, permissão.
3. Sem precedentes.
4. Sinistra, macabra.
5. Que estavam de vigia, tocaia.
6. Denuncia.

*primeiro suplente do subdelegado* — Joaquim Garcia dos Reis —, *que exercia a jurisdição*, deu-lhe outro tiro, que foi parte nele empregado, e parte em uma pobre escrava de Maria Candida, de 9 ou 10 anos de idade, que se achava à porta!... Mais adiante, em uma esquina próxima, Miguel de Tal, camarada de Antonio Vallim, tentou dar no mencionado Arantes Cunha um quarto tiro; foi, porém, infeliz nesta sinistra pretensão, porque só ardeu a espoleta e falhou a arma!...

Ignora-se até hoje qual o crime, ou qualquer outro mal procedimento de Arantes, que desse causa a procedimento tão estranho. Às sombras do crime, une-se o mistério da sua origem...

Dão por judiciosa desculpa, Joaquim Garcia dos Reis e Silvestre Pimenta, que ordenaram aquela prisão, porque constava que Arantes Cunha tinha tido uma dúvida com seu cunhado vallim!...

O ofendido esteve à morte, e é certo não ter autoridade alguma da vila dado providências para ser feito auto de corpo de delito!...

O auto que vai junto a esta petição foi ordenado em termo diverso na delegacia de polícia da vila de Batatais.[7]

Joaquim Garcia dos Reis, cedendo compassivo, depois de algum tempo, a benévolas instigações de algumas pessoas, mandou intimar a escrava de Maria Candida, peritos e testemunhas, para fazer auto de corpo de delito.

Os peritos, em presença de testemunhas, fizeram o exame e verificaram a existência de ofensas físicas; deu-se, porém, o *imprudente caso* de, na ocasião de reduzir-se o exame a escrito, dizer o cidadão Bernardo Alves Pereira — *que havia presenciado a ocorrência, e ter visto que fora o subdelegado Joaquim Garcia quem praticara a ofensa.*

O subdelegado refletiu e mandou que se não escrevesse o auto... E retirou-se com o seu escrivão.

---

7. Município do interior paulista, a 350 km da capital do estado.

### VIDE DOCUMENTO NÚMERO 1

No dia 5 de fevereiro do corrente ano, Joaquim de Tal foi calculadamente surpreendido e preso em flagrante delito de furto, em casa do padre Augusto Torres.

O juiz municipal 1° suplente — João Gonçalves dos Santos — e o 2° suplente do delegado de polícia — Jacintho José de Souza — ali se achavam, de emboscada, para prenderem o ladrão...

Preso que foi Joaquim, amarraram-no; e fazendo retirarem-se todas as pessoas que estavam presentes, inclusive o oficial de justiça — José Antonio Pereira —, que era ali necessário para serviço do juízo, por meio de *ameaças* e de *promessas indignas*, conseguiram que ele declarasse que eram seus cúmplices e mandantes do furto, que mais tarde foi adrede[8] qualificado roubo, por mero arbítrio da autoridade, d. Anna Honoria de Carvalho e Salviano R. de Carvalho Filho, esposa e filho de Salviano Rodrigues de Carvalho, que se achava na província do Rio Grande do Sul e de quem, tanto aquelas duas autoridades, como o revdm. padre Torres são inimigos figadais...[9]

O preso, apenas viu-se desembaraçado dos prudentíssimos juízes, e convenceu-se de que as promessas não seriam cumpridas, afirmou franca e espontaneamente — que as declarações não eram verídicas, que haviam sido extorquidas, e que tudo era uma falsidade!...

### VIDE DOCUMENTO NÚMERO 2

Em fins de março ou princípio de abril deste ano, foram presos Gabriel Botão e Emerenciana, mãe de uma amásia do mesmo Botão, por terem assassinado — a bordoadas e a facadas, deitando, depois, fogo à casa, Maria Joanna, mulher de Botão.

O 2° suplente do delegado, estando em exercício (Jacintho José de Souza), e querendo proteger sua digna comadre — Emerenciana — fez que o subdelegado a soltasse, apesar de Gabriel Botão sustentar sempre que ela era sua cúmplice no assassinato...

---

8. Premeditadamente.
9. Por sentido figurado, íntimos, muito profundos.

No correr do sumário, o promotor *ad hoc*[10] requereu que os interrogatórios fossem exigidos; e só então apareceram esses papéis, *guardados* em poder do subdelegado Silvestre Pimenta, *a despeito de já ter ele remetido o inquérito ao juiz municipal*...

Ordenada a prisão de Emerenciana pelo juiz municipal, o oficial de justiça encarregado da diligência — José Antonio Pereira — dirigiu-se à casa de Jacintho, 2° suplente do delegado, onde sabia estar a criminosa; e este que, por precaução, a tinha já mandado para seu sítio, conjuntamente com o marido, ambos seus camaradas, irritou-se e declarou ao oficial *que se opunha à prisão!*...

Esta mulher foi presa ultimamente. Pelo processo é seu crime igual ao de Gabriel Botão; é, entretanto, verdade que *por segurança* este foi remetido para a cadeia de Casa Branca, ao passo que sua cúmplice está *morando* comodamente na cadeia do Ribeirão Preto, de portas abertas, qual fidalga dos antigos tempos, detida na própria casa.

~

Em o dia 2 deste mês, domingo, pelas 2 horas da tarde, estando a rua apinhada de gente, foi visto o subdelegado de polícia — Silvestre dos Reis —, acompanhado do oficial de justiça — Antonio Pereira de Carvalho —, e ouvido falando em voz muito elevada, em frente à porta da casa de Celestino da Costa Valle, que, também, em tom semelhante, respondia de dentro da sua sala: estava embriagado. Em seguida, isto é, depois de algumas palavras, ou gritos de Celestino, insultuosos ao subdelegado, viu-se o oficial Antonio Pereira de Carvalho, vulgo "Quarta-feira", correr à janela de Celestino e, *à queima roupa*, disparar-lhe dous tiros, dos quais morreu instantaneamente!...

---

10. Designado para o caso.

A voz pública uníssona acusa como mandante o subdelegado Silvestre e, com efeito, este, na véspera, tivera com Celestino uma questão por causa de uma égua; e as últimas palavras de Celestino foram insultos dirigidos a ele, e não a Antonio Pereira de Carvalho. Este Pereira de Carvalho é apaniguado, parente e protegido de Silvestre.

Antonio Pereira de Carvalho declarou, em Batatais, *que matara por ordem do subdelegado e que este o havia de livrar*!...

Celestino sustentava sua mãe, sua mulher e quatro órfãos que havia tomado a si e que ficaram ao desamparo.

Assistiram imóveis a este bárbaro crime:

O juiz municipal — Venancio José dos Reis;

O delegado de polícia — Jacintho José de Souza;

O 1° juiz de paz — Antonio Caetano de Oliveira;

O subdelegado — Silvestre Pimenta dos Reis!...

Nenhuma providência deu-se para captura do criminoso, que se retirou placidamente e a seu cômodo, à vista dessas autoridades que achavam-se rodeadas de mais de 30 pessoas do seu conhecimento e confiança...

Silvestre, seguindo logo após do criminoso para os lados da sua casa, encontrou seu cunhado — Joaquim dos Reis; dirigiu-lhe a palavra em voz baixa; e Joaquim dos Reis respondeu com jactância[11]: *Não é nada, mano Silvestre, se for necessário morrerão mais quatro ou cinco*!...

Silvestre foi direito caminho da casa de Antonio Pereira de Carvalho; e, ali chegando, disse-lhe: "Retire-se, primo, que o sr. nos compromete"!...

Venancio José dos Reis, 2° vereador da Câmara, em exercício da Vara do Juízo Municipal, por falta de suplentes respectivos, tem o mau hábito de negar justiça às partes; cobra 5$000 réis por um despacho favorável e, se o indivíduo que lhe apresenta

---

11. Arrogância, atrevimento.

uma petição não é dos de sua afeição, qualquer que seja o pedido nela contido, e ainda quando encerre matéria de *habeas corpus*, guarda-a, e declara ter 5 dias, pela lei, para despachar...

Recebeu ele por empréstimo certo objeto (um tacho de fazer açúcar; o fato é ridículo, mas é, por isso mesmo, digno de nota) e mandando a dona, que é uma viúva, arrecadá-lo, recusou-se de fazer a entrega!... E disse: que a "viúva não tinha dado bens a inventário, e que ele, tendo de o ir fazer, desde logo retinha o objeto para pagamento das custas que lhe tocassem como juiz"!...

Assistiu impassível, como já referiu o peticionário, ao assassinato de Celestino da Costa Valle, praticado por Antonio Pereira de Carvalho, no dia 2 de maio, domingo, à uma hora da tarde, no lugar mais público da vila, colhida a vítima dentro da sua própria sala, e estando Venancio com a jurisdição...

Instado por várias pessoas que também achavam-se presentes, para que ordenasse a prisão do assassino, não o quis fazer.

O assassino, cônscio da desídia[12] dos juízes, passou impávido a dois passos de distância dele, que estava rodeado de mais de trinta pessoas, e entrou prazenteiro em casa de Antonio Belfort, que imediatamente, e por mais de uma vez, mandou dar aviso a Venancio para que o mandasse prender... E nem uma providência deu-se para tal fim!... É completamente estúpido, abrutado e insolente para com as partes.

Assistindo como juiz municipal a uma justificação para defesa de um réu em processo crime, faltou com o devido respeito às partes, e aos circunstantes; e foi ao ponto de declarar:

Que se continuassem a *fuçar*, pegaria de um pau e com ele amoleceria ao réu e às testemunhas!....

O peticionário submete à ilustrada consideração de V. Excia., como começo de prova, para assegurar as suas alegações, dois documentos judiciais importantes e uma relação contendo os nomes de 32 testemunhas.

---

12. Negligência, irresponsabilidade.

São gravíssimas, como fica demonstrado, as ocorrências que fazem objeto da presente informação.

A V. Excia., pois, em nome de sua própria honra, e dos seus direitos de cidadão, da dignidade do seu cargo, pelos deveres impostos pela lei, em consideração à moralidade e à segurança pública, e pelos ditames da justiça, cabe providenciar para que tenham paradeiro os desastres de que são vítimas os administrados da Vila do Ribeirão Preto.

São Paulo, 29 de maio de 1875
LUIZ GAMA

# Bibliografia

ALENCAR, José de. *Cartas a favor da escravidão*. São Paulo: Editora Hedra, 2008.

BOCAGE, Manuel Maria Barbosa du. *Excertos*, Tomo III. Rio de Janeiro: Livraria de B. L. Garnier, 1867.

BORGES CARNEIRO, Manuel. *Direito Civil de Portugal: Das Pessoas*. Tomo I. Lisboa: Impressão Régia, 1826.

BORGES, Joana Junqueiro. "A Arte poética de Horácio e sua tradução e recepção no arcadismo português: Marquesa de Alorna", in: RÓNAI, *Revista de Estudos Clássicos e Tradutórios*, 2016, vol. 4, n. 1, pp. 3–15.

COELHO DA ROCHA, Manuel Antonio. *Instituições de Direito Civil Português*. Coimbra: Imprensa da Universidade, 1867.

CORRÊA TELLES, José Homem. *Digesto Português ou Tratado dos Direitos e Obrigações Civis acomodado às Leis e Costumes da Nação Portuguesa*. Tomo I. Coimbra: Imprensa da Universidade, 1840.

FERREIRA, Antonio. *Poemas Lusitanos*, Livro II. Lisboa: Régia Oficina Tipográfica, 1771.

FERREIRA, João Pedro Rosa. "'Com toda a certeza, se não for mentira'. Mentira e verdade nos folhetos humorísticos de José Daniel Rodrigues da Costa", in: *Cultura – Revista de História e Teoria das Ideias*, vol. 36, 2017, pp. 246–265.

FERREIRA, Ligia Fonseca. "Luiz Gama autor, leitor, editor: revisitando as *Primeiras trovas burlescas* de 1859 e 1861", in: *Estudos Avançados*, vol. 33, n. 96, mai.-ago., 2019, p. 109–135.

HORACIO. *Arte poética de Q. Horacio Flacco traduzida e ilustrada em português por Candido Lusitano*. Lisboa: Oficina Rollandiana, 1778.

MAESTRI, Mário. "Pranchada infamante: resistência ao castigo físico do soldado imperial na guerra contra o Paraguai", in: *De Raíz Diversa, Revista Especializada en Estudios Latinoamericanos*, vol. 1, n. 2, out.-dez., 2014, pp. 125–153.

MAGALHÃES PINTO, Ana Flávia. *Escritos de liberdade: literatos negros, racismo e cidadania no Brasil oitocentista*. Campinas: Editora da Unicamp, 2019.

MARTINS DE SOUZA, Silvia Cristina. "Um Offenbach tropical: Francisco Correa Vasques e o teatro musicado no Rio de Janeiro da segunda metade do século XIX", in: *História e Perspectivas*, vol. 34, jan.-jun., 2006, p. 225–259.

MENDES, Manoel Odorico. *Virgilio Brazileiro ou tradução do poeta latino*. Paris: Tipografia de W. Remquet e Ca., 1858.

RAMALHO, Joaquim Ignacio. *Praxe Brasileira*. São Paulo: Tipografia do Ypiranga, 1869.

ROSSI, Pellegrino. *Trattato di Diritto Penale*. Torino: TipograFia di Gaetano Bozza, 1859.

SALLES, Alexandre do Nascimento. *Pirapora do Bom Jesus. Dicotomias de símbolos: o sagrado e o profano como elementos representativos da imagem da cidade*. Dissertação de mestrado, Universidade de São Paulo, 2009, 124 fls.

SOARES, João Pereira Batista Vieira. *Manual da religião cristã e legislação criminal portuguesa*. Lisboa: Impressão Régia, 1813.

TEIXEIRA DE FREITAS, Augusto. *Legislação do Brasil – Consolidação das Leis Civis*. 2 ed. Rio de Janeiro: Tipografia Universal de Laemmert, 1857.

WITEZE JÚNIOR, Geraldo. "Sancho Pança, governador: utopia e história em Dom Quixote", in: *Diálogos – Revista do Departamento de História e do Programa de Pós-Graduação em História*, vol. 17, n. 1, jan.-abr., 2013, pp. 117–153.

## *In memoriam*

Devo expressar o meu reconhecimento a mestres que me acolheram, ouviram a minha procura por Luiz Gama, e me deram ideias e instrumentos para buscar a minha *fórmula mágica da paz*. Maria Emília Gomes Barbosa (1922–2006), a minha tia Lula, mãe de santo e então matriarca do Quilombo Brotas, em Itatiba (SP), encorajou os meus primeiros passos no estudo da vida de Gama. No agitado curso das lutas pela titulação da terra quilombola (2002–2005), encampada pela Associação Cultural Quilombo Brotas, de que tenho a honra de ser sócio fundador, desde a assembleia de 23 de março de 2003, tia Lula explicou-me a história da abolição da escravidão no Brasil e acompanhou-me nas primeiras leituras que fiz dos escritos de Gama. Na cidade da Bahia, em 2009, Deoscóredes Maximiliano dos Santos (1917–2013), o saudoso mestre Didi, então sumo sacerdote do culto dos ancestrais nagôs na Bahia e autor do *Yorubá tal qual se fala* (1946), entre outros misteres e sacerdócios, recebeu-me de modo inesquecível no Ilê Axipá e vivamente aconselhou-me, dando-me senhas para tal, a prosseguir com os estudos em Gama. Deraldino Batista Lima (1928–2014), artista plástico fundador da Galeria 13 e zelador da rua do Gravatá, levou-me ao Bângala e contou-me a história de Luiz Gama tal qual falada nos becos e ruas da velha cidade de São Salvador da Bahia de Todos os Santos. Em sua casa, reunimo-nos muitas vezes para celebrar a poesia e a memória de Gama. No Ilê Axé Opô Afonjá, Maria Stella de Azevedo Santos (1925–2018), a nossa querida mãe Stella de Oxóssi, assentou-me no caminho do direito. Guardo comigo, e oxalá cedo revele, palavras suas sobre a vida de Luiz Gama, dos bons tempos em que lia para ela, em sua casa, textos escritos pelo filho de Luiza Mahin. Maria Laís Morgan (1941-2021), professora da Escola de Dança da Universidade Federal da Bahia, esteve presente na minha banca de conclusão de curso em direito, na Universidade do Estado da Bahia, onde apresentei a monografia *Questão jurídica (1880): o pensamento político brasileiro de Luiz Gama*. Naquele 3 de janeiro de 2013, Laís Morgan deu-me título tão importante quanto a aprovação acadêmica, a sua benção de artista. A todos eles, a quem não poderei entregar em mãos essas *Obras Completas*, o meu profundo agradecimento, reconhecimento e votos de paz de espírito na eternidade.

## Agradecimentos

Estas *Obras Completas* de Luiz Gama contaram com o apoio decisivo do Instituto Max Planck de História do Direito e Teoria do Direito – Frankfurt am Main, Alemanha. As condições de trabalho excepcionais oferecidas em Frankfurt, notadamente a incrível biblioteca do Instituto, permitiram que eu pudesse me dedicar integralmente ao estudo da obra de Luiz Gama. A par disso, o debate acadêmico de excelência que encontrei no Instituto Max Planck faz com que eu seja devedor às muitas contribuições, críticas, sugestões de colegas e professores do mundo todo, com quem pude aprender e dialogar, e que estão refletidas no método de pesquisa e nos comentários ao texto.

Devo, assim, expressar o mais profundo agradecimento ao professor Thomas Duve, diretor do Instituto Max Planck de História do Direito e Teoria do Direito, e meu orientador de doutorado, que me apoiou desde o primeiro minuto em minhas pesquisas de recuperação e difusão do conhecimento sobre a obra de Luiz Gama. Muito obrigado pela confiança. A combinação rara de seriedade e generosidade intelectual do professor Thomas Duve, que é por todos conhecida, é para mim um exemplo de vida.

Agradeço igualmente ao professor Marcelo Neves, catedrático de Direito Público na Universidade de Brasília, que me convenceu e fez de tudo para que eu prosseguisse com os estudos de Luiz Gama na Alemanha. Sua paixão pela ciência do direito e a sociologia alemã, que o inscreve como extemporâneo discípulo do mestre de todos nós, Tobias Barreto, beneficia quem o cerca, alimenta a chama do conhecimento e dignifica o direito.

Sou grato, também, ao professor Tâmis Parron, do Instituto de História da Universidade Federal Fluminense e do conselho editorial da Hedra, que acompanha essa pesquisa há sete anos e leu rigorosamente todas as linhas destas *Obras Completas*. Todos no Brasil já sabem que o professor Tâmis Parron é um dos maiores historiadores dessa geração. O que talvez ainda não saibam é de seu talento em despertar o que há de melhor dentro do aluno que procura aprender. Por isso, igualmente, devo lhe agradecer.

Ao Jorge Sallum, editor da Hedra, devo também um agradecimento pela confiança e investimento no Projeto Luiz Gama. Desde julho de 2017, tem contribuído com sua leitura crítica e sugestões para a organização dos textos. A visão de longo alcance, mirando a perenidade desta empreitada, sem descurar das minúcias da feitura de cada volume, são atributos que fazem dele um editor raro.

O meu muito obrigado também vai aos colegas historiadores que me receberam tão bem em seus fóruns de debates. Apresentei trechos destas *Obras Completas* em seminários internos no Instituto Max Planck de História do Direito e Teoria do Direito, na Universidade Estadual de Campinas, Universidade de Flensburg, Universidade de Princeton e na Universidade de São Paulo; assim como em congressos temáticos abertos em Bruxelas, Madri e no Rio de Janeiro. Agradeço, então, aos colegas que me convidaram para apresentar nos respectivos espaços, bem como àqueles que discutiram minha pesquisa sobre a obra de Gama, destacadamente, Alain El Youssef; Alec Thompson; Alexandre Rocha da Silva; Ana Carolina Couto Barbosa; Anna Clara Lehmann Martins; Arthur Barrêtto de Almeida Costa; Bruno Tadeu Buonicore; Bruno Fonseca Miranda; Clemente Penna; Constanza Dalla Porta; Damian Gonzales Escudero; David Domínguez Cabrera; Fabiane Bordignon; Felice Physioc; Fernando Liendo Tagle; Gilberto Guerra Pedrosa; João Marcos Mesquita; Jonas Brito; José Evando Vieira de Melo; José Luís Egío Garcia; Karla Escobar; Leonardo Carrilho; Lindener Pareto; Lívia Tiede; Lloyd Belton; Manuel Bastias Saavedra; Marcelo Ferraro; Marco in't Veld; Mariana Armond Dias Paes; Matteo Lazzari; Osvaldo Rodolfo Moutin; Pablo Pryluka; Paulo Henrique Rodrigues Pereira; Maria del Pilar Mejía Quiroga; Marial Iglesias Utset; Pól Moutin; Raquel Sirotti; além dos professores Alejandro de la Fuente; Ana Flávia Magalhães Pinto; Hauke Brunkhorst; Isadora Mota; Manuela Bragagnolo; Maria Pia Guerra; Tâmis Parron; Thomas Duve; e Rebecca Scott.

Porém, mesmo com toda a paciência e generosidade dos mestres e colegas de ofício, estas *Obras Completas* não existiriam se não fossem os funcionários dos arquivos e bibliotecas de obras raras, que me franquearam o acesso aos valiosos originais e à literatura de apoio. Fui atendido com presteza por dezenas e dezenas deles. Mencioná-los todos agora seria impossível porque inevitavelmente eu incorreria em indesculpável omissão de nomes. Agradeço, pois, às instituições arquivísticas pelo cuidado com o acervo e a sempre atenciosa disposição e competência que suas equipes têm em auxiliar o pesquisador. O meu muito obrigado aos funcionários do Acervo Histórico da Assembleia Legislativa do Estado de São Paulo; Arquivo da Cúria Metropolitana de São Paulo; Arquivo Edgard Leuenroth; Arquivo do Estado de São Paulo; Arquivo Geral da Cidade do Rio de Janeiro; Arquivo Geral do Tribunal de Justiça do Estado de São Paulo; Arquivo Histórico de Juiz de Fora; Arquivo Histórico Municipal de São Paulo; Arquivo Histórico Dr. Waldomiro Benedito de Abreu; Arquivo Municipal de Itatiba; Arquivo Nacional; Arquivo Público do Estado da Bahia; Arquivo Público Mineiro; Biblioteca Acadêmico Luiz Viana Filho (Senado Federal); Biblioteca da Faculdade de Direito do Largo de São Francisco; Biblioteca da Faculdade de Direito da Universidade Federal de Pelotas; Biblioteca da Faculdade de Direito da Universidade Federal do Paraná; Biblioteca da Faculdade de Direito da Universidade Federal de Pernambuco; Biblioteca Guita e José Mindlin; Biblioteca Pedro Aleixo (Câmara dos Deputados); Biblioteca Pública do Estado da Bahia; Biblioteca do Supremo Tribunal Federal; Centro Cultural Martha Watts – Espaço Memória Piracicabana; Centro de Memória da Universidade Estadual de Campinas; Fundação Arquivo e Memória de Santos; Fundação Casa de Rui Barbosa; Fundação Biblioteca Nacional; Hemeroteca Roldão Mendes Rosa; e Loja Maçônica Luiz Gama.

Devo, também, uma palavra escrita de agradecimento à minha família. Elaine Aparecida Rodrigues e Helio Martins de Lima, os meus pais, e Daniel Rodrigues de Lima, o meu irmão mais velho, apoiaram incondicionalmente cada passo dessa pesquisa com o entusiasmo e a alegria que sempre fizeram sala em nossa casa. Amigos como Luiz Eduardo Parreiras, Oraida Parreiras, João Acuio, Mariana Campos, Daniel Lerner, Geraldo Figueiredo, Clyde Alafiju Morgan, Diva Maria Martins de Oliveira, José Roberto Barbosa, Jéssica Aparecida Rodrigues, Saulo Miguez, Diogo Miguez e Jaime Miguez estiveram por perto ao longo da preparação das *Obras Completas*; Joel Miguez, amigo e mestre, fez-me ver melhor o quanto Gama andou "fadigado e farto de clamar às pedras, de ensinar justiça ao mundo pecador".

Para Luiza Simões Pacheco, que tanto beneficiou este trabalho com sua diligente revisão e correção textual, a par dos comentários de mérito e estilo, um muito obrigado só não basta: é preciso que eu lhe agradeça mandando "um abraço pra ti, Pequenina, como se eu fosse o saudoso poeta, e fosses a Paraíba".

# Índice remissivo

A escravidão no Brasil, 433
Abreu, Américo Ferreira de, 334
Alencar, José de, 61, 63
Alexandre VI, 387
Alfieri, Vittorio, 207
Almocreve de petas, ou moral disfarçada para correção das miudezas da vida , 314
Alves, Roberto Joaquim, 168, 171, 273, 274
Amaral, Deocleciano Augusto César do, 209
Amaral, Manoel dos Santos Teixeira do, 158
Amparo, 87
América, 74, 168
Andrade, Francisco Justino Gonçalves de, 98
Apontamentos sobre o processo criminal brasileiro, 92
Araujo, Joaquim Ambrozio de, 229
Araújo, Nabuco de, 240
Armada, 397, 398
assembleia, 75, 394
Associação Internacional dos Trabalhadores, 251, 282
Atibaia, 127, 453-455, 457, 458
Azevedo, Duarte de, 458

Baependi, 222
Bahia, 171, 223, 412
Baratária, 125
Barbosa, Rui, 221

Barros, Diogo Antonio de, 366
Bartholomeu, Ardemagni, 278-281, 285, 286, 288
Barão de Mauá, 357
Batatais, 461, 464
Baylão, Pascoal, 112, 272
Belberina, 181
Belfort, Antonio, 465
Benedicto (filho de Luiz Gama), 149, 169
Benedicto (pardo), 146-148
Benevides, José Maria Corrêa Sá e, 335
Beraldo, 112
Bernarda, 181
biblioteca popular, 246
Bocage, Manuel Maria Barbosa du, 328
Boileau, Nicolas, 262
Bonilha, Francisco Martins, 261
Botão, Gabriel, 462, 463
boçal, 230-232, 234
Braga, Clemente, 394
Bragança, 105, 454
Bremeu, António Cortez, 299, 433
Bueno, José Antonio Pimenta, 92, 322
Bueno, Mariano Galvão, 302
Bueno, Vicente Ferreira da Silva, 156, 165
Buhr, Gaspar, 115
Bíblia Sagrada, 150, 170

cadeia de Casa Branca, 463
Caetano, 181

Calvário, 66
Camargo, Felicio Ribeiro dos
    Santos, 102–105, 108,
    109, 111–115, 117,
    118, 120–124, 126,
    127, 130, 131, 133,
    136–138, 186, 188,
    196, 205, 239, 261,
    262, 313–315,
    318–323, 325,
    327–330, 332, 335, 344
Camargo, João Baptista de, 264,
    265
Camargo, João Gonçalves dos
    Santos, 94, 96
Campinas, 62, 87, 155, 156, 163,
    165, 357, 386, 387, 389
Campos, Américo Brazilio de,
    142, 168, 379
Campos, Manoel de Oliveira, 137
Candida, Maria, 461
capitão Pimenta, 82
Capitólio, 79, 88
Carlos x de França, 388
Carmo, 345
Carmo, Valério Dias do, 460
Carneiro, Borges, 156, 317
Carrão, João da Silva, 98
Carvalho, Anna Honoria de, 462
Carvalho, Antonio Pereira de,
    463–465
Carvalho, Henrique Marques de,
    145, 146
Carvalho, Joaquim José Vieira de,
    335
Carvalho, Salviano Rodrigues de,
    462
Castro, Antonio Bento de Souza e,
    454
Castro, Manoel José de, 136
Catharina II, 387
Catão, Marco Pórcio, 66
Centro Liberal, 142

Cervantes, Miguel de, 125
Chagas, João Baptista das,
    157–164
Chapperon, Lorenzo, 282
China, 329, 388
China, João Rodrigues de
    Oliveira, 371
Chuva, Antonio, 269, 271, 273
Claudina, 170
Club Radical, 62
Club Radical Paulistano, 168
congresso, 365, 366
Conselho de Estado, 197
Constituição, 92, 130, 331, 345
Corrêa, Antonio, 261
Corte, 65, 67, 102, 222, 251, 261,
    279, 301, 336, 353,
    377, 382, 410
Costa, Antonio José da, 159
Costa, José Daniel Rodrigues da,
    314
Coutinho, Manoel Leite do
    Amaral, 306
Cruz Alta, 81
Cruz, Domingos Loureiro da, 158
Cruzados, 344
Cunha, Antonio Moreira de
    Arantes, 460, 461
Cunha, Francisco de Salles, 264
Cunha, João Antonio da, 248
Câmara, 197, 394, 464
Câmara Municipal, 457, 460
Código Comercial, 104, 108, 110,
    119, 120, 132, 133
Código Criminal, 117, 120, 121,
    136, 137, 157,
    161–163, 279, 280,
    287, 294, 304, 309, 434
Código do Processo Criminal,
    92–94, 97, 121, 130,
    296

D. Pedro II, 168, 398

Digesto Português, 299, 301
Direito Civil, 301, 317
Don Quixote de la Mancha, 125
Doque, Cantinho, 357

Elias, 293, 296, 298, 302, 303
Elmano, 328
Emerenciana, 462, 463
Eneida, 103
Espanha, 387
Estado, 65, 115, 393, 394, 427, 428, 433, 454, 455
Estados Unidos do Brasil, 150
Estatutos Gerais da Ordem e Ritualística Escocesa Antiga e Aceita, 245
Evangelho de Nosso Senhor Jesus Cristo, 66
Exército, 81, 397, 398

Ferreira, António, 408
Ferreira, Carlos, 249
Festa de São Sebastião, 460
Festa do Bom Jesus de Pirapora, 124
Filho, Clemente Falcão de Souza, 98, 362
Filho, Raphael Tobias de Aguiar, 186, 187, 189, 192–195, 200, 202, 203, 230
Filho, Salviano Rodrigues de Carvalho, 462
Flaco, Quinto Horácio, 344
Franco, Francisco Manoel, 269, 271
França, 150, 387, 388
Freitas, João Augusto Gonçalves de, 130
Fryer, Percy John, 339, 341
Furtado, Francisco José, 141, 142

Gama, Agostinho Luiz da, 410

Garibaldi, Giuseppe, 282
Geraldo, 325
Geraud, Julio, 403, 405, 407, 408, 410, 411
Germânia, 170
gládio, 320
Goiás, 229
Gomes, Maria Carlota de Oliva, 186, 192, 201, 202, 204
Grócio, Hugo, 349
Guerra, Malachias Rogério Salles, 366

habeas corpus, 407, 409–413, 465
Hamburgo, 432, 433
Hamlet, 202
Haupt, H., 434
Heffter, August, 432
helenos, 320
Henrique VIII, 387
Hermenegildo, 130
Herodes, 103, 109, 110
Heróstrato, 329
Homem-Cristo, 150
Hotel de Europa, 222

Ilha do Carvalho, 125, 131
Império, 74, 77, 78, 81, 156, 206, 247, 335, 373, 381, 455
Itu, 365
Itália, 282, 308, 439, 440, 443

Jacareí, 145–147, 293–296, 302
Jacyntha, 302
Jesus Cristo, 66, 273, 324, 332, 395
Jesus, José Joaquim de, 325
Jesus, Vicencia Antonia de, 230
Joanna, 228–236
Joanna, Maria, 462
Joaquina, 293, 296, 298, 302, 303
Jones, Joseph Edward cf. Jones, José Eduardo

Jones, José Eduardo, 339, 341, 343, 344
Jorge IV, 387
José, 325
João, 181
Judas Iscariot, 332
Juiz Municipal, 259
Juiz Municipal, 62, 102, 105, 147, 162, 187, 196, 197, 205, 240, 257, 272, 273, 280, 294, 302, 314, 317, 319, 323, 339, 344, 418, 454, 462–465
Jundiaí, 91, 95, 96, 98, 157, 162, 163, 165, 227, 228, 231, 233–236, 263, 264, 355
Júnior, Antonio Cerqueira Lima, 409
Júnior, Antonio Pereira Pinto, 341
Júnior, Hypolito José Soares de Souza, 273, 274
Júnior, José Fernandes da Costa Pereira, 295
Júnior, Pereira Pinto, 343
Júnior, Soares de Souza, 130, 325

ladina, 232, 234
Le droit international public de l'Europe, 432
Leal (artista), 102, 103, 105, 107, 108, 112, 117, 118, 123
Leal, Alexandre Theophilo de Carvalho, 69
legislação
    Alvará 2º de 16 de julho de 1773, 228
    Alvará de 10 de março de 1682, 296, 372, 373
    Aviso 2º de 17 de março de 1830, 296
    Aviso 2º de 29 de agosto de 1831, 298
    Aviso de 13 de março de 1845, 316
    Aviso de 16 de setembro de 1831, 298
    Aviso de 17 de março de 1830, 316
    Aviso de 27 de junho de 1830, 296
    Aviso de 29 de julho de 1830, 316
    Aviso de 5 de novembro de 1783, 317
    Aviso de 6 de novembro de 1850, 317
    Aviso nº 15 de 16 de janeiro de 1838, 296, 297
    Aviso nº 388 de 21 de dezembro de 1855, 196
    Decreto de 12 de abril de 1832, 219, 228, 235, 371, 372
    Decreto nº 1.090 de 1º de setembro de 1860, 95
    Decreto nº 2.342 de 6 de agosto de 1873, 412
    Decreto nº 2.438 de 6 de julho de 1859, 281
    Decreto nº 4.824 de 22 de novembro de 1871, 306, 371
    Decreto nº 737 de 25 de novembro de 1850, 104, 110, 118, 119, 131, 133
    Lei de 3 de dezembro de 1841, 121
    Lei de 7 de novembro de 1831, 219, 229, 235, 239, 371, 433
    Lei de 7 de novembro de 1834, 434

Lei do Ventre Livre *cf.* Lei
    nº 2.040 de 28 de
    setembro de 1871
Lei nº 2.033 de 20 de
    setembro de 1871, 296,
    306, 372
Lei nº 2.040 de 28 de
    setembro de 1871, 244,
    247, 248, 300, 304,
    316, 317, 322, 333,
    417, 418, 422, 423, 427
Lei nº 2.556 de 26 de
    setembro de 1874, 397
Lei nº 261 de 3 de dezembro
    de 1841, 297, 410
Portaria de 21 de maio de
    1831, 372
Provisão 1º de 15 de dezembro de 1823, 296
Provisão de 15 de dezembro
    de 1824, 316
Provisão de 20 de setembro
    de 1823, 296
Provisão de 23 de outubro
    de 1824, 316
Provisão de 8 de agosto de
    1821, 316
Regulamento de 25 de
    novembro de 1850,
    104, 108, 118
Regulamento nº 120 de 31
    de janeiro de 1842, 296
Resolução de 21 de janeiro
    de 1828, 316
Leite, Jacyntho Manoel, 456
Leite, Joaquim Antonio, 232, 233,
    235
Leopoldina, 170
Licurgo, 329
Liga Operária, 282
Lima, Aquilina Generosa Leite de,
    269, 271, 273

Loja América, 243, 244, 252, 253,
    364
Luiz xiv de França, 387
Luiz xv de França, 387
Lyrio, 112

Macedo, 170
Machado, Antonio Carlos Ribeiro
    de Andrada, 97
Machado, Joaquim Antonio de
    Paula, 145-148
Malheiro, Perdigão, 433
Manual da religião cristã e
    legislação criminal
    portuguesa, 93
manumissão, 62, 90, 244, 247,
    257, 261, 294, 299,
    302, 303, 317, 318,
    324, 372, 418, 420,
    421, 423, 425-428
Maranhão, 69
Marcollina, 293, 296, 298, 302,
    303
Mazzini, Giuseppe, 282
maçonarias, 194
Mello, Américo Braziliense de
    Almeida, 141, 244
Mendonça, Francisco Maria de
    Sousa Furtado de, 223
Menezes, José Ferreira de, 141,
    249, 378, 382, 389
ministro da Justiça, 61, 63, 148,
    240, 259, 260,
    453-455, 457
Ministério dos Negócios da
    Guerra, 398
Miquelina, 302
Miragaya, José Antonio, 293, 302
mitologia
    Argonauta, 109
    Marte, 320
    Minerva, 110, 320
    Minos, 331, 345

Moraes, Antonio Joaquim de, 232, 233
Moraes, Gertrudes Soares de, 181
Moraes, João Antonio de *cf.* Rufino, João
Moraes, Luiz Pupo de, 264, 265
Mosteiro de São Bento do Rio de Janeiro, 65

Narciso, 186, 188, 192, 193, 195, 196, 200–203
Nascimento, Maria Angélica do, 293, 298, 299, 302, 303
Natividade, Antonio Joaquim da, 229–232, 235
Nero, 165
Netto, Manoel Joaquim Ferreira, 87, 90, 222, 225
Nogueira, Antonio José, 302
Nossa Senhora dos Remédios, 348
Nova Friburgo, 108, 113
Nova York, 167

Oliveira Cruz & Silva, 157, 158, 161, 162
Oliveira, Antonio Caetano de, 464
Oliveira, Francisco Antonio de, 357
Oliveira, José Rubino de, 335
Oliveira, João Francisco de, 92, 95, 96
Ordenações e leis do Reino de Portugal, 278, 298, 299, 301, 302, 316, 429
Ottoni, Eloy, 361, 362, 364
Ozorio, Fernando Luiz, 249

Pachioto, Felix, 278, 279, 281, 286
Paes, José Zeferino de Faria, 233
Paixão, Olympio da, 249
Pandectas, 346
papisa Joana, 387
Paraguai, 81, 125, 282

Partido Liberal, 187, 188
Partido Republicano, 168, 252, 253, 365, 377, 381, 385, 387, 388
Paula, Francisca de, 230
Paula, Jacyntho Francisco de, 92, 96
Pauliceia, 349
Pedro, 97
Peixoto, José Maria Gavião, 362, 363
Pereira, Bernardo Alves, 461
Pereira, José Antonio, 462, 463
periódicos
    A República, 259, 261, 353, 355, 359, 377–382, 385–389
    Correio Nacional, 69, 70
    Correio Paulistano, 81, 87, 89, 91, 101, 107, 117, 129, 135, 141, 145, 146, 153, 155, 168, 175, 176, 179, 181, 185, 188, 191, 195, 199, 200, 205, 213, 219, 225, 227, 239, 243, 246, 251, 257, 261, 263, 269, 271, 273, 277, 283, 285, 286, 293, 295, 305, 313, 321, 327, 339, 341, 353, 355, 357, 359, 361, 363, 365, 377, 385, 393, 395, 403–407, 417, 431, 439–445, 449, 453
    Correspondência de São Paulo, 61
    Dezesseis de Julho, 61
    Diário de S. Paulo, 111–113, 146, 147, 283, 285, 439, 444, 445
    Diário do Rio, 377, 380–382

Globo, 451
Jornal do Commercio, 77, 377, 380, 382, 386-388, 432, 453, 455
Novo Mundo, 167, 168
O Apóstolo, 65, 66, 69
Perus, 127
Phocion, 309
Pilatos, Pôncio, 308
Pio, José, 130
Pirapora, 124
Poder Executivo, 453, 455
Poder Legislativo, 399
Poemas lusitanos, 408
Porto, Joaquim Custodio Moreira, 130
Prado, Manoel Rodrigues do, 181
Provedoria dos Resíduos e Capelas, 181, 186

Ramalho, Joaquim Ignacio, 114, 335
Ramalho, José Leme da Silva, 298
Ramos, Ernesto, 281, 285
Ramos, Silva, 283, 289
Raposo, Joaquim Antonio, 293, 294, 298, 302, 304
Rego, Gabriel Fernandes da Costa, 158
Reis, Joaquim Garcia dos, 461
Reis, José Joaquim de Almeida, 98, 335
Reis, Silvestre Pimenta dos, 460, 461, 463, 464
Reis, Venancio José dos, 464, 465
Renan, Joseph Ernest, 150
Repartição de Polícia, 62, 170, 305
Requerimento que os habitantes da cidade de Atibaia dirigiram a S. M. Imperial, 453
Ribeirão Preto, 459, 460, 463, 466
Rio das Pedras, 230, 231

Rio de Janeiro, 74, 102, 278, 410, 432, 434
Rio Grande do Sul, 81, 462
rio Tamanduateí, 170, 252
Rocha, Antonio Candido da, 74, 412
Rocha, Manuel Antonio Coelho da, 301
Rodrigues, José Carlos, 167
Rodrigues, João Antonio Baptista, 192
Rodrigues, Manoel Francisco, 232, 233
Rodrigues, Vicente, 359, 449, 450
Roger, Henrique, 115
Roma, 78, 88, 165
Rossi, Pellegrino, 279
Rosário, José Dias do, 133
Rotterdam, Erasmo de, 63, 126
rua
    25 de março, 353, 449
    da Glória, 175
    de São Bento, 308, 309
    do Rosário, 246
Rufino, João, 157-162, 164, 456
Rússia, 387

Sampaio, João Baptista de, 158
Santa Ifigênia, 306, 308, 361, 363, 364
Santos, 102, 103, 159, 160, 164, 222, 225
Santos, Claudio Manoel dos, 302
Santos, José Norberto do, 410
Sassoferrato, Bártolo de, 132
Savigny, Friderich Carl von, 299, 301
Sebedanx, R. O., 432
Secretaria de Polícia, 272, 307
Shakespeare, William, 202
Silva, Antonio Luiz da, 307
Silva, José Bonifácio de Andrade e (o Moço), 97, 226, 451

Silva, Manoel da, 159
Sinédrio, 324
Siqueira, Estevam José de, 418
Siracusa, Arquimedes de, 157
Soares, Antonio dos Santos, 403, 406
Soares, Caetano Alberto, 209
Soares, José Crispiniano, 98
Soares, João Pereira Batista Vieira, 93
Sociedade Católica, 395
Sociedade Emancipadora Fraternização, 186
Sociedade Redemptora, 247
Souza, Jacintho José de, 462–464
Souza, Mamede de, 130, 133
Spartacus, 175, 179–181, 458
Spinelli, Angelo, 308
Sptzler, José, 115
Supremo Arquiteto do Universo Glorioso, 244
São Bento, 66, 67
São Paulo, 63, 90, 97, 103, 106, 108, 114, 115, 135, 138, 142, 148, 154, 165, 169, 187, 194, 197, 203, 209, 214, 220, 222, 223, 226, 237, 240, 254, 259, 265, 273, 282, 284, 289, 295, 304, 307, 315, 318, 319, 323, 325, 329, 334, 340, 341, 355, 357, 359, 362–364, 366, 373, 378, 382, 386, 389, 393, 396, 404, 406, 410–413, 429, 439, 440, 442, 444, 445, 449, 450, 454, 466
São Salvador da Bahia, 432
Sé, 308, 346

Tal, Miguel de, 461

Tanque do Zunega, 193
Teixeira, Vicencia Maria, 306–309
Telles, José Homem Corrêa, 299, 301
Telles, Salvador Augusto de Queiroz, 228
Terra-Nova, 230, 231
Toledo, Dias de, 261
Toledo, Leandro de, 273, 274, 405
Torres, Augusto, 462
travessa de Santa Thereza, 186
Tribunal da Corte, 410
Tribunal da Relação, 226, 408, 409, 412, 413
Tribunal da Relação da Corte, 408, 410, 411
Tribunal do Júri, 124, 127, 135, 439, 440

Ulpiano, Eneu Domício, 228, 284, 285

Valle, Celestino da Costa, 463–465
vapor Paulista, 102
Vara do Juízo Municipal, 464
Vasconcellos, 223
Vasconcellos, Joaquim Antonio Cardozo de, 137
Vasconcellos, Luiz de Oliveira Lins de, 269, 272–274, 404–406
vestal, 88
Vicencia, 181
Vida de Jesus, 150
Vila da Cotia, 181
Virgílio, 78, 103

Westenberg, Johann Ortwin, 347
Worms, José, 133, 137

Xavier, João Theodoro, 113–115
Xá da Pérsia, 387

África, 231

## COLEÇÃO «HEDRA EDIÇÕES»

1. *A metamorfose*, Kafka
2. *O príncipe*, Maquiavel
3. *Jazz rural*, Mário de Andrade
4. *O chamado de Cthulhu*, H. P. Lovecraft
5. *Ludwig Feuerbach e o fim da filosofia clássica alemã*, Friederich Engels
6. *Hino a Afrodite e outros poemas*, Safo de Lesbos
7. *Præterita*, John Ruskin
8. *Manifesto comunista*, Marx e Engels
9. *Rashômon e outros contos*, Akutagawa
10. *Memórias do subsolo*, Dostoiévski
11. *Teogonia*, Hesíodo
12. *Trabalhos e dias*, Hesíodo
13. *O contador de histórias e outros textos*, Walter Benjamin
14. *Diário parisiense e outros escritos*, Walter Benjamin
15. *Don Juan*, Molière
16. *Contos indianos*, Mallarmé
17. *Triunfos*, Petrarca
18. *O retrato de Dorian Gray*, Wilde
19. *A história trágica do Doutor Fausto*, Marlowe
20. *Os sofrimentos do jovem Werther*, Goethe
21. *Dos novos sistemas na arte*, Maliévitch
22. *Metamorfoses*, Ovídio
23. *Micromegas e outros contos*, Voltaire
24. *O sobrinho de Rameau*, Diderot
25. *Carta sobre a tolerância*, Locke
26. *Discursos ímpios*, Sade
27. *Dao De Jing*, Lao Zi
28. *O fim do ciúme e outros contos*, Proust
29. *Pequenos poemas em prosa*, Baudelaire
30. *Fé e saber*, Hegel
31. *Joana d'Arc*, Michelet
32. *Livro dos mandamentos: 248 preceitos positivos*, Maimônides
33. *Eu acuso!*, Zola | *O processo do capitão Dreyfus*, Rui Barbosa
34. *Apologia de Galileu*, Campanella
35. *Sobre verdade e mentira*, Nietzsche
36. *Poemas*, Byron
37. *Sonetos*, Shakespeare
38. *A vida é sonho*, Calderón
39. *Sagas*, Strindberg
40. *O mundo ou tratado da luz*, Descartes
41. *Fábula de Polifemo e Galateia e outros poemas*, Góngora
42. *A vênus das peles*, Sacher-Masoch
43. *Escritos sobre arte*, Baudelaire
44. *Cântico dos cânticos*, [Salomão]
45. *Americanismo e fordismo*, Gramsci
46. *Balada dos enforcados e outros poemas*, Villon
47. *Sátiras, fábulas, aforismos e profecias*, Da Vinci
48. *O cego e outros contos*, D.H. Lawrence
49. *Imitação de Cristo*, Tomás de Kempis
50. *O casamento do Céu e do Inferno*, Blake
51. *Flossie, a Vênus de quinze anos*, [Swinburne]
52. *Teleny, ou o reverso da medalha*, [Wilde et al.]
53. *A filosofia na era trágica dos gregos*, Nietzsche
54. *No coração das trevas*, Conrad

55. *Viagem sentimental*, Sterne
56. *Arcana Cœlestia e Apocalipsis revelata*, Swedenborg
57. *Saga dos Volsungos*, Anônimo do séc. XIII
58. *Um anarquista e outros contos*, Conrad
59. *A monadologia e outros textos*, Leibniz
60. *Cultura estética e liberdade*, Schiller
61. *Poesia basca: das origens à Guerra Civil*
62. *Poesia catalã: das origens à Guerra Civil*
63. *Poesia espanhola: das origens à Guerra Civil*
64. *Poesia galega: das origens à Guerra Civil*
65. *O pequeno Zacarias, chamado Cinábrio*, E.T.A. Hoffmann
66. *Um gato indiscreto e outros contos*, Saki
67. *Viagem em volta do meu quarto*, Xavier de Maistre
68. *Hawthorne e seus musgos*, Melville
69. *Ode ao Vento Oeste e outros poemas*, Shelley
70. *Feitiço de amor e outros contos*, Ludwig Tieck
71. *O corno de si próprio e outros contos*, Sade
72. *Investigação sobre o entendimento humano*, Hume
73. *Sobre os sonhos e outros diálogos*, Borges | Osvaldo Ferrari
74. *Sobre a filosofia e outros diálogos*, Borges | Osvaldo Ferrari
75. *Sobre a amizade e outros diálogos*, Borges | Osvaldo Ferrari
76. *A voz dos botequins e outros poemas*, Verlaine
77. *Gente de Hemsö*, Strindberg
78. *Senhorita Júlia e outras peças*, Strindberg
79. *Correspondência*, Goethe | Schiller
80. *Poemas da cabana montanhesa*, Saigyō
81. *Autobiografia de uma pulga*, [Stanislas de Rhodes]
82. *A volta do parafuso*, Henry James
83. *Ode sobre a melancolia e outros poemas*, Keats
84. *Carmilla — A vampira de Karnstein*, Sheridan Le Fanu
85. *Pensamento político de Maquiavel*, Fichte
86. *Inferno*, Strindberg
87. *Contos clássicos de vampiro*, Byron, Stoker e outros
88. *O primeiro Hamlet*, Shakespeare
89. *Noites egípcias e outros contos*, Púchkin
90. *Jerusalém*, Blake
91. *As bacantes*, Eurípides
92. *Emília Galotti*, Lessing
93. *Viagem aos Estados Unidos*, Tocqueville
94. *Émile e Sophie ou os solitários*, Rousseau
95. *A fábrica de robôs*, Karel Tchápek
96. *Sobre a filosofia e seu método — Parerga e paralipomena (v. II, t. 1)*, Schopenhauer
97. *O novo Epicuro: as delícias do sexo*, Edward Sellon
98. *Sobre a liberdade*, Mill
99. *A velha Izerguil e outros contos*, Górki
100. *Pequeno-burgueses*, Górki
101. *Primeiro livro dos Amores*, Ovídio
102. *Educação e sociologia*, Durkheim
103. *A nostálgica e outros contos*, Papadiamántis
104. *Lisístrata*, Aristófanes
105. *A cruzada das crianças/ Vidas imaginárias*, Marcel Schwob
106. *O livro de Monelle*, Marcel Schwob
107. *A última folha e outros contos*, O. Henry
108. *Romanceiro cigano*, Lorca
109. *Sobre o riso e a loucura*, [Hipócrates]
110. *Ernestine ou o nascimento do amor*, Stendhal
111. *Odisseia*, Homero

112. *O estranho caso do Dr. Jekyll e Mr. Hyde*, Stevenson
113. *Sobre a ética — Parerga e paralipomena (v. II, t. II)*, Schopenhauer
114. *Contos de amor, de loucura e de morte*, Horacio Quiroga
115. *A arte da guerra*, Maquiavel
116. *Elogio da loucura*, Erasmo de Rotterdam
117. *Oliver Twist*, Charles Dickens
118. *O ladrão honesto e outros contos*, Dostoiévski
119. *Sobre a utilidade e a desvantagem da história para a vida*, Nietzsche
120. *Édipo Rei*, Sófocles
121. *Fedro*, Platão
122. *A conjuração de Catilina*, Salústio
123. *Escritos sobre literatura*, Sigmund Freud
124. *O destino do erudito*, Fichte
125. *Diários de Adão e Eva*, Mark Twain
126. *Diário de um escritor (1873)*, Dostoiévski
127. *Perversão: a forma erótica do ódio*, Stoller
128. *Explosao: romance da etnologia*, Hubert Fichte

## COLEÇÃO «METABIBLIOTECA»

1. *O desertor*, Silva Alvarenga
2. *Tratado descritivo do Brasil em 1587*, Gabriel Soares de Sousa
3. *Teatro de êxtase*, Pessoa
4. *Oração aos moços*, Rui Barbosa
5. *A pele do lobo e outras peças*, Artur Azevedo
6. *Tratados da terra e gente do Brasil*, Fernão Cardim
7. *O Ateneu*, Raul Pompeia
8. *História da província Santa Cruz*, Gandavo
9. *Cartas a favor da escravidão*, Alencar
10. *Pai contra mãe e outros contos*, Machado de Assis
11. *Democracia*, Luiz Gama
12. *Liberdade*, Luiz Gama
13. *A escrava*, Maria Firmina dos Reis
14. *Contos e novelas*, Júlia Lopes de Almeida ☒
15. *Iracema*, Alencar
16. *Auto da barca do Inferno*, Gil Vicente
17. *Poemas completos de Alberto Caeiro*, Pessoa
18. *A cidade e as serras*, Eça
19. *Mensagem*, Pessoa
20. *Utopia Brasil*, Darcy Ribeiro
21. *Bom Crioulo*, Adolfo Caminha
22. *Índice das coisas mais notáveis*, Vieira
23. *A carteira de meu tio*, Macedo
24. *Elixir do pajé — poemas de humor, sátira e escatologia*, Bernardo Guimarães
25. *Eu*, Augusto dos Anjos
26. *Farsa de Inês Pereira*, Gil Vicente
27. *O cortiço*, Aluísio Azevedo
28. *O que eu vi, o que nós veremos*, Santos-Dumont
29. *Poesia Vaginal*, Glauco Mattoso

## COLEÇÃO «QUE HORAS SÃO?»

1. *Lulismo, carisma pop e cultura anticrítica*, Tales Ab'Sáber

2. *Crédito à morte*, Anselm Jappe
3. *Universidade, cidade e cidadania*, Franklin Leopoldo e Silva
4. *O quarto poder: uma outra história*, Paulo Henrique Amorim
5. *Dilma Rousseff e o ódio político*, Tales Ab'Sáber
6. *Descobrindo o Islã no Brasil*, Karla Lima
7. *Michel Temer e o fascismo comum*, Tales Ab'Sáber
8. *Lugar de negro, lugar de branco?*, Douglas Rodrigues Barros
9. *Machismo, racismo, capitalismo identitário*, Pablo Polese
10. *A linguagem fascista*, Carlos Piovezani & Emilio Gentile
11. *A sociedade de controle*, J. Souza; R. Avelino; S. Amadeu (orgs.)
12. *Ativismo digital hoje*, R. Segurado; C. Penteado; S. Amadeu (orgs.)
13. *Desinformação e democracia*, Rosemary Segurado
14. *Labirintos do fascismo, vol. 1*, João Bernardo
15. *Labirintos do fascismo, vol. 2*, João Bernardo
16. *Labirintos do fascismo, vol. 3*, João Bernardo
17. *Labirintos do fascismo, vol. 4*, João Bernardo
18. *Labirintos do fascismo, vol. 5*, João Bernardo
19. *Labirintos do fascismo, vol. 6*, João Bernardo

## COLEÇÃO «MUNDO INDÍGENA»

1. *A árvore dos cantos*, Pajés Parahiteri
2. *O surgimento dos pássaros*, Pajés Parahiteri
3. *O surgimento da noite*, Pajés Parahiteri
4. *Os comedores de terra*, Pajés Parahiteri
5. *A terra uma só*, Timóteo Verá Tupã Popyguá
6. *Os cantos do homem-sombra*, Mário Pies & Ponciano Socot
7. *A mulher que virou tatu*, Eliane Camargo
8. *Crônicas de caça e criação*, Uirá Garcia
9. *Círculos de coca e fumaça*, Danilo Paiva Ramos
10. *Nas redes guarani*, Valéria Macedo & Dominique Tilkin Gallois
11. *Os Aruaques*, Max Schmidt
12. *Cantos dos animais primordiais*, Ava Ñomoandyja Atanásio Teixeira
13. *Não havia mais homens*, Luciana Storto

## COLEÇÃO «NARRATIVAS DA ESCRAVIDÃO»

1. *Incidentes da vida de uma escrava*, Harriet Jacobs
2. *Nascidos na escravidão: depoimentos norte-americanos*, WPA
3. *Narrativa de William W. Brown, escravo fugitivo*, William Wells Brown

## COLEÇÃO «ANARC»

1. *Sobre anarquismo, sexo e casamento*, Emma Goldman
2. *O indivíduo, a sociedade e o Estado, e outros ensaios*, Emma Goldman
3. *O princípio anarquista e outros ensaios*, Kropotkin
4. *Os sovietes traídos pelos bolcheviques*, Rocker
5. *Escritos revolucionários*, Malatesta
6. *O princípio do Estado e outros ensaios*, Bakunin
7. *História da anarquia (vol. 1)*, Max Nettlau
8. *História da anarquia (vol. 2)*, Max Nettlau
9. *Entre camponeses*, Malatesta
10. *Revolução e liberdade: cartas de 1845 a 1875*, Bakunin
11. *Anarquia pela educação*, Élisée Reclus

Adverte-se aos curiosos que se imprimiu este livro na gráfica Meta Brasil, em 14 de agosto de 2023, em papel pólen soft, em tipologia Minion Pro e Formular, com diversos sofwares livres, entre eles LaTeX& git.
(v. cf2d232)